国家出版基金项目
NATIONAL PUBLICATION FOUNDATION
“十四五”国家重点图书
出版规划项目

中国语言资源保护工程

中国濒危语言志　编委会

总主编

曹志耘

主　编

王莉宁

委　员（音序）

沈　明　邢向东　赵日新　庄初升

本书执行编委　赵日新

中国濒危语言志
汉语方言系列

总主编　曹志耘
主　编　王莉宁

江西武宁畲话

余颂辉　著

创于1897
商务印书馆
The Commercial Press

图书在版编目（CIP）数据

江西武宁畲话/余颂辉著. --北京：商务印书馆，2024. --（中国濒危语言志）. --ISBN 978-7-100-24482-4

Ⅰ. H173

中国国家版本馆CIP数据核字第20243LS833号

江西武宁畲话

余颂辉　著

出版发行：商务印书馆
地　　址：北京王府井大街36号
邮政编码：100710

印　　刷：北京雅昌艺术印刷有限公司

开　　本：787×1092 1/16　　印　　张：21¼
版　　次：2024年11月第1版　　印　　次：2024年11月北京第1次印刷
书　　号：ISBN 978-7-100-24482-4

定　　价：228.00元

武宁县团结畲族村地形地貌　武宁县新宁镇团结畲族村 /2018.9.24/ 余颂辉 摄

武宁县团结畲族村村貌　武宁县新宁镇团结畲族村 /2018.9.24/ 余颂辉 摄

调查工作现场　武宁县新宁镇团结畲族村 /2018.9.23/ 姚思思 摄

八月十五裹裹粄　武宁县新宁镇团结畲族村 /2018.9.23/ 余颂辉 摄

序

2022年2月16日，智利火地岛上最后一位会说Yagán语的老人，93岁的Cristina Calderón去世了。她的女儿Lidia González Calderón说："随着她的离去，我们民族文化记忆的重要组成部分也消失了。"近几十年来，在全球范围内，语言濒危现象正日趋普遍和严重，语言保护也已成为世界性的课题。

中国是一个语言资源大国，在现代化的进程中，也同样面临少数民族语言和汉语方言逐渐衰亡、传统语言文化快速流失的问题。根据我们对《中国的语言》（孙宏开、胡增益、黄行主编，商务印书馆，2007年）一书的统计，在该书收录的129种语言当中，有64种使用人口在10000人以下，有24种使用人口在1000人以下，有11种使用人口不足百人。而根据"语保工程"的调查，近几年中至少又有3种语言降入使用人口不足百人语言之列。汉语方言尽管使用人数众多，但许多小方言、方言岛也在迅速衰亡。即使是那些还在使用的大方言，其语言结构和表达功能也已大大萎缩，或多或少都变成"残缺"的语言了。

冥冥之中，我们成了见证历史的人。

然而，作为语言学工作者，绝不应该坐观潮起潮落。事实上，联合国教科文组织早在1993年就确定当年为"抢救濒危语言年"，同时启动"世界濒危语言计划"，连续发布"全球濒危语言地图"。联合国则把2019年定为"国际土著语言年"，接着又把2022—2032年确定为"国际土著语言十年"，持续倡导开展语言保护全球行动。三十多年来，国际上先后成立了上百个抢救濒危语言的机构和基金会，各种规模和形式的濒危语言抢救保护项目在世界各地以及网络上展开。我国学者在20世纪90年代已开始关注濒危语言问题，自21世纪初以来，开展了多项濒危语言方言调查研究课题，出版了一系列重要成果，例如孙宏开先生主持的"中国新发现语言研究丛书"、张振兴先生等主持的"汉语濒危方言调查研究丛书"、鲍厚星先生主持的"濒危汉语方言研究丛书（湖南卷）"等。

自2011年以来，党和政府在多个重要文件中先后做出了"科学保护各民族语言文字"、

“保护传承方言文化”、“加强少数民族语言文字和经典文献的保护和传播”、“科学保护方言和少数民族语言文字”等指示。为了全面、及时抢救保存中国语言方言资源，教育部、国家语委于2015年启动了规模宏大的“中国语言资源保护工程”，专门设立了濒危语言方言调查项目，迄今已调查106个濒危语言点和138个濒危汉语方言点。对于濒危语言方言点，除了一般调查点的基本调查内容以外，还要求对该语言或方言进行全面系统的调查，并编写濒危语言志书稿。随着工程的实施，语保工作者奔赴全国各地，帕米尔高原、喜马拉雅山区、藏彝走廊、滇缅边境、黑龙江畔、海南丛林等地都留下了他们的足迹和身影。一批批鲜活的田野调查语料、音视频数据和口头文化资源汇聚到中国语言资源库，一些从未被记录过的语言、方言在即将消亡前留下了它们的声音。

为了更好地利用这些珍贵的语言文化遗产，在教育部语言文字信息管理司的领导下，商务印书馆和中国语言资源保护研究中心组织申报了国家出版基金项目“中国濒危语言志”，并有幸获得批准。该项目计划按统一规格、以EP同步的方式编写出版50卷志书，其中少数民族语言30卷，汉语方言20卷（第一批30卷已于2019年出版，并荣获第五届中国出版政府奖图书奖提名奖）。自项目启动以来，教育部语言文字信息管理司领导高度重视，亲自指导志书的编写出版工作，各位主编、执行编委以及北京语言大学、中国传媒大学的工作人员认真负责，严格把关，付出了大量心血，商务印书馆则配备了精兵强将以确保出版水准。这套丛书可以说是政府、学术界和出版社三方紧密合作的结果。在投入这么多资源、付出这么大努力之后，我们有理由期待一套传世精品的出现。

当然，艰辛和困难一言难尽，不足和遗憾也在所难免。让我们感到欣慰的是，在这些语言方言即将隐入历史深处的时候，我们赶到了它们身边，倾听它们的声音，记录它们的风采。我们已经尽了最大的努力，让时间去检验吧。

曹志耘

2024年3月11日

目录

第一章 导论

第一节

调查点概况

一　武宁县概况[①]

武宁县隶属于江西省九江市，位于江西省西北部，地处鄂赣交界地区，北纬28°52′35″—29°34′29″，东经114°28′17″—115°26′34″，县域面积3506.6平方公里。周边与湖北省的通山、阳新以及本省的瑞昌、德安、永修、靖安、修水接壤。幕阜山、九岭山两大山脉绵亘南北，修河横贯东西，是典型的山区县。截至2023年，全县辖8镇10乡，1开发区，1街道办；9个居委会，183个行政村，3个直属场，总人口39万。

1970年，武宁县复工续建柘林水库（2006年更名为“庐山西海”），1972年开始蓄水。随着库区面积的扩大，不少刚刚来此的浙江移民不得不和本地居民一起再次迁移，原武宁县城也迁至修河南岸的南市岭，仍称新宁镇。20世纪90年代开始，武宁撤乡并镇。1992年8月，浙江移民中畲民所在的聚居地之一罗坪乡撤乡建镇。2003年12月，另一部分浙江迁来的畲民聚居地黄塅镇与严阳乡、南市乡并入新宁镇，于原新宁镇辖区设豫宁街道办事处。2005年10月8日，武宁县人民政府批准建立新宁镇团结畲族村。

二　团结畲族村简介

团结畲族村（以下简称“团结村”）是武宁县新宁镇的一个行政村，位于县城老城区东部约7公里处，是移民大村，也是武宁县四个少数民族村之一。全村总面积21.6平

① 相关数据和时间依“武宁县人民政府”（http://www.wuning.gov.cn/）。

方公里，下辖16个村民小组，目前有747户，2589人，[1]其中有一半左右是浙江移民、本县库区移民及他们的后代。本书的调查点是团结村的村委会所在地，当地人称之为“仓下”[$ts^hoŋ^{44}xa^{21}$]。整个仓下自然村南临武安寨山，武安寨山山脚与仓下村之间原为良田，今改建为新设的深山移民安置点——武安锦城小区。包括畲民所居的第11组在内的多个村民小组已为武安锦城所包围，是名副其实的“城中村”。

今团结村的村委会设于第11组，有50余户，220余人，基本为畲族。根据武宁县民族宗教事务局（以下简称“县民宗局”）提供的统计数据，新宁镇的畲族人口数量是235人，主要分布于团结村的第11和第8村民小组，其人口构成如下：

表1–1　新宁镇畲族人口构成表（2015年统计）

年龄段	0—20岁		21—60岁		60岁以上	
性别	男	女	男	女	男	女
人数	39	31	67	63	17	18
比例	16.6%	13.2%	28.5%	26.8%	7.2%	7.7%

加上在罗坪镇聚居的390多名畲民以及县内其他散居的浙江畲民，整个武宁县的浙江畲民及其后代不到800人，约占该县畲族总人口数的30%。武宁县境内另有一批世居当地的畲民，他们是早期畲族移民的后裔，至今还保留着部分畲族传统风俗，但已不会说畲话，日常交际语言是聚居地的赣语。

操畲话的团结村畲民，文化程度普遍不高。据不完全统计，村里20世纪90年代以前出生的畲民中有大学学历的共3人，分别是本地退休教师兰樟清、县教体局干部雷美珍和在外地工作的雷红剑。当然，还有一些从该村走出去的大中专生，接受基础教育时即在附近集镇生活，日常并不以畲话为主要交际语言。在新中国成立以前，畲民中接受过学校教育的不多，除个别年纪较大的外，团结村60岁以上的畲民，男性多数进过学堂，但基本读到高小毕业就未继续升学，有的人靠后期自学基本能看懂报纸和杂志；女性则多是文盲。以我们的发音人为例，雷土根先生是家中独子，8岁开始读书，当时还在淳安县，12岁移民到建德县，14岁小学毕业后先在生产队劳动，1965年底被大队推荐到公社读农中，半年后辍学。雷土根先生的妻子钟成连女士则因为是长女，需要分担家务，6岁就开始放牛，从未进过学堂。雷兰根先生也是8岁读书，仅读了6年就辍学参加劳动，因为业余喜欢唱越剧，又曾担任过村干部，通过自学，能看书读报。老一代畲民由于在接受基础教育时其教师多为不会说畲话的汉族人，因此读畲话字音很不稳定，常常受到其读书时的权威方言影响，

[1] 据“武宁县人民政府”2022年7月更新的数据。

对《方言调查字表》上的字，也只认识一些常见的；而且，即使是口语音，也处在急剧的变化之中，口语常用词分解到语素时，往往需要多人参定才能确定该语素的读音，这给我们的调查增添了不少变数。60岁以下的畲民，基本上是在武宁本地完成的基础教育。本地原有村级小学，名为黄塅武安小学，1987年12月被九江市人民政府正式命名为武安民族小学，并于1990年兴建教学楼，这是九江市第一所民族小学。2005—2006年，花棚完小、石枧完小并入武安民族小学，成为片区完小，后又在深山移民安置点觅址另建新校，成立武安锦城小学暨武安民族小学（现在改称“武安锦城民族小学”）。雷土根先生的女儿雷美珍女士担任武安民族小学校长期间，于每周设置一节畲族校本课，学习畲族语言、传统文化、畲族山歌等，今因人事更迭而不常开设。本村畲民小学毕业后，多进入附近的中学就读，初中毕业后，成绩好的进入县城的高级中学，有些去读技校或职高。40岁以下的畲民一般念完中学就开始工作，以前是外出打工，近年由于周边兴建了工业园，一些人也返乡务工，但依然有不少人在外工作或经商。

第二节

武宁畲话

一　团结村畲民的来源

团结村的老年畲民，不少原系浙江省淳安县茶园乡金家村人。金家村的居民来自各地，多为清末以后社会动乱时期的难民，该村原有村民100余人①。据畲民雷土根先生夫妇和雷兰根先生介绍，他们都是在曾祖辈时由浙南迁至金家村的，雷土根的曾祖由兰溪迁入，雷兰根的曾祖由现在的丽水一带迁入，钟成连的祖先则是从福建迁去的。由于历史上的数次迁移，团结村畲民家中许多生活资料和历史文献已经损毁严重，故此难以查考畲民迁至淳安的具体情况。武宁县民宗局曾向我们提供了数帧畲族家谱材料——䈴（篴）义堂刊《雷氏宗谱》残本照片。这些家谱是与团结村畲民同源的罗坪镇畲民从浙江带来的，纂于光绪六年（1880年），补修于光绪三十二年（1906年），其卷一23A—24B记录了该谱的分领情况："我祖自肇迁居云和，创建宗祠，始纂谱牒，迄今二百余年未曾修纂，以至日深月盛，诚恐难以稽考，幸今云和雷氏祠留存宗谱一部，照谱滕（誊）录看念，原是一脉亲亲然。我等会议，谨择今春设局将谱续修增辉印刷九部，……谱修于九月告竣，凡领谱者务以珍重，幸勿遗失，每年春秋二祭取出，验明以传，子孙永远牒修增辉耳。"虽然还不知道此谱的原藏者是否也是金家村畲民，但至少可以判断，20世纪初仍有畲民从浙南的旧处州府（今丽水地区）往浙西的旧严州府（今桐庐、建德、淳安）一带迁徙。

新中国成立后，团结村的畲民经历了数次集体辗转迁徙的移民过程。1959年新安江水库开始兴建，金家村畲民随即迁至几十公里外的建德县更楼公社（当时称新安江公社更楼

① 团结村村委会办公楼的宣传展板提到"团结畲族先辈们从广东山区迁徙，1931—1969迁徙浙江淳安、建德县"，但我们没有找到其他文献佐证。

管理区，1961年7月改称更楼公社）骆村大队，分散居于各生产队，同时，亦有其他村落的畲民迁居到此。1968年，富春江水库开始蓄水，库区水位不断上涨，桐庐、建德、淳安三县迁出大量移民，除迁往浙江省内其他地区外，其余主要迁往江西和安徽。据江西省人民政府赣府发〔1995〕29号文件①显示，1958—1973年，浙江省新安江、富春江水库迁赣移民达14.2万人。1969年10月至1970年1月，大部分建德县更楼公社的迁赣畲民分别迁至赣西北的武宁县和赣东的资溪县。迁至武宁县的自东向西主要分布在当时的罗坪公社和黄塅公社，当时迁到黄塅的畲民有178人，迁到罗坪的有384人②，另有一些畲族移民散居县内多个公社。这些畲民之间多有亲戚关系，同根同源，语言相同。迁到黄塅公社的畲民，最初被安置在彭树大队（今武宁工业园区凤口村）的东塅，该地原系水滨；1971年春③，又因柘林水库水位提升，大部分畲民迁至石枧大队④的仓下，即现在的居住地建村，小部分畲民迁至茶子坪（今属花棚村）。

从浙江建德一带迁入武宁的畲民，其原籍并非一个自然村。据了解，他们有的来自淳安县的金家村，有的来自金家村周边，有的本来就世居更楼公社一带。在1959年移民之前，几个畲民聚居地的畲话可能还有差异，但后来迁到同一个大队共同生活了十年，而后又再次一起迁到江西，不同来源的畲民内部语言交融的时间达60余年，在保留各自差异的同时也形成了新的共同特点。为了保证语料来源的一致性，我们选择了几位原淳安县茶园乡金家村出生的畲民作为老派发音人。本书所描写的武宁畲话，实际上是团结村的畲话。

二　武宁畲话的情况

团结村的畲族人自称“山客”[san^{44}xᴀʔ^{4}]，称本村的畲话叫“山客话”[san^{44}xᴀʔ^{4}uɑ^{21}]，这与国内其他操畲话的畲民相同。因为畲民自己住在山上，所以他们将汉族人统称为“下佬”[xɑ^{21}lɑu$^{35-55}$]，汉族话不论方言属性统称为“下佬话”[xɑ^{21}lɑu$^{35-55}$uɑ^{21}]。日常交流中，小到一个词，大到一句话，哪些是“山客话”，哪些是“下佬话”，在畲民的意识中有比较强的差异；但对于“下佬话”中的各种具体差异，其感觉则不如前者明显。当地畲民口中常说的“淳安话”“寿昌话”“梅城话”“老表话”“河南话”等都是汉语方言借词。

武宁畲话的归属，从语言本体来看，目前尚难定论。较之我们此前调查的贵溪樟坪畲

①《江西省人民政府关于进一步做好浙江省新安江、富春江水库迁赣移民工作的通知》。

② 武宁县地名办公室（1985：153、165）。

③ 据武宁县民宗局的同志介绍，团结村的畲民迁到现址是1970年9月，但雷兰根等几位畲民回忆，迁来时是三四月份油菜花盛开的时候。此依畲民说。

④“石枧”是旧地名，指的是当地在岩石上开凿而成的三段灌溉渠道，亦曾为大队名。畲民迁来后不久，该大队被拆分为武安大队和石枧大队，仓下隶属武安大队。

话，武宁畲话在语音系统上最显著的特点是中古全浊声母字不论平仄今读送气和不送气塞音、塞擦音声母的情况皆有（因字而异、因词而异、因人而异的情况都存在），以及中古精知庄章见组声母在细音前完全合流，这与学界判断客赣方言的标准是不同的。

深入调查词汇和自然口语语料的结果显示，武宁畲话虽然有大量明显与客赣方言相同的语言现象，但并非单纯的客赣方言。其底层确实存在一大批不论平仄都读送气塞音、塞擦音声母的中古全浊声母口语常用字。同时又有为数不少的闽语、吴语和徽语借词，以及与闽语和吴语相同的语法形式，如单音节形容词的生动形式也与客赣方言的XA式不同，而是AA式，这一语法形式也见于其他地区的畲话中。

从调查的结果初步分析，我们目前倾向于认为武宁畲话是一种在多方言的不断影响下而形成的混合型汉语方言。从它的身上可以看到诸多汉语南方方言的特点，这些特点，有些是武宁畲话的特征，有些则是整个畲话的共同特点。哪些是共性，哪些是特性，有赖于在深入调查研究全国畲话的基础上进行整体的系统比较。

第三节

武宁畲话的使用现状

在团结村，武宁畲话处在其他汉语方言的包围之中，是典型的方言岛。在这个孤岛内，在籍的畲族人口有200多人，但其中能流利使用畲话作为日常生活语言的则很少。他们的语言受到原移民地方言和本地赣语的双重影响，其中本地赣语为强势方言，是当地经济社会活动的主要交际语，畲话被赣方言挤压的生存状态随处可见。

团结村的畲民，生活在“浙江队”中。当地的浙江移民及其后代主要说浙西的严州徽语，他们主要来自淳安和建德两地，而今浙江省建德市由原来的建德县和寿昌县于1958年合并组成，原建德县县城为梅城镇，原更楼公社通行的却是寿昌话。1969年迁居武宁时，有不少说梅城话的人也一起迁居至此，加上更楼公社居民本身操的寿昌话，以及从淳安迁居建德的老一代移民说的淳安话，团结村内仅徽语就至少有三种口音。随着时代和人口的更迭，当地的“浙江话”以寿昌话和梅城话居多，淳安话仅为80岁以上的老年人内部口头交际所使用。而整个“浙江队”，又生活在武宁“老表”①的包围之中。特别是近年来，随着武宁县深山移民安置点的建立，大量来自县内各地操不同口音的本地“老表”迁入团结村村委会所在的社区，对武宁畲话的影响越来越明显和复杂。团结村周边，除操赣语的武宁“老表”外，还有不少清末至抗战时从河南光山等地迁来的移民及其后代，他们中的很多人在20世纪60—70年代因柘林水库蓄水而与不少浙江移民一起被重新安置。几十年间，相互影响，很多浙江移民还学会了“河南话”。本书所调查的几位老年发音人，“山客话”、“老表话”②、

① “老表”是江西境内操赣方言的年龄相近的成年男子的互称，从赣北到赣中，这个说法普遍使用。不少人也写作“老俵”。在许多文学作品和新闻报道中，“老表”是国人对江西人的称呼。

② 主要是新宁镇一带的武宁赣语。

"浙江话"[①]都会说；而青年发音人则主要讲"山客话"和"老表话"；还有一些青少年则只会说"老表话"。我们在整个的调查过程中，除少部分时间住在县城外，多数时间吃住都在仓下。平时在村内，畲民们互相交流都用"山客话"；与武宁本地人交流用"老表话"；与外地人基本能用普通话交流；遇到同行政村的浙江裔汉族人，往往能迁就对方，用对方所操的方言交流；嫁到汉族家庭的畲族妇女回村依旧说"山客话"。

团结村的畲族同胞，主要是雷、兰、钟三姓。但团结村内日常能用畲话交流的并非仅这三姓，大致分为两种情况：一是外村嫁到畲族家庭的老年妇女不少会说畲话，如雷兰根先生的岳父是汉族人，岳母是畲族人，他的妻子从小就会说畲话，与雷兰根先生结婚后更是一直说畲话；二是有的老年汉族村干部在浙江时即与畲民一起生活，也能用比较熟练的畲话与畲民交流。团结村的畲民中，20世纪90年代以前出生的，基本能说畲话；但21世纪出生的畲族小朋友，不少已经不会说畲话了。加上在罗坪镇聚居的畲族居民以及县内其他散居的浙江畲民和能说畲话的其他民族群众，整个武宁县境内能操流利畲话的居民当在600人左右。

团结村的畲民初来武宁时，畲话在村内有较强的优势。一些到本地才开始接触的事物，他们都能用畲话加以重新改造命名，如武宁的名小吃"拳头粑""碱水粑"，团结村畲民都改称为"拳头粄"[$k^huən^{22}t^hieu^{22}pɔn^{35}$]、"碱水粄"[$kan^{35-55}ɕy^{35-55}pɔn^{35}$]；冬季熏制腊肉也是到本地后才跟"老表"学会的，团结村畲民把熏制而成的腊肉叫作"烟熏髀"[$ian^{44}ɕyn^{44}pi^{35}$]。这说明，当时"山客人"的族群观念和文化传承意识较强，畲话具有顽强的生命力。

畲话使用范围的萎缩，与社会变迁息息相关。因为靠近县城，较之县内的其他地区，团结村的教育资源相对丰富，学校的师资和生源也比较复杂。改革开放以来，团结村畲民的教育事业逐渐发达，教育观念也有较大变化，他们希望下一代接受更好的教育，乃至通过升学来改变命运。畲族青少年要读书，就必须走出畲寨，和广大新老移民后代朝夕相处，与本地土著居民后代如影随形，耳濡目染的多是武宁赣语和普通话，这对通过家庭环境习得母语及个人的母语能力是有较大影响的。在社会城镇化进程加剧的过程中，一方面，人口的增长和生活方式的改变使得年轻一代浙江移民必须走出乡村，融入城镇，追求更好的物质和精神生活；另一方面，在城镇化进程中失去土地的团结村畲民同时也失去了祖辈赖以生存的传统生产资料，无法借以继承和发展传统的农业生产方式，只能靠其他办法谋生，维系和发展家庭。求学、务工、组建新的家庭等三个人生环节成为锻造畲民后代日常生活语言结构的客观环境，除非家庭中有比较强的民族文化传承意识，且日常生活中又有占据优势的语言环境，否则青年畲民并不将畲话作为生活语言和工作语言的首选。

畲话的习得情况也与具体的家庭情况有关。以雷土根、钟成连夫妇为例，他们有一女

① 每人情况不同。以我们接触的几位老年层发音人为例，男性发音人对外寿昌话和梅城话比较熟练，女性发音人对外淳安话说得比较熟练。

二子，女婿和两个儿媳都是本地“老表”，三个孙辈都是90后。雷土根先生的女儿、女婿原都是武安民族小学教师，后来女婿调往附近的乡镇所在地中学工作，由于夫妻两人都不住在团结村，未刻意要求自己的女儿学习畲话。雷土根先生的外孙女初中毕业就去外地读高中，高中毕业后在南昌读了4年大学，本科毕业回乡后先做社区干部，而后又通过公开招考，任乡镇干部。至今，雷土根夫妇的外孙女能听懂畲话，也能说一点简单的畲话，调查时碰到有些老年畲族人暂未想起的口语土俗词，还能给老人家予以提示，但却没法用畲话流利交流。雷土根夫妇的大儿子一家因为和他们生活在一起，孙子从小由他们带大，至今能用比较流利的畲话与他们交流，但与父母和朋友之间还是以本地的赣方言交流；小儿子和小儿媳生活在县城，小孙子也在县城读书，后来又在外地念大学，因此基本不会说畲话。21世纪出生的畲族小朋友中，能否说流利的畲话更是取决于家庭。我们曾调查过的青男发音人兰森先生虽然和父母都住在村里，家里也只有兰森的太太一个本地“老表”，但在生活中他和父母三人并不与自己的两个女儿说畲话，而是说普通话，因此，两个小孩也不会说畲话；青女发音人兰云嫁到外村，后来一直在家带小孩，但由于曾在浙江一带工作，知道普通话的重要性，也没有要求孩子学畲话；反倒是雷兰根先生夫妇，他们的儿子在外务工，孩子留在本村生活，女儿则嫁在本村，第三代平时都与他们生活在一起，因此，雷兰根先生夫妇上幼儿园的孙女都能讲很流利的畲话。除以上四个典型家庭外，我们还通过询问的方式了解到团结村内其他家庭的语言使用状况，多数在村内生活的畲族家庭情况与此相仿。需要特别说明的是，武宁县是劳务输出大县，当地浙江移民更有悠久的经商传统，除非逢年过节，平时村内30—40岁的畲民已很难找到。所以，目前只能就在村内生活的90后、00后的语言使用情况做简单调查，而难以展开细致的问卷调查和分析。好在团结村的畲民不多，抽样调查已经很能说明问题。通过对代际语言传承、语言使用者的绝对人数、语言使用者占总人口比例等主要指标的大致考察，我们发现武宁畲话在畲民中间已渐渐被放弃，其语言活力逐渐削弱。考虑到现代社会的急剧变化和畲民生活方式的改变，可以看到，今天的武宁畲话已成为一种严重濒危的汉语方言（severely endangered Chinese dialect）。如不采取有效措施加以保护，在可预见的将来，在周边强势方言和普通话持续不断的双重挤压下，团结村畲话的交际功能将越来越弱，使用人口将越来越少，最终走向消亡。

团结村畲话的窘境在于，由于历史的原因，老一辈的畲民识字不多，没有文教优势，在囿于传统的农业生产时，因相对封闭，尚可在畲民内部很好地维持传统语言生活状况，但因为使用人数太少，除较大型的畲族传统风俗活动（如丧葬、婚礼、节庆等，此类活动多和罗坪镇畲民一起互动）会较多地使用传统的畲话口头文化外，平时很难形成一种方言文化体系让武宁畲话很好地传承下去。社会的剧变和生活方式的改变，使畲话传承举步维艰，当相对独立的小家庭中开始逐渐不讲畲话时，武宁畲话日渐式微的结局也就可以预见了。

第四节

武宁畲话的研究现状

畲族是中国55个少数民族之一，主要生活在中国东南部的广东、福建、江西、浙江、安徽等省的山区。除已改说居住地汉语方言的外，现代畲族使用的语言有两种：一是主要聚居于广东省东中部惠东县的莲花山区，博罗县、增城区的罗浮山区的畲民所使用的畲语，属苗瑶语族的一种；一是广东省东部凤凰山区，福建省，安徽省东南部，江西省北部、东部和中部以及浙江省南部、西部的畲民所使用的语言，这种语言分布较广，内部差异较大，但又有很强的共性，被学界称作畲话，从其语音、词汇、语法系统来看，属汉语方言。本书的调查对象属于后者。

20世纪20年代到30年代初，国内一些学者已经认识到畲话是一种跟汉语方言相似的语言（胡先骕，1922；沈作乾，1924、1925；董作宾，1926a、1926b）。如沈作乾（1925：112）就否定了"畲民之言语，甚类粤音"之说而强调"然其腔调甚似，则可断言也"。董作宾（1926a：18）则指出"畲语和汉语是一个语根"，这里的"畲语"其实就是畲话。黄家教、李新魁（1963）描写了广东潮安畲话的语音系统，"畲话"这一概念也是由黄、李二人提出的。罗美珍（1980）分析了福建福安甘棠乡的畲话，指出甘棠畲话是更接近客家话的汉语方言，这个结论为学界普遍接受。20世纪90年代，温端政（1991）调查了浙江省苍南县的岱岭畲话，游文良（1998a、1998b、1999）调查了福建畲话和浙江南部畲话，其成果作为相关方志的"方言"或"语言"部分刊布。其他地方志也记录了一些当地畲话的语言材料。

进入21世纪，国内的畲话研究开始蓬勃兴起。游文良（2002）提供了闽、赣、浙、粤四省多个地点畲话的字音、词汇和语法等基础语料，同时进行了一些讨论；赵则玲（2004a）比较了浙江多个地点畲话的情况；游文良等（2005）和游文良（2009）分别对广东凤凰山畲话和闽东地区多个地点的畲话做了较为详细的描写。这些著作不仅提供了丰富的畲话材料，也促使学界对畲话的价值有了重新认识。其他如刘纶鑫等（2008）、胡松柏等（2013），都是比较详细描写单点畲话的专著。同时，不少学者以畲话研究为学位论文的选题，如傅根清（2001a）、吴中杰（2004a）和雷艳萍（2007），影响不小。此外，学界关于畲话的论文也不少，如傅根清（2001b、2002a、2002b、2002c、2003）主要讨论畲话跟客家话和闽方言的关系，赵则玲（2002、2003a、2003b、2004b、2006）主要讨论浙江南部的景宁以及其周围县市使用的畲话，郑张尚芳（2001）讨论了浙南畲话的语音特点和来源，赵则玲、郑张尚芳（2002）描写了浙江景宁畲话，吴中杰（2001、2002、2004b）讨论畲话和客家话的异同。其他如胡松柏等（2004）、雷艳萍（2006、2008a、2008b、2009、2011、2012、2013、2015、2017、2021）、余颂辉（2008、2009、2010）等，都从不同角度探讨了畲话的问题。

国外学者关于畲话的研究始于20世纪30年代。Stübel等（1932）记录了浙江景宁敕木山畲话的部分词条和畲族民歌，从语言学角度来看，他们的描写能力尚有不足。罗杰瑞（Norman，1988）描写了福建省罗源县的畲话，矢放昭文（1993）报道了有关浙南畲话的研究[①]，大岛广美（2002、2009、2010、2011）对各地畲话做了比较细致的描写和总结[②]，中西裕树（2008）探讨了畲话的归属，等等。此外，柯蔚南（W. South Coblin）近年来十分关注客、赣、畲等方言的现状和历史，他利用已刊的畲话调查材料，进行系统和细致的比较后，构拟出“共同畲话”（Common Shē），并撰写了相关著作，不过我们目前尚未看到该书。

从学界畲话研究的发展来看，畲话研究的重点已从田野报告向对畲话内部以及畲话与其他汉语方言乃至少数民族语言的比较研究上转移，研究的深度和广度都有所加强，不少论著眼光独到，颇具价值。但较之其他汉语方言研究，尚有很大提升空间。

依据中国语言资源保护工程规范和技术，对汉语濒危方言进行研究，摄录完成一定的字、词、句和口头文化语料，同时辅之以补充调查的全程数字技术录音，为世人留下可供播放和检验的语料，不仅必要，而且迫切。

前辈学者关于畲话研究的成果逐渐积累起了可观的畲话语料，有利于畲话研究重点的转移。近年来，学界发表了不少研究畲话深层次问题的论著，成果丰硕，但尚留有研究空白。如罗美珍（1980）关于畲话属性的论断广为人知，但随着调查的深入，人们逐渐认识到畲话除具有客家话的基本特点外，还与闽语、吴语以及中国东南部其他的汉语方言乃

① 转引自吴中杰（2004a）。

② 大岛广美亦曾于2016年以畲话语音研究为博士学位论文获得中山大学博士学位，但我们尚未获得授权来研读其博士学位论文。

至少数民族语言具有某些共性。历史上畲民经过数百年的不断迁徙，以小族群聚居的方式散居各地，其语言不可避免地要受到曾居地和现居地语言的影响，语言接触导致的方言融合可想而知，还有很多畲民放弃了畲话，而改操居住地周边的其他汉语方言。各地畲话的差异明显，这是语言自我发展的不平衡性和日益频繁的语言接触造成的；另一方面，不论居住在哪一地区的畲民，只要说的是畲话，相互之间就能通话，实现基本交流，这也说明了畲话之间的共性特征明显，因此有必要将单点畲话的细致调查研究和全国畲话的宏观比较研究结合起来，在个性研究中考察共性，在共性比较中凸显个性。全国畲族人口只有几十万人，各地真正能用畲话熟练交流的人更少。面对这样一个复杂的濒危方言群，无论是探讨源头还是描写现状都是非常急需的。

武宁畲话属于20世纪60—70年代由浙江移民带来的畲话。这部分移民原生活在旧严州府辖地，这一地区位于浙西山区，普遍通行徽语，对当地的畲话，目前尚未搜集到系统的方言研究成果。前述赵则玲（2004a）的研究仅限于浙南地区，并不涉及浙西。因此，对武宁畲话的研究，实质上也是对浙西旧严州府辖地畲话的回溯研究。时彦有关武宁畲话的研究，据不完全了解，可能有二：一是大岛广美先生曾告知她在武宁县的罗坪镇调查过当地的畲话；二是雷兰根先生和雷成东先生曾告知，当地深山移民安置点工程开始建设前，胡松柏先生曾带学生在当地住过一晚，问了一些“山客话”的说法①。由此可见，对武宁畲话的深入调查研究意义重大，它不仅可以记录和保存濒危汉语方言的原始资料，还能弥补有关浙西地区畲话研究的不足，同时武宁畲话又是语言接触的良好样本，能丰富语言演化的研究材料，补充少数民族汉语研究的资料。

① 胡松柏等（2013：5）也提到了他们撰有《江西武宁畲话述略》一文，但未见刊布。

第五节

调查说明

本书的方言语料都是第一手材料。从2016年春至2018年秋的两年半中，我们一共到团结村进行过7次实地调查，累计两个多月。分别简介如下：

第一次是2016年3月初，首次到团结村，在雷土根先生家中与畲民座谈。了解了团结村的历史和现状，并调查了团结村的语言使用情况。

第二次是2016年6月底至7月初，在雷土根先生家中，对雷土根、雷兰根和雷成东三位发音人进行调查。完成了《中国语言资源调查手册·汉语方言》主要部分的纸笔调查，同时用高保真数字录音机做了全程录音。

第三次是2016年7月中旬至7月底，前期住在团结村，后期转移到武宁县县城，完成了《中国语言资源调查手册·汉语方言》的补充纸笔调查和基本摄录工作，并录制了大量自然口语语料。

第四次是2016年12月底，在武宁县县城，根据前期对摄录结果的检查，补充摄录了一部分内容。同时也核实了一部分调查条目，录制了一些自然口语语料。

第五次是2017年7月中旬，利用全程录制自然口语语料的方式，以词语调查表为纲，开展对武宁畲话的词汇调查。

第六次是2017年7月底到8月下旬，兼用录制自然口语语料的方式，继续完成词汇调查和语法例句调查。这两次调查都住在雷土根先生家中，白天调查，晚上整理纸笔记录和全程录音材料，次日核实补充新的问题，然后再继续调查。

第七次是本书初稿完成后，2018年9月下旬到团结村核对同音字汇，同时核实了部分词条，并根据上年词汇调查的情况，拍摄了部分照片。

其余时间，也通过电话和微信的方式做了零星的调查、核实。以下是田野调查的两年半中先后协助我们调查的发音人的基本情况。特志于此，以表谢意。

雷土根，男，1948年生，团结村村民，畲族，高小文化程度，母语是淳安金家村畲话，父母和配偶都是金家村的畲民。分田到户以前，曾做过生产队的出纳，除畲话外，还会说寿昌话、梅城话、“老表话”和普通话。武宁畲话处在急剧的演变之中，雷土根先生的发音相对稳定，承担“方言老男”的调查和摄录工作，自始至终协助我们的调查。

雷兰根（1952—2020），男，团结村村民，畲族，高小文化程度，母语是淳安金家村畲话，父亲是金家村畲民，母亲是建德更楼镇桐子源村的畲民。迁来武宁后曾担任过村干部，除畲话外，还会说寿昌话、梅城话、“老表话”和普通话。雷兰根先生为人热情，对畲族的风土民情比较熟悉，他和雷土根先生一起协助我们完成了纸笔调查，并承担“口头文化”的调查和摄录任务。

钟成连，女，1950年生，雷土根先生的妻子，团结村村民，畲族，未接受过学校教育，母语是淳安金家村畲话，父亲是金家村的畲民，母亲是淳安县茶园乡黄水村的畲民。除畲话外，还会说淳安话、“老表话”和普通话，并会一点寿昌话、梅城话。钟成连女士承担“方言老女”和“口头文化”的调查和摄录任务，在词汇调查阶段，她也协助我们补充了不少有价值的语料。

兰森，男，1982年生，团结村村民，畲族，初中文化程度，母语是武宁畲话，父亲是淳安县的畲民，母亲是出生在建德县更楼公社的畲民。除畲话外，他还会说“老表话”和普通话。承担“方言青男”的调查和摄录工作。

兰云，女，1987年生，畲族，高中文化程度，出生在团结村，父亲是建德的畲民，母亲是新安江畲民，现都居住在团结村。兰云女士结婚后，和丈夫住在风口村①。除畲话外，她还会说“老表话”和普通话。承担“方言青女”和“地方普通话”的调查、摄录工作。

此外，雷樟连、雷樟凤、雷美珍、兰海松等畲族同胞也协助我们完成了相关“口头文化”和“地方普通话”的调查和摄录工作。雷成东先生（1954年生）与雷土根、雷兰根两位先生一起协助我们完成了《中国语言资源调查手册·汉语方言》的纸笔调查工作。

① 团结村畲民多称“风口”。

第二章 语音

第一节

声韵调

一　声母（20个，包括零声母）

p 帮兵朋飞	p^h 派病蜂饭	m 麦明味问	f 副火裤芋飞	
t 多东桌毒	t^h 土大天籴	n 泥脑南年		l 路老蓝连
ts 资早租争	ts^h 坐草床煤		s 戏事三顺	
tɕ 酒张郡竹	tɕ^h 字抽权出	ȵ 鱼眼软热	ɕ 书船想十	
k 歌句跪夹	k^h 窠靠菌搉	ŋ 牙熬硬岳	x 货好糠壳	
ø 安县活药味问				

说明：

1. [n]声母也可以拼细音，即[n]与[ȵ]声母在细音前有对立，如：□慢nien^{44} ≠拈～痧：用食指、中指钳痧ȵien^{44} ｜□乳房nien^{21} ≠验 = 染ȵien^{21} ｜□凹陷nieuʔ^{2} ≠业ȵieuʔ^{2}。

2. [l]声母拼齐齿呼的阳声韵时，老年人近似[n]，青年人则一般没有这类情况。

3. [tɕ]组塞擦、擦音声母不少人实际音值近似于[tʃ]组，本书统一记作[tɕ]组。

4. [ȵ]声母只出现在细音前，其发音部位介于[ȵ]和[ɲ]之间，与武宁赣语的[ȵ]声母实际音值稍有不同，本书统一记作[ȵ]。

5. [x]声母拼开口呼时发音部位稍后，有时实际音值近似于[h]，这个声母，年轻人读作[h]。

6. 零声母[ø]的合口呼音节开始时有唇齿化动作，但摩擦不明显，也可记作[ʋ]，本书统一记作零声母。

二 韵母（84个，包括自成音节的声化韵）

ɿ资雌师试	i丝二骑利	u过粗苦鼓	y猪锄去雨
ɑ骂茶牙瓦		uɑ话画划～水	
a他阿～弥陀佛	ia姐写邪车		
o歌坐初所	io靴茄梳疏		
e戏世妻事	ie移艺宜便～		
ə儿～童而反～			
ai财排鞋米	iai快街鸡舐	uai个歪拐外	
ɔi大我簸带			
oi赔胎来开			yoi嘴炊鳃税
əi飞肺碎尾		uəi块鬼围卫	
ɑu宝帽走牛	iɑu饺巧椒姚		
au茅饱炒珓	iau猫爪绕锹		
	ieu头楼凑桥		
əu后鲎虹阄	iəu浮流酒油		
an减山煎年	ian尖店眼千	uan惯顽挽～文	
ɔn南半短颜		uɔn弯湾万～一	yɔn□颤抖
on本恨锻缎		uon官灌瘟观	yon赚权闩原
en灯藤层森	ien变连盐县		
ən坟吞乱顺		uən棍魂裙菌	
	in品深人瘾		yn根斤春唇
ʌŋ硬争腥党	iʌŋ病兄想影	uʌŋ广筐狂矿	
oŋ糖狼床讲	ioŋ娘粮姜羊	uoŋ汪王黄皇	
	iŋ停零影兴		
	iuŋ荣风中龙	uŋ双东松公	
	iɪʔ集笔七一		yɪʔ欶出入
	iʔ壁敌直益	uʔ捉福独谷	yʔ六竹畜叔
aʔ八瘌篾节	iaʔ啮□肏□滑	uaʔ滑挖	
oaʔ泼辣脱割		uoaʔ袜活又	
ɵeʔ阔宽末掇刷		uɵeʔ阔～气国	yɵeʔ绝缺月越
oʔ托郭壳学	ioʔ脚着绿浴		

ɑʔ达塔扎獭		uɑʔ刮活
ɑuʔ搭杂盒鸭		
auʔ喝夹接贴	iauʔ帖一~药：一剂中药	
ᴀʔ白拆隔籴	iᴀʔ炙尺石壁	uᴀʔ扩划计~
eʔ北墨德色	ieʔ密节虱热	
əɪʔ佛卒发~亮		uəɪʔ骨掘物
əʔ鸽特革		
	ieuʔ折瞜业叶	
	iəuʔ粒汁湿十	

n唔不

ŋ五午

说明：

1. 阳平、去声和阳入字单念时，韵母元音段常伴有气嗓音现象。

2. [a]音位的舌位稍高，其中，[aʔ]韵母的主要元音接近于[æ]；[ɑ]音位的舌位偏高偏圆，不少人介于[ʌ]、[ɔ]之间，在[u]韵尾前偏央；[ᴀ]音位出现在[ŋ]、[ʔ]前。[aʔ]、[ᴀʔ]、[ɑʔ]有最小对立，如：节tsaʔ^{4} ≠摘tsᴀʔ^{4} ≠扎tsɑʔ^{4} ｜滑uaʔ^{2} ≠划uᴀʔ^{2} ≠活uɑʔ^{2}。此外，[ɑ]、[ia]、[uɑ]等韵母有动程，接近于[ɑæ]、[iaæ]、[uɑæ]；[uɑʔ]韵母有时又读作[uoaʔ]，但语流中读[uɑʔ]的情况居多。

3. [o]音位偏低，实际音值介于[o]和[ɔ]之间。[o]、[ɔ]两个音位有最小对立，如：对toi^{44} ≠带tɔi^{44} ｜本pon^{35} ≠粄pɔn^{35}。

4. [e]音位有时偏低，接近于[ᴇ]；其中[en]韵母的元音部分有动程且鼻韵尾较弱甚至没有，实际音值为[ᴇi^{n}]、[ᴇi]，有些辖字的韵母实际音值为[eŋ]，但目前未找到最小对立。

5. [ə]音位在[i]前接近于[ɘ]，在[n]前有时读[ɛ]。

6. [uŋ]、[iuŋ]两个韵母，年轻人已全部读为[əŋ]、[iəŋ]（实际音值为[ɤŋ]、[iɤŋ]），老年人则多数是[uŋ]、[iuŋ]韵母和[əŋ]、[iəŋ]韵母以自由变体的形式出现。

7. [u]音位偏低，实际音值接近于[ʊ]，作单韵母时往往有摩擦。

8. [i]、[y]音位较开，实际音值近似于[ɪ]、[ʏ]，作单韵母时有齿化现象。

9. [ia]韵母的辖字中，有一个表示“呵斥”义的单音节词的实际读音为[tɕiɑ^{21}]，该音节只辖此一字，目前未找到最小对立，故归入[ia]韵母。

10. [o]韵母的辖字中，“禾”的实际读音为[uo^{22}]，该音节只辖此一字，目前未找到最小对立，故归入[o]韵母。[oʔ]韵母的辖字中，“镬”实际读音为[uoʔ^{2}]，该音节亦只辖此一字，归入[oʔ]韵母。

11. [oi]韵母在唇牙喉音声母后有唇化的倾向，近似于[ʷoi]。

12. [əi]韵母有的老年人也读成[i]韵母，有时[əi]、[i]是自由变体；年轻人则全部读[i]韵母。老年人[əi]韵母的辖字中，“未否定副词，相当于‘没’”的实际读音为[mei²¹]，与地支之一的“未”[mi²¹]不同音，但在[əi]韵母的唇音声母字中尚未找到最小对立，故归入[əi]韵母。

13. [ɑu]、[au]、[iɑu]、[iau]、[ɑuʔ]、[auʔ]、[iauʔ]等韵母很多时候动程很小，[-u]接近消失。[iɑu]韵母下辖的“□飘扬”的实际读音为[iɑuʔ²]，但[iɑuʔ]韵母只在此处和“□□蝴蝶”[iɑuʔ²iɑu³⁵]中出现且塞尾较弱，故归入[iɑu]韵母。

14. [ɔi]、[ɔn]等韵母的韵腹和韵尾之间有舌位偏低的过渡音，实际音值为[ɔɐi]、[ɔɐn]；有时[ɐ]的音色更明显，舌位更低更后，[ɔ]只有圆唇的趋势，这种情况不仅因发音人的不同而异，同一个人不同时候念同一个字也有差异。

15. [yon]韵母的韵尾前有过渡元音，实际音值为[yoᵊn]。

16. [uən]韵母中，央元音偏前。

17. 入声韵的塞尾[ʔ]较弱，韵母有时也不短促，语流中甚至失去塞尾，读成开尾韵。

18. [iɪʔ]、[yɪʔ]、[əɪʔ]、[uəɪʔ]等韵母中的[ɪ]表示舌体前伸的动程，其实是弱化的[-t]韵尾。[əɪʔ]韵母的辖字中，“实~力”的实际读音为[sʅət²]，但未找到最小对立，仍归入[əɪʔ]韵母。

19. [uɵeʔ]韵母所辖的“阔~气”“括”和“国”“或”等字，韵母实际读音略有差异，但由于声母不同，无法构成最小对立，故合为一韵。

20. [n] 、[ŋ]两个韵母只拼零声母，辖字没有最小对立，但使用频率都较高，听感上差异较大，仍分列两韵。

三　声调（6个）

阴平	[44]	高春盖冻冷坐骂岸
阳平	[22]	平糖狂门龙南牛油
上声	[35]	苦五米鬼老手卵网
去声	[21]	地饭道硬钱虫也领
阴入	[4]	搭接急节日刻百谷
阳入	[2]	合白读叶月落药麦

说明：

1. 阴平通常是一个缓慢下降的调程，少部分人读字时有调值为[42]的自由变体，发音人雷兰根先生读字时阴平字读[42]的较多，语流中[44]和[42]都有；其他人读字时多为[44]，在语流中也有[42]变体。

2. 阳平的起点比去声和阳入的起点都高，可记为[33]，但考虑到与阴平[44]和小称变音中[55]调的音高差，故处理为[22]。

3. 去声的调程较长，也可记作[31]，本书统一记作[21]。

4. 阳入的起点比阳平要低，整个调程略呈下降趋势，但其终点高于去声，故处理为[2]。

第二节

单字音表

本节列出武宁畲话的单字音表，表中同一横行的字声母相同，同一竖列的字韵母和声调相同。空格的表示没有配合关系。同音字用等号“=”上标。有确定语音语义但暂未考定语源的，用带圈的数字序号表示，并在表下加注。有需要特别说明的字加粗表示，也在表下加注。字体加粗的字先注释，有音无字的按数字序号后注释。

表2-1 武宁畲话单字音表之一

	ɿ				i				u				y			
	阴平 44	阳平 22	上声 35	去声 21	阴平 44	阳平 22	上声 35	去声 21	阴平 44	阳平 22	上声 35	去声 21	阴平 44	阳平 22	上声 35	去声 21
p					蓖	琵	比	币	晡	**蒲**	补	**部**				
pʰ					批	皮	**柹**	鼻	铺	菩	谱	步				
m					眯	迷		**未**			母					
f									裤	壶	火	芋				
t							抵	第	都	**徒**	堵	**拄**				
tʰ					替	题	体	地		途	土	渡				
n										奴	努	怒				
l					娌	离	吕	虑	露	卢	鲁	路			旅	
ts	支		紫	自					租		祖	助				
tsʰ	雌	池	此						粗		楚					
s	狮	祠	史	市	四		死		苏		数	巳				
tɕ					济	期	纸	①					猪	②	煮	序
tɕʰ					徛	奇	齿	字					区	徐	取	箸
ȵ					你	疑	蚁	二							女	鱼
ɕ					希	匙	屎						书	薯	鼠	树
k					**渠**				过		果	**姑**				
kʰ									库		**可**					
ŋ																
x																
Ø					医	遗	椅	姨	乌	吴	武	误		如	雨	预

柹 p^hi^{35} 柴～斧屑

未 mi^{21} 地支的第八位

渠 ki^{44} 他，第三人称

蒲 pu^{22} 菖～

部 pu^{21} ～长

徒 tu^{22} ～弟

拄 tu^{21} ～杖挑担时帮助歇担用的棍子

姑 ku^{21} 父亲的姐妹

可 k^hu^{35} ～惜

① $tɕi^{21}$ 年$^=$～丝瓜

② $tɕy^{22}$ 麻将中每一类里面三张连续或相同的牌

表2-2 武宁畲话单字音表之二

	ɑ				uɑ				a				ia			
	阴平 44	阳平 22	上声 35	去声 21	阴平 44	阳平 22	上声 35	去声 21	阴平 44	阳平 22	上声 35	去声 21	阴平 44	阳平 22	上声 35	去声 21
p	巴	琶	把													
pʰ	①	爬		②												
m	马	麻	码	③												
f	花	华														
t				④									爹			⑪
tʰ									他							
n		⑤	⑥													
l	**拉**			邋												
ts	楂															
tsʰ	叉	茶		⑦					**差**							
s	纱	**淳**	洒	沙												
tɕ													遮			⑫
tɕʰ													车	邪	**斜**	
ȵ													⑬			
ɕ													泻	蛇	写	射
k	家	⑧	寡													
kʰ		**蛤**			夸		垮									
ŋ		牙	瓦	砑						⑩						
x	哈	霞	虾	下	化											
ø	鸦		哑	**夏**	哇	划	⑨	画	**阿**				丫	爷	野	夜

拉 lɑ^{44} ～链

淳 sɑ^{22} ～安地名，又读

蛤 kʰɑ^{22} ～蟆衣车前草

夏 ɑ^{21} ～至

差 tsʰa^{44} ～得远

阿 a^{44} ～弥陀佛

斜 tɕʰia^{35} 歪

①pʰɑ^{44} 动词，兜

②pʰɑ^{21} 屎～厕所

③mɑ^{21} ～露雾

④tɑ^{21} 量词，束：一～花一束花

⑤nɑ^{22} 头～脑袋

⑥nɑ^{35} 连词，表条件，与普通话的“那”相似

⑦tsʰɑ^{21} 挡

⑧kɑ^{22} 月 □ ～ ȵyɵeʔ^{2}tɕʰia^{22}kɑ^{22} 月晕

⑨uɑ^{35} 植物的枝条

⑩ŋa^{22} ～油炼制动物油

⑪tia^{21} ～头低头，磕头

⑫tɕia^{21} 呵斥，实际读音为 tɕiɑ^{21}

⑬ȵia^{44} ～气娇气

表2–3 武宁畲话单字音表之三

	o				io				e				ie			
	阴平44	阳平22	上声35	去声21	阴平44	阳平22	上声35	去声21	阴平44	阳平22	上声35	去声21	阴平44	阳平22	上声35	去声21
p	波	**婆**		簿					悲			**备**				**便**
p^{h}	破	婆							稗							
m	魔			磨						**梅**						
f																
t	多	驼	躲	舵					**知**	蹄		**弟**				
t^{h}	拖	砣	桃	**毒**												
n				糯					⑨			⑩				
l	啰	罗	①	箩			⑥			**厘**	垒					
ts	做		左	②					⑪							
ts^{h}	坐	③							妻							
s	唆	锁		④					世	⑫	⑬	事				
tɕ													⑮			
tɕ^{h}					⑦		茄	⑧								
ȵ														**宜**		艺
ɕ					靴											
k	哥		**果**	**歌**					⑭			**髻**				
k^{h}	科		可													
ŋ		鹅		卧												
x	货	何	贺													
ø		**禾**	⑤	**窝**									椰	移		

婆po^{22}接生～
毒t^{h}o^{21} ～鱼用药毒鱼
果ko^{35} ～子狸
歌ko^{21}山歌
禾o^{22}水稻，实际读音为uo^{22}
窝o^{21}酒～靥
备pe^{21}万事俱～
梅me^{22}黄～县名
知te^{44}听～听见
弟te^{21}徒～
厘le^{22}传统度量单位
髻ke^{21}鸡～鸡冠
便pie^{21} ～宜，又读pe^{21}
宜ȵie^{22}便～
①lo^{35}大头～蠓子的一类，个头儿比蚊子小，多见于水田及草地，晨、暮或天气变化时出没，吸血
②tso^{21} ～做怎么，怎么样
③ts^{h}o^{22}摆放
④so^{21}滑坡
⑤o^{35}喊，叫，语流中常读uo^{35}
⑥lio^{35}动词，锉
⑦tɕ^{h}io^{44}蜈蚣
⑧tɕ^{h}io^{21}□～ lau^{22}tɕ^{h}io^{21}蜘蛛
⑨ne^{44}花果等的蒂，含萼叶
⑩ne^{21}黏。沾。惹
⑪tse^{44} ～□tse^{44}t^{h}u^{21}道士作法时举的幡
⑫se^{22}介词，沿着，顺着
⑬se^{35}唔～不止
⑭ke^{44}脚～蟋蟀
⑮tɕie^{44}⑭的又读

表2–4 武宁畲话单字音表之四

	ə				ai				iai				uai			
	阴平44	阳平22	上声35	去声21	阴平44	阳平22	上声35	去声21	阴平44	阳平22	上声35	去声21	阴平44	阳平22	上声35	去声21
p					拜		摆	败								
pʰ					派	排										
m						埋	米									
f						怀		**坏**								
t					低		底	贷								
tʰ					太	啼	**睇**									
n					乃	泥		耐								
l						犁	①									
ts			者		灾	**才**		寨								
tsʰ						齐										
s					晒		洗						帅			
tɕ									街		②					
tɕʰ																
ȵ																
ɕ									舐							
k					该		改	坏					怪		拐	
kʰ													**快**			
ŋ					艾			碍								
x					**解**	鞋	海	**害**								
ø		儿			挨		矮					③			歪	外

坏 fai^{21} 破～

睇 t^hai^{35} 看

才 $tsai^{22}$ 人～

解 xai^{44} 会

害 xai^{21} 厉～

快 k^huai^{44} 外～正常收入以外的收入

①lai^{35} 吐（舌头）

②$tɕiai^{35}$ 蛙的通称

③iai^{21} 撒

表2-5　武宁畲话单字音表之五

	ɔi				oi				yoi				əi			
	阴平44	阳平22	上声35	去声21	阴平44	阳平22	上声35	去声21	阴平44	阳平22	上声35	去声21	阴平44	阳平22	上声35	去声21
p	簸				贝	陪		倍					飞			备
pʰ					胚	赔		吠							啡	
m					妹	媒	每						尾		美	未
f					灰	回		会					悔	肥		
t	戴			①	碓	台		堆								
tʰ	箒			大	胎	抬	腿	袋					⑦			
n								内								
l				赖	④	来		类								
ts				在	载			罪					醉			
tsʰ	②				猜	材	彩									
s					赛	⑤	使						碎	随		
tɕ									嘴							
tɕʰ									吹			⑥				
ȵ																
ɕ									鳃							
k	个			箇	盖			戈								
kʰ					开											
ŋ	我					獃										
x		③		亥												
ø					爱											

箒 tʰɔi⁴⁴ 筛子
个 kɔi⁴⁴ 又读 kuai⁴⁴
箇 kɔi²¹ 近指代词，相当于“这”
使 soi³⁵ 用
戈 koi²¹ 植物的茎蔗。勺形器物
开 kʰoi⁴⁴ 又读 foi⁴⁴
獃 ŋoi²² 呆傻
备 pəi²¹ 预～
啡 pʰəi³⁵ 吐（口水等）
未 məi²¹ 否定副词，相当于“没”
肥 fəi²² ～料
随 səi²² 又读 se²²
①tɔi²¹ 来唔～来不及
②tsʰɔi⁴⁴ 蹭
③xɔi²² ～虫毛虫
④loi⁴⁴ 头旋儿。圆形的指纹
⑤soi²² 一～菜一行菜
⑥tɕʰyoi²¹ 疖子
⑦tʰəi⁴⁴ 流

表2-6 武宁畲话单字音表之六

	uəi				ɑu				iɑu				au			
	阴平44	阳平22	上声35	去声21	阴平44	阳平22	上声35	去声21	阴平44	阳平22	上声35	去声21	阴平44	阳平22	上声35	去声21
p					报		宝	暴					胞		饱	刨
pʰ					脬	袍		①					炮			
m					毛	**无**		帽						茅	卯	
f																
t					刀		岛	道					叼			④
tʰ					套	淘	讨		**挑**				**掉**	跳		
n							脑	闹								尿
l			**铝**		②	劳	老	**牢**		疗				寮	**了**	
ts					糟	早	造						⑤			
tsʰ					操	曹	草						抄		炒	瞧
s					骚	**槽**	嫂	皂					潲		小	
tɕ									胶		饺					
tɕʰ									敲		巧					
ȵ										**饶**						
ɕ									销		**小**	效				
k	鳜		鬼	跪	高		稿	钩					珓		搅	
kʰ	块	魁		柜	靠		考						**较**	⑥		⑦
ŋ						牛							熬		藕	⑧
x					薅	豪	好	号					孝			⑨
ø	威	危	伟	伪	熝	袄				姚	咬	③	坳		拗	

铝 luəi^{35} ～丝

无 mɑu^{22} 否定副词，修饰已然事物

牢 lɑu^{21} 坚固

槽 sɑu^{22} 碾～

挑 tʰiɑu^{44} ～拨

饶 ȵiɑu^{22} 又读 iɑu^{22}

小 ɕiɑu^{35} ～学

掉 tʰau^{44} 助词，表完成

了 lau^{35} 助词，表结束

较 kʰau^{44} 副词，相当于“更”

①pʰɑu^{21} 菜干～放屁虫

②lɑu^{44} 赶□～ kɔn^{55}tɕʰiɪʔ^{2}lau^{44} 竹制赶鸭工具

③iɑu^{21} 飘扬，实际读音为 iɑuʔ^{2}

④tau^{21} 换

⑤tsau^{44} 干，燥

⑥kʰau^{22} ～嘴须用刀刮胡子

⑦kʰau^{21} 封～封灵柩

⑧ŋau^{21} ～食好吃懒做

⑨xau^{21} 亮

表2-7　武宁畲话单字音表之七

	iau				ieu				əu				iəu			
	阴平44	阳平22	上声35	去声21	阴平44	阳平22	上声35	去声21	阴平44	阳平22	上声35	去声21	阴平44	阳平22	上声35	去声21
p					标		表									
p^{h}					飘	瓢	漂						<u>妇</u>	<u>浮</u>		伏
m						苗	秒	庙								
f																
t	雕	**条**		调	兜		抖						④		⑤	
t^{h}	**挑**	调			偷	头	敨									
n							①									
l	聊		**了**		**漏**	捞	篓	料					溜	流	柳	⑥
ts																
ts^{h}																
s																
tɕ	**椒**		爪	**抓**	醮		缴	②					昼		酒	就
tɕ^{h}	锹				凑	潮		轿					秋	囚	丑	**舅**
ȵ	猫			绕											纽	**扭**
ɕ					硝	愁	少	③					修		手	袖
k									阄		**狗**					
k^{h}									扣		**口**		⑦			
ŋ																
x									鲎			后				
∅					妖	摇	舀	鹞					优	尤	友	又

条 tiau^{22} 桁～檩

挑 t^{h}iau^{44} ～头檩木穿出墙外的部分

了 liau^{35} 不得～

椒 tɕiau^{44} 又读 tɕiɑu^{44}

抓 tɕiau^{21} ～痒

漏 lieu^{44} 酒～漏斗

狗 kəu^{35} 驴～子驴

口 k^{h}əu^{35} 伤～

舅 tɕ^{h}iəu^{21} 又读 tɕ^{h}iəu^{55}

扭 ȵiəu^{21} ～衫纽扣扣子

①nieu^{35} 谷物的穗

②tɕieu^{21} 用布等擦

③ɕieu^{21} 高粱

④tiəu^{44} 尾～尾巴

⑤tiəu^{35} 针～顶针

⑥liəu^{21} ～谷翻晒稻谷

⑦k^{h}iəu^{44} 头毛～发夹

表2-8 武宁畲话单字音表之八

	an				ian				uan				ɔn			
	阴平44	阳平22	上声35	去声21	阴平44	阳平22	上声35	去声21	阴平44	阳平22	上声35	去声21	阴平44	阳平22	上声35	去声21
p	边		板										扮	搬	**粄**	办
p^{h}			片										判	盘		饭
m														蛮	满	**馒**
f													鼾	凡	反	犯
t	癫	谈	典	但	店		**点**						耽		胆	
t^{h}	天	田	①										贪	潭	毯	④
n		年	撚										暖	南	⑤	难
l		**然**	览										懒	蓝	卵	烂
ts	剑		盏	暂									簪			錾
ts^{h}	参	残	铲	钱										**蚕**	⑥	⑦
s	衫		筅										三		散	
tɕ					尖			②								
tɕ^{h}					签											
ȵ					拈		眼	③								
ɕ					仙			先								
k	疳		减						**关**		**管**		柑		敢	
k^{h}														⑧	**顩**	⑨
ŋ		癌											岸	岩		
x		咸											旱	含		汗
∅	燕				**烟**	**还**		**现**		玩	**挽**		庵			

然 lan^{22} 既～

点 tian^{35} ～播作物种植方法

烟 ian^{44} 乌～鸦片

还 ian^{22} ～钱

现 ian^{21} ～饭名词，剩饭

关 kuan^{44} 开～

管 kuan^{35} 涵～

挽 uan^{35} ～文办白事时写有哀思文字的帖子

粄 pɔn^{35} 粮食做的糕

馒 mɔn^{21} 体垢

蚕 ts^{h}ɔn^{22} 地～

顩 k^{h}ɔn^{35} 盖

①t^{h}an^{35} ～头明天

②tɕian^{21} 丢弃

③ȵian^{21} 耳～耳环

④t^{h}ɔn^{21} ～人很颠

⑤nɔn^{35} 拇指与另四根手指之一张开的距离

⑥ts^{h}ɔn^{35} 抱

⑦ts^{h}ɔn^{21} 碗～碗橱

⑧k^{h}ɔn^{22} 衫纽～扣襻

⑨k^{h}ɔn^{21} 动词，提。量词：一～葡萄一串葡萄

表2–9　武宁畲话单字音表之九

	uɔn				yɔn				on				uon			
	阴平44	阳平22	上声35	去声21	阴平44	阳平22	上声35	去声21	阴平44	阳平22	上声35	去声21	阴平44	阳平22	上声35	去声21
p											本					
pʰ																
m																
f																
t												锻				
tʰ																
n																
l																
ts																
tsʰ																
s																
tɕ																
tɕʰ																
ȵ																
ɕ																
k	**官**		**馆**										灌		**馆**	
kʰ			款													
ŋ																
x												恨	昏			
Ø	弯			**万**				①					瘟	**完**	碗	换

官 kuɔn^{44} 五～科

馆 kuɔn^{35} 照相～

万 uɔn^{21} ～年青

馆 kuon^{35} 茶～

完 uon^{22} ～全

①yɔn^{21} 颤抖

表2-10 武宁畲话单字音表之十

	yon				en				ien				ən			
	阴平 44	阳平 22	上声 35	去声 21	阴平 44	阳平 22	上声 35	去声 21	阴平 44	阳平 22	上声 35	去声 21	阴平 44	阳平 22	上声 35	去声 21
p					崩				鞭		匾	辩	分		粉	笨
p^h						瓶		凭	偏				喷	坟		
m								③	**面**	绵	免	**面**	问	门	⑩	闷
f													奋		粉	愤
t					登	亭	等	邓	踮	填		簟	顿	饨	不	段
t^h						腾			⑥				吞			
n						能			⑦			⑧				嫩
l					④					廉	⑨	练	轮			乱
ts					增		诊						尊		⑪	⑫
ts^h					**清**	层							村	尘		
s					森								孙		审	顺
tɕ	专		转	赚					兼	**舷**	检	件				
$tɕ^h$	川	全	①	②					欠	**挦**		缠				
ȵ	软	原		愿						严		染				
ɕ	闩	船	选						鲜	贤	险	限				
k					粳											
k^h					⑤		垦									
ŋ																
x							肯									
∅	冤	员	远	院	**应**				淹	炎	掩	盐				

清 ts^hen^{44} 水～

应 en^{44} 答～

面 $mien^{44}$ 脸

面 $mien^{21}$ 面条

舷 $tɕien^{22}$ 边沿

挦 $tɕ^hien^{22}$ ～毛借助工具拔毛

粉 $fən^{35}$ 落⁼落⁼ ～六六粉

①$tɕ^hyon^{35}$ 伸（手）

②$tɕ^hyon^{21}$ 盘绕，旋转

③men^{21} 否定副词，用于动词前

④len^{44} 滚动

⑤k^hen^{44} 刀～挂腰刀架

⑥t^hien^{44} ～平使担子两头重量均衡

⑦$nien^{44}$ 慢

⑧$nien^{21}$ 乳房，乳汁

⑨$lien^{35}$ 倒下

⑩$mən^{35}$ 涌

⑪$tsən^{35}$ 砍（大树）

⑫$tsən^{21}$ 拧

表2-11 武宁畲话单字音表之十一

	uən				in				yn				Aŋ			
	阴平44	阳平22	上声35	去声21	阴平44	阳平22	上声35	去声21	阴平44	阳平22	上声35	去声21	阴平44	阳平22	上声35	去声21
p					宾		禀	**编**					绷	棚		⑩
pʰ					④	频	品							彭		
m						民	敏						盲			虻
f																
t						⑤							⑪	⑫	党	**顶**
tʰ													听			定
n													⑬			
l						林	⑥						冷			
ts													争		井	
tsʰ													撑	晴	产	
s													姓		醒	**省**
tɕ					浸	⑦	紧	尽	斤		准					
tɕʰ					侵	沉	寝	阵	椿	群						
ȵ					⑧	人										
ɕ					心	寻			熏	旬		⑨				
k	棺	①	滚	②									更	⑭	**港**	哽
kʰ	昆	裙	捆	菌												
ŋ																硬
x													坑	茎		
Ø	③	魂	稳	混	音	寅	饮		匀	**云**	允	晕	**翁**			

编pin²¹ 动词。名词，辫子

云yn²² 人名用字

顶tAŋ²¹ 用工具抵住

省sAŋ²¹ 节约

港kAŋ³⁵ 香～

翁Aŋ⁴⁴ 爷爷，又读oŋ⁴⁴

①kuən²² ～钱整钱

②kuən²¹ 浊～～非常浑浊

③uən⁴⁴ 关闭

④pʰin⁴⁴ ～一巴掌打一耳光

⑤tin²² 炖

⑥lin³⁵ 男阴

⑦tɕin²² 倒扣，罩

⑧ȵin⁴⁴ 时间单位，相当于“日”

⑨ɕyn²¹ 心～不知足

⑩pAŋ²¹ 草本或藤本植物丛

⑪tAŋ⁴⁴ 树枝丫伐去后留下的疤

⑫tAŋ²² 瞭望时用手搭成罩子

⑬nAŋ⁴⁴ 拿

⑭kAŋ²² 老～～形容蔬菜等老而不适口

表2-12 武宁畲话单字音表之十二

	iAŋ				uAŋ				oŋ				ioŋ			
	阴平 44	阳平 22	上声 35	去声 21	阴平 44	阳平 22	上声 35	去声 21	阴平 44	阳平 22	上声 35	去声 21	阴平 44	阳平 22	上声 35	去声 21
p	柄		饼						帮		榜	傍	放			
pʰ	①	坪	②	病					⑤	旁				**房**		
m		名		命						忙	蟒					
f									方	妨	仿					
t	胀								裆	⑥	挡	荡	账			
tʰ									汤	棠						
n										瓤						
l	岭			**令**					⑦	郎	朗	浪	**两**	良		谅
ts									葬			藏				
tsʰ									仓	床	闯	状				
s									桑		磉	⑧				
tɕ	镜		奖	劲									浆		蒋	撞
tɕʰ	轻	③	强	儆									丈	墙	抢	杖
ȵ	暎			仰									⑩	娘		让
ɕ	声	**常**	想	橡									箱	尝	享	匠
k							广		刚		岗	缸				
kʰ					筐	狂	矿		康		**囥**					
ŋ																
x									糠	航						
ø	④	嬴	影	扔					⑨				秧	羊	**两**	样

令 liAŋ^{21} 谜语

常 ɕiAŋ^{22} ～起经常

囥 kʰoŋ^{35} 藏

房 pʰioŋ^{22} ～数宗族支系情况

两 lioŋ^{44} 斤～

两 ioŋ^{35} 数词

①pʰiAŋ^{44} 用爪子刨

②pʰiAŋ^{35} 量词，用于面积较大的“片”

③tɕʰiAŋ^{22} 耳朵～耳轮

④iAŋ^{44} 量词：一～衫一件衣服

⑤pʰoŋ^{44} ～屁放屁，生理现象

⑥toŋ^{22} 量词，幢

⑦loŋ^{44} 牙～牙缝

⑧soŋ^{21} 地陷

⑨oŋ^{44} □～ toʔ^{4}oŋ^{44} 中央，中间

⑩ȵioŋ^{44} □～ tʰaʔ^{4}ȵioŋ^{44} 忘记

表2-13 武宁畲话单字音表之十三

	uoŋ				iŋ				uŋ				iuŋ			
	阴平44	阳平22	上声35	去声21	阴平44	阳平22	上声35	去声21	阴平44	阳平22	上声35	去声21	阴平44	阳平22	上声35	去声21
p							并			篷		⑤	枫			
pʰ					聘	评			碰		捧				蜂	
m					①	明		命		蒙	懵	梦				
f									丰	冯		凤				
t					②	停	鼎	③	东		董	动				
tʰ					厅	庭	挺		通	同	桶					
n										农	⑥					
l					④	菱	领	另	聋	笼	拢	弄		龙		
ts									棕		总					
tsʰ									聪	从		葱				
s									双	鳙	搡					
tɕ					征	情	景	静					中		肿	重
tɕʰ					秤	程							充	穷		虫
ȵ						迎										
ɕ					兴	形		绳					胸	熊		
k	光								公		拱	共				
kʰ									空		孔					
ŋ																
x									轰	红	哄					
ø	汪	黄	枉	旺		迎	影		⑦				⑧	荣	拥	用

命 miŋ^{21} ～令
厅 tʰiŋ^{44} 客～
领 liŋ^{35} ～情
情 tɕiŋ^{22} 人～
迎 ȵiŋ^{22} 又读 iŋ^{22}
影 iŋ^{35} ～响

搡 suŋ^{35} 推
重 tɕiuŋ^{21} ～视
①miŋ^{44} 甩
②tiŋ^{44} 沉淀，使液体澄清
③tiŋ^{21} 砧
④liŋ^{44} 脚～来行踮足

⑤puŋ^{21} 一～气一股气
⑥nuŋ^{35} 分娩
⑦uŋ^{44} 锄头～锄头眼儿，可装锄柄
⑧iuŋ^{44} 用手舂捣

表2–14 武宁畲话单字音表之十四

	iɪʔ		yɪʔ		iʔ		uʔ		yʔ		aʔ		iaʔ		uaʔ		oaʔ		uoaʔ	
	阴入4	阳入2	阴入4	阳入2	阴入4	阳入2	阴入4	阳入2	阴入4	阳入2	阴入4	阳入2	阴入4	阳入2	阴入4	阳入2	阴入4	阳入2	阴入4	阳入2
p	笔				逼	①					八						钵	钹		
p^{h}	匹	别					扑	缚									泼	⑪		
m		蜜										篾						袜		
f							福	服									法	罚		
t		挃			的	敌	督	独	筑		③	④								
t^{h}											铁						塌	夺		
n											⑤									
l	笠	立				力		熝	六		瘌						⑫	辣		
ts							捉	族			节	节					⑬	⑭		
ts^{h}							促	戳			插	铡								
s							速	术			萨						雪			
tɕ	级	集	欶		绩				竹				⑥	⑦						
tɕ^{h}	七	蛰	出		拭	直			畜				⑧	⑨						
ȵ	日								肉					啮						
ɕ	吸	习			息	食			叔	熟										
k							谷	②			钾						割			
k^{h}																	⑮		扩	
ŋ																				
x																	喝			
∅	揖			入	益				育					⑩	挖	滑				袜

别 p^{h}iɪʔ^{2} ～人

蜜 miɪʔ^{2} ～甜形容很甜

挃 tiɪʔ^{2} 要

习 ɕiɪʔ^{2} 姓

欶 tɕyɪʔ^{4} ～～糖可吸吮的糖果

族 tsuʔ^{2} 又读 tsoʔ^{2}

戳 ts^{h}uʔ^{2} 针刺

术 suʔ^{2} 手～

畜 tɕ^{h}yʔ^{4} 又读 tɕ^{h}ioʔ^{4}

节 tsaʔ^{4} 节日

节 tsaʔ^{2} 量词

插 ts^{h}aʔ^{4} ～销

扩 k^{h}uoaʔ^{4} 又读 k^{h}uᴀʔ^{4}

袜 uoaʔ^{2} 又读 moaʔ^{2}

①piʔ^{2} 憋

②kuʔ^{2} ～□ kuʔ^{2}tsoaʔ^{2} 蟑螂

③taʔ^{4} 量词，用于成片土地等的计量

④taʔ^{2} 黄□～水 uoŋ^{22}ne^{21}taʔ^{2}ɕy^{35} 蜻蜓点水

⑤naʔ^{4} ～肉裤贴身穿的裤子

⑥tɕiaʔ^{4} 刮

⑦tɕiaʔ^{2} 交媾

⑧tɕ^{h}iaʔ^{4} 用力挣扎

⑨tɕ^{h}iaʔ^{2} 拨拉

⑩iaʔ^{2} 光滑

⑪p^{h}oaʔ^{2} 熝～～滚烫

⑫loaʔ^{4} 镬～锅巴

⑬tsoaʔ^{4} 吮吸

⑭tsoaʔ^{2} □～ kuʔ^{2}tsoaʔ^{2} 蟑螂

⑮k^{h}oaʔ^{4} 老姐～老年妇女的泛称，略带贬义

表2-15　武宁畲话单字音表之十五

	ɵeʔ		uɵeʔ		yɵeʔ		oʔ		ioʔ		ɑʔ		uɑʔ		ɑuʔ		auʔ		iauʔ	
	阴入4	阳入2	阴入4	阳入2	阴入4	阳入2	阴入4	阳入2	阴入4	阳入2	阴入4	阳入2	阴入4	阳入2	阴入4	阳入2	阴入4	阳入2	阴入4	阳入2
p	拨						博													
pʰ		①					拍	薄												
m		末					膜	木												
f	阔										③									
t	掇						啄	桌			杔	④			答					
tʰ							托	读			塔					踏	贴	叠	帖	叠
n											⑤	捺								
l							洛	落		绿		拉			⑦	腊				
ts							作	镯			扎						接			
tsʰ							错	昨			獭					杂	插	煠		
s	刷						索				飒				飒	闸	朘			
tɕ					蕨	绝			脚	局									⑧	
tɕʰ					缺	②			触	轴									⑨	
ȵ						月			弱	玉										
ɕ					说	绝				勺										
k			国				各	搁					刮		佮		甲	夹		
kʰ			括				搉								容					
ŋ							岳													
x			或	或			壳	鹤								盒	掐			
∅						越	恶	镬	约	药			⑥	活	鸭			狭		

或 xuɵeʔ⁴ 读字音
或 xuɵeʔ² ～者
绝 tɕyɵeʔ² ～症
绝 ɕyɵeʔ² ～种
搁 koʔ² 架放
镬 oʔ² 锅，实际读音为 uoʔ²
杔 tɑʔ⁴ 压
拉 lɑʔ² ～飒垃圾
飒 sɑʔ⁴ 拉～垃圾，又读 sɑuʔ⁴
活 uɑʔ² 又读 uoɑʔ²
容 kʰɑuʔ⁴ 建筑整体压下
叠 tʰauʔ² 动词
帖 tʰiauʔ⁴ 一～药一剂药
叠 tʰiauʔ² 量词：一～纸
① pʰɵeʔ² 龙～冰雹
② tɕʰyɵeʔ²（液体等）稠
③ fɑʔ⁴ 用力甩
④ tɑʔ²（用手）挤压，刁难
⑤ nɑʔ⁴ 东西
⑥ uɑʔ⁴ 起身
⑦ lɑuʔ⁴ ～碗将碗碟等竖着叠放
⑧ tɕiauʔ⁴ 涩
⑨ tɕʰiauʔ⁴ 谷～撮箕

表2–16 武宁畲话单字音表之十六

	Aʔ		iAʔ		uAʔ		eʔ		ieʔ		əɪʔ		uəɪʔ		əʔ		ieuʔ		iəuʔ	
	阴入4	阳入2	阴入4	阳入2	阴入4	阳入2	阴入4	阳入2	阴入4	阳入2	阴入4	阳入2	阴入4	阳入2	阴入4	阳入2	阴入4	阳入2	阴入4	阳入2
p	百		壁				北		鳖	④	**发**									
pʰ	迫	白					劈		撇	**别**										
m		麦						墨		灭										
f	**划**										朏	佛								
t	①						得	特	跌	碟		⑥			⑩	**特**			⑬	
tʰ		氽					踢				突					特				
n							**[艹势]**										⑫			
l	雳			**瀝**				勒		列	⑦	⑧							粒	
ts	借	**杂**					浙	**值**			卒									
tsʰ	拆	席					测				⑨									
s	锡						塞				室	**实**			**设**					
tɕ			炙						羯	杰							折		**汁**	
tɕʰ			赤							贼										
ȵ										热								业		
ɕ			鹊	石					血	舌							[目燮]		湿	十
k	格						**合**						骨	掘	鸽					
kʰ	②				扩		刻													
ŋ	额																			
x	客	核					黑									**合**				
ø	轭		**压**	③		**划**			⑤				**頞**	物	⑪			叶		

划 fAʔ⁴ ～拳

杂 tsAʔ² 打～

瀝 liAʔ² 厚竹篾编成的晾晒器具

压 iAʔ⁴ 高～镬高压锅

划 uAʔ² 计～

[艹势] neʔ⁴ 刺

值 tseʔ² ～班

合 keʔ⁴ 米升中分出的小计量单位

别 pʰieʔ² 区～

发 pəɪʔ⁴ ～疮生疮

实 səɪʔ² ～力

頞 uəɪʔ⁴ 淹没

特 təʔ² 又读 tʰəʔ²

设 səʔ⁴ ～计

合 xəʔ² 复～肥

汁 tɕiəuʔ⁴ 植物的黏液

①tAʔ⁴ □～ mai⁵⁵tAʔ⁴ 不知道，又读 mA⁵⁵tAʔ⁴

②kʰAʔ⁴ ～气漂亮

③iAʔ² ～手摆手

④pieʔ² 用力拉拽

⑤ieʔ⁴ 塞

⑥təɪʔ² 矮～～形容矮的样子

⑦ləɪʔ⁴ 咸苦～非常咸

⑧ləɪʔ² 瞪

⑨tsʰəɪʔ⁴ ～嫚擦体垢

⑩təʔ⁴ 打嗝～嗝逆

⑪əʔ⁴ 打～嗳气

⑫nieuʔ⁴ 凹陷

⑬tiəuʔ⁴ 动词，滴

表2-17　武宁畲话单字音表之十七

	n				ŋ			
	阴平 44	阳平 22	上声 35	去声 21	阴平 44	阳平 22	上声 35	去声 21
p								
pʰ								
m								
f								
t								
tʰ								
n								
l								
ts								
tsʰ								
s								
tɕ								
tɕʰ								
ȵ								
ɕ								
k								
kʰ								
ŋ								
x								
ø		唔		①			五	

唔 n^{22} 否定副词，相当于“不”

①n^{21} 远指代词，相当于“那”，又读 $ȵi^{21}$

第三节

变调与变音

一　连读变调

武宁畲话存在连读变调现象。整体来看，武宁畲话在语流中有轻重音，但无轻声，其连读变调与轻重音的关系不像赣方言那样互为条件，而是相对独立。因此，武宁畲话的连读变调尚未发现专用式和广用式的差异。以下是武宁畲话两字组连读变调的情况（单字调调值以第三章为准，一种组合有两种形式的，第二种形式加粗）。

表2-18　武宁畲话非叠字两字组连读变调表

<table>
<tr><th>后字
前字</th><th>1阴平44</th><th>2阳平22</th><th>3上声35</th><th>4去声21</th><th>5阴入4</th><th>6阳入2</th></tr>
<tr><td rowspan="2">1阴平44</td><td rowspan="2">44+44</td><td>44+22</td><td rowspan="2">44+35</td><td rowspan="2">44+21</td><td rowspan="2">44+4</td><td rowspan="2">44+2</td></tr>
<tr><td>44+44</td></tr>
<tr><td rowspan="2">2阳平22</td><td rowspan="2">22+44</td><td>22+22</td><td rowspan="2">22+35</td><td rowspan="2">22+21</td><td rowspan="2">22+4</td><td rowspan="2">22+2</td></tr>
<tr><td>22+44</td></tr>
<tr><td rowspan="2">3上声35</td><td>55+44</td><td>55+22</td><td>55+35</td><td>55+21</td><td>55+4</td><td rowspan="2">55+2</td></tr>
<tr><td>35+44</td><td>35+22</td><td>35+35</td><td>35+21</td><td>35+4</td></tr>
<tr><td>4去声21</td><td>21+44</td><td>21+22</td><td>21+35</td><td>21+21</td><td>21+4</td><td>21+2</td></tr>
<tr><td>5阴入4</td><td>4+44</td><td>4+22</td><td>4+35</td><td>4+21</td><td>4+4</td><td>4+2</td></tr>
<tr><td rowspan="2">6阳入2</td><td rowspan="2">2+44</td><td>2+22</td><td rowspan="2">2+35</td><td rowspan="2">2+21</td><td rowspan="2">2+4</td><td rowspan="2">2+2</td></tr>
<tr><td>2+44</td></tr>
</table>

两字组连读变调例词：

1 1 [44＋44]	春天 tɕʰyn^{44}tʰan^{44}	收租 ɕiəu^{44}tsu^{44}
	当官 toŋ^{44}kuon^{44}	生疏陌生 sᴀŋ^{44}su^{44}
1 2 [44＋22]	番薯 fɔn^{44}ɕy^{22}	清明 tɕʰiŋ^{44}miŋ^{22}
	肖牛属牛 sau^{44}ŋɑu^{22}	扫寮 sɑu^{44}lau^{22}
1 2 [**44＋44**]	菜头萝卜 tsʰoi^{44}tʰieu^{44}	汤圆 tʰoŋ^{44}yon^{44}
1 3 [44＋35]	初五 tsʰo^{44}ŋ^{35}	猫牯 ȵiau^{44}ku^{35}
	浸种 tɕin^{44}tɕiuŋ^{35}	放火 pioŋ^{44}fu^{35}
1 4 [44＋21]	工钱 kuŋ^{44}tsʰan^{21}	半路 pɔn^{44}lu^{21}
	做事 tso^{44}se^{21}	解大枝叶茂盛 xai^{44}tʰɔi^{21}
1 5 [44＋4]	冬节冬至 tuŋ^{44}tsaʔ^{4}	金竹 tɕin^{44}tɕyʔ^{4}
	山脚 san^{44}tɕioʔ^{4}	收吓收惊 ɕiəu^{44}xᴀʔ^{4}
1 6 [44＋2]	惊蛰 tɕiŋ^{44}tɕʰiɪʔ^{2}	青石 tsʰᴀŋ^{44}ɕiᴀʔ^{2}
	阴历农历 in^{44}liʔ^{2}	消毒 ɕieu^{44}tuʔ^{2}
2 1 [22＋44]	栏杆 lɔn^{22}kɔn^{44}	和气 xo^{22}tɕʰi^{44}
	无风 mɑu^{22}piuŋ^{44}	游街 iəu^{22}tɕiai^{44}
2 2 [22＋22]	洋油煤油 ioŋ^{22}iəu^{22}	蛇皮 ɕia^{22}pʰi^{22}
	行棋下棋 xᴀŋ^{22}tɕi^{22}	摇头 ieu^{22}tʰieu^{22}
2 2 [**22＋44**]	黄牛 uoŋ^{22}ŋɑu^{44}	前年 tsʰan^{22}nan^{44}
	门头门口 mən^{22}tʰieu^{44}	
2 3 [22＋35]	鞋底 xai^{22}tai^{35}	牛髀牛肉 ŋɑu^{22}pi^{35}
	淋水 lin^{22}ɕy^{35}	摇摆 ieu^{22}pai^{35}
2 4 [22＋21]	墙缝 tɕʰioŋ^{22}fuŋ^{21}	成夜整夜 ɕiᴀŋ^{22}ia^{21}
	行路 xᴀŋ^{22}lu^{21}	皮厚 pʰi^{22}kɑu^{21}
2 5 [22＋4]	墙脚 tɕʰioŋ^{22}tɕʰioʔ^{4}	寮壳毛坯房 lau^{22}xoʔ^{4}
	烊雪 ioŋ^{22}soaʔ^{4}	团结 tʰɔn^{22}tɕieʔ^{4}
2 6 [22＋2]	阳历 ioŋ^{22}liʔ^{2}	头伏 tʰieu^{22}fuʔ^{2}
	龙脉 luŋ^{22}mᴀʔ^{2}	留学 liəu^{22}xoʔ^{2}
3 1 [55＋44]	哑嘴 ɑ^{55}tɕyoi^{44}	火山 fu^{55}san^{44}
	打霜 tᴀŋ^{55}soŋ^{44}	请教 tsʰᴀŋ^{55}kau^{44}
3 1 [**35＋44**]	梅花 məi^{35}fɑ^{44}	

3 2 [55+22]	水田 ɕy^{55}tʰan^{22}	锁匙 so^{55}ɕi^{22}
	使牛驱牛耕田 soi^{55}ŋɑu^{22}	吵人 tsʰau^{55}ȵin^{22}
3 2 [**35+22**]	每回 moi^{35}foi^{22}	垒墙砌墙 le^{35}tɕʰioŋ^{22}
3 3 [55+35]	水桶 ɕy^{55}tʰuŋ^{35}	洗井 sai^{55}tsʌŋ^{35}
	打赌 tʌŋ^{55}tu^{35}	舀水 ieu^{55}ɕy^{35}
3 3 [**35+35**]	虾米 xɑ^{35}mai^{35}	
3 4 [55+21]	杆绳稻草绳 kɔn^{55}ɕiŋ^{21}	走难逃难 tsɑu^{55}nɔn^{21}
3 4 [**35+21**]	豆芽 tʰieu^{35}kɑ^{21}	
3 5 [55+4]	屎朏 ɕi^{55}fəɪʔ^{4}	粉笔 fən^{55}piɪʔ^{4}
	打铁 tʌŋ^{55}tʰaʔ^{4}	水頞水浸 ɕy^{55}uəɪʔ^{4}
3 5 [**35+4**]	美国 məi^{35}kuɵeʔ^{4}	改日改天 kai^{35}ȵiɪʔ^{4}
3 6 [55+2]	五月 ŋ^{55}ȵyɵeʔ^{2}	早熟 tsɑu^{55}ɕyʔ^{2}
	火药 fu^{55}ioʔ^{2}	点麦种麦子 tian^{55}mʌʔ^{2}
4 1 [21+44]	大方 tʰɔi^{21}foŋ^{44}	顺光 sən^{21}koŋ^{44}
	换菜买菜 uon^{21}tsʰoi^{44}	烂秧水稻枯萎死亡 lən^{21}ioŋ^{44}
4 2 [21+22]	后门 xəu^{21}mən^{22}	二麻第二次收割的苎麻 ȵi^{21}mɑ^{22}
	树林 ɕy^{21}lin^{22}	堆肥 toi^{21}fəi^{22}
4 3 [21+35]	大暑 tʰɔi^{21}ɕy^{35}	糯米 no^{21}mai^{35}
	避水 pi^{21}ɕy^{35}	命苦 miʌŋ^{21}kʰu^{35}
4 4 [21+21]	地洞 ti^{21}tuŋ^{21}	二号 ȵi^{21}xɑu^{21}
	自在 sʅ^{21}tsəi^{21}	让路 ȵioŋ^{21}lu^{21}
4 5 [21+4]	外国 uai^{21}kuɵeʔ^{4}	大雪 tʰɔi^{21}soaʔ^{4}
	槙谷饱满的谷子 tien^{21}kuʔ^{4}	树㔉树上的刺 ɕy^{21}neʔ^{4}
4 6 [21+2]	闰月 lən^{21}ȵyɵeʔ^{2}	二伏中伏 ȵi^{21}fuʔ^{2}
	大麦 tʰɔi^{21}mʌʔ^{2}	嫩叶 nən^{21}ieuʔ^{2}
5 1 [4+44]	北风 peʔ^{4}piuŋ^{44}	出家 tɕʰyɪʔ^{4}kɑ^{44}
	着衫 tɕioʔ^{4}san^{44}	结账 tɕieʔ^{4}tioŋ^{44}
5 2 [4+22]	竹床 tɕyʔ^{4}tsʰoŋ^{22}	割禾 koaʔ^{4}o^{22}
	积肥 tɕieʔ^{4}fəi^{22}	出栏 tɕʰyɪʔ^{4}lən^{22}
5 3 [4+35]	谷雨 kuʔ^{4}y^{35}	搭伙 tɑuʔ^{4}fu^{35}
	割草 koaʔ^{4}tsʰɑu^{35}	结果 tɕieʔ^{4}ku^{35}

5 4 [4+21]	铁路 tʰaʔ^{4}lu^{21}	出汗 tɕʰyɪʔ^{4}xɔn^{21}
	发亮 pəɪʔ^{4}liʌŋ^{21}	斫树 tɕioʔ^{4}ɕy^{21}
5 5 [4+4]	隔壁 kʌʔ^{4}piʌʔ^{4}	铁索 tʰaʔ^{4}soʔ^{4}
	剥壳 poʔ^{4}xoʔ^{4}	出血 tɕʰyɪʔ^{4}ɕieʔ^{4}
5 6 [4+2]	赤石 tɕʰiʌʔ^{4}ɕiʌʔ^{2}	出力 tɕʰyɪʔ^{4}liʔ^{2}
	出伏 tɕʰyɪʔ^{4}fuʔ^{2}	吸毒 ɕiɪʔ^{4}tuʔ^{2}
6 1 [2+44]	石灰 ɕiʌʔ^{2}foi^{44}	杂货 tsʌʔ^{2}xo^{44}
	镬灶 oʔ^{2}tsɑu^{44}	掘畲挖地 kuəɪʔ^{2}ɕia^{44}
6 2 [2+22]	白云 pʰʌʔ^{2}uən^{22}	麦芒 mʌʔ^{2}muŋ^{22}
	药槽 ioʔ^{2}sɑu^{22}	学行小孩子学走路 xoʔ^{2}xʌŋ^{22}
6 2 [**2+44**]	热头太阳 ȵieʔ^{2}tʰieu^{44}	木头 moʔ^{2}tʰieu^{44}
6 3 [2+35]	石牯 ɕiʌʔ^{2}ku^{35}	麦秆 mʌʔ^{2}kɔn^{35}
	落水下雨 loʔ^{2}ɕy^{35}	着火 tɕʰioʔ^{2}fu^{35}
6 4 [2+21]	立夏 liɪʔ^{2}xɑ^{21}	石缝 ɕiʌʔ^{2}fuŋ^{21}
	十二 ɕiəuʔ^{2}ȵi^{21}	食下 ɕiʔ^{2}xɑ^{21}
6 5 [2+4]	蜡烛 loaʔ^{2}tsuʔ^{4}	墨汁 meʔ^{2}tseʔ^{4}
	石笔 ɕiʌʔ^{2}piɪʔ^{4}	落雪下雪 loʔ^{2}soaʔ^{4}
6 6 [2+2]	白石 pʰʌʔ^{2}ɕiʌʔ^{2}	毒药 tuʔ^{2}ioʔ^{2}
	玉石 ȵioʔ^{2}ɕiʌʔ^{2}	入伏 yɵeʔ^{2}fuʔ^{2}

说明：

1. 阴平、阳平、去声、阴入、阳入等做前字时一般保留本调。

2. 上声做前字时，不论是词还是短语，也不论后字是什么声调，一般都读[55]调；不变的情况很少，且这种不变调的情况因人而异。

3. 两字组中，后字不论是什么声调，一般都保留原调；但阳平做后字时，偶有变读[44]调的情况，多数是名词，特别是“头”“舷”等语素位于词语的末尾时，这种现象应和小称变音有关。

4. 有些后字读[55]调的两字组，并非语音系统问题，而是与语义、语法变音有关，尤以词缀“子”“崽”等为常见，故不记入连读变调例词。

此外，武宁畲话中口语常用的三音节词不多。外来的三音节词在畲民的口头交流中往往与口语常用词和短语的轻重音关系有些差异。一般来说，武宁畲话的三字组连读变调，仅有上声做前字和中字时会变调；上声做后字时，除非是后缀，否则不会变调。如：

火烧云 fu$^{35-55}$ɕieu^{44}uən^{22}　　火烧山 fu$^{35-55}$ɕieu^{44}san^{44}

打火石 tʌŋ$^{35-55}$fu$^{35-55}$ɕiʌʔ^{2}　　鐾洋火划火柴 pʰi^{21}ioŋ^{22}fu^{35}

水点崽小雨点儿 ɕy$^{35-55}$tan$^{35-55}$tsoi$^{35-55}$　　水落有雨下够了 ɕy$^{35-55}$loʔ^{2}xo^{44}

大水茅芦苇 tʰɔi^{21}ɕy$^{35-55}$mau^{22}　　毛毛水毛毛雨 mɑu^{22}mɑu^{22}ɕy^{35}

从语法关系来考察，以上三字组可以切分为两部分：其中一部分为两字组，另一部分为与两字组有语义、语法关系的单音节语素或词。两字组内部，先按照两字组的连读变调规律变调，然后另一个单音节语素或词再在此基础上变调。

二　小称变音

武宁畲话的变音是指在一定的语义、语法条件下出现的某字或某语素的读音与符合武宁畲话和《切韵》音系对应关系的读音不同的情况，它反映的是语义或语法的关系。与连读变调不同，武宁畲话的小称变音与语义有关，和语法无关。一个字或语素读小称变音时，语义上往往与亲密、厌恶等感情色彩有关。从形式上来看，武宁畲话中某些字不论是单读还是在词中只有小称变音一种读法，而有些字除小称变音外在其他条件下还能找到符合中古音韵地位的读法。

（一）规律

武宁畲话的小称变音主要以声调调值改变的形式出现，大致可分为高变音和低变音两类。高变音有读[35]调和读[55]调之分，低变音有读[21]调和读[213]调之分。

单读念阴平[44]、阳平[22]的字，其小称变音既可能是[35]调或[55]调，也可能是[21]调。单读念[35]调的字，小称变音往往是[21]调。单读念[21]调的字，小称变音往往是[35]调或[55]调；但前字单读或连读变调为[55]调时，其小称变音往往为低变音[213]调。读[213]调的小称变音，多数情况下与去声字或阳入字相关。如：

街路街道 tɕiai^{44}lu$^{21-35}$　　鲫鱼 tseʔ^{4}ȵy$^{21-35}$　　白蚊苍蝇 pʰʌʔ^{2}mən$^{21-35}$

□姨姨妈 ȵia^{55}i$^{21-55}$①　　□舅舅舅 ȵia^{55}tɕʰiəu$^{21-55}$　　项链 ɕiʌŋ^{55}lien$^{21-55}$②

不头圆木头 tən$^{35-21}$tʰieu$^{22-44}$　　桶⁼顲锅盖 tʰuŋ^{55}kʰɔn$^{35-21}$　　懵懂 muŋ^{55}tuŋ$^{35-21}$

火鹞蝙蝠 fu^{55}ieu$^{21-213}$　　草帽 tsʰɑu^{55}mɑu$^{21-213}$　　酒药酒曲 tɕiəu^{55}io^{213}(< ioʔ^{2})③

当然也有例外的情况，如：

圂毛人和畜类的泛称 lən$^{22-213}$mɑu^{44}　　得着好处 teʔ^{4}tɕʰioʔ^{2}xɑu^{55}tɕʰy$^{44-213}$

---

① 也有人读“□姨”[ȵia^{55}i^{213}]。

② 也有人读“项链”[ɕiʌŋ^{55}lien^{213}]。

③ 也有人读“酒药”[tɕiəu$^{35-55}$io^{35}]。

“圞”[lən^{22}]和“处”[tɕ^{h}y^{44}]既非去声字，也非阳入字，但小称变音却读[213]调。目前调查到的这类例外情况较少，原因待考。

低变音中，单读念[21]调的非中古浊上、浊去字，往往也见于其他地区的畲话①；而高变音中，单读念[35]调和[55]调的字，各地畲话今读归调不同。武宁畲话中还有一些中古清入口语常用字今读阳入调，从其语义和用法来看，可能也与小称变音有关，但目前找到的用例不多。

不论是高变音还是低变音，如果是入声字，读小称变音时多数情况下韵母失去塞尾，读为开音节韵母②。

（二）形式

武宁畲话小称变音的表现类型可见表2–19。

表2–19　武宁畲话小称变音类别表

类别	名称	调值	例字
高变音	高升变音	35	蜂 p^{h}iuŋ^{35}　桃 t^{h}o^{35}　弟 t^{h}ai^{35}　豆 t^{h}ieu^{35}
	高平变音	55	姊 tɕi^{55}　鸟 tau^{55}　铅 tɕ^{h}ien^{55}　镇 tsen^{55}
低变音	低降变音	21	姑 ku^{21}　星 sʌŋ^{21}　钱 ts^{h}an^{21}　盐 ien^{21}
	低曲折变音	213	担水钩 tɔn^{44}ɕy^{55}kɑu$^{21-213}$　小麦 sau^{55}mʌ^{213}（<mʌʔ^{2}）

表2–19中，前三行所举都是单音节词读音，不论单说还是读字，都读相应的小称变音，但作为语素进入词后，有些字则读符合武宁畲话与《切韵》音系对应关系的声调，如：弟弟弟t^{h}ai^{35} ≠弟兄～t^{h}ai^{44} ｜豆豆类植物的通称t^{h}ieu^{35} ≠豆～浆t^{h}ieu^{21} ｜姑父亲的姐妹ku^{21} ≠姑～丈ku^{44} ｜钱货币ts^{h}an^{21} ≠钱重量单位ts^{h}an^{22}。

来看具体形式。

1. 高变音：高升和高平

高升变音为[35]调，与上声调调值相同。

高平变音的实际调型仍是高升，它有两种形式：一种是尾部读假声的高调，它的调程实际上是升调，起点并不是假声，但终点多是假声，可记作[55]；另一种是尾部不论起点

① 参余颂辉（2008、2009）及中国语言资源保护工程采录展示平台广东丰顺潭江、福建罗源和浙江景宁郑坑等方言点的材料。

② 个别入声字在语流中也读高调，但依旧有喉塞尾，如“铅笔”[tɕ^{h}ien^{55}piɪʔ^{5}]、“打老克$^=$”[tʌŋ^{55}lɑu^{21}k^{h}eʔ^{5}]，不过，同样的词不同人或同一人不同时候读来也有带喉塞尾和不带喉塞尾两种情况，这种词数量不多。

还是终点都不读假声的高调，主要出现在两字组的后字位置，其调值比阴平稍高（阳平字在去声和阳入后时调值稍低），调程尾部略升，可记作[45]，比字时发音合作人往往认为与阴平字同音，但这种情况一般没有[42]变体，本书记作[44]调，上文“一　连读变调”中已有涉及。前一种变音功能比较明显，后一种形式因不大显豁，故不在此处讨论。

2. 低变音：低降和低曲折

低降变音为[21]调，与去声调调值相同。

低曲折变音为[213]调，一般只出现在词中，且多数是在低降调（包括去声[21]和阳入[2]）的基础上再次分化的结果。除指示代词“箇近指代词”[kɔi²¹]和“□远指代词”[ȵi²¹]等有时可以单念[213]调外，尚未找到别的单字读[213]调的情况。其他三类变音则有许多单字（含与《切韵》音系对应规则之外的字）也可以念对应的变音。

（三）作用

考察武宁畲话中的高变音和低变音，多数作用一致，有些作用却不同。且低变音的数量相对较少，不如高变音显豁。

1. 一致的作用

①称呼某些亲属，表示亲昵

弟弟弟tʰai³⁵　舅婆tɕʰiəu²¹pʰo²²⁻³⁵　姊丈tɕi⁵⁵tɕʰioŋ⁴⁴⁻³⁵　姊姐姐tɕi⁵⁵

□母亲ȵia⁵⁵　姐祖母tɕia⁵⁵　㚷公岳父tai⁴⁴kuŋ⁴⁴⁻²¹　姨丈连襟i²¹tɕʰioŋ⁴⁴⁻²¹

姑父亲的姐妹ku²¹　表嫫表婶pieu⁵⁵mo²¹⁻²¹³　亲家舅婚姻中女方的兄弟tɕʰiŋ⁴⁴kɑ⁴⁴tɕʰiəu²¹⁻²¹³

②称呼某些小型动物

虾xɑ³⁵　蚕tsʰɔn³⁵　蚬蚌类生物xan⁵⁵　兔tʰu⁵⁵

鱼ȵy²¹　鸡娘母鸡tɕiai⁴⁴ȵioŋ²²⁻²¹　牛屎虫蜣螂ŋɑu²²ɕi⁵⁵tɕʰiuŋ²¹⁻²¹³

③称呼一些生活中常见的事物（名词、动词或相关短语），表示小称、爱称、鄙称等感情色彩

表示小称的：

禾镰o²²lien²²⁻³⁵　雪米雪粒soaʔ⁴mai³⁵⁻⁵⁵　皮蛋扑克牌里的Q pʰi²²tan²¹⁻³⁵

石枧当地旧名ɕiᴀʔ²tɕien⁵⁵　甘蔗kɔn⁴⁴⁻⁵⁵tɕia⁴⁴　布禾插秧pu⁵⁵o²²

冬了冬天、腊月tuŋ⁴⁴lau³⁵⁻⁵⁵　年底nan²²tai³⁵⁻⁵⁵

葱tsuŋ²¹　盐ien²¹　钱货币tsʰan²¹

省节省sᴀŋ²¹　顶用工具抵住tᴀŋ²¹　石不石墩子ɕiᴀʔ²tɔn³⁵⁻²¹

虾皮xɑ³⁵⁻²¹pʰi²²　屎头后面ɕi⁵⁵tʰieu²²⁻²¹　火笼手炉fu⁵⁵luŋ²¹⁻²¹³

嫩芽nɔn²¹ŋɑ²¹⁻²¹³　纸鹞风筝tɕi⁵⁵ieu²¹⁻²¹³　鬼葱野蒜kuɔi⁵⁵tsʰuŋ²¹⁻²¹³

表示爱称的：

□圈转圈 tɕʰyon^{21}tɕʰyon$^{44-35}$　有料够 xo^{44}lieu$^{21-35}$

奖励 tɕiᴀŋ^{55}li$^{21-213}$

表示鄙称的：

出痳出麻疹 tɕʰyɪʔ^{4}mɑ$^{22-35}$　白灰头皮屑 pʰᴀʔ^{2}foi$^{44-35}$

忍 ȵin^{21}　理理睬 li^{21}

牙啮来咧嘴 ŋɑ^{22}ȵia^{213}（＜ȵiaʔ^{2}）loi^{22}

2. 不一致的作用

高变音大量地用于与新的社会生活有关的事物，很难说有什么具体的感情色彩，是小称变音的功能泛化。

方向 foŋ^{44}ɕioŋ$^{44-35}$　宣布 ɕyon^{44}pu^{35}　总共 tsuŋ^{55}kʰuŋ$^{21-35}$

救护车 tɕiəu^{44}u$^{21-35}$tɕʰia^{44}　落县去县城 loʔ^{2}ien$^{21-35}$　贪污 tʰɔn^{44}u$^{44-35}$

共产党 kuŋ^{21}tsʰᴀŋ^{55}tᴀŋ$^{35-55}$　乡政府 ɕioŋ^{44}tsən^{55}fu$^{35-55}$　印度 in$^{44-55}$tu^{21}

风景 fuŋ^{44}tɕiŋ$^{35-55}$　环境 fɔn^{22}tɕiŋ^{55}　电风扇 tien^{21}fuŋ^{44}ɕien$^{44-55}$

与新的社会生活有关的说法，在许多小称变音丰富的汉语方言中，如我们曾经调查过的上高赣语和澳门粤语，都存在着不同程度的变音情况，这具有类型学意义。

此外，武宁畲话中可能还存在带[n]尾的小称变音，如“今日”有[tɕin^{44}ȵiɪʔ^{4}]和[tɕin^{44}ȵin^{44}]两读，“□晡昨天”有[tɔi^{21}pu^{21}]、[tɑ^{21}pu^{21}]和[tɔn^{21}pu^{21}]三读，“茅□鸟麻雀”[mau^{22}tɕin^{21}tau^{55}]的中字可能是“雀儿”的小称合音。这些都与[n]尾相涉，但是目前找到的例子太少，有待深入发掘。

三　语法变音

武宁畲话除小称变音外，还有丰富的语法变音。与小称变音不同的是，武宁畲话的语法变音与语法形式有关，反映的是语法意义，最突出且成系统的有两种：一是词缀变音，二是重叠变音。两种变音都以声调调值改变的形式出现。

1. 词缀变音

武宁畲话的词缀变音以变调的形式出现，主要体现在“子”“崽”“佬”等单字调为[35]的语素在词中做后缀时读[55]调。如：

骡子 lo^{22}tsɿ^{55}　驴狗子驴 lu^{22}kəu^{55}tsɿ^{55}　鸽子 kəʔ^{4}tsɿ^{55}

半□子不饱满的籽粒 pɔn^{44}in^{22}tsɿ^{55}　骗子 pʰien^{44}tsɿ^{55}　长子高个子 tɕʰioŋ^{22}tsɿ^{55}

水崽小雨 ɕy^{55}tsoi^{55}　坑崽溪流 xᴀŋ^{44}tsoi^{55}　桃崽未成熟的桃子 tʰo^{35}tsoi^{55}

船崽小船ɕyon^{22}tsoi^{55}　　脚崽小孩子的脚tɕioʔ^{4}tsoi^{55}　　袋崽上装胸前的衣兜t^{h}oi^{21}tsoi^{55}

乡下佬乡巴佬ɕioŋ^{44}xɑ^{21}lɑu^{55}　　外国佬uai^{21}kuɵeʔ^{4}lɑu^{55}　　□家佬自己人ti^{21}kɑ^{21}lɑu^{55}

相好佬情人ɕioŋ^{44}xɑu^{55}lɑu^{55}　　下佬汉族人xɑ^{21}lɑu^{55}　　好佬能人，好人xɑu^{55}lɑu^{55}

此外，"子"作为词缀还有读[21]调的情况，而且声韵都与单字的读音不同。如：

日子ȵiɪʔ^{4}tɕi^{21}　　种子tɕiuŋ^{55}tɕi^{21}　　栗子liɪʔ^{2}tɕi^{21}

这些词缀形式相当，语法形式和意义功能相似，语音上又有共同的类型特征。除词缀"崽"尚有部分语义功能与小称变音相似外，其他词缀的词汇意义相对虚化，主要体现的是语法意义。上举诸例粗看起来整词有喜爱或厌恶的感情色彩，但这种感情色彩是通过"词干 + 词缀"的语法形式来体现的，结构单一，与前述语法结构形式多样的小称变音词不同。而武宁畲话中还有许多单音节词读小称变音，更是读词缀变音的词不具备的。

2. 重叠变音

武宁畲话形容词的生动形式多数情况下用AA式的重叠形式来表示。口语中可以单说的形容词，通过重叠，表示程度略微加深，这种形式在其他地区的畲话中也有体现。

一般情况下，这种AA式，前字不论原来单字调是什么，都变读[55]调；后字则依据原来的声调不同而有所差异：阴平字和阳平字保留原调值调型不变，上声字变读[55]调，去声字变读[213]调，阴入字韵母失去喉塞尾且声调变读[44]调，阳入字韵母失去喉塞尾且声调变读[213]调。表2–20可以很清楚地说明问题：

表2–20　武宁畲话形容词重叠式变音规律表

调类	原型	重叠式	例词	
阴平[44]	A^{44}	A^{55}A^{44}	尖tɕian^{44}→尖尖tɕian$^{44-55}$tɕian^{44} 壮胖tsoŋ^{44}→壮壮tsoŋ$^{44-55}$tsoŋ^{44}	胀tiʌŋ^{44}→胀胀tiʌŋ$^{44-55}$tiʌŋ^{44} 轻tɕ^{h}iʌŋ^{44}→轻轻tɕ^{h}iʌŋ$^{44-55}$tɕ^{h}iʌŋ^{44}
阳平[22]	A^{22}	A^{55}A^{22}	糊u^{22}→糊糊u$^{22-55}$u^{22} 圞圆lən^{22}→圞圞lən$^{22-55}$lən^{22}	咸xan^{22}→咸咸xan$^{22-55}$xan^{22} 长tɕ^{h}ioŋ^{22}→长长tɕ^{h}ioŋ$^{22-55}$tɕ^{h}ioŋ^{22}
上声[35]	A^{35}	A^{55}A^{55}	矮ai^{35}→矮矮ai$^{35-55}$ai$^{35-55}$ 短tən^{35}→短短tən$^{35-55}$tən$^{35-55}$	扁pan^{35}→扁扁pan$^{35-55}$pan$^{35-55}$ 紧tɕin^{35}→紧紧tɕin$^{35-55}$tɕin$^{35-55}$
去声[21]	A^{21}	A^{55}A^{213}	□黏ne^{21}→□□ne$^{21-55}$ne$^{21-213}$ 韧ȵin^{21}→韧韧ȵin$^{21-55}$ȵin$^{21-213}$	□（水）满ti^{21}→□□ti$^{21-55}$ti$^{21-213}$ 嫩nən^{21}→嫩嫩nən$^{21-55}$nən$^{21-213}$
阴入[4]	A^{ʔ4}	A^{55}A^{44}	□凹陷nieuʔ^{4}→□□nieu^{55}nieu^{44} 阔宽fəɪʔ^{4}→阔阔fəɪ^{55}fəɪ^{44}	湿ɕiəuʔ^{4}→湿湿ɕiəu^{55}ɕiəu^{44} 赤红tɕ^{h}iʌʔ^{4}→赤赤tɕ^{h}iʌ^{55}tɕ^{h}iʌ^{44}
阳入[2]	A^{ʔ2}	A^{55}A^{213}	密mieʔ^{2}→密密mie^{55}mie^{213} 薄p^{h}oʔ^{2}→薄薄p^{h}o^{55}p^{h}o^{213}	热ȵieʔ^{2}→热热ȵie^{55}ȵie^{213} 熝烫luʔ^{2}→熝熝lu^{55}lu^{213}

需要指出的是，并非所有的形容词重叠为AA式都会出现变音的情况，有的形容词重叠后是副词：

明明miŋ^{22}miŋ^{22}　　统统t^{h}uŋ$^{35-55}$t^{h}uŋ^{35}　　足足tsoʔ^{4}tsoʔ^{4}

也有个别形容词重叠后确系表示语义的加深，但没有变音：

高高kau^{44}kau^{44}　　厚厚kau^{21}kau^{21}

这种情况因人而异，也许另有原因①。

由于变调和变音的层次、形式都非常复杂，武宁畲话中的许多字究竟单字调是什么，很多时候连发音人自己也很难判定，因人而异以及同一发音人或此或彼的情况屡见不鲜。但通过相关的变调和变音规律，有时可以推断出某些词或语素的“本调”，乃至考证语源。如武宁畲话中“估量”叫作[ku^{55}toi^{213}]，“推测”叫作[ku^{55}ku^{55}toi^{213}]，多位畲民都认为是“估对”和“估估对”，分解出语素来读，首音节“估”单字调为[35]，末音节“对”单字调为[44]；但根据变音规律，“35＋44”连读变调后声调模式为“55＋44”，与该词现在的读音模式“55＋213”不合。若从“55＋213”的声调模式倒推本调，依小称变音规律，后字本调当为[21]，故二词的语源很可能就是“估堆”和“估估堆”，“堆”在武宁畲话中单读念[21]调，更合音理。

① 有的畲民表达东西“厚厚的”也说“厚厚嘅”[kau^{55}kau^{213}ke^{44}]，有的畲民却认为不能这么说。

第四节

异读

武宁畲话的异读现象主要体现在两方面：一是文白异读，一是因人而异的字音异读。

一　文白异读

武宁畲话的文白异读层次对应明显：有的是一个字（语素）有几读；有的是中古音韵地位相当的一组字里，甲读A音类，乙读B音类①。为方便说明，下文尽量列出同一个字或相同音韵地位的字在不同语境下的不同读音，以“/”分隔，“/”前的为白读音，“/”后的为文读音，各用小字加注释例，每组字用“｜”隔开。

1. 声母的文白异读

①中古非组字白读为双唇音声母，文读为唇齿音声母或零声母。如：夫pu^{44}丈～/fu^{44}～妻｜飞pəi^{44}动词/fəi^{44}岳～｜浮pʰiəu^{22}动词/fu^{22}～牌（浮标）｜妇pʰiəu^{44}新～（儿媳妇）/fu^{21}弟～（弟媳妇）｜发pəɪʔ^{4}～疮（生疮）/foaʔ^{4}～芽｜分pən^{44}动词，给，分配/fən^{44}春～｜放pioŋ^{44}动词/foŋ^{44}解～｜问mən^{44}～一句/uən^{21}～题。

②中古知母三等字声母白读为[t]，文读为塞擦音[ts]、[tɕ]。如：知te^{44}听～（听见）/tsɿ^{44}通～｜胀tiʌŋ^{44}动词/tɕioŋ^{44}鼓～病（肝腹水）｜账算～tioŋ^{44}/帐蚊～tɕioŋ^{44}｜筑tyʔ^{4}～泥墙/tɕioʔ^{4}建～。更多的中古知组三等字只有白读音或者文读音，没有形成系统的文白异读层。

③见系二等字白读为[k]组声母，此时韵母是洪音；文读为[tɕ]组声母，此时韵母是

① 学界对于汉语方言文白异读的内涵和外延的把握并不一致。如张振兴（1989：171—179）将文白异读的概念限定为“《切韵》系统中具有完全相同的音韵地位”或“《切韵》系统的一类音（如一个声母或一个韵）”在现代方言中的多个读音，而北京大学中国语言文学系语言学教研室（2003）则将在《切韵》系统中音韵地位不同的一字多读也视作文白异读，还有的学者将“同形字”的不同读音也处理为文白异读。本书依张振兴（1989）的观点。

细音。以效摄字居多，也有其他韵摄字；效摄有些字口语中只调查到文读音，而尚未找到白读音的用例。如：芥kai^{55}九头～（雪里蕻）/tɕiai^{44}～菜｜交kau^{44}～秋/tɕiɑu^{44}～通｜绞kau^{35}交叉手脚/tɕiɑu^{35}～丝旁｜奸kan^{44}阴险狡诈/tɕien^{44}捉～｜行xʌŋ^{22}走/ɕiŋ^{22}流～｜觉koʔ^{4}～得/tɕioʔ^{4}自～｜胶橡～铰～链tɕiɑu^{44}｜巧灵～tɕʰiɑu^{35}｜效有～校～长ɕiɑu^{21}。

④中古溪母字白读为[x]（合口字读[f]）或[ɕ]，文读为[kʰ]或[tɕʰ]。如：肯xen^{35}唔～（不肯）/kʰen^{35}～定｜苦fu^{35}味道/kʰu^{35}～命人｜起ɕi^{35}～寮（盖房子）/tɕʰi^{35}～风｜牵ɕien^{44}～牛/tɕʰien^{44}～连。

2. 韵母的文白异读

①中古四等字和精组三等字韵母今白读为洪音，文读为细音。如：西sai^{44}方位/ɕi^{44}～瓜｜小sau^{35}～麦/ɕiɑu^{35}～满（节气名）｜嫌～弃xan^{22}/ɕien^{22}～疑｜节tsaʔ^{4}过～/tɕieʔ^{4}～约。

②中古梗摄二等字韵母今白读为[ʌŋ ʌʔ]，文读为[en eʔ]；三等字韵母今白读[iʌŋ]，文读为[iŋ iʔ]；四等字和精组三等字韵母今白读为[ʌŋ ʌʔ]或[iʌŋ]，文读为[en eʔ]或[iŋ iʔ]。如：生sʌŋ^{44}未熟/sen^{44}学～｜羹瓢～（小勺）kʌŋ^{44}/粳～稻ken^{44}｜平pʰiʌŋ^{22}～地/pʰiŋ^{22}人名用字｜性sʌŋ^{44}～格/ɕiŋ^{44}记～｜经kʌŋ^{44}～布（织布）/tɕiŋ^{44}～过｜劈pʰʌʔ^{4}～柴/pʰeʔ^{4}读字音｜迹tsʌʔ^{4}脚～/tseʔ^{4}古～/tɕiʔ^{4}笔～。梗摄三四等字的韵母存在文白异读，是武宁畲话区别于团结村其他浙江移民所操徽语的重要特征。

3. 声调的文白异读

部分中古浊上字白读为阴平调，文读为上声调或去声调。如：马mɑ^{44}动物/mɑ^{35}千军万～｜弟tʰai^{44}兄～/ti^{21}～妇（弟媳妇）｜氏sɿ^{44}陈～娘娘（畲族历史人物）/sɿ^{21}墓碑上用以指女性先人｜近tɕʰyon^{44}靠～/tɕin^{21}～视眼｜丈～夫tɕʰioŋ^{44}/杖拐杖tɕʰioŋ^{21}｜重tɕʰiuŋ^{44}火气～/tsuŋ^{21}保～。

二　其他异读

武宁畲话的其他异读主要体现为新老派异读，以及老年层内部因人而异的异读。从各方面考察，武宁畲话使用的人口太少，本身就处在社会变革之中和强势方言的挤压之下，演变速度比周边的方言都要快得多。其内部差异不仅有同年龄层的畲民在音系格局大体一致的情况下各音节具体辖字的差异，更有不同年龄层之间的系统性差异。武宁畲话内部老年层与青年层的口音有较明显的差异，老年层保留了武宁畲话较早的语音面貌，青年层则体现了武宁畲话在畲民落户江西以后的新发展。

1. 老年层内部的异读

在团结村，我们接触得较多的老年人有四位，分别是雷土根、钟成连、雷兰根、雷成东。除钟成连不识字外，其余三人都曾念过小学，认识一些字。这四位畲民都是原淳安县茶园乡金家村居民；后一起迁到建德县更楼公社骆村大队，但有的不在一个生产队居住；迁来武宁后，则在同一个自然村居住了半个世纪，他们一直在村内务农，没有长期离开过当地，因此口音最为接近。在2016年进行《中国语言资源调查手册·汉语方言》纸笔调查的过程中，雷土根、雷兰根、雷成东三位老年人一直全程配合；其他后续调查，雷土根、钟成连、雷兰根三位老年人全程配合。总体来看，四人的音系格局基本相同，但依旧有差异，主要表现在：

①雷土根和钟成连夫妇单念时，唇音声母后的[əi]韵母不与[i]韵母相混，但雷兰根和雷成东基本是混并的。以下是雷土根先生和雷兰根先生的相关字音比较示例：

	被	屁	飞	尾
雷土根	p^hi^{44}	p^hi^{44}	$pəi^{44}$	$məi^{44}$
雷兰根	p^hi^{44}	p^hi^{44}	pi^{44}	mi^{44}

②在调查字音材料时，三位识字的老年人认为中古深摄、臻摄开口三等阳声韵字的韵母今读与梗摄开口三四等阳声韵字文读音和曾摄开口三等阳声韵字的韵母今读无别，但实际发音中仍可以听出音值差异。调查词汇材料时，雷兰根往往可以将不少相关词条内的语素分解出来，并指出某类字不同于某类字；钟成连由于不识字，无法参与比字，但解说词条时依旧有音值差异；其他老年发音人介于二者之间，有时能够分辨得出，有时则完全分辨不出。可知，老年层的[in]、[iŋ]两个韵母正在混并，雷土根的混并速度快于雷兰根。以下是雷土根先生的部分相关单字音调查比字示例：

宾＝冰＝兵pin^{44}　林＝鳞＝零lin^{22}　金＝证保～$tɕin^{44}$　寅＝迎文in^{22}

以上比较仅就单纯的静态音系差异而言，在实际语流中，老年层[in]和[iŋ]的混并则更为严重，梗摄开口三四等阳声韵字文读音和曾摄开口三等阳声韵字读[in]韵母的情况非常普遍。此外，四五十岁的团结村畲民，多数已经分不出这两个音类的差异，都读成[in]韵母。

③除“□东西”$[nɑʔ^4]$外，雷成东没有[ɑʔ]韵母和[uɑʔ]韵母，[ɑʔ]韵母的字，多数念成[ʌʔ]韵母；[uɑʔ]韵母的字则多数念成[uoaʔ]韵母，偶尔念成[uʌʔ]韵母。雷土根和雷兰根都有[ɑʔ]韵母和[uɑʔ]韵母，但雷兰根读[ɑʔ]韵母和[uɑʔ]韵母的字明显少于雷土根。以下是雷成东先生相关词例比字的结果：

节$tsaʔ^4$≠摘＝扎结～$tsʌʔ^4$　　滑$uaʔ^2$≠划计～$uʌʔ^2$≠活$uoaʔ^2$

④不同老年发音人之间还存在同一个字读音略有差异或不同音节辖字互有参差的情况。如武宁畲话中古全浊声母字今读有一部分读清送气声母，另一部分读清不送气声母。但也会碰到这样的情况：同一个字出现在相同的语境下，有的人读清送气声母，有的人读清不送气声母。如：

	裁动词，单说	鐾～洋火（划火柴）	棋行～（下棋）	步大～行
雷土根	ts^hai^{22}	p^hi^{21}	$tɕ^hi^{22}$	p^hu^{21}
雷兰根	$tsai^{22}$	pi^{21}	$tɕi^{22}$	pu^{21}

钟成连	$tsai^{22}$	p^hi^{21}	$tɕ^hi^{22}$	p^hu^{21}

还有一些字音存在差异："个"字雷土根、钟成连夫妇单念读[$kuai^{44}$]，其他人单念读[$kɔi^{44}$]，但四人语流中都有读[$kɔi^{44}$]的情况；"骚～货"雷土根读[$sɑu^{22}$]，雷兰根读[$sɑu^{44}$]，但"牢骚"则皆读[$lɑu^{22}sɑu^{44}$]；"淳～安"较常用，但雷土根读[$sɿ^{22}$]，雷兰根读[$sɑ^{22}$]；"跷～脚（瘸子）""锹"二字，雷土根认为"跷"＝"锹"[$tɕ^hiɑu^{44}$]，雷兰根则认为"锹"[$tɕ^hiau^{44}$]≠"跷"[$tɕ^hiɑu^{44}$]；"笠～头（斗笠）""日～头"二字，雷土根认为"笠"[$liɪʔ^4$]≠"日"[$ȵiɪʔ^4$]，雷兰根则认为"笠"＝"日"[$ȵiɪʔ^4$]；表示揉搋义的"□"[$ȵioʔ^2$]，雷土根、钟成连夫妇口语中多读阴入，比字时则表示和阳入字"玉"同音，其他人不论口语还是比字都读阳入①，等等。

⑤四位老年人中，雷兰根的单字音中阴平调有大量调值为[42]的变体，而其他三人则偶尔出现阴平字单读[42]调的情况。在语流中，阴平字读[42]调的现象其他几位老年人也不鲜见。

2. 新老派异读

下面列举武宁畲话的新老异读现象（老派发音人是雷土根，新派发音人是兰森）。

①声母

新老派声母差异不大。唯有[x]声母老派介于[x]和[h]之间，但新派则全部念成[h]声母。

②韵母

新老派之间差异最大的是韵母，老男的韵母有84个，青男的韵母只有70个。排除调查时临时折合以及未调查到的情况，新老派之间韵母的差异主要体现在音系格局上。

首先，老派效摄一二等韵今读区分明显，新派效摄一二等字都读[ɑu]韵母。如：

	宝	饱	高	交
老派	$pɑu^{35}$	pau^{35}	$kɑu^{44}$	kau^{44}
新派	$pɑu^{35}$	$pɑu^{35}$	$kɑu^{44}$	$kɑu^{44}$

其次，新派部分山摄二等、四等阳声韵字韵母今读同于梗摄二等、四等阳声韵字白读音的韵母今读，而老派不混。如：

	山	烟烟火	生	听
老派	san^{44}	an^{44}	$sᴀŋ^{44}$	$t^hᴀŋ^{44}$

① 这个词也见于吴语，但是各方言点归调不同，如苏州方言归阳入（叶祥苓1993），金华方言归阴入（曹志耘1996）。从韵母来看，语源有可能是药韵字，也有可能是屋、烛韵字，但《广韵》《集韵》中暂未见义安者；从声母来看，则可能是娘母的"搦"，《广韵》女角切："搵也。"南部吴语和武宁畲话中舌齿音江韵字有读细音的情况，待考。

新派	sᴀŋ^{44}	ᴀŋ^{44}	sᴀŋ^{44}	tʰᴀŋ^{44}

再次，新派部分咸山摄三四等阳声韵字韵母今读同于梗摄三四等阳声韵字白读音的韵母今读，而老派不混。如：

	尖	正~反	签	轻	先~生	声
老派	tɕian^{44}	tɕiᴀŋ^{44}	tɕʰian^{44}	tɕʰiᴀŋ^{44}	ɕin^{44}	ɕiᴀŋ^{44}
新派	tɕiᴀŋ^{44}	tɕiᴀŋ^{44}	tɕʰiᴀŋ^{44}	tɕʰiᴀŋ^{44}	ɕiᴀŋ^{44}	ɕiᴀŋ^{44}

第四，新派咸摄一二等入声韵与部分咸摄四等和精组三等口语常用入声字的韵母今读合流，老派则有区分的痕迹。如：

	盒	甲	鸭	接	贴
老派	xɑuʔ^{2}	kɑuʔ^{4}	ɑuʔ^{4}	tsɑuʔ^{4}	tʰɑuʔ^{4}
新派	hɑuʔ^{2}	kɑuʔ^{4}	ɑuʔ^{4}	tsɑuʔ^{4}	tʰɑuʔ^{4}

其他如中古深摄、臻摄开口三等阳声韵字的韵母今读，与梗摄开口三四等阳声韵字文读音和曾摄开口三等阳声韵字的韵母今读，不论是比字还是问词条，新派基本分不出差别。此外，与上述韵摄对应的入声韵字今读，新派也基本混并严重，虽然仍然保留[iɪʔ]韵母和[iʔ]韵母，但其实不仅内部已经混并严重，没有固定的界限，往往还存在混读的现象。

③声调

武宁畲话新老派在声调系统上比较统一，不论是调类还是调型调值基本一致。即使在语流中，哪些词应该读小称变音或语法变音，以及大致读什么类型的变音，新老派都基本相同。

第五节

古今语音比较

本节列出武宁畲话的古今语音比较表。其中，“古音”指《切韵》系统。《切韵》系韵书中，《集韵》较之《广韵》虽有不少调整，但语音系统大体是一致的。武宁畲话的许多口语常用字读音虽不见于《广韵》，但又符合《集韵》的记载，也可视为古音的反映；一些不合《切韵》系韵书记载的读音，如果是在汉语南方方言中具有典型性的，也适当列出。所列武宁畲话字音，以单音节词为主，间收多音节词中所体现的语素读音，一些中古音韵地位有代表性的现代汉语普通话常用而武宁畲话口语中不说的字和虽能反映出中古音韵地位但语源尚未考定的字则阙如，因此并不能涵盖《切韵》音系中所有音类在武宁畲话中的表现。

声韵调名称及表格样式在丁声树、李荣《汉语音韵讲义》基础上略有修改，例字和标音是武宁畲话，有些字在不同条件下读不同音，如果可以作为今读的代表，需要区别时在字后加小号的汉字或阿拉伯数字做标记，标记信息与本书第三章“同音字汇”一致。

一　声母的古今比较

表2-21　武宁畲话古今声母比较表-1

		全清		次清		全浊	
帮组		帮	八paʔ^{4} 兵pin^{44}	滂	派pʰai^{44} 拼pʰiŋ^{44}	並	爬pʰɑ^{22} 病pʰiᴀŋ^{21} 棚pᴀŋ^{22} 傍poŋ^{21}
非组		非	飞pəi^{44} fəi^{44} 风piuŋ^{44} fuŋ^{44}	敷	副fu^{44} 番fən^{44} 蜂pʰiuŋ^{35} 柿pʰi^{35}	奉	肥pʰi^{22} fəi^{22} 妇pʰiəu^{44} fu^{21}
端泥组		端	多to^{44} 东tuŋ^{44}	透	讨tʰɑu^{35} 天tʰan^{44}	定	谈tan^{22} 甜tʰan^{22} 读tʰoʔ^{2} 独tuʔ^{2}
精组	今洪	精	早tsɑu^{35} 租tsu^{44}	清	草tsʰɑu^{35} 寸tsʰən^{44}	从	坐tsʰo^{44} 槽sɑu^{22}
	今细		酒tɕiəu^{35} 精tɕiŋ^{44}		锹tɕʰiau^{44} 清tɕʰiŋ^{44}		字tɕʰi^{21} 绝ɕyɵeʔ^{2}
知组	今洪	知	知te^{44} tsʅ^{44} 桌toʔ^{2}	彻	撑tsʰᴀŋ^{44} 拆tsʰᴀʔ^{4}	澄	茶tsʰɑ^{22} 池tsʰʅ^{22}
	今细		账tioŋ^{44} 帐tɕioŋ^{44}		抽tɕʰiəu^{44} 春tɕʰyn^{44}		撞tɕioŋ^{21} 重tɕʰiuŋ^{44}
庄组	今洪	庄	盏tsan^{35} 争tsᴀŋ^{44}	初	初tsʰo^{44} tsʰu^{44}	崇	事se^{21} 床tsʰoŋ^{22}
	今细		爪tɕiau^{35} 抓tɕiau^{21}		窗tɕʰioŋ^{44}		锄tɕʰy^{22} 柿tɕʰi^{44}
章组		章	纸tɕi^{35} 主tɕy^{35}	昌	车tɕʰia^{44} 昌tɕʰioŋ^{44}	船	船ɕyon^{22} 顺sən^{21}
日母							
见晓组	今洪	见	高kɑu^{44} 笕kan^{35} 剑tsan^{44}	溪	开kʰoi^{44} foi^{44} 糠xoŋ^{44} 溪tsʰe^{44}	群	葵kʰuəi^{22} 菌kʰuən^{21}
	今细		街tɕiai^{44} 九tɕiəu^{35}		翘ɕieu^{44} 轻tɕʰiᴀŋ^{44}		权tɕʰyon^{22} 共tɕioŋ^{21}
影组		影	温uon^{44} 轭ᴀʔ^{4} 厄ŋᴀʔ^{4} 暎ȵiᴀŋ^{44}				

表2-21 武宁畲话古今声母比较表-2

次浊				清		全浊			
明	门 mən^{22} 麦 mAʔ^{2}							帮组	
微	问 mən^{44} 文 uən^{22}							非组	
泥	泥 nai^{22} 娘 ȵioŋ^{22}	来	老 lɑu^{35} 连 lien^{22}					端泥组	
				心	三 sən^{44} 桑 soŋ^{44}	邪	祠 sɿ^{22} 席 tsʰAʔ^{2}	今洪	精组
					四 si^{44} 想 ɕiAŋ^{35}		邪 tɕʰia^{22} 谢 ɕia^{21}	今细	
								今洪	知组
								今细	
				生	山 san^{44} 省 sAŋ^{21}			今洪	庄组
					梳 ɕio^{44}			今细	
				书	世 se^{44} 手 ɕiəu^{35}	禅	十 ɕiəuʔ^{2} 石 ɕiAʔ^{2}	章组	
日	二 ȵi^{22} 如 y^{22} 闰 lən^{21}							日母	
疑	牙 ŋɑ^{22} 外 uai^{21}			晓	火 fu^{35} 好 xɑu^{35} 戏 se^{44}	匣	话 uɑ^{21} 号 xɑu^{21} 厚 kɑu^{21}	今洪	见晓组
	月 ȵyeeʔ^{2} 迎文 ɪiŋ^{22}				向 ɕioŋ^{44}		协 ɕieʔ^{2} 县 ien^{21} 舷 tɕien^{22}	今细	
云	移 ie^{22} 云 uən^{22}	以	药 ioʔ^{2}					影组	

二　韵母的古今比较

表2–22　武宁畲话古今韵母比较表（果、假、遇摄，蟹摄开）–1

			一等			二等				三等		
			帮系	端系	见系	帮系	泥组	知庄组	见系	帮组	非组	泥组
果	开	o ɔi ɑ io		多 to^{44}	哥 ko^{44} 我 ŋɔi^{44} 阿 ɑ^{44}							
果	合	o ɔi u io	婆 p^{h}o^{22} 簸 pɔi^{44}	坐 ts^{h}o^{44}	货 xo^{44} 过 ku^{44}							
假	开	ə ɑ ia				耙 p^{h}ɑ^{22}	拿 nɑ^{22}	茶 ts^{h}ɑ^{22}	牙 ŋɑ^{22}			
假	合	ɑ uɑ						傻 sɑ^{44}	瓦 ŋɑ^{35} 划 uɑ^{22}			
遇	合	u y i o io ŋ	布 pu^{44} 簿 po^{21}	土 t^{h}u^{35}	古 ku^{35} 五 ŋ^{35}						符 fu^{22}	驴 lu^{22} 女 ȵy^{35} 吕 li^{35}
蟹	开	oi ɔi ai iai ɑ e ie i ɿ		胎 t^{h}oi^{44} 大 t^{h}ɔi^{21} 裁 tsai^{22}	爱 oi^{44} 亥 xɔi^{21} 改 kai^{35}	拜 pai^{44} 稗 p^{h}e^{44}		柴 ts^{h}ai^{22} 洒 sɑ^{35}	矮 ai^{35} 街 tɕiai^{44}	毙 pi^{35}	吠 p^{h}oi^{21}	

表2-22 武宁畲话古今韵母比较表（果、假、遇摄，蟹摄开）-2

三等					四等							
精组	庄组	知章组	日母	见系	帮组	端组	泥组	精组	见系			
				茄tɕʰio^{35}						o ɔi ɑ io	开	果
				靴ɕio^{44}						o ɔi u io	合	果
写ɕia^{35}		者tsə^{35} 车tɕʰia^{44}		夜ia^{21}						ə ɑ ia	开	假
										ɑ uɑ	合	假
	数su^{44} 初tsʰo^{44} 梳ɕio^{44}	厨tɕʰy^{22}	如y^{22}	句ku^{44} 鱼ȵy^{21} 渠ki^{44}						u y i o io ŋ	合	遇
		世se^{44} 制tsɿ^{55}		艺ȵie^{21}	米mai^{35} 批pʰi^{44}	底tai^{35} 蹄te^{22} 题tʰi^{22}	泥nai^{22} 丽li^{21}	洗sai^{35} 妻tsʰe^{44} 脐tɕʰi^{21}	鸡tɕiai^{44} 溪tsʰe^{44} 计tɕi^{44}	oi ɔi ai iai ɑ e ie i ɿ	开	蟹

表2-23 武宁畲话古今韵母比较表（蟹摄合，止、效摄）-1

			一等			二等				三等		
			帮系	端系	见系	帮系	泥组	知庄组	见系	帮组	非组	泥组
蟹	合	oi	妹moi^{44}	碓toi^{44}	回foi^{22}							
		yoi		催tɕʰyoi^{44}								
		ai							坏kai^{21}			
		iai							快ɕiai^{44}			
		uai			外uai^{21}				怪kuai^{44}			
		əi	每$_{2}$məi^{35}	碎səi^{44}	悔fəi^{44}							
		uəi			块kʰuəi^{44}							
		e	梅$_{2}$me^{22}									
		ɑ							挂kɑ^{44}			
		uɑ							画uɑ^{21}			
止	开	ʅ										
		i								皮pʰi^{22}		
		y										
		ə										
		e								备pe^{21}		
		ie										
		oi								糜moi^{22}		
		iai										
	合	i									肥pʰi^{22}	利li^{21}
		y										泪li^{21}
		e										垒le^{35}
		əi									飞pəi^{44}	
		uəi										
		oi										累loi^{21}
		yoi										
效	开	o		桃tʰo^{35}								
		ɑu	宝pɑu^{35}	草tsʰɑu^{35}	高kɑu^{44}	跑pʰɑu^{22}	闹nɑu^{21}	找tsɑu^{35}	交白$_{2}$kɑu^{44}			
		iɑu							校ɕiɑu^{21}	漂pʰiɑu^{55}		疗liɑu^{22}
		au			熬ŋau^{22}	饱pau^{35}		炒tsʰau^{35}	教白kau^{44}			
		iau				猫ȵiau^{44}		爪tɕiau^{35}				
		ieu								表pieu^{35}		

表2–23 武宁畲话古今韵母比较表（蟹摄合，止、效摄）–2

三等					四等							
精组	庄组	知章组	日母	见系	帮组	端组	泥组	精组	见系			
岁 soi^{44} 脆 tsʰuəi^{55}		税 ɕyoi^{44}		鳜 kuəi^{44}					桂 kuəi^{44}	oi yoi ai iai uai əi uəi e ɑ uɑ	合	蟹
次 tsʰɿ^{44}	师 sɿ^{44} 事 se^{21} 使 soi^{35}	诗 sɿ^{44} 舐 ɕiai^{44}	耳 ȵi^{35} 儿 ə^{22}	蚁 ȵi^{35} 饥 tɕy^{44} 戏 se^{44} 宜 ȵie						ɿ i y ə e ie oi iai	开	止
随$_{又}$ se^{22} 醉 tsəi^{44}		水 ɕy^{35} 炊 tɕʰyoi^{44}		遗 i^{22} 跪 kuəi^{21}						i y e əi uəi oi yoi	合	
小$_{文}$ ɕiɑu^{35} 笑 sau^{44} 锹 tɕʰiau^{44}		赵 tsɑu^{21} 照 tɕieu^{44}	饶$_{2}$ȵiɑu^{22} 绕 ȵiau^{21} 饶$_{1}$ieu^{22}	姚 iɑu^{22} 桥 tɕʰieu^{22}		挑$_{2}$tʰiɑu^{44} 跳 tʰau^{22} 调 tiau^{22}	尿 nau^{21} 聊 liau^{22} 料 lieu^{21}	箫 ɕieu^{44}	窍 tɕʰiɑu^{44} 晓 ɕieu^{35}	o ɑu iɑu au iau ieu	开	效

表2–24　武宁畲话古今韵母比较表（流、咸、深摄）–1

			一等			二等				三等		
			帮系	端系	见系	帮系	泥组	知庄组	见系	帮组	非组	泥组
流	开	u	母mu^{35}								富fu^{44}	
		o			喉xo^{22}							
		ɑu		走tsɑu^{35}	狗kɑu^{35}							
		au			藕ŋau^{35}							
		əu			后xəu^{21}							
		ieu	亩mieu^{35}	偷t^{h}ieu^{44}							矛mieu^{22}	
		iəu									浮p^{h}iəu^{22}	流liəu^{22}
咸舒	开	ɔn		贪t^{h}ɔn^{44}	暗ɔn^{44}			杉sɔn^{44}	岩ŋɔn^{22}			
		an		谈tan^{22}	疳kan^{44}			衫san^{44}	咸xan^{22}			
		ian							监$_{2}$tɕien^{44}			
		ien										
		yon						赚tɕyon^{21}				
	合	ɔn									凡fɔn^{22}	
咸入	开	ɑʔ		塔t^{h}ɑʔ^{4}								
		aʔ						插$_{2}$ts^{h}aʔ^{4}				
		oaʔ		塌t^{h}oaʔ^{4}								
		eʔ							合$_{3}$xeʔ^{2}			
		əʔ							合$_{2}$xəʔ^{2}			
		iᴀʔ										猎liᴀʔ^{2}
		ieʔ										
		ɑuʔ		答tɑuʔ^{4}	盒xɑuʔ^{2}			闸sɑuʔ^{2}	鸭ɑuʔ^{4}			
		auʔ							狭auʔ^{2}			
		iauʔ										
		ieuʔ										
	合	oaʔ									法foaʔ^{4}	
深舒	开	in								禀pin^{35}		林lin^{22}
		en										
		ən										
深入	开	eʔ										
		ieʔ										
		iɪʔ										笠liɪʔ^{4}
		yɪʔ										
		əɪʔ										
		iəuʔ										
		yɵeʔ										

表2-24 武宁畲话古今韵母比较表（流、咸、深摄）-2

三等					四等							
精组	庄组	知章组	日母	见系	帮组	端组	泥组	精组	见系			
酒 tɕiəu^{35}	瘦 sɑu^{44} 搜 ɕieu^{44}	丑 tɕʰiəu^{35}		有 xo^{44} 阄 kəu^{44} 求 tɕʰiəu^{22}						u o ɑu au əu ieu iəu	开	流
尖 tɕian^{44} 挦 tɕʰien^{22}			染 ȵien^{21}	剑 tsan^{44} 严 ȵien^{22}		甜 tʰan^{22} 店 tian^{44} 簟 tien^{21}	念 ȵian^{21}		嫌 xan^{22} 谦 tɕʰien^{44}	ɔn an ian ien yon	开	咸舒
										ɔn	合	
接$_{文}$ tɕieʔ^{4}		折 $_{2}$tseʔ^{4} 折 $_{1}$tɕieuʔ^{4}		业 $_{2}$ȵieuʔ^{2} 叶 ieuʔ^{2}		蝶 tieʔ^{2} 贴 tʰauʔ^{4} 帖$_{文}$ tʰiauʔ^{4}		睫 sauʔ^{4} 矆 ɕieuʔ^{4}	协 ɕieʔ^{2}	ɑʔ aʔ oaʔ eʔ əʔ iᴀʔ ieʔ ɑuʔ auʔ iauʔ ieuʔ	开	咸入
										oaʔ	合	
心 ɕin^{44}	参 ɕin^{44} 森 sen^{44}	针 tɕin^{44} 枕 $_{2}$tsen^{35} 审 sən^{35}	任 $_{3}$lən^{21}	饮 in^{35}						in en ən	开	深舒
习 $_{3}$tɕieʔ^{2} 集 tɕiɪʔ^{2} 粒 liəuʔ^{4}		汁 $_{2}$tseʔ^{4} 蛰 tɕʰiɪʔ^{2} 汁 $_{3}$tsəɪʔ^{4} 十 ɕiəuʔ^{2}	入 yɪʔ^{2} 入$_{又}$ yeeʔ^{2}	急 tɕieʔ^{4} 级 tɕiɪʔ^{4}						eʔ ieʔ iɪʔ yɪʔ əɪʔ iəuʔ yeeʔ	开	深入

表2-25　武宁畲话古今韵母比较表（山摄）-1

			一等			二等				三等		
			帮系	端系	见系	帮系	泥组	知庄组	见系	帮组	非组	泥组
山舒	开	in								编 pin^{21}		
		ɔn		单 tɔn^{44}	肝 kɔn^{44}	扮 pɔn^{44}		杉 sɔn^{44}	苋 xɔn^{21}			
		an		残 tsʰan^{22}	安 $_{2}$an^{44}	板 pan^{35}		山 san^{44}	简 kan^{35}			
		ian							眼 ȵian^{35}			
		ien							间 $_{4}$tɕien^{44}	绵 mien^{22}		连 lien^{22}
	合	ɔn	半 pɔn^{44}	断 tʰɔn^{44}	宽 fɔn^{44}				环 fɔn^{22}		万白 mɔn^{21}	
		uɔn			款 kʰuɔn^{35}				弯 uɔn^{44}		万文 uɔn^{21}	
		an	瘕 pan^{44}						还副 xan^{22}			
		ian							还 $_{1}$ian^{22}			
		uan			管 $_{2}$kuan^{35}				还 $_{2}$uan^{22}			
		ien										恋 lien^{21}
		ən		乱 lən^{21}								
		uən			棺 kuən^{44}							
		uon			碗 uon^{35}							
		yon			丸 yon^{22}			闩 ɕyon^{44}				
山入	开	ɑʔ		捺 nɑʔ^{2}				扎 tsɑʔ^{4}				
		ᴀʔ						察 tsʰᴀʔ^{4}				
		aʔ		瘌 laʔ^{4}		八 paʔ^{4}		铡 tsʰaʔ^{2}				
		iaʔ							啮 ȵiaʔ^{2}			
		oaʔ		辣 loaʔ^{2}	割 koaʔ^{4}							
		iɪʔ								别 piɪʔ^{4}		
		eʔ										
		ieʔ								鳖 pieʔ^{4}		列 lieʔ^{2}
		əʔ										
	合	uɑʔ			活 uɑʔ^{2}				刮 kuɑʔ^{4}			
		uaʔ							挖 uaʔ^{4}			
		oaʔ	泼 pʰoaʔ^{4}	脱 tʰoaʔ^{4}							发文 foaʔ^{4}	
		uoaʔ			活又 uoaʔ^{2}						袜新 uoaʔ^{2}	
		oʔ	抹 moʔ^{4}	夺 $_{2}$toʔ^{2}								
		ɵeʔ	拨 pɵeʔ^{4}	掇 tɵeʔ^{4}	阔 fɵeʔ^{4}			刷 sɵeʔ^{4}				
		uɵeʔ			括 kʰuɵeʔ^{4}							
		yɵeʔ										
		yɪʔ										
		ieʔ										
		əɪʔ		捋 $_{2}$ləɪʔ^{2}				刷又 səɪʔ^{4}			发白 pəɪʔ^{4}	

表2–25 武宁畲话古今韵母比较表（山摄）–2

三等					四等							
精组	庄组	知章组	日母	见系	帮组	端组	泥组	精组	见系			
									肩 tɕin^{44}	in	开	山舒
										ɔn	开	山舒
箭 tsan^{44}		展 tsan^{21}	然 $_{2}$lan^{22}		边 pan^{44}	癫 tan^{44}	年 nan^{22}	前 tsʰan^{22}	燕 an^{44}	an	开	山舒
千 tɕʰian^{44}								先 ɕian^{21}	见 tɕian^{44}	ian	开	山舒
鲜 ɕien^{44}		扇 ɕien^{44}	然 $_{1}$ien^{22}	乾 tɕʰien^{22}	眠 mien^{22}		莲 lien^{22}	荐 $_{1}$tɕien^{44}	坚 tɕien^{44}	ien	开	山舒
										ɔn	合	山舒
										uɔn	合	山舒
				铅 $_{2}$kʰan^{55}						an	合	山舒
										ian	合	山舒
										uan	合	山舒
				铅 $_{1}$tɕʰien^{55}					县 ien^{21}	ien	合	山舒
										ən	合	山舒
				拳 kʰuən^{22}						uən	合	山舒
										uon	合	山舒
全 tɕʰyon^{22}		砖 tɕyon^{44}	软 ȵyon^{44}	园 yon^{22}					玄 yon^{22}	yon	合	山舒
										ɑʔ	开	山入
		彻 tsʰᴀʔ^{4}								ᴀʔ	开	山入
					篾 maʔ^{2}	铁 tʰaʔ^{4}		截 tsʰaʔ^{2}	歇白 saʔ^{4}	aʔ	开	山入
										iaʔ	开	山入
										oaʔ	开	山入
										iɪʔ	开	山入
		浙 tseʔ^{4}						歇文 seʔ^{4}		eʔ	开	山入
		舌 ɕieʔ^{2}	热 ȵieʔ^{2}	孽 ȵieʔ^{2}	撇 pʰieʔ^{4}			节文 tɕieʔ^{4}	结 tɕieʔ^{4}	ieʔ	开	山入
		设 $_{2}$səʔ^{4}								əʔ	开	山入
										uɑʔ	合	山入
										uaʔ	合	山入
雪 soaʔ^{4}										oaʔ	合	山入
										uoaʔ	合	山入
										oʔ	合	山入
										ɵeʔ	合	山入
										uɵeʔ	合	山入
绝 ɕyɵeʔ^{2}		说 ɕyɵeʔ^{4}		月 ȵyɵeʔ^{2}					缺 $_{2}$tɕʰyɵeʔ^{4}	yɵeʔ	合	山入
									缺 $_{1}$tɕʰyɪʔ^{4}	yɪʔ	合	山入
									血 ɕieʔ^{4}	ieʔ	合	山入
										əɪʔ	合	山入

表2-26　武宁畲话古今韵母比较表（臻摄，宕摄舒）-1

			一等			二等				三等		
			帮系	端系	见系	帮系	泥组	知庄组	见系	帮组	非组	泥组
臻舒	开	ɔn			恩ɔn^{44}							
		on			恨xon^{21}							
		yon										
		en			垦kʰen^{35}							
		ən		吞tʰən^{44}								
		in								民min^{22}		邻lin^{22}
		yn			根tɕyn^{44}					贫pʰiʌŋ^{22}		
		iʌŋ										
	合	on	本pon^{35}									
		uon			婚xuon^{44}							
		yon										
		ən	盆pʰən^{22}	村tsʰən^{44}							坟pʰən^{22}	轮lən^{22}
		uən			坤kʰuən^{44}						文uən^{22}	
		yn										
臻入	开	iɪʔ								笔piɪʔ^{4}		栗liɪʔ^{2}
		əɪʔ										
		eʔ										
		ieʔ								密mieʔ^{2}		
		iʌʔ										栗又liʌʔ^{2}
	合	uʔ										
		oʔ	没moʔ^{2}									
		iɪʔ										律liɪʔ^{2}
		yɪʔ										
		əɪʔ		卒tsəɪʔ^{4}	朏fəɪʔ^{4}						佛fəɪʔ^{2}	
		uəɪʔ			骨kuəɪʔ^{4}						物uəɪʔ^{2}	
		yɵʔ										
宕舒	开	oŋ	帮poŋ^{44}	塘tʰoŋ^{22}	园kʰoŋ^{35}							娘ȵioŋ^{22}
		ioŋ										
		ʌŋ		党tʌŋ^{35}								
		iʌŋ										
	合	oŋ			光koŋ^{44}						方foŋ^{44}	
		ioŋ									放pioŋ^{44}	
		uoŋ			汪uoŋ^{44}						亡文uoŋ^{22}	
		uʌŋ			广kuʌŋ^{35}							
		uŋ									望ımuŋ^{21}	

表2-26 武宁畲话古今韵母比较表（臻摄，宕摄舒）-2

三等					四等							
精组	庄组	知章组	日母	见系	帮组	端组	泥组	精组	见系			
信 ɕin^{44}	衬又 tsʰen^{55} 衬 tɕʰin^{55}	镇 tsen^{55} 阵 $_{2}$tsən^{21} 神 ɕin^{22}	人 ȵin^{22}	近 tɕʰyon^{44} 紧 tɕin^{35} 斤 tɕyn^{44}						ɔn on yon en ən in yn iʌŋ	开	臻舒
遵 tsən^{44} 旬 ɕyn^{22}		顺 sən^{21} 春 tɕʰyn^{44}	闰 lən^{21}	郡 tɕyon^{21} 困 $_{1}$fən^{44} 云 uən^{22} 军 tɕyn^{44}						on uon yon ən uən yn	合	臻舒
七 tɕʰiɪʔ^{4}	虱 ɕieʔ^{4}	实 ɕiɪʔ^{2} 室 səɪʔ^{4} 质 $_{2}$tseʔ^{4}	日 ȵiɪʔ^{4}	一 iɪʔ^{4} 吉 tɕieʔ^{4}						iɪʔ əɪʔ eʔ ieʔ iʌʔ	开	臻入
戌 səɪʔ^{4}		术 $_{2}$suʔ^{2} 出 tɕʰyɪʔ^{4} 朮 ɕyɵeʔ^{2}		橘 tɕiɪʔ^{4} 屈 tɕʰyɪʔ^{4} 掘 kuəɪʔ^{2}						uʔ oʔ iɪʔ yɪʔ əɪʔ uəɪʔ yɵeʔ	合	臻入
墙 tɕʰioŋ^{22} 想 ɕiʌŋ^{35}	壮 tsoŋ^{44}	张 tɕioŋ^{44} 涨 tɕiʌŋ^{35}	瓤 noŋ^{22} 让 ȵioŋ^{21}	姜 tɕioŋ^{44} 仰 ȵiʌŋ^{21}						oŋ ioŋ ʌŋ iʌŋ	开	宕舒
				旺 uoŋ^{21} 狂 kʰuʌŋ^{22}						oŋ ioŋ uoŋ uʌŋ uŋ	合	宕舒

表2–27 武宁畲话古今韵母比较表（宕摄入，江、曾摄）–1

			一等			二等				三等		
			帮系	端系	见系	帮系	泥组	知庄组	见系	帮组	非组	泥组
宕入	开	yʔ		骆 $_{2}$lyʔ^{4}								
		oʔ	薄 pʰoʔ^{2}	托 tʰoʔ^{4}	各 koʔ^{4}							
		ioʔ										
		ieʔ										略 lieʔ^{2}
	合	uʔ								缚 pʰuʔ^{2}		
		oʔ			郭 koʔ^{4}							
		uAʔ			扩 kʰuAʔ^{4}							
		uoaʔ			扩$_{又}$ kʰuoaʔ^{4}							
江舒	开	oŋ				邦 poŋ^{44}			豇 koŋ^{44}			
		ioŋ						桩 tioŋ^{44}	腔 tɕʰioŋ^{44}			
		Aŋ				棒 pAŋ^{21}						
		iAŋ							项 $_{2}$ɕiAŋ^{55}			
		uŋ						双 suŋ^{44}				
江入	开	uʔ						捉 tsuʔ^{4}				
		oʔ				剥 poʔ^{4}		桌 toʔ^{2}	岳 ŋoʔ^{4}			
曾舒	开	en	崩 pen^{44}	藤 tʰen^{22}	肯 xen^{35}					凭 pʰen^{21}		
		ən										
		in								冰 pin^{44}		凌 lin^{55}
		iŋ										菱 liŋ^{22}
		uŋ	朋 puŋ^{22}									
曾入	开	eʔ	墨 meʔ^{2}	勒 leʔ^{2}	黑 xeʔ^{4}							
		ieʔ		贼 tɕʰieʔ^{2}								
		iʔ								逼 piʔ^{4}		力 liʔ^{2}
		iɪʔ										
	合	uɵeʔ			或 xuɵeʔ^{4}							

表2–27 武宁畲话古今韵母比较表（宕摄入，江、曾摄）–2

三等					四等							
精组	庄组	知章组	日母	见系	帮组	端组	泥组	精组	见系			
		勺 ɕioʔ^{2}	弱 ȵioʔ^{4}	脚 tɕioʔ^{4}						yʔ oʔ ioʔ ieʔ	开	宕入
										uʔ oʔ uᴀʔ uoaʔ	合	
										oŋ ioŋ ᴀŋ iᴀŋ uŋ	开	江舒
										uʔ oʔ	开	江入
		橙 tsʰən^{22} 蒸 tɕiŋ^{44}		应$_{1}$en^{44} 应$_{2}$in^{44} 兴 ɕiŋ^{44}						en ən in iŋ uŋ	开	曾舒
息 ɕiʔ^{4}	色 seʔ^{4}	式 seʔ^{4} 直 tɕʰiʔ^{2}		极 tɕiɪʔ^{2}						eʔ ieʔ iʔ iɪʔ	开	曾入
										uɵeʔ	合	

表2–28 武宁畲话古今韵母比较表（梗、通摄）–1

			一等			二等				三等		
			帮系	端系	见系	帮系	泥组	知庄组	见系	帮组	非组	泥组
梗舒	开	Aŋ				盲 mAŋ^{22}	冷 lAŋ^{44}	撑 tsʰAŋ^{44}	坑 xAŋ^{44}			
		iAŋ								病 pʰiAŋ^{21}		岭 liAŋ^{44}
		en						甥 sen^{44}				
		ən						生文3sən^{44}				
		in							樱 in^{44}	兵 pin^{44}		
		iŋ						生文2ɕiŋ^{44}		并 piŋ^{35}		令文 liŋ^{21}
	合	Aŋ										
		iAŋ										
		uAŋ							矿 kʰuAŋ^{35}			
		oŋ							横 2foŋ^{22}			
		uoŋ							横 1uoŋ^{22}			
		uŋ							轰 xuŋ^{44}			
		iuŋ										
		in										
		yn										
梗入	开	Aʔ				百 pAʔ^{4}		拆 tsʰAʔ^{4}	客 xAʔ^{4}			
		iAʔ										
		oʔ				拍 pʰoʔ^{4}						
		eʔ							核文 xeʔ^{4}			
		ieʔ										
		əʔ							革 kəʔ^{4}			
		iʔ										
		iɪʔ										
	合	i										
		uAʔ							划 1uAʔ^{2}			
通舒	合	oŋ										
		ioŋ										
		uŋ	蓬 puŋ^{22}	东 tuŋ^{44}	公 kuŋ^{44}					梦 muŋ^{21}	风 fuŋ^{21}	隆 luŋ^{22}
		iuŋ									风 piuŋ^{44}	龙 liuŋ^{22}
通入	合	oʔ	木 moʔ^{2}	读 tʰoʔ^{2}						目 moʔ^{2}		录 loʔ^{2}
		ioʔ										绿 lioʔ^{2}
		uʔ	仆 pʰuʔ^{4}	毒 tuʔ^{2}	谷 kuʔ^{4}						福 fuʔ^{4}	
		yʔ										六 lyʔ^{4}

表2–28 武宁畲话古今韵母比较表（梗、通摄）–2

三等					四等							
精组	庄组	知章组	日母	见系	帮组	端组	泥组	精组	见系			
井 tsᴀŋ^{35}						听 t^{h}ᴀŋ^{44}		青 ts^{h}ᴀŋ^{44}	经 kᴀŋ^{44}	ᴀŋ	开	梗舒
净 tɕiᴀŋ^{21}		声 ɕiᴀŋ^{44}		赢 iᴀŋ^{22}						iᴀŋ		
					瓶 p^{h}en^{22}	钉 ten^{44}				en		
		城$_{文}$ ts^{h}ən^{22}								ən		
				英 in^{44}			宁 lin^{22}			in		
静 tɕiŋ^{21}		程 tɕ^{h}iŋ^{22}		惊 tɕiŋ^{44}		停 tiŋ^{22}	铃 liŋ^{22}		形 ɕiŋ^{22}	iŋ		
									扃 kᴀŋ^{44}	ᴀŋ	合	
				兄 ɕiᴀŋ^{44}						iᴀŋ		
										uᴀŋ		
										oŋ		
										uoŋ		
										uŋ		
				荣 iuŋ^{22}						iuŋ		
				营 in^{22}						in		
				永 yn^{35}						yn		
迹 tsᴀʔ^{4}					劈$_{白}$ p^{h}ᴀʔ^{4}	籴 t^{h}ᴀʔ^{2}		锡 sᴀʔ^{4}		ᴀʔ	开	梗入
		尺 tɕ^{h}iᴀʔ^{4}			壁$_{白}$ piᴀʔ^{4}			析 ɕiᴀʔ^{4}		iᴀʔ		
										oʔ		
		适$_{2}$seʔ^{4}			劈$_{文}$ p^{h}eʔ^{4}	踢 t^{h}eʔ^{4}				eʔ		
积$_{2}$tɕieʔ^{4}				剧 tɕieʔ^{2}					击$_{又}$ tɕieʔ^{4}	ieʔ		
										əʔ		
惜$_{文}$ ɕiʔ^{4}		释 ɕiʔ^{4}		益 iʔ^{4}	壁$_{文}$ piʔ^{4}	的 tiʔ^{4}	历 liʔ^{2}	戚 tɕ^{h}iʔ^{4}		iʔ		
									击 tɕiɪʔ^{4}	iɪʔ		
					疫 i^{55}					i	合	
										uᴀʔ		
松 ts^{h}oŋ^{22}										oŋ	合	通舒
				共 tɕioŋ^{21}						ioŋ		
纵 tsuŋ^{55}				弓 kuŋ^{44}						uŋ		
从$_{1}$tɕ^{h}iuŋ^{22}		虫 tɕ^{h}iuŋ^{21}	茸 iuŋ^{22}	穷 tɕ^{h}iuŋ^{22}						iuŋ		
足 tsoʔ^{4}	缩$_{2}$soʔ^{4}			狱 ŋoʔ^{4}						oʔ	合	通入
		属 ɕioʔ^{2}		局 tɕioʔ^{2}						ioʔ		
宿 suʔ^{4}	缩$_{1}$suʔ^{4}									uʔ		
俗 ɕyʔ^{2}		竹 tɕyʔ^{4}	肉 ȵyʔ^{4}	菊 tɕyʔ^{4}						yʔ		

三　声调的古今比较

表2–29　武宁畲话古今声调比较表

	平		上			去		入		
	清	浊	清	次浊	全浊	清	浊	清	全浊	次浊
阴平 44	高该灯抽天春飞伤			冷马有懒暖软养岭	坐被是徛柿淡断近	盖帐爱抗菜怕世放	骂露妹易漏岸面问			
阳平 22		罗余南龙爬齐平塘								
上声 35			古比短草浅请手粉	五女雨米老演卵网						
去声 21					祸部道后受件菌定		地病树饭路帽硬用			
阴入 4								搭接百谷匹出尺曲		笠捋膜洛弱约日六
阳入 2									盒蛰十截滑直白浊	立辣莫落虐药月绿

第六节

音韵特点

一 声母特点

1. 多数中古全浊声母口语常用字今不论平仄都读清送气塞音、塞擦音声母，如：茄tɕ^{h}io^{35} | 大t^{h}ɔi^{21} | 字tɕ^{h}i^{21} | 旧tɕ^{h}iəu^{21} | 淡t^{h}ɔn^{44} | 薄p^{h}oʔ^{2} | 白p^{h}ᴀʔ^{2} | 读t^{h}oʔ^{2}。另有一些中古全浊声母字今读不送气清塞音、塞擦音声母。从词汇角度考察，这些字中有不少在不同词条里声母存在送气和不送气两种读法，甚至同一个人在同一词条里也有两种读法，如：代~表tai^{21} ≠ 代后~t^{h}oi^{21} | 财~主tsai^{22} ≠ 财~礼（彩礼）ts^{h}oi^{22} | 杂打~tsᴀʔ^{2} ≠ 杂杂乱，单音节词ts^{h}auʔ^{2} | 夺读字音toʔ^{2} ≠ 夺~转头（夺回）t^{h}ɵaʔ^{2} | 情人~tɕiŋ^{22} ≠ 情~愿tɕ^{h}iŋ^{22}。

2. 中古非、敷、奉母口语常用字不少读[p p^{h}]声母，古微母字部分口语常用字读[m]声母。本章第四节已述，不赘。

3. 中古泥母、娘母和来母今读不论洪细从系统上看都不相混，泥娘母字声母今读是[n]、[ȵ]，来母字声母今读是[l]，如：怒nu^{21} ≠ 路lu^{21} | 难nɔn^{22} ≠ 兰lɔn^{22} | 嫩nən^{21} ≠ 论lən^{21} | 娘ȵioŋ^{22} ≠ 粮lioŋ^{22}；只有个别字例外，如：笠又读ȵiɪʔ^{4} | 宁lin^{22} | 孻neʔ^{4}。

4. 不分尖团，来源于中古精组、见组的细音字和中古知三章组的字合流，如：需 = 书 = 虚ɕy^{44} | 丝 = 是 = 希ɕi^{44} | 秋 = 抽 = 丘tɕ^{h}iəu^{44} | 全 = 传 = 权tɕ^{h}yon^{22} | 辛 = 申 = 欣ɕin^{44} | 将 = 樟 = 姜tɕioŋ^{44}。

5. 中古精组字声母今拼洪音韵母时读[ts]组声母，拼细音韵母时读[tɕ]组声母，如：菜ts^{h}oi^{44} | 西sai^{44} | 接tsauʔ^{4} | 井tsᴀŋ^{35} | 锡sᴀʔ^{4} | 写ɕia^{35} | 徐tɕ^{h}y^{22} | 凑tɕ^{h}ieu^{44} | 尖tɕian^{44} | 贼tɕ^{h}ieʔ^{2}；另有几个口语常用字韵母虽为细音，依旧读[s]声母，如：死si^{35} | 四si^{44} ≠ 丝ɕi^{44}。

6. 中古从母字声母大都读为[ts^{h}]、[tɕ^{h}]，但有几个字在词中读擦音声母[s]、[ɕ]，如：鹚鸬～sɿ^{22}｜自～在sɿ^{21}≠自～觉tsɿ^{21}｜槽碾～sɑu^{22}≠槽木～ts^{h}ɑu^{22}｜皂洋肥～（肥皂）sɑu^{21}｜绝～种ɕyɵeʔ^{2}≠绝～症tɕyɵeʔ^{2}｜匠ɕioŋ^{21}。

7. 中古邪母字今大多读擦音声母[s]、[ɕ]，如：谢ɕia^{21}｜祠～堂sɿ^{22}｜巳su^{21}｜随səi^{22}｜袖领～ɕiəu^{21}｜习ɕiɪʔ^{2}｜象＝像ɕiᴀŋ^{21}；但也有读塞擦音声母[ts^{h}]、[tɕ^{h}]的，如：斜～坡＝邪～气tɕ^{h}ia^{22}｜囚～笼tɕ^{h}iəu^{22}｜祥吉～tɕ^{h}ioŋ^{22}｜席席子ts^{h}ᴀʔ^{2}。

8. 中古知三章组字今多读[tɕ]组声母，古知二庄组字今多读[ts]组声母，如：猪tɕy^{44}｜超tɕ^{h}iau^{44}｜昼tɕiəu^{44}｜车tɕ^{h}ia^{44}｜城ɕiᴀŋ^{22}｜争tsᴀŋ^{44}｜茶ts^{h}ɑ^{22}｜事se^{21}。但也有少数中古知三章组字今读[ts]组声母，古知二庄组字今读[tɕ]组声母的情况，如：浙tseʔ^{4}｜痔ts^{h}ʅ^{44}｜世se^{44}｜梳ɕio^{44}｜锄tɕ^{h}y^{22}｜赚tɕyon^{21}｜爪tɕiau^{35}。此外，还有一些知母字今读[t]声母，二等、三等都有，如：爹tia^{44}｜拄～杖（挑担时帮助歇担用的棍子）tu^{21}｜桩打～tioŋ^{44}｜桌toʔ^{2}。

9. 中古日母字声母今读主要有三种。一种是[ȵ]声母，如：二ȵi^{21}｜绕ȵiau^{21}｜染ȵien^{21}｜任～务ȵin^{21}｜软ȵyon^{44}｜日ȵiɪʔ^{4}｜肉ȵyʔ^{4}；一种是零声母，如：如y^{22}｜饶求～iɑu^{22}｜入yɪʔ^{2}；还有一种是[l]声母，以读书音居多，如：任责～lən^{21}｜闰lən^{21}，等等。

10. 中古见组一二等字今多读[k]组声母，三等字多读[tɕ]组，四等字多读[k]组或[tɕ]组，如：哥ko^{44}｜颜ŋɔn^{22}｜刮kuɑʔ^{4}｜囥藏k^{h}oŋ^{35}｜谷kuʔ^{4}｜徛站立tɕ^{h}i^{44}｜业ȵieuʔ^{2}｜颈tɕiᴀŋ^{35}｜笕kan^{35}；另有个别二等字读[tɕ]组声母，三等字读[k]组声母，如：街tɕiai^{44}｜间房间tɕian^{21}｜眼ȵian^{35}｜句ku^{44}｜拳k^{h}uən^{22}｜裙k^{h}uən^{22}。中古溪母一二等口语常用字多读[x]声母或[f]声母，三四等字读[ɕ]声母，本章第四节已述，不赘。

11. 中古晓组字今逢洪音韵母时声母读[x]或[f]，逢细音韵母时声母读[ɕ]，个别晓母字声母读[s]，有些口语常用的匣母字读零声母或读[k]、[tɕ]声母，如：花fɑ^{44}｜化xuɑ^{44}｜华中～fɑ^{22}｜亥xɔi^{21}｜黑xeʔ^{4}｜喜ɕi^{35}｜晓ɕieu^{35}｜协ɕieʔ^{2}｜香ɕioŋ^{44}｜戏se^{44}｜歇休息seʔ^{4}｜夏～至ɑ^{21}｜话uɑ^{21}｜狐u^{22}｜狭auʔ^{2}｜还～钱ian^{22}｜县ien^{21}｜坏kai^{21}｜厚kɑu^{21}｜舷tɕien^{22}。

12. 中古影组字大都读零声母。例外的情况主要有两种：一是个别影母字读[ŋ、ȵ]声母，如：厄劫数ŋᴀʔ^{4}｜烟～酒（烟草）ȵian^{44}≠烟烟草制品ian^{44}｜暎看守，看护ȵiᴀŋ^{44}；二是个别云母字读[x]、[f]声母，如：有xo^{44}｜芋fu^{21}。

二　韵母特点

1. 中古蟹、效、咸、山四摄一、二等韵今读有别，其中一等字韵母的主要元音为[o]、[ɔ]或[ɑ]，二等字韵母的主要元音为[a]，如：贝＝背poi^{44}≠拜pai^{44}｜材ts^{h}oi^{22}≠柴ts^{h}ai^{22}｜赛soi^{44}≠晒sai^{44}｜盖koi^{44}≠界kai^{44}｜宝pɑu^{35}≠饱pau^{35}｜毛～笔mɑu^{22}≠茅～棚mau^{22}｜草

tsʰɑu^{35} ≠ 炒 tsʰau^{35} ｜ 高 kɑu^{44} ≠ 教动词kau^{44} ｜ 爊 ɑu^{44} ≠ 坳 au^{44} ｜ 三 sɔn^{44} ≠ 衫 san^{44} ｜ 敢 = 秆 kɔn^{35} ≠ 减 = 简 kan^{35} ｜ 杂杂乱 tsʰɑuʔ^{2} ≠ 煠 tsʰauʔ^{2} ｜ 合～总（加总）kɑuʔ^{4} ≠ 甲 kauʔ^{4} ｜ 割 koaʔ^{4} ｜ 挖 uaʔ^{4}。以上四摄都有一二等韵混读的情况，随词而异，因人而异，一等混入二等的字例远少于二等混入一等的字例。

2. 有中古四等韵的外转五摄中，部分四等和精组三等口语常用字的韵母今读与同摄的二等韵相同，都读开口呼，主要元音是[a]或[ᴀ]，如：齐 = 豺 = 柴 tsʰai^{22} ｜ 西 = 细 = 婿 = 晒 sai^{44} ｜ 笑 = 肖生～ = 潲 sau^{44} ｜ 尿 nau^{21} ｜ 寮 lau^{22} ｜ 甜 tʰan^{22} ｜ 嫌 = 咸 xan^{22} ｜ 扁 = 板 pan^{35} ｜ 剪 = 盏 tsan^{35} ｜ 线 = 山 san^{44} ｜ 脊 = 摘 tsᴀʔ^{4} ｜ 青 = 撑 tsʰᴀŋ^{44} ｜ 姓 = 腥 = 生 sᴀŋ^{44} ｜ 经～布（织布）= 更 = 耕 kᴀŋ^{44}。

3. 中古咸深、山臻和曾梗摄韵母读音有别，主要体现在中古咸深摄入声字韵母以[uʔ]结尾，山臻摄和曾梗摄入声字韵母主要元音后直接是[ʔ]，但山摄和梗摄白读音韵母的主要元音不同，如：腊 lɑuʔ^{2} ≠ 辣 loaʔ^{2} ｜ 踏 tʰɑuʔ^{2} ≠ 夺～转头（夺回）tʰoaʔ^{2} ｜ 煠 tsʰauʔ^{2} ≠ 铡 tsʰaʔ^{2} ｜ 接 tsauʔ^{4} ≠ 节 tsaʔ^{4} ≠ 脊 tsᴀʔ^{4} ｜ 叠一～纸 tʰiauʔ^{2} ≠ 籴 tʰiᴀʔ^{2} ｜ 折折叠 tɕieuʔ^{4} ≠ 羯阉割 tɕieʔ^{4} ≠ 炙 tɕiᴀʔ^{4}；深摄、臻摄开口三等字韵母是[in iɪʔ]，梗摄开口三四等字文读音和曾摄开口三等字的韵母是[iŋ iʔ]，如：□用巴掌、鞋底等打 pʰin^{44} ≠ 拼～命 pʰiŋ^{44} ｜ 亲～情（亲戚）tɕʰin^{44} ≠ 清～气（干净）tɕʰiŋ^{44} ｜ 身 ɕin^{44} ≠ 兴自得～（得意洋洋的样子）ɕiŋ^{44} ｜ 笔 piɪʔ^{4} ≠ 逼 piʔ^{4} ｜ 立 liɪʔ^{2} ≠ liʔ^{2} 力 ｜ 习 = 实 ɕiɪʔ^{2} ≠ 食 ɕiʔ^{2} ｜ 揖 = 一 iɪʔ^{4} ≠ 益 iʔ^{4}；口语常用的深、臻摄开口三等入声字韵母今读有区分的痕迹，如：粒量词 liəuʔ^{4} ≠ 栗 liɪʔ^{4} ｜ 汁植物的黏液 tɕiəuʔ^{4} ≠ 质对～ tsəɪʔ^{4} ｜ 湿～泥 ɕiəuʔ^{4} ≠ 失损～ ɕiɪʔ^{4}。

4. 部分中古合口字韵母今读无介音，与开口字同音，如：卧 = 饿 ŋo^{21} ｜ 祸 = 贺 xo^{21} ｜ 瓜 = 家 kɑ^{44} ｜ 寡 = 假 kɑ^{35} ｜ 瓦 = 雅 ŋɑ^{35} ｜ 灰 = 开 foi^{44} ｜ 雷 = 来 loi^{22} ｜ 崔 = 猜 tsʰoi^{44} ｜ 端 = 单 tɔn^{44} ｜ 断 = 滩 = 炭 tʰɔn^{44} ｜ 算 = 散 sɔn^{44} ｜ 光月～（月亮）= 钢 koŋ^{44} ｜ 圹□窟～ tsoʔ^{4}fəɪʔ^{4}kʰoŋ^{44}（灶膛）= 抗 kʰoŋ^{44} ｜ 郭 = 各 koʔ^{4} ｜ 扃窗门～（横的窗格）= 经～布（织布）kᴀŋ^{44}。

5. 中古果摄字大部分韵母主要元音为[o]，有的口语常用字读[ɔi]韵母，如：我 ŋɔi^{44} ｜ 个又读 kɔi^{44} ｜ 簸 pɔi^{44}；有的则读[u]韵母，以戈韵字（举平以赅上去，后同）居多，间有歌韵字，如：可～惜 kʰu^{35} ｜ 挼搓 nu^{22} ｜ 梭织布机上用的梭子 su^{44} ｜ 过 ku^{44} ｜ 果 ku^{35} ｜ 火 fu^{35} ｜ 莴～苣菜 u^{44}。

6. 中古假摄开、合口二等晓组和影组字今读韵母有别，开口字为[ɑ]韵母，合口字为[uɑ]韵母，如：霞 xɑ^{22} ｜ 划～饭（扒饭）uɑ^{22} ｜ 虾 xɑ^{35} ｜ 化 xuɑ^{44} ｜ 鸦 ɑ^{44}；假摄三等字读[ia]韵母，如：写 ɕia^{35} ｜ 爹 tia^{44} ｜ 车 tɕʰia^{44} ｜ 夜 ia^{21}。

7. 中古鱼、虞韵字似有区分的痕迹，主要体现在口语常用的见系字中鱼韵今多读[y]，虞韵读[u]，如：锯 tɕy^{44} ≠ 句 ku^{44} ｜ 预 y^{21} ≠ 芋 fu^{21}。

8. 中古蟹摄开口一等韵咍、泰混并严重，但仍有区分的痕迹，表现为咍韵字读[oi]韵母，泰韵字读[ɔi]韵母，如：袋 tʰoi^{21} ≠ 大 tʰɔi^{21} ｜ 来 loi^{22} ｜ 赖 lɔi^{21}。口语常用的蟹摄开口三四等字除读[ai]韵母外，还有读[e]、[ie]韵母的，如：妻夫～ts^{h}e^{44}｜髻鸡～（鸡冠）ke^{21}｜溪兰～ts^{h}e^{44}｜契地墓～（阴宅地契）ts^{h}e^{44}｜世一生～（一辈子）se^{44}｜艺手～ȵie^{21}。蟹摄合口二等皆、佳韵有区分的痕迹，表现为皆韵读[uai]或[ai]，佳韵读[uɑ]或[ɑ]，如：怪kuai^{44}≠挂＝卦kɑ^{44}｜坏kai^{21}｜画uɑ^{21}。

9. 大部分中古止摄开口字今读[ɿ]韵母（限精、知、庄、章组声母的一部分字）和[i]韵母。但有一些读音不同于前举两个韵母，似可区分支、脂、之韵的不同层次，支韵的如：宜ȵie^{22}｜戏se^{44}｜移ie^{22}｜舐ɕiai^{44}｜碑poi^{44}｜糜moi^{22}；脂韵的如：饥肚～（肚子饿）tɕy^{44}｜备pe^{21}；之韵的如：厘传统度量单位le^{22}｜使soi^{35}｜事se^{21}｜箕tɕy^{44}，等等。舌齿音止摄合口字，脂韵字有[y]韵母和[əi]（有的人读[i]）韵母两种类型，如：槌tɕ^{h}y^{22}｜锤tɕ^{h}y^{22}｜水ɕy^{35}｜泪li^{21}｜醉tsəi^{44}；支韵字则有今读[yoi]韵母的情况，如：吹tɕ^{h}yoi^{44}｜炊tɕ^{h}yoi^{44}。

10. 个别效摄一等字有读[o]韵母的情况，但在有的词条里又有[ɑu]韵母的读法，如：刀剃～to^{21}≠刀柴～tɑu^{44}｜桃水果t^{h}o^{35}≠桃核～t^{h}ɑu^{22}。

11. 中古流摄一等帮、端系字今多读[ieu]韵母，同于效摄三四等字，如：亩＝牡＝秒mieu^{35}｜头＝条苗～t^{h}ieu^{22}｜楼＝捞《集韵》怜萧切lieu^{22}｜篓＝蓼lieu^{35}。还有部分口语常用字读[ɑu]韵母，同于效摄一等字，端系、见系都有，如：走＝早tsɑu^{35}｜狗＝稿kɑu^{35}｜猴＝号xɑu^{21}｜呕＝袄ɑu^{35}。

12. 中古咸摄二等入声洽、狎韵字今读有区分的痕迹，主要体现在洽韵字多读[auʔ]韵母，如：插ts^{h}auʔ^{4}｜煠ts^{h}auʔ^{2}｜夹kauʔ^{2}｜掐xauʔ^{4}｜狭auʔ^{2}；部分见系狎韵字读[ɑuʔ]韵母，如：鸭ɑuʔ^{4}｜押ɑuʔ^{4}｜压ɑuʔ^{4}。

13. 中古山摄合口一等阳声韵见系字今主要读[uon]、[uɔn]两类韵母，偶读[uan]韵母，且有时同一个字在不同词中读法不同，如：官当～kuon^{44}≠官五～kuɔn^{44}｜观～音佛kuon^{44}≠观～察kuɔn^{44}｜管吸～kuon^{35}≠管涵～kuan^{35}｜馆茶～kuon^{35}≠馆照相～kuɔn^{35}；而端系字今读则有[ɔn]、[ən]两类韵母，读[ɔn]韵母的与山摄开口一等字韵母今读相同，例字参上文；读[ən]韵母的与臻摄合口字相同，如：段＝盾tən^{21}｜团＝轮lən^{22}｜乱＝论lən^{21}。

14. 中古宕摄一等字今读[oŋ oʔ]、[uoŋ]韵母，开口三等字以读[ioŋ ioʔ]韵母为常，部分非组合口三等字也读[ioŋ]韵母，如：帮poŋ^{44}｜恶oʔ^{4}｜黄uoŋ^{22}｜娘ȵioŋ^{22}｜脚tɕioʔ^{4}｜放～电视pioŋ^{44}｜房～数（宗族支系情况）p^{h}ioŋ^{22}。但也有大量字读[ᴀŋ]、[iᴀŋ]、[uᴀŋ uᴀʔ]韵母，与梗摄白读层同音，如：党＝打tᴀŋ^{35}｜奖＝涨＝颈tɕiᴀŋ^{35}｜呛～人＝轻tɕ^{h}iᴀŋ^{44}｜想ɕiᴀŋ^{35}｜常～起（经常）ɕiᴀŋ^{22}｜广kuᴀŋ^{35}｜扩k^{h}uᴀʔ^{4}。

15. 中古江摄字今读多为[oŋ oʔ]韵母，个别阳声韵字读[ioŋ]韵母，如：剥poʔ^{4}｜江koŋ^{44}｜学xoʔ^{2}｜窗tɕ^{h}ioŋ^{44}｜撞tɕioŋ^{21}。但有一些口语常用字读[uŋ uʔ]韵母，如：双suŋ^{44}｜戳ts^{h}uʔ^{2}｜浊ts^{h}uʔ^{2}｜捉tsuʔ^{4}。

16. 中古梗摄有文白异读现象，本章第四节已述，不赘。

17. 中古通摄一、三等字韵母今读有别。一等阳声韵字今读一律为[uŋ]韵母，如：东＝冬tuŋ^{44}｜送suŋ^{44}｜红xuŋ^{22}｜农nuŋ^{22}｜宋suŋ^{55}；而一等入声字韵母今读有[oʔ]、[uʔ]两种类型，如：木moʔ^{2}｜读tʰoʔ^{2}｜鹿loʔ^{2}｜禄luʔ^{2}｜速suʔ^{4}｜谷kuʔ^{4}。中古通摄三等阳声韵字韵母今读有[uŋ]、[iuŋ]两种类型，个别口语常用字读[oŋ]、[ioŋ]韵母，如：丰＝峰fuŋ^{44}｜中tɕiuŋ^{44}｜弓＝宫＝恭kuŋ^{44}｜风piuŋ^{44}｜虫tɕʰiuŋ^{21}｜熊狗～iuŋ^{22}｜松～柏崽（松树）tsʰoŋ^{22}｜共～爷娘（同父同母）tɕioŋ^{21}；而中古通摄三等入声字韵母除读[uʔ]、[yʔ]外，还有读[oʔ]、[ioʔ]的情况，如：福fuʔ^{4}｜宿suʔ^{4}｜六lyʔ^{4}｜菊tɕyʔ^{4}｜目moʔ^{2}｜足tsoʔ^{4}｜狱ŋoʔ^{2}｜轴tɕʰioʔ^{2}｜绿lioʔ^{2}｜浴ioʔ^{2}。

三　声调特点

1. 中古清平字今读阴平调，如：高kɑu^{44}｜尊tsən^{44}｜粗tsʰu^{44}｜天tʰan^{44}｜书ɕy^{44}｜婚xuon^{44}。中古浊平字今读阳平调，例外较少，如：罗lo^{22}｜茶tsʰɑ^{22}｜来loi^{22}｜南nən^{22}｜灵liŋ^{22}｜狼loŋ^{22}｜名miᴀŋ^{22}｜龙liuŋ^{22}。另有一些中古平声字今读上声调，如：虾xɑ^{35}｜蜂pʰiuŋ^{35}｜桃tʰo^{35}｜蚕吐丝的昆虫tsʰən^{35}；一些中古平声今读去声调，如：沙sɑ^{21}｜姑ku^{21}｜堆toi^{21}｜缸koŋ^{21}｜星sᴀŋ^{21}｜葱tsʰuŋ^{21}｜箩lo^{21}｜篮lən^{21}｜蝉ɕien^{21}｜绳ɕiŋ^{21}｜虫tɕʰiuŋ^{21}，这两种情况多与小称变音有关。

2. 大部分中古清上和次浊上声字今读上声调，如：古ku^{35}｜短tən^{35}｜草tsʰɑu^{35}｜抢tɕʰioŋ^{35}｜手ɕiəu^{35}｜爽soŋ^{35}｜女ȵy^{35}｜老lɑu^{35}｜卵lən^{35}｜远yon^{35}｜往uoŋ^{35}｜拢luŋ^{35}；但有一些中古清上和次浊上声今读去声调，亦与小称变音有关，如：朵耳～to^{21}｜者记～tsə^{21}｜宠tɕʰiuŋ^{21}｜忍ȵin^{21}｜仰ȵiᴀŋ^{21}。另有一些中古浊上字今读阴平调，次浊上的如：马mɑ^{44}｜有xo^{44}｜软ȵyon^{44}｜养ioŋ^{44}｜冷lᴀŋ^{44}；全浊上的如：坐tsʰo^{44}｜被pʰi^{44}｜淡tʰən^{44}｜近tɕʰyon^{44}｜上动词ɕioŋ^{44}。其他中古全浊上声字今读去声调，如：苎tɕʰy^{21}｜竖ɕy^{21}｜后xəu^{21}｜拌pən^{21}｜菌kʰuən^{21}｜动tuŋ^{21}。

3. 大部分中古清去声字今读阴平调，如：盖koi^{44}｜变pien^{44}｜菜tsʰoi^{44}｜唱tɕʰioŋ^{44}｜富fu^{44}｜痛tʰuŋ^{44}；个别中古清去字今读去声调，应与小称变音有关，如：蘸tsan^{21}｜劲形容词，强tɕiᴀŋ^{21}。多数中古次浊去声字今读去声调，如：路lu^{21}｜闹nɑu^{21}｜练lien^{21}｜闰lən^{21}｜浪loŋ^{21}｜硬ŋᴀŋ^{21}；还有一些口语常用的中古次浊去声字今读阴平调，如：骂mɑ^{44}｜露lu^{44}｜妹moi^{44}｜岸ŋon^{44}｜问mən^{44}。中古全浊去声字今读去声调，如：射ɕia^{21}｜号xɑu^{21}｜饭pʰən^{21}｜阵一～风tɕʰin^{21}｜病pʰiᴀŋ^{21}｜状tsʰoŋ^{21}。另有个别中古去声字今读上声调，多与小称变音有关，如：片面～（毛巾）pʰan^{35}｜况何～kʰuᴀŋ^{35}｜豆tʰieu^{35}｜右iəu^{35}。

4. 大部分中古清入字今读阴入调，如：答tɑuʔ^{4}｜接tsauʔ^{4}｜割koaʔ^{4}｜七tɕʰiɪʔ^{4}｜百

pᴀʔ^{4} | 谷 kuʔ^{4}；同时又有一些口语常用的中古清入字今读阳入调，如：夹 kauʔ^{2} | 切 ts^{h}aʔ^{2} | 桌 toʔ^{2} | 搁 koʔ^{2}。中古次浊入声字一部分读阴入调，如：粒 liəuʔ^{4} | 瘌~痢头 laʔ^{4} | 日 niɪʔ^{4} | 膜 moʔ^{4} | 额 ŋᴀʔ^{4} | 六 lyʔ^{4}；一部分则读阳入调，如：腊 lɑuʔ^{2} | 立 liɪʔ^{2} | 辣 loaʔ^{2} | 月 ȵyɵeʔ^{2} | 木 moʔ^{2} | 玉 ȵioʔ^{2}。中古全浊入声字基本读阳入调，如：蛰 tɕ^{h}iɪʔ^{2} | 盒 xɑuʔ^{2} | 铡 ts^{h}aʔ^{2} | 贼 tɕ^{h}ieʔ^{2} | 石 ɕiᴀʔ^{2} | 读 t^{h}oʔ^{2}。

第三章 同音字汇

说明：

1. 本字汇收入武宁畲话常用字3200多个。主要是从11000余条音义不同的武宁畲话词条中整理出来的，另有平时与畲民交流中陆续补充的一些口语中使用的字。字汇中有2000多字见于中国社会科学院语言研究所编制的《方言调查字表》（修订本），每个字下尽量用小号字给出释义或释例。现代字形相同但古代字形不同且音义有别的汉字、古代的同形字，都视作不同的字。

2. 本字汇的发音人是雷土根先生和雷兰根先生。二人的音系格局一致，但音值和具体音节的辖字略有差别；二人不一致的，以小号宋体的“又读”形式标示，并用阿拉伯数字排序。同一个或多个发音人都认可的一字多音的情况，如果不同读音所对应的中古音韵地位一致，属于文白异读的，用小号宋体标出“文”“白”，文读或白读不止一个层次时，则在“文”“白”后用阿拉伯数字区别；属于新老异读的，用小号宋体标出“新”“老”；其他异读则用小号阿拉伯数字按常用程度或口语化程度的递降原则标示。若不同读音所对应的中古音韵地位不同，则不另做标示。此外，一些从老年人不说但青年人说的词语中补出的现代汉语常用字，也不做标示。

3. 语源未明的字，用“□”代替，后面加小号字注释或举例；口语中不能单说的字或有几个读音的字，一般也加小号字注释或举例。举例时用“～”复指该字。

4. 本字汇按韵母次序排列，同一韵母的字按声母次序排列，声韵相同的字按声调排列。同一个音节中，《方言调查字表》（修订本）中未收的字放在已收字的后面，再次是“方框字”。声韵调的排列次序参照第二章。

5. 有些字在不同的条件下有不同的读法，音义或与《切韵》系韵书记载有差异，也尽量保留，分列于相关音节中。

6. 少部分常用字没有单字音，只读[55]调。读[55]调的这些字，放在相应的单字音节所有调类后面，且在前面加双竖线“‖”表示。

ɿ

ts [44]知2通～智支枝2荔～资姿咨～询脂胭～之芝灵～ [35]紫指2～导子2～索（抬棺时捆棺材杠的绳子）止防～址置位～□扎～（结实）□量词，计量细长的物体：一～烟 [21]自2～动伞志2同～ ‖ [55]制～造只～好致大～志1～气

tsʰ [44]雌半～雄（阴阳人）刺～猬赐读字音痔～疮 [22]池驰瓷慈辞词寺读字音持坚～治～疗 [35]此因～ ‖ [55]次～序

s [44]世2衰～凯斯氏1陈～娘娘（畲族历史人物）私师1狮示2告～尸验～视近～眼司2公～丝3绞～旁思意～饲～料诗试1～衫裤 [22]祠～堂时2～候鹚鸬～丝2螺～淳1～安 [35]使2大～馆史始开～ [21]是2但～氏2墓碑上用以指女性先人自1～在示1表～士1中国象棋里的一种棋子事2办～市侍服～ ‖ [55]试2考～

i

p [44]蓖～麻闭痹麻～蜱牛草～（牛虱）□容器的塞子 [22]琵～琶琴（琵琶）枇～杷 [35]毙铳～（枪决）比髀大～（大腿）妣墓碑上指母亲匕～首 [21]币港～鐾2又读避庇包～备1准～薜～荔（一种植物，果实磨粉后可做凉粉）□～□pi^{21} pai^{21}（一种蠹虫，常见于柴堆中） ‖ [55]□～头（斧头）

pʰ [44]批～发披被寝具屁 [22]皮疲脾啤～酒肥白。洋～皂（肥皂）□一～货（一批货） [35]柿柴～（斧屑） [21]鐾1摩擦鼻篦□捞～（笊篱）

m [44]眯眼～来（眯眼）□给人喂食 [22]迷米长度单位眉 [21]未白1。地支味白。～道

t [35]底文。～稿抵□～倒㔸（拔指甲上的倒刺） [21]帝文。玉皇大～弟文2。～妇（弟媳妇）第□满□～家（自己） ‖ [55]□广义的介词兼连词，相当于“同、和、跟”等

tʰ [44]替顶～逮～捕 [22]题提～拔 [35]体 [21]地

l [44]娌□～$ɕiəuʔ^{2}li^{44}$（妯娌） [22]榈棕～树离～别篱壁～（篱笆）璃荔～枝离距～梨青～痢2痢～（癞子）狸厘2～米 [35]吕礼李姓里理1道～鲤铝1～合金□饭箸～（筷子筒） [21]虑考～滤例破～厉～害励鼓～丽～水（浙江地名，有畲民世居）利痢1～疾理2理睬泪莉茉～花□用刀划开 ‖ [55]□广义的介词兼连词，又读

s [44]四肆 [35]死

tɕ [44]济救～计继～承寄至夏～几搁～（案子）痣基纪2～念记机饥～荒既～然季～节乩～头（扶乩用的整套设备）吱莫～声（不要作声）□～眼（光线刺眼）□鸡～（鸡舍）□眼～来（挤眼）□～□$tɕi^{44}pe^{21}$（女阴） [22]期星～ [35]纸姊指1动词子1两～爷（爷儿俩）几～个麂黄～狼（黄鼠狼） [21]枝1竹～崽（管教孩子用的竹条）自3～得兴（得意洋洋的样子）子词缀纪1年～□□～$nan^{22}tɕi^{21}$（丝瓜）□量词：一～香（一捆香，大致有十多根） ‖ [55]剂除草～杞枸～

tɕʰ [44]溪2资～（同大队其他畲民移居的一个县，在江西省抚州市）徛站立技～术器乐～弃嫌～柿欺气汽水～□～眼（显眼） [22]奇骑犄未成年的母畜其棋旗虮水～（蚂蟥） [35]齿耙～起文。～身 [21]脐肚～字□啊～（喷嚏）□□～$iəu^{44}$ $tɕ^{h}i^{21}$（蚜虫）□铲～（锅铲）

ȵ [44]你 [22]宜2～春（江西地名）尼1～姑疑～心呢～子（布料名） [35]蚁耳 [21]义议～论二贰□远指代词 ‖ [55]伲我～（第一人称复数形式）

ɕ [44]西文。~瓜细文。~□ɕi^{44}kʌŋ^{44}（小孩儿）系联~是1判断词。动词，表处所豉豆~司1打官~丝1~线希□~刀（翅膀）□蚊~（蠓子） [22]匙锁~时1~辰席文2。~梦思 [35]屎起白。~寮（盖房子）喜‖[55]□~年（去年）

k [44]渠他

ø [44]易容~医意以白。所~衣雨~依 [22]遗~留 [35]椅已~经以文。~上 [21]姨‖[55]亿疫防~站

u

p [44]晡今~（今天）布布料夫白。丈~ [22]蒲2菖~ [35]补布2宣~卜~卦 [21]部2~长‖[55]布1~田（插秧）

pʰ [44]铺~床铺~面蒲3~公英 [22]蒲1~草菩葡~萄 [35]谱家~普 [21]脯胸~部1干~步

m [35]墓地~契（阴宅地契）母父~

f [44]箍白。~桶（箍桶）裤呼招~戽~水夫文。~妻付~钱敷~药富副咐□~fən^{44}fu^{44}（吩咐）□召唤动物□箩~（箩绳，用藤、竹、棕等制成） [22]胡2~椒湖壶葫符符咒扶芙~蓉王（香烟名）腐豆~花抚~州浮文。~牌（浮标）妇文2。~科□□~lən^{21}fu^{22}（牛在泥水中滚泡） [35]火伙~计苦白。味道~虎肤皮~府焗发~（饭烧焗） [21]和2~尚护2维~父附芋~卵（芋头）妇文1。寡~负欺~

t [44]都首~都~是 [22]徒1~弟图2~画 [35]堵赌肚猪~肚~饥（肚子饿） [21]度2印~拄~杖（挑担时帮助歇担用的棍子）‖[55]杜2~鹃花

tʰ [22]徒2叛~途长~涂~药（用药棉上药）图1~书（连环画） [35]土吐~丝 [21]杜1姓度1超~渡摇~（摆渡）□□~tse^{44}tʰu^{21}（道士作法时举的幡）‖[55]兔

n [22]挼搓，揉奴 [35]努~力 [21]怒~冲冲

l [44]露1~水 [22]卢炉芦~笋鸬~鹚庐~山驴 [35]鲁姓卤~菜 [21]路露2寒~□□~pau^{21}lu^{21}（抽屉）

ts [44]租 [35]祖组阻~挡 [21]助

tsʰ [44]粗醋初2~中□□~tɕiai^{55}tsʰu^{44}（紫苏） [35]楚础基~

s [44]梭织布梭苏酥麻~糖素荤~诉上~塑~料疏2生~人（陌生人）蔬~菜须嘴~（胡子）数名词师2老~（手艺人的统称）□芫~（香菜） [35]所1派□~pʰai^{44}tɕieʔ^{34}su^{35}（派出所）数动词 [21]巳地支士2道~

k [44]过~来姑1~丈孤故~意固雇顾句菇金针~ [35]果1水~裹古估~价牯牛~（公牛）股三~一~（三分之一）鼓 [21]姑2父亲的姐妹

kʰ [44]箍文。桶~（桶箍）库水~ [35]可2~惜苦文。~楝树

ø [44]乌黑色污恶烂~田（烂泥田）诬雾喷~机莴~苣菜 [22]和3~牌吴梧~桐胡胡须胡1~琴狐糊~墙无~数 [35]伍2队~户2~头（户口）武舞婺~剧 [21]误户1家家~~互~相护1~师（护士）务1服~‖[55]务2家~事坞山~峡□san^{44}u^{55}kauʔ^{2}lɑu^{35}（深山老林）

y

l [35]旅~游，年轻人的说法铝2金属名

tɕ [44]猪居车中国象棋棋子的一种锯硃~砂珠朱姓蛀~心虫（蛀虫）铸饥肚~（肚子饿）箕簸~ [22]□麻将中每一类里面三张连续或相同的牌 [35]煮举据收~主拘2~礼矩规~ [21]序次~绪2光~渠~道拒~绝住对唔~（对不起）拘1

～留俱万事～备具家～ ‖ [55]注～意剧2～烈苣莴～菜

tɕ^{h} [44]处～长区地～祛～火 [22]徐除锄厨帮～垂1耳朵～槌木～锤捶 [35]处～理取 [21]苎～线箸筷子橱

ȵ [35]女语咒～ [21]鱼渔

ɕ [44]书舒～服去虚须必～需输～赢输运～ [22]薯番～（红薯） [35]绪1头～鼠暑1大～许～愿水 [21]暑2处～竖树瑞～昌（武宁邻县）

ø [22]如～果余姓馀剩余，多余于关～ [35]雨～水（节气名）汝～南郡（兰姓畲民郡望）羽～毛球裕 [21]预～备遇 ‖ [55]翊冯～郡（雷姓畲民郡望）

ɑ

p [44]巴～掌芭～蕉疤霸坝堤坝靶打～叭喇～ [22]杷2枇～琶琵～琴（琵琶） [35]把量词：一～

p^{h} [44]□动词，兜 [22]爬杷1聚拢物体的工具，有铁的、木的耙整地农具扒～猪屎 [21]□屎～（厕所）

m [44]蟆蛤～衣（车前草）马白。哺乳动物名骂□□～崽ioŋ^{22}mɑ^{44}tsoi^{35}（痱子） [22]麻2蓖～痳～疹 [35]马文。千军万～码号～蚂～蟥钉 [21]麻1植物名，统称□～露（雾） ‖ [55]妈利市～～（婚礼上给新娘梳妆及招待客人的妇女）□～年（往年。古时候）□□～k^{h}ɑ^{55}mɑ^{55}（副词，恐怕）

f [44]花 [22]华中～划2～［无解］来（划不来）

t [21]□～晡（昨天，又读）□一～花（一束花）

n [22]拿读字音喇～叭□头～（脑袋） [35]□连词，表条件，与普通话的“那”相似 ‖ [55]哪～个

l [44]拉2～链 [21]邋～遢

ts [44]楂山～渣豆腐～榨～菜炸～鱼（一种捕鱼的方式）揸～牌（抓牌）柘～林水库（武宁最大的水库）

ts^{h} [44]叉杈扠单手扼差2～唔多（差不多，又读）岔～路差出～ [22]茶搽～药查 [21]□挡

s [44]沙2豆～纱傻痧拈～（用食指和中指钳痧）砂2砾～ [22]淳2～安，又读 [35]洒用喷壶施水 [21]沙1～畲（沙土地）砂1铁～ ‖ [55]社1～员

k [44]家加假放～架嫁价瓜挂卦 [22]□月□～ȵyoeʔ^{2}tɕ^{h}ia^{22}kɑ^{22}（月晕） [35]假真～寡 ‖ [55]□坎肩

k^{h} [22]蛤～蟆衣（车前草） ‖ [55]□～底（下面）□～□k^{h}ɑ^{55}mɑ^{55}（副词，恐怕）

ŋ [22]牙衙～门狗（旧时称衙役） [35]瓦名词 [21]芽砑碾压

x [44]哈2～巴狗 [22]霞哈1～气□胳肢 [35]虾 [21]下方位厦～门下～毒手夏1春～

ø [44]阿1～爹鸦老～啊～□ɑ^{44}tɕ^{h}i^{21}（喷嚏）□颈～（小孩吃饭时用的围嘴儿） [35]哑 [21]夏2～至桠大髀～（胯裆）

uɑ

k^{h} [44]夸～大 [35]垮～台

x [44]化

ø [44]哇打～～（一种游戏，用手反复捂嘴来控制声响） [22]划1～饭（扒饭） [35]□植物的枝条 [21]画话

a

t ‖ [55]□～落（掉，丢）

t^{h} [44]他其～

ts^{h} [44]差1～唔多（差不多）

ŋ [22]□～油（炼制动物油）

ø [44]阿3～弥陀佛

ia

t [44]爹 [21]□～头（低头，磕头）

tɕ [44]遮蔗□～米（用机器加工米） [21]□呵斥 ‖ [55]姐奶奶解文。～放鞋

tɕʰ [44]车～辆 [22]邪～气（瘴气）斜1～坡□陆上动物用嘴叼咬□肩扛□单手平端 [35]斜2歪 ‖ [55]□～条（缉鞋口的布条）

ȵ [44]□～气（娇气） ‖ [55]□名词，表亲属，相当于“娘”

ɕ [44]泻肚屎～（拉肚子）畲旱地畲～族舍邻～□用手脚扒拉：鸡崽细细解～糠 [22]蛇 [35]写舍舍弃 [21]谢射麝～香社2～保

ø [44]丫～鬟 [22]爷～□ia^{22}ȵia^{35}（父母） [35]野□五指抓 [21]也夜

o

p [44]波菠～菜坡 [22]婆2接生～薄～荷 [21]簿本子

pʰ [44]破 [22]婆1两～（夫妻）

m [22]魔磨动词摩～托车模钢～（修路时浇筑路面用的钢制模具）模～范摹模仿 [21]磨名词幕～布

t [44]多驼2骆～ [22]驼1～背陀阿弥～佛 [35]躲～荫（到凉处躲避太阳） [21]舵朵耳～刀2剁～

tʰ [44]拖 [22]砣秤～（秤锤）□秤～（因分量不足而秤尾偏低） [35]桃1水蜜～ [21]毒2～鱼（用药毒鱼）

n [21]糯～米

l [44]攞讨取啰～唆 [22]罗锣骡螺田～脶圆形指纹萝菠～□松柏～（松脂）□□～lɔn^{55}lo^{22}（痰液） [35]□大头～（一类蠓子） [21]箩

ts [44]做□～花（绣花） [35]左～右 [21]□～做（怎么，怎么样）

tsʰ [44]锉用来打磨锯齿或铁器的工具坐座～位初1正月～一 [22]□摆放：□桌～一碗水tai^{55}to^{213}tsʰo^{22}iɪʔ^{4}uon^{55}ɕy^{35}（桌上放了一碗水）

s [44]唆啰～ [35]锁所2～以 [21]□动词，滑坡

k [44]歌1歌曲哥锅钢精～ [35]果2～子狸 [21]歌2山歌 ‖ [55]□～有（还有）

kʰ [44]科内～窠动物的窝巢课 [35]可1～以

ŋ [22]蛾照～灯鹅俄～国娥嫦～ [21]饿～鬼卧～铺□～甥（外甥或外孙）

x [44]货有1单音节动词 [22]河～南何荷～花和1～气喉颈～□～算（打算） [21]贺祸 ‖ [55]荷薄～

ø [22]禾 [35]□喊，叫，语流中常读uo^{35} [21]窝酒～（靥） ‖ [55]□山～（山窝）

io

l [35]□动词，锉

tɕʰ [44]□蜈蚣 [35]茄 [21]□□～lau^{22}tɕʰio^{21}（蜘蛛）

ɕ [44]靴钉～（一种旧式雨鞋）梳疏1植物长得稀

e

p [44]背2动词，驮悲 [21]便2～宜，又读备3万事俱～□□～tɕi^{44}pe^{21}（女阴）

pʰ [44]稗稗子

m [22]梅3黄～（湖北县名）

t [44]知1听～（听见）□油～（舀油器） [22]蹄□递□烂～～（烂稀稀） [21]弟文1。徒～

n [44]□花果等的蒂，含萼叶 [21]□黏。沾。惹

l [22]厘1传统度量单位 [35]垒～墙（砌墙）

ts [44]□～□tse^{44}tʰu^{21}（道士作法时举的幡）

tsʰ [44]妻夫～溪1兰～（浙江地名，有畲民世居）契地墓～（阴宅地契）

s [44]世1一生～戏 [22]随2又读□介词，沿着，顺着 [35]□唔～（不止） [21]事1做～（干活儿）

k [44]□脚～（蟋蟀） [21]髻鸡～（鸡冠）

ie

p [21]便～宜

tɕ [44]□脚～（蟋蟀，又读）

ȵ [22]宜1便～尼2～姑，又读 [21]艺手～

Ø [44]椰～子 [22]移

ə

ts [21]者记～

Ø [22]儿幼～园｜～科而反～

ai

p [44]拜□刀～（菜刀）□屎～□ɕi^{55}pai^{44}lai^{55}（后面） [35]摆 [21]败□脚～（脚蹼）□□～pi^{21}pai^{21}（一种蠹虫，常见于柴堆中）

p^h [44]派～□水p^{h}ai^{44}lai^{55}ɕy^{35}（口水） [22]排牌簰联排的竹木筏

m [22]埋～线（装修时在墙内布管线） [35]米谷物去皮后的籽实 ‖ [55]□～前（前面）□～□mai^{55}tʌʔ^{4}（不知道）

f [22]怀 [21]坏2破～

t [44]低帝白。皇～姼～公（岳父） [35]底白。鞋～ [21]贷～款待招～代2～表汏2～嘴（漱口） ‖ [55]□在，到

t^h [44]太1～公（高祖及以上的祖先）泰～国剃～头弟白1。兄～ [22]啼鸡鸣 [35]睇看 ‖ [55]汰1淘～

n [44]乃读字音□量词，表微量：有～（一点儿，一些） [22]泥 [21]耐～心奈～何桥□远指代词

l [22]犁 [35]□吐（舌头） ‖ [55]□□～水p^{h}ai^{44}lai^{55}ɕy^{35}（口水）□屎□～ɕi^{55}pai^{44}lai^{55}（后面）

ts [44]灾再债 [22]才1人～财2发～裁1～缝 [21]寨武安～（地名）□～过（可怜）□听任

ts^h [22]才2～华裁2～判豺柴齐

s [44]晒西白。方位细白婿酾将酒、茶等倒入杯中 [35]洗

k [44]该阶～级介1蒋～石界 [35]改戒白。革除解白。～放 [21]坏1～人 ‖ [55]概大～介2～绍芥白。九头～（雪里蕻）届一～

ŋ [44]艾苦～ [21]碍～手～脚

x [44]解会 [22]鞋 [35]海蟹 [21]害2厉～

Ø [44]阿2～伯（伯父）挨～来（轮流）捱～时间 [35]矮 ‖ [55]爱2恋～□～是（还是，表选择）

iai

tɕ [44]芥文。～菜街鸡 [35]□蛙的通称 ‖ [55]戒文。猪八～□～□tɕiai^{55}ts^{h}u^{44}（紫苏）

ɕ [44]快1单音节形容词舐舔

Ø [21]□撒

uai

s [44]帅中国象棋的一种棋子

k [44]个1怪 [35]拐

k^h [44]快2外～（正常收入以外的收入）

Ø [35]歪 [21]外

ɔi

p [44]簸～箕

t [44]戴带 [21]□来唔～（来不及）□～晡（昨天）

t^h [44]箉筛子 [21]大

l [21]赖依～□～角鸡娘（未开始孵蛋的母鸡）

ts [21]在

ts^h [44]□～痒（蹭痒）

k [44]个2又读 [21]箇近指代词，相当于“这”

ŋ [44]我

x [22]□～虫（毛虫） [21]亥害1～崽（妊娠反应）

oi

p [44]贝杯辈～分背1靠～碑 [22]陪 [21]培1壅土倍背背诵焙烘，烤

pʰ [44]胚坯砖～配 [22]培2～养赔 [21]吠狗叫

m [44]妹 [22]梅1～天（黄梅天）枚量词媒煤糜粥霉莓草～ [35]每1～个月

f [44]开2又读恢～复灰挥指～ [22]回 [21]汇2～票会集市

t [44]对碓舂米的工具队兑～水 [22]台戏～ [21]堆

tʰ [44]胎雌性哺乳动物体内的幼体苔舌～太2～平梯推退蜕～壳褪～色 [22]抬～举 [35]胎轮胎腿鸡～（菜料） [21]代1后～袋

n [21]内

l [44]□头旋儿：双～。圆形的指纹：一～穷，二～富 [22]来雷 [21]累积～类□手工剜钻硬物□用拳捅，又说‖[55]□～肚（里面）

ts [44]载运输 [21]罪

tsʰ [44]猜菜崔催2读字音 [22]材财1～礼（彩礼）垂2读字音 [35]彩采～药

s [44]赛比～岁 [22]□一～菜（一行菜） [35]使1用

k [44]盖 [21]戈植物的茎蘖。勺形器物

kʰ [44]开1～心

ŋ [22]獃呆傻

∅ [44]爱1要

yoi

tɕ [44]嘴

tɕʰ [44]催1～芽（催秧）吹炊 [21]□疖子

ɕ [44]鳃鱼～税

əi

p [44]飞白。～船（飞机） [21]备2预～

pʰ [35]啡吐（口水等）

m [44]尾白。街～ [35]梅2～花每2～夜美 [21]未白2。否定副词，相当于“没”

f [44]悔废残～肺非除～飞文。岳～匪土～费～用徽安～□用油煎炸 [22]肥文。～料

tʰ [44]□流

ts [44]醉

s [44]碎□□～tuŋ^{44}səi^{44}（蓑衣） [22]随1～意

uəi

l [35]铝3～丝

tsʰ ‖[55]脆干～

k [44]鳜～鱼桂规～矩龟轨铁～归贵 [35]鬼 [21]跪柜2～台

kʰ [44]块量词会～计亏 [22]魁五经～首（划拳用语）逵李～ [21]柜1保险～

∅ [44]威～风 [22]危为难～你维～持唯微2读字音违～反围蛔～虫 [35]委1村～会伟 [21]汇1～款伪～造卫委2～托为介词位未文。～来味文。～精慰安～胃猬刺～‖[55]微1稍～尾文。阑～炎畏敌敌～

ɑu

p [44]包3面～报 [35]保堡宝煲电饭～ [21]暴～露包2身上的肿块儿

pʰ [44]抛读字音泡水～脬猪尿～□柚子□蓬松 [22]袍旗～跑长～ [21]□菜干～（放屁虫）

m [44]毛1毛发猫2熊～ [22]无否定副词毛2～笔茅2～草山 [21]冒～名帽貌相～铆～钉

t [44]刀1柴～到冻～去倒～车 [35]岛倒～霉导2指～ [21]道稻盗强～导1～火线（引线）

‖[55]□洗一～（洗一遍）

t^h [44]套涛人名用字 [22]桃2樱～淘～篮（洗米竹器）萄葡～ [35]讨～厌

n [35]脑恼 [21]闹热～

l [44]□赶□～kɔn^{55}tɕ^{h}iɪʔ^{2}lɑu^{44}（赶鸭工具，一头破竹筒而成数瓣，击地声响较大，使动物惧怕） [22]劳牢2坐～痨～病 [35]老佬下～（汉族人） [21]牢1坚固，结实蓼2～蕌

ts [44]糟～蹋躁～人灶罩～衫（外套）招2～生，又读 [35]早枣找～钱走 [21]造赵姓

ts^h [44]操糙1～米抄2照～超1～过耖～田（平整水田）□性子～（性格暴躁） [22]曹槽1木～ [35]草糙2粗～

s [44]骚臊～气扫动词扫名词梢盯～瘦 [22]槽2碾～ [35]嫂 [21]槽3药～（研船）皂洋肥～（肥皂）绍介～□半～猪（架子猪）‖[55]少2～爷□半～昼（上午八点到十点间）

k [44]高膏1～药篙竹～糕告交白2。～椅 [35]稿搞2～鬼狗1犬科动物 [21]勾1笔画名称钩厚1皮～蕌蓼～‖[55]□车水～（水车的小转盘）

k^h [44]靠铐手～ [35]考

ŋ [22]牛

x [44]薅～草（耘田） [22]豪壕毫度量单位，十毫合一厘 [35]好形容词好喜爱：～食鬼 [21]号～码猴～狲‖[55]口1量词：食一～□时间上的靠近，将要

ø [44]熝～猪潲 [35]袄棉～呕

iɑu

p^h [55]漂～亮

t^h [44]挑文2。～拨

l [22]疗医～了文2。私～

tɕ [44]交文。～通胶橡～铰～链较文。比～焦蕉椒1辣～叫～子（哨子） [35]绞文。～丝旁饺‖[55]教文。～室

tɕ^h [44]敲～锣打鼓跷瘸 [35]巧灵～窍唔开～

ȵ [21]饶2求～

ɕ [44]稍～微消2抵～销2一笔勾～ [35]小文。～学 [21]效有～校～长

ø [22]饶3求～，又读姚姓遥～控器 [35]咬程～金 [21]□飘扬‖[55]要2重～

au

p [44]包1动词胞～衣（胎盘）豹爆～芽苞开～（花苞绽开）□～璃（玻璃） [35]饱 [21]刨□～□pau^{21}lu^{21}（抽屉）

p^h [44]炮泡动词□～牙（龅牙）

m [22]茅1～棚 [35]卯

t [44]叼寮鹞～鸡崽（老鹰抓小鸡）钓吊白。～颈□～牛（拴牛） [21]调白。～动□换‖[55]鸟

t^h [44]挑白。～痧（用针放血）掉助词，表完成：食～渠（吃了它） [22]跳条白。一～路

n [21]尿白。小便

l [22]寮房子□～□lau^{22}tɕ^{h}io^{21}（蜘蛛） [35]了白。助词，表结束：事做～啊（事情做完了）

ts [44]□干，燥‖[55]照2执～

ts^h [44]抄1～家 [35]炒吵 [21]瞧嚼‖[55]钞～票

s [44]潲猪食笑肖生～ [35]小白。～麦

k [44]膏2石～交白1。～公粮教白。驯化，教导较白。～秤觉困一～（睡一觉）沟蛟～龙（虹）珓占卜用具茭～笋 [35]绞白。油～（麻花）搅 [21]搞1捉弄，玩‖[55]□豆～（连枷）□大舌～（口齿不清的人）

k^h [44]较副词，相当于“更” [22]□（用刀）刮：～嘴须（用刀刮胡子） [21]□封～（封灵柩）

ŋ [22]熬~夜聱~颈（歪脖子） [35]藕 [21]□~食（好吃懒做）

x [44]孝哮~病（泛指气喘类疾病） [21]□亮

∅ [44]坳山~拗~斗（吊酒时用以舀水冷却锡桶的大勺）怄~气□倔强 [35]拗~结（道士用手作“结”）

iau

t [44]雕动词吊文。~酒（土法蒸酒）调文2。~查 [22]条文1。桁~（檩）调1动词 [21]调文1。~头（乐曲的调子）

t^h [44]挑文1。~头（檩木穿出墙外的部分） [22]调2~整

l [22]聊无~□烂~（流氓行为，流氓习性） [35]了文1。不得~

tɕ [44]椒2辣~，又读 [35]爪 [21]抓~痒 ‖ [55]□风~（油灯的灯罩）

$tɕ^h$ [44]锹超2~度□饭~（盛饭的木勺）

ȵ [44]猫1动物名 [21]绕尿文。~素

ieu

p [44]标彪人名镖 [35]表手~表表格裱~版壁（裱鞋样子）婊~子

p^h [44]飘票 [22]瓢小勺嫖~客 [35]漂洗净

m [22]苗描矛~子（长矛）瞄~准 [35]秒亩牡~丹 [21]庙妙

t [44]兜动量词，计量排泄的次数：一~屎（一泡屎）斗批~鬭拼合，往一块儿凑蔸一~菜（一棵菜）□鸡~（无盖的鸡窝） [35]斗升~抖陡

t^h [44]偷透动词，到：~北京 [22]条文2。苗~头投 [35]敨解开豆丑2地支第二位，又读痘牛~

n [35]□谷物的穗

l [44]漏酒~（漏斗） [22]捞动词楼 [35]蓼1~草□~人（腹内无油水老觉得饿） [21]料嫽~狗（逗引狗）

tɕ [44]醮打~朝三~（婴儿出世第三天的庆典）召号~招1~亲照1~蛾灯警哭 [35]缴移~（移交）□用力拧 [21]□用布等擦

$tɕ^h$ [44]凑食碗~（再吃一碗） [22]朝~代潮回~桥 [21]轿撬□动物用角顶

ɕ [44]消1硝销1~子鞘刀~烧萧箫翘□吹~（吹叶成曲） [22]愁1单音节词 [35]少1多~晓~得（知道）搜~裤袋 [21]□高粱

∅ [44]妖~精腰要1~紧 [22]饶1上~（地名）摇谣造~窑 [35]舀 [21]鹞寮~（老鹰）

əu

k [44]勾2一笔~销够读字音构结~购采~阄抽~（抓阄） [35]狗2驴~子（驴）

k^h [44]扣折~ [35]口2伤~

x [44]鲎虹 [21]后以~厚2忠~后王~候时~

iəu

p^h [44]妇白。新~（儿媳） [22]浮白。单音节词 [21]伏孵化□葫芦，瓠子

t [44]丢读字音□尾~（尾巴） [35]□针~（顶针）

l [44]溜□湖~（泥鳅） [22]流刘留榴石~硫~磺琉~璃瓦瘤 [35]柳□抠 [21]□~谷（翻晒稻谷）

tɕ [44]昼日~（中午）周州洲杨~（武宁地名）咒~人鸠斑~救究研~痳皱 [35]酒九久韭~菜 [21]就臼脱~

$tɕ^h$ [44]秋抽臭丘邱姓 [22]囚~笼绸愁2发~仇~恨球求虬蹲下，蜷缩 [35]丑1地支第二位丑形象不好看 [21]舅1~公旧 ‖ [55]舅2又读

ȵ [35]纽扣子扭1~腰□酸~~（非常酸） [21]

扭2～衫纽（扣扣子）钮犁耙上的小铁环。其他器物上固定的小铁环蚰2蜒2～（蜗牛，又读）

ç [44]修羞秀收兽休圻田地计量单位 [35]手首守～寡 [21]袖领～受寿授教～ ‖ [55]绣～花

k^{h} [44]□头毛～（发夹）

Ø [44]忧优幼□～□iəu^{44}tɕ^{h}i^{21}（蚜虫） [22]尤邮由油游～街 [35]有2所～友右2读字音酉地支第十位 [21]蚰1蜒1～（蜗牛）又右1左～佑

an

p [44]班2～车斑～鸠边白。两～瘢猪头～（腮腺炎）□篾～（原竹劈成的粗篾料） [35]板版扁 ‖ [55]扳～手

p^{h} [35]片白。面～（毛巾） ‖ [55]叛2～徒

t [44]癫疯，精神异常 [22]谈檀～香弹～琴 [35]点白。～心典字～ [21]但～是弹名词：子～。动词：～棉花蛋～糕

t^{h} [44]添天 [22]甜田 [35]□～头（明天） ‖ [55]氮～氨（化肥名）

n [22]年□我～（我们） [35]撚以指捻碎

l [22]然2自～ [35]览

ts [44]剑澯溅煎箭 [35]盏剪 [21]暂～时站车～蘸～酱油占1～领展发～战1读字音 ‖ [55]占2～领，又读赞～成战2又读

ts^{h} [44]参～观 [22]残钱重量单位前1～年 [35]铲浅□手指戳 [21]钱货币

s [44]衫山线白。丝～ [35]筅镬～（锅刷） ‖ [55]善读字音

k [44]甘2～草疳～积（积滞，一种病）监白。～督干2～脆间白。阴～奸白。阴险狡诈□～香（过年时点的一种很粗的香） [35]感2～冒减碱简～单拣～菜笕

k^{h} ‖ [55]凯袁世～铅2～板（硬币）

ŋ [22]癌

x [22]咸～淡嫌白。～弃闲清～还副词 ‖ [55]汉2～族焊杏蚬蚌类生物峆～口（浙江迁资溪县畲民所居地）

Ø [44]安2新～江按2～摩烟白。烟火燕燕子氨氮～（化肥名）鹌～鹑卵

ian

t [44]店□□～～ne^{21}tian^{44}tian^{44}（黏糊糊） [35]点文。～播（作物种植方法）

tɕ [44]尖櫼木～（木头楔子）间文2。一～寮见□用拳捅，又说 [21]间文1。房内的屋子或独立空间□抛弃，丢弃

tɕ^{h} [44]签抽～签～名迁～坟千纤□～pieʔ^{2}tɕ^{h}ian^{44}（拉纤）□板～（已加好艾草等配料尚待揉搋的面团）

ȵ [44]拈～痧（用食指、中指钳痧）烟文2。～酒（烟草） [35]眼 [21]念1～经□耳～（耳环） ‖ [55]□～髀骨ȵian^{55}p^{h}iʌŋ^{21}kuəɪʔ^{4}（肋骨）

ç [44]仙□泥、粥等水分多 [21]先1以～（以前）

Ø [44]烟文1。乌～（鸦片） [22]还1～钱 [21]现3～菜（名词，剩菜）

uan

k [44]关2机～ [35]管2涵～惯2读字音

Ø [22]玩开～笑完3武安～小（本村小学的旧名）顽～皮还2～魂 [35]挽文。～文（办白事期间写有哀思文字的帖子）

ɔn

p [44]扮班1般1一～半绊～人（妨碍） [22]般2一～，又读搬 [35]粄粮食做的糕 [21]办拌 ‖ [55]□树～（原木横锯而成的砧板，较树墩薄）□～篰（篰子）

p^{h} [44]判叛1～变番2量词，用于计量桌椅等：一～桌

（一张桌子） [22]盘 [21]饭

m [22]蛮瞒隐～馒鳗一种鱼，形似黄鳝，生于河滩 [35]满挽白。拔 [21]万白。数字熳体垢

f [44]鼾～鼻（打呼噜）宽～紧（松紧）欢贩翻番1～薯返～生（食物回生）幡插～畈垺～（有大片良田的平地）□～咐（吩咐） [22]凡帆矾环～境烦繁鬟丫～ [35]反返～回范模～ [21]犯

t [44]耽～搁担挑担担子丹单旦花～（戏曲行当名）端 [35]胆短疸黄～病

t^h [44]贪探淡滩落～（船顺水而下）摊铺开炭叹断绳～了瘫 [22]潭团 [35]毯 [21]□～人（车很颠）

n [44]暖 [22]南男腩～肚（肚腩）难好～做楠～木 [35]□拇指与另四个手指之一张开的距离 [21]难走～（逃～）□热～（粉刺）

l [44]懒 [22]蓝篮2～球兰～花拦栏阑～尾炎□～腰（围裙） [35]卵蛋 [21]篮1一种有提梁的容器，多为竹编烂□～□$lɔn^{21}iʌŋ^{22}$（横）‖ [55]□～□$lɔn^{55}lo^{22}$（痰液）

ts [44]簪钻动词钻名词 [21]錾在器物上凿字或花纹

ts^h [22]蚕2地～（一种害虫，吃作物的根和苗） [35]蚕1吐丝的昆虫□抱 [21]□～木人（皮肤刺痒，不舒服）□碗～（碗橱）

s [44]三杉～树伞散～场删～信息酸算蒜 [35]散～钱（零钱）

k [44]甘1心～情愿柑肝竿干1菜～杆□～$tuŋ^{44}$ $kɔn^{44}$（扁担）干1事～（事情） [35]感1～谢敢有～无～秆禾～赶‖ [55]干2～部

k^h [22]□衫纽～（扣襻） [35]顩遮盖，多用于将有盖的容器盖上 [21]□提

ŋ [44]岸 [22]岩颜

x [44]汉1懒～旱自然灾害 [22]含寒 [21]汗苋～菜□～晡日（后天）□～成（现成的）‖ [55]坎～盆（碓臼）

ø [44]庵盦用手掌轻捂暗安1淳～鞍按1读字音案晏晚，迟恩□肚～（肚兜）

uɔn

k [44]官2五～科观2～察关1～老爷（关公）惯1习～ [35]馆2照相～

k^h [35]款

ø [44]弯湾 [21]万文。～年青

yɔn

ø [21]□颤抖：～～震震（形容人浑身发抖的样子）

on

p [35]本□翻转

t [21]锻～炼缎塅武宁地名用字，指相对平坦的地方

x [21]恨

uon

k [44]官1当～观1～音灌～水（用器皿排水）罐 [35]管1吸～馆1茶～贯～彻

x [44]昏头～婚荤

ø [44]温1～州瘟 [22]完1～全 [35]碗腕手～ [21]换购买，卖裞手～（袖子）

yon

tɕ [44]专砖眷亲～捐鹃杜～花□颈～（小孩子戴的项圈） [35]转～头（回来）卷～起来卷考～ [21]赚传水浒～郡～头（郡望）

$tɕ^h$ [44]川穿～针串圈圆～劝拳牛鼻～（牛鼻桊）近白。行～路□采摘□漏，渗 [22]全泉传～统拳2又读权鹑鹌～卵 [35]□伸（手） [21]□盘绕，旋转

ȵ [44]软 [22]原源 [21]援支～愿

ɕ [44]闩门～宣楦鞋～ [22]船□完整 [35]选～举

Ø [44]院2医～冤怨报～（抱怨）鸳～鸯圆2汤～ [22]完2～坟（新坟建成后家人即时献供）丸肉～圆1团～员缘元～宝袁园玄～孙 [35]远蠕蛇～（蚯蚓） [21]院1～子

en

p [44]崩山头塌方

pʰ [22]瓶1 [21]凭（人）倚靠

m [21]□否定副词，用于动词前：～是（不是）

t [44]登灯凳瞪眼～来（瞪眼睛）丁天干第四位钉名词疔□杆～tuŋ⁴⁴kɔn⁴⁴ten⁴⁴（扁担疮）钉动词订～报纸盯～梢叮蚊虫咬□扔，掷□～位（推算下葬的时间方位）□～钟（小舌） [22]亭凉～ [35]等戥称量吨重量单位，合1000公斤 [21]邓姓

tʰ [22]腾折～誊藤滕跟随

n [22]能

l [44]□滚动

ts [44]曾姓增贞1人名用字甑饭～蒸2～笼 [35]枕2～木诊整文。～人 ‖ [55]镇行政区划振～兴震2地～证2～据症绝～政～府

tsʰ [44]清1水～ [22]曾～经层成文3。三～ ‖ [55]衬1～衫

s [44]森僧升2太阳～（邻县地名）生文1。学～甥□动词，擤

k [44]根2～本粳～稻

kʰ [44]□刀～（挂在腰间的刀架） [35]垦农～五八（稻种名）肯文。～定

x [35]肯白。单音节词

Ø [44]应1答～

ien

p [44]鞭变边文。花～（服饰上的镶边）遍读一～ [35]匾牌～□擦（屁股） [21]辩～论便方～

pʰ [44]篇偏骗片文。一～好心

m [44]棉2棉花，植物名面脸 [22]绵棉1～鞋眠 [35]免勉～强缅～甸 [21]面面条

t [44]踮□～子（毽子的又称） [22]填～表 [21]簟晒谷的竹席电殿阎王～垫橂～谷（饱满的谷子）

tʰ [44]□～平（使担子两头重量均衡）

n [44]□慢 [21]□乳房，乳汁□板～（将半湿的面团揪入沸水做成的面疙瘩）

l [22]廉镰帘连联莲链2铰～楝苦～树 [35]□倒下 [21]练链1铁～恋□～□lien²¹fu²²（牛在泥水中滚泡，又说）

tɕ [44]监文。～视兼间文3。时～奸文。捉～荐1～墙（用木斜撑歪墙）肩2读字音坚□～气（生气）□～花生（剥花生）毽～子 [22]舷边沿 [35]检捡～狗屎建2又读健2又读茧趼□卷起 [21]践实～件条～ ‖ [55]建1～德（浙江地名）健1～康荐2推～枧石～（当地旧名，亦曾为大队名）

tɕʰ [44]欠谦牵文。～连 [22]钳乾～坤掮～毛（借助工具拔毛） [21]前2～晡日（前天）缠 ‖ [55]歉道～铅1～笔

ȵ [22]阎严言蜒2～蚰2（蜗牛，又读） [21]染验念2挂～碾～米 ‖ [55]研～究

ɕ [44]鲜新～扇动词扇名词掀撩起献先2～进牵白。～牛鳝田～（黄鳝） [22]嫌文。～疑贤弦三～（乐器名） [35]险显 [21]限癣蝉现1表～ ‖ [55]线文。毛～

Ø [44]淹厌穊谷～（空的水稻籽实）腌醃烟文3。～花胭～脂□躲藏，躲避 [22]炎檐然1当～延～长蜒1～蚰1（蜗牛）芫～□ien²²su⁴⁴（香菜） [35]掩～护演～员靥田螺～ [21]盐艳焰县

现2～钱‖[55]雁大～

ən

p [44]分白。给粪栏～（圈肥） [35]粉白。麦～ [21]笨坌猪用鼻嘴挑拱

p^h [44]喷 [22]坟盆溢液体因沸腾而溢出‖[55]□～香（非常香）

m [44]问白。及物动词 [22]门明2～年，又读 [35]蚊2白～（苍蝇）□涌 [21]闷蚊1长脚～焖文火密闭煮

f [44]分文。春～奋～斗芬纷困睡觉 [35]粉文。□□～loʔ²loʔ²fən³⁵（六六粉） [21]愤分本～份

t [44]顿半夜～（夜宵）炖文火慢煮□用手指戳 [22]饨黄～（馄饨）囤～货 [35]不墩状物 [21]段量词盾矛～

t^h [44]吞□磨磨～～（磨磨蹭蹭）

n [21]嫩

l [22]轮圂形容词，圆 [21]任3责～乱论议～润读字音闰□～□lən²¹fu²²（牛在泥水中滚泡）‖[55]□瞪

ts [44]尊遵贞2又读 [35]□砍（大树） [21]阵2天门～□拧

ts^h [44]村寸 [22]尘灰～承3继～橙～子成文4。～功城文。县～

s [44]孙生文3。卫～狲猴～（猴子） [35]审损～失笋榫～头 [21]顺‖[55]胜2～利，又读

uən

k [44]棺～材棍 [22]□～钱（整钱） [35]滚詈语 [21]□浊～～（非常浑浊）

k^h [44]昆～明坤乾～ [22]拳1裙□～斗（跟斗） [35]捆卷好的纸的计量单位困3～难，又读 [21]菌‖[55]困2～难

ø [44]温2～习□关闭 [22]魂馄文纹闻新～云1炆～灰（烧火灰） [35]稳 [21]混～日子问文。审～运1～气

in

p [44]宾殡出～冰兵 [35]禀 [21]编动词，编辫子、草鞋等。名词，辫子

p^h [44]□～一巴掌（打一耳光） [22]频～道凭～据瓶2电～车苹～果 [35]品

m [22]民 [35]敏过～□豪猪

t [22]□炖□一整个群体，包括人和动物

l [22]林淋临邻鳞磷～肥宁武～膦草甘～（除草剂名）□动物的垂冠 [35]□男阴‖[55]凌冰锥

tɕ [44]浸针今金襟衫～禁～止肩1～头戈（肩膀）津进晋珍真震1□□～～yən²¹yən²¹tɕin⁴⁴tɕin⁴⁴（颤抖的样子）巾2红领～劲有～□楼～（可搬动的梯子）□～骨头（水凉刺骨的感觉）□眼～～（眼睛明亮灵活。眼睁睁） [22]□倒扣，罩 [35]枕1～头锦紧仅读字音 [21]尽～量近文。～视眼□茅～鸟（麻雀）‖[55]□时～（时候）

$tɕ^h$ [44]侵深揿～扣（摁扣）亲～情（亲戚） [22]沉琴禽擒秦陈勤□存储□两臂伸长的长度 [35]寝请文。申～ [21]阵1一～风□禽类的胗‖[55]衬2～衫，又读

ȵ [44]□时间单位，相当于“日” [22]任2主～人仁～丹银 [21]任1～务忍认韧口感不脆

ɕ [44]心芯参人～先3～生辛新信身申伸读字音欣 [22]寻神辰地支□猪头～（癫痫）‖[55]□～来（起来）

ø [44]音阴荫躲～（到阴凉处躲避太阳）因～为姻婚～洇墨水在纸上散开印应2～该樱～桃英映反～ [22]寅营□半～子（不饱满的水稻籽实） [35]饮米～（米汤）引隐瘾上～

yn

tɕ [44]根1树～巾1手～片（手帕）斤筋均君军[35]准准确准唔～讲（不许说）‖[55]俊

tɕʰ [44]椿～树春 [22]群读字音

ɕ [44]熏勋训 [22]旬巡唇纯□内～（胡琴的内弦，较粗） [21]□驯养□发～（发愤）□心～（不知足）

∅ [44]匀 [22]云2人名用字 [35]允永～修（武宁邻县） [21]运2～动晕～车

ʌŋ

p [44]绷□□～网lau²²tɕʰio²¹pʌŋ⁴⁴moŋ³⁵（蜘蛛结网）□迈 [22]棚1瓜～ [21]棒～冰（冰棍儿）□草本或藤本植物丛□聋耳～（聋子）

pʰ [22]彭～树（武宁地名）

m [22]盲1～眼（瞎子）□用薄纱覆盖 [21]虻牛～□土地肥沃‖[55]蜢狗～（蝗虫）□～耳草鞋（一种草鞋）

t [44]□树枝丫伐去后留下的疤 [22]□瞭望时用手搭成罩子 [35]党打 [21]顶白。用工具抵住

tʰ [44]听～话厅白。～头（厅堂） [21]定白。～婚

n [44]□拿

l [44]冷

ts [44]争白。～地盘踭脚～戈（脚跟）腈～髀（瘦肉）[35]井‖[55]□～唔（难道）

tsʰ [44]撑青白 [22]情白。亲～（亲戚）晴 [35]产生～队请白。～客‖[55]□～锣（小手锣）

s [44]生白牲性白。～格姓腥鉎锈 [35]省～长醒 [21]省节约星白。天体的泛称

k [44]更摧～羹瓢～（小勺）耕经白。～布（织布）扃窗门～（横的窗格）□细～（小孩子） [22]□老～～（形容蔬菜等老而不适口） [35]港2香～[21]哽

ŋ [21]硬

x [44]坑河流 [22]行白。走茎量词桁～条（檩）

∅ [44]翁2爷爷，又读

iʌŋ

p [44]柄白。物体的把儿 [35]丙天干第三位饼

pʰ [44]骿事先扎好的屋架，盖房时大家合力竖起，然后再加工□用爪子刨 [22]贫～农平白。形容词坪[35]□量词，用于面积较大的“片”，如身上大片的淤青 [21]病‖[55]□秆～（稻草编成的蒲团）

m [22]名 [21]命白。算～

t [44]胀1膨胀，尤指人的身体部位

l [44]岭 [21]亮2发～领白。颈～（衣领）令白。谜语

tɕ [44]京白。南～镜正～月正～反正副词，刚好[35]奖涨梗植物的茎整白。治疗颈 [21]净～水（法水）劲形容词，强‖[55]酱1糊状调味料将2麻～

tɕʰ [44]轻呛～人 [22]□耳朵～（耳轮） [35]强勉～ [21]儆～嘴（忌口）

ȵ [44]瞙看守，看护 [21]仰

ɕ [44]响1“声”的训读声兄 [22]常2～起（经常）成白。～年（整年）城白。万里～墙 [35]想[21]象2哺乳动物像2～唔～（像不像）橡～皮（橡皮擦）‖[55]项2～链

∅ [44]□量词：一～衫（一件衣服） [22]赢迎白。～龙灯（耍龙灯）□□～lɔn²¹iʌŋ²²（横）□量词：一～人（一行人） [35]影白。电～ [21]□扔

uʌŋ

k [35]广～报（广播）

kʰ [44]筐 [22]狂 [35]况何～矿

oŋ

p [44]帮邦人名用字 [35]榜落～绑～架 [21]傍介词，趁着□～米泡（崩爆米花）‖[55]磅～秤

pʰ [44]□～屁（放屁，与詈语有别）□～谷穲（同谷穲，

空的水稻籽实）□乌青烂～（形容面积较大的皮肤淤青）[22]旁

m [22]忙茫白～～亡白。～人（去世的人）芒1～种盲2扫～氓流～ [35]蟒网白。单音节词

f [44]荒方放文。解～芳坊村～（村庄） [22]妨房文。牢～防横2～幅坊牌～ [35]仿模～纺访

t [44]当应～当～寮（典当房子）裆开～裤档横～（牛拉犁时固定铁索的横木）□～地（地方） [22]堂2学～□量词：一～寮（一幢房子） [35]挡凼小坑 [21]荡来回晃盪～嘴（漱口）

t^h [44]汤烫～铁（熨斗）趟 [22]堂1洗浴～棠海～唐糖塘膛镬灶～（灶膛，又说）

n [22]瓤□树～（树浆）

l [44]□牙～（牙缝）□□～～ $xau^{21}lo\eta^{44}lo\eta^{44}$（亮堂堂） [22]郎～中廊走～狼晾～衫（晾衣服） [35]朗开～ [21]浪□涮器皿 ‖ [55]□～～（铃铛，多指饰品）

ts [44]葬庄装1假～壮章2公～桩文。松柏～（松明） [21]藏西～脏内～

ts^h [44]仓苍疮2痔～窗2～帘舱船～ [22]藏～身（道士指隐身）床松2～柏崽（松树） [35]闯～祸 [21]疮1癣状告～ ‖ [55]创～造

s [44]桑丧出～（出殡）霜相2～帮（帮忙）□脆 [35]磉～基（柱下石）爽～快 [21]□地陷

k [44]刚钢名词钢动词：～锄头（给锄头加钢）杠推竹～（敲诈）光1月～（月亮）江扛～轿（抬轿子）豇八月～（紫豆角）降～低 [35]岗讲港1～口 [21]缸

k^h [44]康抗圹□窟～ $tso\text{ʔ}^{4}f\mathrm{ə}\mathrm{ɪ}\text{ʔ}^{4}k^ho\eta^{44}$（灶膛）□咳嗽 [35]园藏

x [44]糠慌 [22]行银～航杭～州降投～项1～目

ø [44]翁1爷爷□□～ $to\text{ʔ}^{4}o\eta^{44}$（中央，当中）

ioŋ

p [44]放白。～电视

p^h [22]房白。～数（宗族支系情况）

t [44]账算～桩白。篱～（篱笆桩）

l [44]两斤～ [22]良凉量动词粮梁粱读字音辆一～车 [21]亮1漂～谅体～量名词

tɕ [44]浆酱2～油将1～帅张帐蚊～胀2鼓～病（肝腹水）仗打～装2～饭章1文～樟疆僵姜姓姜山～（生姜）□摆弄，广义的“做” [35]蒋桨长省～掌□玩耍□住宿 [21]撞共1～爷娘（同父同母）□叠放，摞

$tɕ^h$ [44]丈昌南～菖～蒲唱窗1～门（窗子）腔下佬～（汉族话） [22]墙详～细祥吉～长～短肠场常2平～强嫦～娥 [35]抢厂 [21]杖□剩余，多用于物

ȵ [44]□□～ $t^ha\text{ʔ}^{4}\mathrm{ȵ}io\eta^{44}$（忘记） [22]娘 [21]让

ɕ [44]相1～好佬（情人）箱厢火车～湘襄～阳镶相～貌商伤上动词香乡向□旱地的计量单位，相当于“畦” [22]尝 [35]享～福响2影～ [21]匠象1中国象棋里的一种棋子像1好～尚和～上方位

ø [44]央中～秧养白。～鸡痒 [22]羊洋烊融化杨阳阴～扬鸯鸳～垟～畈（有大片良田的平地）□～火衣（萤火虫）□～□崽 $io\eta^{22}ma^{44}tsoi^{35}$（痱子） [35]两～个养文。休～ [21]样

uoŋ

k [44]光2～明

ø [44]汪 [22]黄簧弹～皇亡文。灭～王横1

～档（牛拉犁时固定铁索的横木）蟥蚂～钉磺硫～凰凤～ [35]网文。上～枉冤～往来～ [21]望2～远镜旺

iŋ

p [35]柄文。把～并合并

p^h [44]聘姘～头拼～合 [22]平文。人名用字评批～

m [44]□甩 [22]明1清～（节气） [21]命文。～令

t [44]□沉淀，澄清（水）□硬～（胼胝）□～倒（颠倒）□～秤（货物质量较大，压秤） [22]停 [35]顶文。头～鼎～罐（一种炊具） [21]定文。肯～□铁～（打铁时用的铁砧）□硬～～（硬邦邦）

t^h [44]厅文。客～（新式房屋的厅堂） [22]庭家～艇汽～ [35]挺

l [44]□脚～来行（蹑足） [22]菱～角灵零铃 [35]领文。～情 [21]苓土□～t^{h}u^{55}fəɪʔ^{2}liŋ^{21}（土茯苓）令文。～剑（道士作法时用的剑）另

tɕ [44]征～求蒸1烹饪方法证1保～争文。～取京文。～胡惊～蛰敬竟究～精猴狲～（孙悟空）经文。～过 [22]情文2。人～ [35]景风～警～告 [21]静‖[55]境环～靖～安（武宁南部邻县）

tɕ^h [44]亲～家秤清2～明（节气）青文。万年～ [22]乘2加减～除承2～认情文1。同～程成文2。～熟诚～心～意‖[55]庆

ȵ [22]迎文2。欢～，又读

ɕ [44]升1胜1～利兴～旺兴高～生文2。～肖性文。记～圣～珓（一正一反的珓）星文。卫～ [22]乘1～凉承1奉～行文。流～成文1。年～（收成）形刑死～邢～庄（武宁地名，在杨洲乡） [21]绳

ø [22]迎文1。欢～ [35]影文。～响

uŋ

p [22]朋棚2读字音篷船～蓬莲～ [21]□一～气（一股气）‖[55]□石～（稻田中的一种大型蛙）

p^h [44]碰～着你（碰见你） [35]捧

m [22]芒2～秆扫（芦苇扫把）蒙 [35]猛懵～去（昏迷） [21]望1介词，从，向梦

f [44]风文。～扇（风车，一种农具）疯发酒～丰封峰锋 [22]冯～翊郡（畲民郡望）逢 [21]凤奉缝一条～□火旺‖[55]□树枝上的嫩芽

t [44]东冻栋～梁（主梁）冬崠寮～顶（屋顶）□～□tuŋ^{44}səi^{44}（蓑衣）□～杆tuŋ^{44}kɔn^{44}（扁担） [35]董懂 [21]动洞

t^h [44]通痛 [22]同铜桐筒电～童 [35]桶捅统

n [22]农脓 [35]□分娩

l [44]聋弄2～死你（詈语） [22]笼2灯～隆兴～龙2～王砻垄～田（梯田） [35]拢 [21]弄1～堂笼1笼子

ts [44]棕鬃马～宗终2～于踪 [35]总‖[55]综～合纵操～

ts^h [44]聪囱烟～匆～忙 [22]从1服～ [21]葱

s [44]双量词，对儿送松～散 [22]松2～香鳙～鱼屃精液 [35]搓推‖[55]宋

k [44]公工功攻贡～献弓躬鞠～宫天～恭～喜供2～销社供2口～ [35]拱凸出巩～固 [21]共2～产党‖[55]汞红～（紫药水）

k^h [44]空形容词 [35]孔寒毛～共3‖[55]控～制

x [44]轰～动烘暖～～□～□xuŋ^{44}ŋa^{213}（牛的儿称） [22]红～旗洪 [35]哄骗，打发

ø [44]翁3姓□锄头～（锄头眼儿，可装锄柄）

iuŋ

p [44]风白。南～枫～树

pʰ [35]蜂

l [22]龙1蛟～（虹）

tɕ [44]中～国忠～厚中～毒终1送～钟计时器钟姓种动词供1养活（家人）供1～太公（祭祖先） [35]种谷～肿 [21]重文。～视

tɕʰ [44]充铳火枪重白。轻～冲 [22]穷从2三～四德重～复 [21]虫仲杜～宠娇惯，溺爱

ɕ [44]胸凶□～电（费电） [22]熊2～猫雄2英～

ø [44]□（用手）舂捣 [22]荣绒熊1狗～雄1踏～（鸟类交配）融浓茸鹿～容蓉芙～王（香烟名） [35]拥～护勇 [21]用信～社

iɪʔ

p [4]别1～针扣（曲别针）憋读字音笔毕～业必何～

pʰ [4]匹 [2]别1～人

m [2]蜜1～甜（形容很甜）

t [2]挃要

l [4]笠1～头（斗笠） [2]立栗1板～律1一～

tɕ [4]汁4读字音急2读字音级及疾痢～橘击1打～ [2]集极积～

tɕʰ [4]七漆 [2]蛰惊～□□杆～ tuŋ⁴⁴kɔn⁴⁴tɕʰiɪʔ²（扁担钉）□败赖～（百合）□赶～□kɔn⁵⁵tɕʰiɪʔ²lɑu⁴⁴（赶鸭工具，一头破竹筒而成数瓣，击地声响较大，使动物惧怕）□眼～（眼睛）

ȵ [4]日笠2～头（斗笠，又读）

ɕ [4]习2学～湿2风～吸失2损～□～去（昏迷） [2]习1姓实1老～

ø [4]揖作～乙一

yɪʔ

tɕ [4]欤～～糖（可吸吮的糖果）

tɕʰ [4]缺1～牙出屈委～，年轻人的说法

ø [2]入1“出”的反义词

iʔ

p [4]逼壁文。～虎□滗 [2]□憋

t [4]得2助词：睇～起（看得起）的～确滴一～（一点儿） [2]笛读字音敌

l [2]律2～师力历阴～（农历）

tɕ [4]积1食～（饮食过量导致的消化不良）迹文1。笔～绩成～激刺～

tɕʰ [4]戚拭擦 [2]直值1～钱□行一～（走一趟）

ɕ [4]息惜文。可～昔～阳县适1合～释解～锡文1。无～（江苏地名）析文。分～ [2]食席文1。主～

ø [4]益

uʔ

pʰ [4]捕逮～扑仆～倒覆～瓦（阴瓦） [2]缚

f [4]福幅横～（横批）复～合肥腹复～秤（核秤） [2]服伏～天袱包～皮（做豆腐时过滤豆浆用的布）

t [4]督监～ [2]独～人（不与别人来往的人）毒1～药

l [2]鹿2又读禄结婚时日子书或礼单上的生活用品清单熝烙烫，淬火

ts [4]捉祝3庆～烛 [2]族2民～，又读

tsʰ [4]促督～ [2]戳针刺浊

s [4]速～度肃严～宿～舍缩1～手～脚粟黄～（小米）束结～□吸回流出来的鼻涕 [2]术2手～

k [4]谷 [2]□～□kuʔ²tsoaʔ²（蟑螂）□置液体于密闭容器或口中，使之激荡

yʔ

t [4]筑白。～泥墙

l [4]骆2～村（浙江建德地名）六氯～化钾（化肥名）

tɕ [4]竹祝2～贺菊鞠～躬

tɕ^{h} [4]畜1～生曲红～（一种酒曲）曲歌曲

ȵ [4]肉花生～（花生仁）

ɕ [4]叔 [2]熟俗风～

Ø [4]育

aʔ

p [4]八

m [2]篾

t [4]□量词，用于成片土地等的计量：一大～ [2]□黄□～水 uoŋ^{22}ne^{21}taʔ^{2}ɕy^{35}（蜻蜓点水）

t^{h} [4]铁□～□t^{h}aʔ^{4}ȵioŋ^{44}（忘记）□副词，太

n [4]□～肉裤（贴身穿的裤子）

l [4]瘌～瘌头□器皿上的裂缝□菜头～（萝卜干）□赤～～（红通通）□苦～～（苦得厉害）

ts [4]节白1。节日 [2]节白2。量词：一～路（一段路）□手～（戒指）

ts^{h} [4]插2～销 [2]铡～刀切～菜截□～药（抓药，买药）

s [4]萨菩～歇白。～店（住店）煞～气

k [4]钾氯化～（化肥名）

iaʔ

tɕ [4]□刮□瘦～～（非常瘦） [2]□性交

tɕ^{h} [4]□田～（田埂上进出水的缺口）□用力挣扎 [2]□拨拉物体

ȵ [2]啮

Ø [2]□光滑

uaʔ

Ø [4]挖 [2]滑～～板（滑梯）

oaʔ

p [4]钵 [2]拔钹镲～（钹）

p^{h} [4]泼 [2]□熝～～（滚烫）

m [2]袜老，很早的读音，今口语中多不用

f [4]法乏缺～发文。～财 [2]罚

t^{h} [4]塌土堆垮塌脱蹋糟～ [2]夺1～转头（夺回）

l [4]捋1杀□镬～（锅巴） [2]蜡2～烛辣□～桌片（擦桌布）

ts [4]□用盐渍□吮吸 [2]□□～ kuʔ^{2}tsoaʔ^{2}（蟑螂）

s [4]雪白。落～

k [4]割葛植物

k^{h} [4]□老姐～（老年妇女的泛称，略带贬义）

x [4]喝～彩

uoaʔ

k^{h} [4]扩2～大，又读

Ø [2]袜新活2又读

ɵeʔ

p [4]拨拨拉

p^{h} [2]□龙～（冰雹）

m [2]末2读字音

f [4]阔白。宽

t [4]掇端

s [4]刷1～腰墙（漆腰墙）

uɵeʔ

k [4]国

k^{h} [4]括包～阔文。～气

x [4]或2读字音 [2]或1～者

yɵeʔ

tɕ [4]蕨一类菜决 [2]绝2～症

tɕ^{h} [4]缺2读字音 [2]□液体等稠□半～砖（半块儿的砖）

ȵ [2]月

ɕ [4]雪文。～白说～服 [2]绝1～种朮白～术1技～

Ø [2]入2又读阅～读越～剧

oʔ

p [4]博剥驳膊赤～

p^{h} [4]拍 [2]薄箔锡～（锡纸折成的元宝等祭品）

m [4]末1落～□loʔmoʔ^{4}pai^{55}（兄弟排行里的老幺）抹～盐膜摸茉～莉花 [2]没～收莫木目数～

t [4]啄斲剁（肉）□～□toʔ^{4}oŋ^{44}（中央，当中） [2]夺2读字音桌

t^{h} [4]讬委～托用手支撑 [2]读□～粄□t^{h}oʔ^{2}pɔn^{55}nien^{213}（揪制面疙瘩）

l [4]洛络1牛嘴～（牛笼嘴）□～草（锄草兼松土） [2]落骆1～驼络2联～乐快～乐～器鹿1录～音□～～粉（六六粉）

ts [4]作足形容词□堵住沟渠中的水流□～头（灶） [2]镯读字音族1民～

ts^{h} [4]错 [2]凿昨

s [4]索牛铁～（连接牛和犁的铁链）缩2抽～（植物枯萎）

k [4]各阁滕王～搁2耽～郭觉白。～得角桷寮～崽（椽子） [2]搁1架放

k^{h} [4]确1明～推敲壳2木～铳（旧时指手枪，因木制枪套而得名）

ŋ [2]岳～飞狱地～

x [4]霍壳1谷～熇无油或用少量的油煎 [2]鹤学□～亲（父母新丧，新人在灵前拜合）

ø [4]恶坏握□～屎（屙屎） [2]镬锅

ioʔ

l [2]绿

tɕ [4]着穿（衣服）斫砍脚觉文。自～筑文。建～祝1及物动词 [2]局

tɕ^{h} [4]确2～实畜2～生，又读触～电龊污～（脏）□～命（鸡被杀时临死前的挣扎） [2]着～火轴～心（车轴）

ȵ [4]弱□扭伤（腰、颈等） [2]虐～待玉□揉搋

ɕ [2]勺赎属家～

ø [4]约 [2]药浴洗～（洗澡）

ɑʔ

f [4]□用力甩

t [4]杔压□苍蝇～（苍蝇拍） [2]达□挤压，刁难

t^{h} [4]塔遢邋～

n [4]□东西 [2]捺1用指头摁

l [2]拉1～飒（垃圾）蜡3读字音

ts [4]扎

ts^{h} [4]獭水～

s [4]飒1拉～（垃圾）

uɑʔ

k [4]刮

ø [4]□起身 [2]活1生～

ɑuʔ

t [4]答搭

t^{h} [2]踏

l [4]□～碗（将碗碟等竖着叠放） [2]腊～髀（腊肉）蜡1蜂～

ts^{h} [2]杂1杂乱，单音节形容词

s [4]飒2拉～（垃圾，又读） [2]闸□～车（刹车）

k [4]合1～总（加总）佮［无解］～（不和）

k^{h} [4]㕁建筑整体压下

x [2]合1三～土盒

ø [4]鸭押压1～箱

auʔ

t^{h} [4]帖白。请～贴□油盏～（灯盏碟） [2]叠白。动词

ts [4]接白。～亲

ts^{h} [4]插1银～（银钗） [2]煠久煮

s [4]㰗垫桌脚等，塞细缝

k [4]甲手～（指～）胛先～（猪的前腿根部）荚豆～ [2]夹峡沟壑

x [4]喝～滴酒掐用手指占卜

Ø [2]狭

iauʔ

t^h [4]帖文。量词：一～药（一剂药） [2]叠文。量词：一～纸

tɕ [4]□涩□湿～～（水淋淋）

$tɕ^h$ [4]□谷～（撮箕）

ᴀʔ

p [4]百柏伯擘掰开

p^h [4]迫强～魄劈白。～柴 [2]白

m [2]麦脉

f [4]划2～拳

t [4]□□～ mai^{55}tᴀʔ^{4}（不知道）

t^h [2]籴～米（买米）

l [4]捺2撇～雳雷击

ts [4]借执2～行摘责～任迹白。脚～（脚印） [2]杂2～货

ts^h [4]擦粉笔～（板擦儿）察警～彻贯～撤～退测2～量拆策册点名～刺～鞋底（纳鞋底） [2]席白。竹～

s [4]栅炉～惜白。得人～（令人怜爱）锡白。金属名

k [4]格隔

k^h [4]□～气（漂亮）

ŋ [4]额～头厄劫数

x [4]客吓 [2]核白。□～卵 lin^{55}xᴀʔ^{2}lɔn^{35}（睾丸）

Ø [4]轭牛～

iᴀʔ

p [4]壁白。单音节词

l [2]猎～狗栗2～子，又读□～牯（乌鳢）檿厚竹篾编成的晾晒器具□量词：一～坟（一座坟）

tɕ [4]炙～火（烤火）

$tɕ^h$ [4]赤尺□推～（用言语推脱）□孔～（孔雀）

ɕ [4]鹊寮～（喜鹊）析白。削 [2]石

Ø [4]压2高～镬（高压锅） [2]□～手（摆手）

uᴀʔ

k^h [4]扩1～大

Ø [2]划1计～

eʔ

p [4]北

p^h [4]劈文。读字音

m [2]墨默～写

t [4]得1～罪德嫡～亲 [2]特1～意

t^h [4]踢剔

n [4]㧊刺□用拇指和食指的指甲掐

l [2]勒用丝线割断

ts [4]折2□～ $tɕ^h$in^{22}tseʔ^{4}（存折）汁2死人～（尸水）执1～照浙～江质2土～则鲫～鱼侧织职撤～迹文2。古～ [2]值2～班

ts^h [4]测1推～

s [4]设1建～歇文。休息失1～礼塞色识～货式适2～应

k [4]合2米升中分出的小计量单位

k^h [4]刻一～钟刻～字克～服

x [4]合3～作社黑核文。～桃

ieʔ

p [4]别2～针扣（曲别针，又读）鳖□裂开 [2]别3告～□用力拉拽

p^h [4]撇～捺□～山（将某块山地上的植物全部伐去） [2]别2区～

m [2]灭密蜜2水～桃

t [4]跌 [2]碟

l [2]列排～烈～属略侵～

tɕ [4]接文。～触劫抢～急1～忙忙折～扣揭～发羯阉割节文。～约结洁吉积2～肥击2又读□派～所 p^hai^{44}tɕieʔ^{4}su^{35}（派出所） [2]习3～惯杰剧1越～

tɕʰ [2]贼

ȵ [2]业 2 农～热孽

ɕ [4]胁～刀（翅膀）血穴点～虱锡文 2。～箔 [2]协～议舌折～本

Ø [4]□塞

əɪʔ

p [4]发白。～虫（物品等生虫）不巴～得□用簸箕等聚拢□～龙界（脊背）□～娘（妻子，背称）

f [4]窟□～圹 tsoʔ^{4}fəɪʔ^{4}kʰoŋ^{44}（灶膛）朏屎～不（屁股） [2]核果核佛～像□土～苓（土茯苓）

t [2]突～出□矮～～（形容矮的样子）

tʰ [4]秃光～～突凸

l [4]□咸苦～（非常咸） [2]捋 2 ～手碗（捋袖子）□手工给玉米等脱粒□瞪□面～～（绷着脸）□油～～（形容抹布等油乎乎）

ts [4]汁 3 死人～（尸水，又读）质 1 对～卒□三指撮

tsʰ [4]□～膄（擦体垢）

s [4]刷 2 又读室教～戌地支 [2]实 2 ～力

uəɪʔ

k [4]骨 [2]掘挖

Ø [4]頞淹没 [2]物～证□～□uəɪʔ^{2}liəu^{44}（一种食品，类似于烙饼）

əʔ

t [4]□打嗝～（嗝逆） [2]特 3 ～务

tʰ [4]特 2 ～意，又读

s [4]设 2 ～计

k [4]蛤懒～宝（蟾蜍）鸽革改～嗝打～□tʌŋ^{55}kəʔ^{4}təʔ^{4}（嗝逆）

x [2]合 2 复～肥

Ø [4]□打～（嗳气）

ieuʔ

n [4]□凹陷

tɕ [4]折 1 折叠

ȵ [2]业 1 作～

ɕ [4]瞜眨（眼），闭（眼）

Ø [2]叶页一～纸

iəuʔ

t [4]□动词，滴

l [4]粒量词

tɕ [4]汁 1 植物的黏液□气～～（上气不接下气的样子）

ɕ [4]湿 1 ～泥 [2]十□～娌（妯娌）

n̩

Ø [22]唔否定副词，相当于“不” [21]□远指代词，又读 ȵi^{21}

ŋ̍

Ø [35]五伍 1 “五”的大写午上～

第四章 词汇特点

本章从词汇比较的角度分析武宁畲话与其他汉语南方方言间的关系，从特别词、古语词、民俗文化词等方面来考察武宁畲话的词汇系统，归纳武宁畲话的词汇特点，以期为社会特别是有关部门了解并采取相应措施保护这一濒危方言提供参考。

语言是音义结合的符号系统，从词汇系统的构成方面考察，今团结村畲民所说的话无疑是汉语。武宁畲话不但在语音方面与汉语古今音系有整齐的对应关系，而且在词汇方面也基本是汉语词。

首先，武宁畲话有大量与汉语共同语相同的词语，这其中一部分是从古代共同语中传承下来的，如“天、地、人、水、火、山、田、地、风、霜、雪、月”等；另有一部分是新词，是从现代共同语中借入的，如“汽车、火车、轮船、电话、空调、医院、技校、幼儿园”等。

此外，团结村畲民及其祖先在历史上经过长期的播迁，先后在广东、福建、浙江、江西等地生根繁衍，最近的一次大规模迁徙，距今也有50多年。相对于周边的汉族群众，畲民在人口和经济上处于弱势，他们及他们的祖先与当地群众一起生活，学习对方的生产和生活方式。社会经济的往来必然催生长期而复杂的语言接触，所以，武宁畲话词汇中又不可避免地留下了一些其他汉语方言的词语。大体来说，现在的武宁畲话还包含了一些在造词理据、构词方式、词义范围等方面与共同语有显著差异的方言词。这些词语有的是从来源地方言带来的，但经过长期的演变和发展，尤其是数百年来受到几个属性不同的方言的渗透与消磨，也产生了一些特殊变化。

清初以降，大批畲民徙居浙南地区；近代以来至新中国成立前，社会动荡激烈，对浙南、浙西的人口演变产生了巨大的影响，团结村畲民的祖先几次迁徙，散居于汉族群众中间；20世纪50年代末开始的“两江移民”运动使得畲汉两族群众必须面对共同生活和集体生产的局面，生活方式改变的节奏加快，其他汉语方言对武宁畲话特别是武宁畲话词汇系统的影响进一步凸显出来。

第一节

方言特别词

较之汉语官话方言，武宁畲话既保留了一些与其他地区畲话相同的有特色的词语，也从汉语南方方言中吸纳了大量的词语。但是，武宁畲话中还有一些词在周边的汉语南方方言中较为少见，本书称之为“方言特别词”。它们有些还能在其他省区的汉语方言中找到使用的痕迹，有些则需要多方考证才能确定语源。本节胪列一些武宁畲话中不见于当地赣语的方言特别词，并做适当讨论，这些词中有不少也见于其他地区的畲话。[①]

一　与其他地区畲话共有的特别词

关于畲话的属性，学界一直有争论。抛开争论的焦点来考察各地畲话词汇系统，通过词汇比较，我们进一步确认，分布于广东、福建、江西、浙江、安徽等省的各地畲话有一些共同的词语。根据目前所知，原居岭南的畲民祖先大致于明末清初即已开始徙居他地，因此可以认为上述地区的畲话中共同的词语多数是同源的。它们至晚在畲民的祖先离开广东潮州凤凰山祖居地时已经深植于早期畲话中，其来源可能与当时粤、闽、赣等地汉语方言和少数民族语言的接触有关，也可能本身就是早期畲话的特别词。

下面列举部分武宁畲话与其他地区畲话相同的词语。各地畲话词汇材料主要依据游文良（2002）、赵则玲（2004a）、游文良等（2005）、刘纶鑫等（2008）、胡松柏等（2013）五部著作和“中国语言资源保护工程采录展示平台”。通过比较，武宁畲话的一些特别词全

① 从本章开始，一些在第二、第三章中写作“□”的语素以及一些语源尚不能完全确定的语素，如发音人能给出同音字，则尽量以发音人给出的同音字替代（有些在词中并不同音但发音人认为读音相同的字也视作同音字），在汉字的右上角加“＝”表示；如暂无同音字或者发音人认为不是某字的，则仍用“□”表示。一些其他著作中有相应俗字的，也一并借用。

部或部分见于上述材料。

白云 $p^hʌʔ^2uən^{22}$ ①白色的云彩。②眼白，白眼珠儿。各地畲话都有用“白云”指称白眼珠儿的说法，但这类说法在其他现代汉语方言中较少见。

坑 $xʌŋ^{44}$ 江，河。各地畲话都有这个说法，但语义范围稍有不同，江西贵溪樟坪畲话泛指江河，广东丰顺畲话指溪流。南部吴语及严州徽语也有以“坑”指山间的水沟的说法，但从畲话的地理分布考察，这个词不是团结村畲民的祖先在进入浙江后因语言接触借入的。

喜⁼年 $ɕi^{55}nan^{22}$ 去年。这个词的首字团结村畲民只读[55]调，无法判断单念时本调是什么。但是此词也见于其他地区的畲话，福建罗源畲话首字读[xi^{55}]，广东丰顺畲话首字读[hi^{35}]，江西贵溪樟坪畲话首字读[$ɕi^{35}$]，又因各地畲话都存在上声字做前字时变读[55]调的情况，综合来看首字都与“喜”同音，故该词语源应不是“去年”。

□ $p^hiəu^{21}$ 葫芦类植物及果实。这个说法普遍见于各地畲话，声韵组合皆是[p^hiu]、[$p^hiəu$]，声调有的材料记为阳平，有的记为去声，韵母读音对应流摄三等字。相同的意思闽、粤、客家等方言材料中多写作“瓠”，韵母读音对应遇摄一等字，显然与畲话不同。

□ min^{35} 豪猪。据游文良等（2005：228—229），这个说法也见于福建福安、福鼎、罗源和浙江丽水等地畲话，韵母读音稍有差异，都读上声，可能与壮侗语的“□豪猪”[min^3]同源。

□ $tɕ^hio^{44}$ 蜈蚣。据游文良等（2005：247），类似说法也见于粤、闽、浙等省区的畲话，不少畲话点读[k^h]声母，但都归阴平。其他汉语方言中这种昆虫一般都叫“蜈蚣”。

□ $tɕiai^{35}$ 蛙类统称。各地畲话都有这样的说法，都读上声调，多数材料韵母是[iai]，少部分是[uai]。客家方言中把蛙类动物读作[ᶜkuai]或[ᶜkai]的很多，但暂未检得像畲话这样读齐齿呼韵母的例子。

□ $p^hɑ^{21}$ 类似缸的坑池：屎～厕所或粪池。游文良等（2005：249—250）提到粤、闽、浙等省区畲话的“缸”“瓮”都有类似说法，且这个语素一般不单用，多放在“水”“米”“屎”等后构成偏正式复合词。按，赣语南昌方言中粪坑也叫“茅缸”，构词理据与武宁畲话相同。

髀 pi^{35} 肉。各地畲话都将肉叫作“髀”，“髀”也兼指人或动物的大腿。汉语方言中用“髀”指腿的普遍见于客家话和粤方言，但这些方言材料中暂未检得用“髀”指肉的情况。

□ $iʌŋ^{44}$ 量词，计量衣服，相当于“件”：一～衫｜一～裤。这个说法也见于其他地区的畲话。其他汉语南方方言这个量词多说“件”。

二　与其他汉语南方方言共有的特别词

武宁畲话的特别词有不少也存在于其他汉语南方方言中。由于历史上畲族先民播迁的顺序大体是粤东凤凰山区→闽粤赣交界区域→闽南→闽东闽中→浙南→浙西皖东，因此，在历史、地缘、文化、经济等各方面因素的综合作用下，武宁畲话与粤、客家、闽、吴、徽等几大方言都有着密切的关系。以下列举几个武宁畲话与其他汉语南方方言共有的特别词，所据材料为叶祥苓（1993）、黄雪贞（1995）、曹志耘（1996）、白宛如（1998）、冯爱珍（1998）、周长楫（1998）、北京大学中国语言文学系语言学教研室（2003）、赵日新（2003；2015）以及“中国语言资源保护工程采录展示平台”。

颈□ $tɕiʌŋ^{55}tsau^{44}$ 渴。这个说法也见于其他地区的畲话，如江西贵溪樟坪畲话和广东丰顺畲话都是“颈渴”。相同的意思客赣方言中一般是主谓式结构“口V”，“中国语言资源保护工程采录展示平台”中仅有7个客家话方言点是“颈V”式；而粤语方言点多数用“颈V”式结构。

坌 $pən^{21}$ 猪用嘴拱、掘：坌泥猪拱土｜坌潲猪撩食。此说不见于武宁赣语，但见于广州话。北部吴语以锄松土为“坌”，意思相近。

落水 $loʔ^{2}ɕy^{35}$ 下雨。下雨赣方言叫“落雨”，客家方言则普遍叫作“落水”。广州话下雨虽然叫“落雨”，但四邑片以及粤西、桂东很多地区的粤语也叫“落水”。

𩠘 $k^{h}ɔn^{35}$ 盖。这个意思赣方言对应《集韵》古禫切，声母一般是[k]。客家话和粤方言对应溪母感韵字，声母是[k^{h}]，与武宁畲话同源。此外，个别官话方言点也有读同溪母字的情况。

簿 po^{21} 本子。仅据词的语义和书写形式考察，武宁畲话的这个词并无特别之处，但比较其他汉语南方方言却显示出其特点。武宁畲话绝大多数遇摄一等字的主要元音是[u]，而“簿”字例外；闽语中遇摄一等字韵母主要元音往往是[o]或[ɔ]，“簿”在福州方言中读[puo^{21}]，在厦门方言中读[$pɔ^{21}$]，因此这个词和闽语同源。

门垫 $mən^{22}tien^{21}$ 门槛。此说也见于其他地区畲话。相同的意思，客、赣、粤、吴等方言多叫“门槛”或“户槛”；闽方言多叫“门垫”或“户垫”，声母皆不送气，去声分阴阳的方言点后字都读阳去。

饭超 $^{=}p^{h}ɔn^{21}tɕ^{h}iau^{44}$ 饭勺。这个说法不见于赣语。类似说法常见于吴语，后字不少材料写作“抄”。但是在中古精知庄章组声母两分的方言点材料中，后字的读音对应中古知三章组字，与“抄”不同音，武宁畲话的情况也说明了这一点。

毒 $t^{h}o^{21}$ 下毒：～死｜～鱼用药毒鱼。这个说法不见于武宁赣语，但浙江的吴语普遍存在名词读去声后作动词的情况。

蛤蟆衣 $k^{h}ɑ^{22}mɑ^{44}i^{44}$ 车前草。将车前草叫“蛤蟆衣”在中国民间较为普遍，但武宁畲话“蛤蟆衣”的读法特别。依语音结构，《广韵》胡加切的“蛤（虾）”在武宁畲话中应读[$xɑ^{22}$]。这个字在客、赣、闽、粤、吴等方言中一般读[x]、[h]、[ɦ]声母，但在徽语中读[k^{h}]声母。

□□ $nien^{55}nien^{44}$ 慢慢儿。类似说法也见于徽语，据赵日新（2015：106—107），徽语绩溪荆州方言有“□～～地（轻轻地，悄悄地）”[$n̥iɔ̃^{31}$]的说法，该语素又读[$nɔ̃^{31}$]。

第二节

方言古语词

武宁畲话保留了大量的古语词，特别是单音节词。这些古语词有的是传承自古通语，有的则是古方言的遗留。这些古语词有不少也见于其他汉语南方方言，其中一些古语词如“水雨”[ɕy^{35}]、“禾水稻”[o^{22}]、“㔍刺儿”[neʔ^{4}]、“头脑袋”[tʰieu^{22}]、“颈脖子”[tɕiᴀŋ^{35}]、“面脸”[mien^{44}]、“痛疼”[tʰuŋ^{44}]、“癫疯”[tan^{44}]、“衫上衣”[san^{44}]、“纽扣子”[ȵiəu^{35}]、“食吃”[ɕiʔ^{2}]、“簿本子”[po^{21}]、“噍嚼”[tsʰau^{21}]、“舐舔”[ɕiai^{44}]、“行走”[xᴀŋ^{22}]、“走跑”[tsɑu^{35}]、“徛站立”[tɕʰi^{44}]、“着穿（衣服）”[tɕioʔ^{4}]、“敨解开”[tʰieu^{35}]、“睺看守”[ȵiᴀŋ^{44}]、“渠第三人称代词”[ki^{44}]等，这类词多数是人们耳熟能详的，学界对其来源没有太多争议，限于篇幅，不再一一说明。另有些古语词在武宁畲话中的读音相对特殊，能反映一定的语言层次，宜列入考察范围。本节从音、义两方面来考察这些古语词，并做适当的共时、历时比较和说明。以下择要列举武宁畲话中一些较有特色的古语词。

𤗳 sauʔ^{4}（用东西将桌椅等）垫（平）。𤗳，《广韵》心母入声怗韵苏协切：“𤗳牒，小契。”《玉篇·片部》：“𤗳，𤗳牒，小契。”“契”字《集韵》改作“楔”，武宁畲话咸摄四等口语常用字今读洪音，音合义通。周边赣方言也有类似说法，有学者认为语源是“楔”，但从畲话、粤东客家话以及赣方言抚广片的情况来看，语源可能是“𤗳”。

笕 kan^{35} 破竹而成的半圆柱形引水槽。笕，《广韵》见母上声铣韵古典切：“以竹通水。”唐白居易《钱唐湖石记》：“钱唐湖一名上湖，周回三十里，北有石函，南有笕。”宋陆游《闭户》之一：“地炉枯叶夜煨芋，竹笕寒泉晨灌蔬。”这个意思也写作“枧”，今团结村所在地以前就叫作“石枧”[ɕiᴀʔ^{2}tɕien^{55}]，义同，但由于是当地故有地名，因此借用了武宁赣语的读法。宋杨万里《桑茶坑道中》诗之五：“溪面只消横一枧，水从空里过如飞。”明宋应星《天工开物·水利》：“凡河滨有制筒车者，堰陂障流，绕于车下，激轮使转，挽水入筒，一一倾于枧内，流入亩中。”[①]各地赣方言普遍都说这个词，但多读细音，畲话中古四等口语常用字今多读同二等（参余颂辉2010），这是该词在畲话中的特殊传承。

雳lᴀʔ^{4}雷劈：做恶事分寮⁼公～做坏事会被雷劈。雳，《广韵》来母入声锡韵朗击切：“霹雳。”“霹雳”有雷击义，唐玄奘《大唐西域记 · 劫比罗伐窣堵国》：“有大石柱，上作马像，无忧王之所建也。后为恶龙霹雳，其柱中折仆地。”中古四等口语常用字在畲话中多读洪音，武宁畲话的这个说法虽尚未检得其他汉语方言材料用例，但从音、义两方面考察，语源当为“雳”。

扃kᴀŋ^{44}窗格中的横木。武宁畲话将窗格所用的木头进行细分，其中的横木叫作“窗门扃”[tɕʰioŋ^{44}mən^{22}kᴀŋ^{44}]，竖木叫作“窗门栅”[tɕʰioŋ^{44}mən^{22}sᴀʔ^{4}]。扃，《广韵》见母合口平声青韵古萤切。“扃”在上古指兵车上用以搁置兵器或固定旗帜的横木，《左传 · 宣公十二年》：“楚人惎之脱扃。”杜预注：“扃，车上兵阑。”又汉张衡《西京赋》：“旗不脱扃，结驷方蕲。”都是指固定器物的横木。很多客家方言中对“篱笆的横木”叫法略有不同，有的方言点叫[꜀kuaŋ]，有的方言点叫[꜀kaŋ]，不少学者将其写作“桄”，但“桄”是宕摄合口一等字，而这样的读音明显源于梗摄阳声韵。闽西客家话和粤语广州话把蜘蛛结网叫“耕⁼网”，首字与武宁畲话表纺织义的“经”是同源的。武宁畲话口语常用的见系合口字往往与开口字韵母今读相混，因此，武宁畲话“窗门耕⁼”的“耕⁼”，和客家方言中表篱笆横木的“桄”音通义同，语源都是“扃”。[②]

打tᴀŋ^{35}击打。《广韵》端母梗摄德冷、都挺二切。与其他汉语方言中读开音节的“打”不同，武宁畲话“打”的读音有鼻韵尾，符合历史文献的记载。吴语也有相似的读法，但从方言比较的角度考察，各地畲话“打”普遍都读[꜂tᴀŋ]，因此武宁畲话的这个读音并非借自吴语，而是古已有之。根据武宁畲话中古四等口语常用字韵母今读同于二等的音韵特点，很难断定该字的读音究竟是源于德冷切还是都挺切，这恰恰是武宁畲话区别于其他汉语方言的特点[③]。武宁畲话中的“打”有6个义项：①敲击，击打；②淋（雨）：～水；③摔：碗～烂啊碗打碎了；④旧时油坊榨油：～油；⑤编织：～席｜～毛线衫；⑥下中国象棋时炮吃掉对方的棋子。

栅sᴀʔ^{4}①栅栏；②或窗格中的竖木。栅，《广韵》初母入声麦韵楚革切。“栅”表栅栏义，在很多汉语南方方言中都有读擦音声母的情况，应当来源于所责切，生母梗摄二等入声字，历代韵书失收，但历史文献中的异文材料却能说明问题。《清蒙古车王府藏子弟书 · 须子

① 本节古书举例多转引自《汉语大词典》（第1版，罗竹风主编，上海：汉语大词典出版社）。

② “霹”“扃”二条，语源考证承严修鸿先生启发并赐告他的结论和现代方言证据，受益良多，谨诚致谢。

③ 与此类似的还有表锈蚀义的“鉎”，《广韵》所庚、桑经二切，两个反切折合武宁畲话今读都是[sᴀŋ^{44}]。

谱》："此刻天时至午前，须子出城奔戏园。至彼举目望粉牌上看，见旁边贴着传差的一红签。毛三说恰对鹅脖真凑巧，提起梆子不耐烦。勾四说咱们闹一辆闷子南城去，听戏还数大栅栏。雇了一辆热车真有样，扣绉的围子倭缎沿。赶车的紧赶来至大沙腊，下车齐把报子观。"清代北京地名"大栅栏""大沙腊"隔句互为异文，可知中字声母相同①。

攞 lo^{44} 讨取：～饭｜～发⁼娘娶老婆｜～账讨账。攞，《集韵》来母平声歌韵良何切："拣也，或作护。"又来母上声哿韵朗可切："拣也，裂也。"已刊的有些畲话材料中的"捞"有拿取义，可能与此有关。这个词平、上两个读法在汉语方言中都有体现。前者主要见于官话方言，成语"捋袖揎拳"的"捋"，其语源也是源于良何切的"攞"，如元无名氏《陈州粜米》第三折："骑着马，揣着牌，自向前。休得要攞袖揎拳。"再如元李文蔚《燕青博鱼》第三折："穿的那衣服，拖天扫地的，一脚踹着，不险些儿绊倒了，攞起衣服来，走！走！走！"后者如广州话的拿取义用"攞"[lo^{13}]，对应朗可切，文献用例如20世纪60年代风靡一时的港版小说《虾球传·渡船》："用他们来保境安民，岂不是等于捉虫入粪门，自己攞来痛？"武宁畲话部分中古次浊平声字和次浊上声字都有今读阴平调的情况，故很难判定"攞"[lo^{44}]所对应的具体音韵地位。

簛 $t^hɔi^{44}$ ①筛子的泛称；②动词：～米筛米。《广韵》彻母平声脂韵丑饥切："竹器。"武宁畲话读成[$t^hɔi^{44}$]，是闽语借词。明清时期，这个词在民间已经写作"筛"，甚至作为"风台（台风）"的记音字，如清乾隆辛巳重修《潮州府志》卷十一："（明正德）十年乙亥秋七月，飓风暴，漂没民田，坏公私庐廨，俗称'铁风筛'。"（转引自李荣1990：244）。

舷 $tɕien^{22}$（器物的）边缘。《广韵》匣母平声先韵胡田切："舷，船舷。"《集韵》径释作："船边也。"晋郭璞《江赋》："忽亡夕而宵归，咏采菱以扣舷。"现代汉语方言中普遍都保留了这个词，且泛指器物、河流、田地等的边沿，这属于词义的扩大。但是粤、客家、赣等方言今读多为擦音声母，武宁畲话今读不送气的清塞擦音声母，与现代闽语多读不送气软腭塞音声母类似，这是区别于客赣方言的一个特点。

编 pin^{21} ①名词，辫子：头毛～辫子②；②动词，编织：～草鞋打草鞋｜～头毛梳辫子。从音、义两方面考察，其语源并非《广韵》薄泫切的"辫"。在客赣方言中，"辫"常读[p]声母阴平调。张双庆、万波（2002）认为其语源应该是"编"，因为汉代出现的"辫"字还不具有"辫子"或"结发为辫"义；倒是"编"字，至迟到汉代，便有此义。《释名·释首饰》："编，编发为之也。"从意义上看正合。语音上也很明确，闽、客方言都有部分中古山摄四等或重纽四等开口阳声韵字读同臻三的情况，读[21]调则是小称变音所致。

① 根据北京话的音系规则，[an]韵母和[ʌ]韵母的儿化音相同，"大栅栏"（地名）、"掩栅栏"（傍晚）在老北京话中末字为去声，读儿化音，故"栏儿""腊儿"同音。

② 末字有的人也读[pin^{213}]。

煠$ts^hau?^2$清水煮：～鸡卵煮带壳的鸡蛋｜清水白～清汤寡水。煠，《广韵》崇母入声洽韵士洽切：“汤煠。”北魏贾思勰《齐民要术·素食》：“当时随食者取，即汤煠去腥气。”

盦$ɔn^{44}$捂。盦，《广韵》影母平声覃韵乌含切：“《说文》曰：‘覆盖也’。”此义历史文献有载，如《本草纲目·草部·续断》：“闪肭骨节，用接骨草叶捣烂盦之，立效。”这个说法也见于其他汉语方言中，如黄侃《蕲春语》：“吾乡谓作酒煮米和籁已，置瓮中，以草盖之，俟其成，曰盦酒。”客家方言龙川话有“盦眼捂住眼睛”[$ɛm^{33}ŋan^{35}$]、“盦细晚仔哄小孩入睡”[$ɛm^{33}sɛi^{31-33}man^{31-33}tsɛi^{35}$]的说法（严修鸿、余颂辉2013），与此相类。

掘$kuɪ?^2$挖。掘，《广韵》群母入声物韵衢物切：“掘地。”《易·系辞下》：“断木为杵，掘地为臼。”《史记·货殖列传》：“丈夫相聚游戏，悲歌慷慨，起则相随椎剽，休则掘冢作巧奸冶。”这个词粤、闽、吴以及客家方言、畲话都说，但从武宁畲话今读浊入调且声母为不送气清塞音来看，与粤语和客家话并不同源。

捞$lieu^{22}$捞取。捞，《集韵》来母平声萧韵怜萧切：“取也，通作‘撩’。”唐元稹《酬乐天东南行诗一百韵》：“泥浦喧捞蛤，荒郊险斗貙。”宋洪迈《夷坚丁志·孔都》：“或言有溺死于澹津湖者，孔妻惊疑必其夫，及厢官捞出尸，果也。”“捞”在宋代官颁辞书中有怜萧切、郎刀切、力吊切、郎到切四个读音，都表示捞取义。武宁畲话的这个词所传承的古代读音来源与很多现代汉语南方方言不同，却和部分闽方言相似。

啡$p^həi^{35}$吐（口水、果核）。啡，《广韵》滂母上声海韵匹恺切：“出唾声。”《龙龛手鉴·口部第七》：“匹恺反，出垂（唾）声，《随函》又音败，吹火具也。”《字汇·非部》：“铺杯切，音坏，卧息吐气之声。又上声普罪切，义同。又去声滂佩切，义同。”不少客家方言中亦有此词，音义皆通。

烺$lɔŋ^{22}$晾晒。烺，《集韵》来母去声宕韵郎宕切：“暴也。”《字汇·日部》：“烺，晒烺。”宋陆游《春日》：“迟日园林尝煮酒，和风庭院烺新丝。”元王祯《农书》卷九：“晒荔法，采下即用竹篱烺晒。”这个单音节词多数汉语南方方言今读阳去，但像武宁畲话这样今读阳平的也并非孤例，团结村畲民祖先曾经居住的浙南地区，不少操闽语的闽东移民后代这个词也读阳平（参秋谷裕幸2015：10），应有相似的历史来源。

虬$tɕ^hiəu^{22}$蹲，蜷曲。虬，《广韵》群母平声幽韵渠幽切：“无角龙也。”历史文献中有“蟉虬”的说法，表示蜷曲，《楚辞·远游》：“玄螭虫象并出进兮，形蟉虬而逶蛇。”洪兴祖补注：“蟉虯，盘曲貌。”汉王延寿《鲁灵光殿赋》：“朱鸟舒翼以峙衡，腾蛇蟉虬而绕榱。”《集韵》为“蟉虯”之“虯”注音为巨小切，但尤、幽上古来源不同：中古音中的幽韵字今有同于效摄字读音的不少，如“彪”“谬”等；明代以后，“虯”字巨小切的读音渐废，《字汇》《正字通》等皆不载此音。今统一规范作“虬”。“虬”的蜷曲义在文学作品中使用较多。前蜀杜光庭《虬髯客传》：“公方刷马，忽有一人，中形，赤髯如虬，乘蹇驴而来。”明刘侗等

《帝京景物略·白石庄》："柳溪之中，门临轩对，一松虬，一亭小，立柳中。"这个词也见于徽语绩溪荆州方言，意思也是蜷曲。（赵日新2015：121）此外，在武宁畲话中"虬"还可以表示所在和所从，相当于"在"，如：故是～寮里嘞还在家呢，这是这个词在武宁畲话中的进一步发展。

戳 ts^{h}uʔ^{2}（用针等）刺。"戳"是俗字，宋代的通用字形是"戳"。戳本身就有针刺的意思，读音源自《广韵》澄母入声觉韵直角切。《五灯会元·风穴延沼禅师》："时有僧问：'如何是正眼法？'师曰：'即便戳瞎。'"明李贽《史纲评要·宋纪附辽记》："上引柱斧戳地，大声曰：'好为之。'俄而帝崩。"畲话中普遍存在江摄口语常用字主要元音为[u]的语言层次，如：双 suŋ^{44} ｜浊 ts^{h}uʔ^{2} ｜捉 tsuʔ^{4}。武宁畲话这个词的语音来源与客赣方言不同，而与一些闽东方言相同。

客边 k^{h}ɑ^{55}pan^{44} 外面。历史文献中"客边"多指客中，如唐戎昱《成都暮雨秋》："纵欲倾新酒，其如忆故乡。不知更漏意，惟向客边长。"元吴昌龄《东坡梦》第二折："[东坡云]小官今日薄酒一杯，特来还敬。[正末云]大人，客边何劳如此？"而早期浙南民间文书中屡见"客边"一词，指的是外边，如《石仓契约》第三辑第五册 p.122："立拚杉木字人阙蓝旺，今因无钱应用，愿将自置杉木，坐落松邑廿一都茶铺庄，小土名石竹窝，又麻地窝，又崀子背等处，安着其山，四至界内，该杉木出拚与阙家成客边为货，凭中三面言断，拣选杉木壹佰四拾伍枝，计价洋壹佰零捌元正，断订上山付清，任凭客边砍发（伐），出售生利，亦自己清业，与伯叔兄弟人无涉，不干客边之事，愿拚愿受，各无后悔，恐口无凭，故立拚批字为照。"另，在闽、吴等方言中，"客囝""客边人"有外地人的意思，可参。

坎盆 xɔn^{55}p^{h}ən$^{22-21}$ 碓臼。坎，《广韵》溪母上声感韵苦感切："坎，险也，陷也。又小罍也，形似壶。"同样的器物，赣语永新方言叫做"坎"[hɔ̃^{53}]，客家方言龙川话有"碓坎碓臼"[tɔi$^{31-33}$hɛm^{35}]，音义皆与此通。坎在上古时期就表示地面凹陷处的意思。《礼记·丧大记》："小臣爪足，浴余水弃于坎。"北魏贾思勰《齐民要术·大豆》："泛胜之区种大豆法：'坎，方深各六寸，相去二尺。一亩得千六百八十坎。'"这个词在今武宁畲话中仅见于碓臼义，读[55]调，可能是变调所致，中古溪母字今读擦音声母在武宁畲话中属于通例，音义都说得通。

拉飒 lɑ^{21}sɑʔ^{4} 垃圾，口语中也常读成[lɑu^{21}sɑuʔ^{4}]。拉，《广韵》来母入声合韵卢合切；飒，《广韵》心母入声合韵苏合切；"拉飒"在古书中的意思是秽杂。《晋书·五行志中》："孝武帝太元末，京口谣曰：'黄雌鸡，莫作雄父啼。一旦去毛衣，衣被拉飒栖。'寻而王恭起兵诛王国宝，旋为刘牢之所败，故言'拉飒栖'也。"清翟灏《通俗编·状貌》："拉飒，言秽杂也。"这个词，贵溪樟坪畲话叫[louʔ^{2}souʔ^{5}]，赣方言黎川话读[lop^{5}sop^{3}]（颜森1995：202），粤方言怀集（下坊）话读[lɐp^{31}θɐp^{5}]（杨璧菀2012：340），考察其他粤、闽、客家等方言中

“垃圾”的读音，从与《切韵》音系的对应关系来看，皆是合韵字。

奓公tai^{44}kuŋ^{55}外祖父。奓，扬雄《方言·第六》：“南楚瀑洭之间，母谓之媓，谓妇妣曰母奓（音多），称妇考曰父奓。”（周祖谟1956：45）扬雄原书并未注音，郭璞以“多”标音，《集韵》归入当何切，承自上古歌部。清段玉裁《说文解字注·女部》进一步申说：“此方俗里语也。”部分上古歌部口语常用字在今武宁畲话中有读[ai]、[uai]韵母的情况，如：个kuai^{44}｜阿~伯：伯父ai^{44}。粤北土话中外祖父、外祖母普遍说“奓公”“奓婆”，“奓”的韵母同于蟹摄字（参庄初升2004），如广东连南石蛤塘土话，奓＝堆[tɔi^{51}]（庄初升等2019：44）。在武宁畲话中，此词还有语义扩大的用法，即母亲和妻子的父母都以“奓”来称呼，以不同的小称变音形式予以区别，如：“奓公外祖父”[tai^{44}kuŋ$^{44-55}$]≠“奓公岳父”[tai^{44}kuŋ$^{44-21}$]，“奓婆外祖母”[tai^{44}p^{h}o$^{22-55}$]≠“奓婆岳母”[tai^{44}p^{h}o$^{22-21}$]①。这是武宁畲话对这个词在传承基础上的发展。

① 同样类型的有“亲家婆姻伯母”[tɕ^{h}iŋ^{44}kɑ^{44}p^{h}o^{55}]≠“亲家婆亲家母，平辈相称”[tɕ^{h}iŋ^{44}kɑ^{44}po^{22}]，“舅母亲的兄弟”[tɕ^{h}iəu^{55}]≠“舅妻子的兄弟”[tɕ^{h}iəu^{21}]，“□姨丈姨父”[ȵia^{55}i^{21}tɕ^{h}ioŋ^{35}]≠“姨丈连襟”[i^{21}tɕ^{h}ioŋ^{21}]等。

第三节

民俗文化词

语言和民俗文化关系密切，索绪尔（1980：43）指出："一个民族的风俗习惯常会在它的语言中有所反映，另一方面，在很大程度上，构成民族的也正是语言。"以下按衣、食、住、生产、风俗的顺序，分五类介绍武宁畲话的民俗文化词。这些词，有的尚有生活实例，有的只存在于畲民的记忆中，它们形成一系列的类义词，承载了团结村畲民的历史和文化。介绍时，尽量以一个词条为中心，系联一批与该词相关的武宁畲话词语，构建语义场，适当配以图片，以期生动地展现武宁畲话词汇系统的文化内涵。

一　服饰文化

团结村畲民现在的起居和服饰习惯，已与汉族人无别，但逢年过节，仍会穿上畲族服装，举行一些活动。旧时畲民的服装，主要用"土经布手工纺织的苎麻布"[$t^hu^{35-55}kʌŋ^{44}pu^{44}$]① 制作。"土经布"也叫"土布"[$t^hu^{35-55}pu^{44}$]，以灰色为主色系，比较耐穿，适合日常劳作。而现在团结村畲民穿的民族服装基本是从浙江买来的。

① 中字有的人也读[21]调。

土经布　武宁县新宁镇团结畲族村 /2016.7.26/ 黄术英 摄

洋布ioŋ^{22}pu^{44}日常生活中除“土经布”以外的其他种类的布的统称。洋布有两个意思：一是现代纺织机械织成的比“土经布”薄的布；二是除棉布外的各类现代纺织制品，如“绸”[tɕ^{h}iəu^{22}]、“府绸较薄，洗后易起皱”[fu$^{35-55}$tɕ^{h}iəu^{22}]、“灯芯绒”[ten^{44}ɕin^{44}iuŋ^{22}]、“平绒”[p^{h}iʌŋ^{22}iuŋ^{22}]、“呢子”[ȵi^{22}tsɿ^{55}]等。

衫san^{44}①上衣。②衣服的统称。“土经布”做的“衫”以前一般是畲族妇女自己剪裁缝制的，而绸、绒等高级布料则需请人来做，这类布料做成的衣服一般只在年节和庆典上才穿，其中，女性穿的较正式的是“旗袍”[tɕ^{h}i^{22}p^{h}ɑu^{22}]。

穿老式旗袍的畲族妇女　武宁县新宁镇团结畲族村 /2018.9.23/ 余颂辉 摄

合衫kɑuʔ^{4}san^{44}有双层布的衣服。合衫分为“面子被服的外表，也指脸面”[mien^{44}tsɿ$^{35-55}$]和“合里被服的里子”[kɑuʔ^{4}li$^{35-21}$]。

颈领tɕiʌŋ$^{35-55}$liʌŋ^{21}衣服领子。也叫“衫领”[san^{44}liʌŋ^{21}]。分“高领”[kɑu^{44}liʌŋ^{21}]和“圂

领圆领” [lən^{22}liʌŋ^{21}]。以前畲民贫苦，有的衣服是无领的，则会用“假领” [kɑ$^{35-55}$liʌŋ^{21}] 套在无领衫上，外面再穿“罩衫” [tsɑu^{44}san^{44}]。

手碗 ɕiəu$^{35-55}$uon^{21} 袖子。武宁畲话把袖子叫作“手碗”，与闽语和南部吴语等同源。“手碗”指整个袖筒；如果细分，还有“手碗头袖口” [ɕiəu$^{35-55}$uon^{21}tʰieu$^{22-44}$]、“长手碗长袖” [tɕʰioŋ^{22}ɕiəu$^{35-55}$uon^{21}]、“短手碗短袖” [tən$^{35-55}$ɕiəu$^{35-55}$uon$^{21-213}$]，以及与此配套的“手碗套袖套” [ɕiəu$^{35-55}$uon^{21}tʰɑu^{44}] 等。

襟 tɕin^{44} 衣襟。旧式的畲族服装在身体的右侧系扣子，因此襟分为“大襟” [tʰɔi^{21}tɕin^{44}] 和“小襟” [ɕiɑu$^{35-55}$tɕin^{44}]，大襟在上，小襟在下。

纽 ȵiəu^{35} 扣子，布制。也叫“衫纽” [san^{44}ȵiəu^{35}]。如需区别扣和襻，则分别叫作“衫纽崽布扣” [san^{44}ȵiəu$^{35-55}$tsoi^{35}] 和“衫纽□扣襻” [san^{44}ȵiəu$^{35-55}$kʰɔn^{22}]。“衫纽崽”缝在大襟上，“衫纽□”缝在小襟上；如果是对襟的衫，则“衫纽崽”缝在左襟上，“衫纽□”缝在右襟上。

衫纽崽 san^{44}ȵiəu$^{35-55}$tsoi^{55} 西式服装上的扣子，金属或塑料制。与之相匹配扣眼儿的叫“衫纽洞” [san^{44}ȵiəu$^{35-55}$tuŋ^{21}]。

揿扣 tɕʰin^{44}kʰəu^{44} 金属做的摁扣，现在多叫作“雌雄扣” [tsʰɿ^{44}iuŋ^{22}kʰəu^{44}]。

□ kɑ^{55} 坎肩。从外面买来的新式背心，团结村畲民叫作“背心” [poi^{44}ɕin^{44}]。但是在以前，团结村并无现在这种肩膀上带两条细杠儿的背心，而是比一般上衣缺少“颈领”和“手碗”的“□” [kɑ^{55}]，这是一种肩部很宽的坎肩，套在“衫”的外面，防止着凉。平时穿的较薄，冬天穿的则较厚，叫“衫□” [san^{44}kɑ^{55}]。

肚安$^{=}$ tu$^{35-55}$ɔn^{44} ①小孩子穿的肚兜儿。②小孩子穿的类似围裙的套住整个前半身的服饰，防止孩子吃饭和玩耍时弄脏衣服，一般在春秋天穿。

围衣 uəi^{22}i^{44} 小孩子穿的反罩衣，样式与正常的长袖上衣无别，但从前面穿上，在背后扣扣子或系带子。一般在冬天穿，防止弄脏里面的厚衣服。

颈□ tɕiʌŋ$^{35-55}$ɑ^{44} 小孩子吃东西时戴的围嘴儿，以免弄脏衣襟。

水巾 ɕy$^{35-55}$tɕyn^{44} 背小孩子用的背带，方便在活动或劳作的同时照看孩子。

裤 fu^{44} 裤子。畲民一般上身着衫，下身着裤，合称“衫裤” [san^{44}fu^{44}]。畲民的衫、裤都以“□” [iʌŋ^{44}] 为计量单位。一般来说，一条裤子由“裤头裤腰” [fu^{44}tʰieu^{22}]、“裤笼$^{=}$斗裤裆” [fu^{44}luŋ^{22}tieu$^{35-55}$]、“裤脚裤腿” [fu^{44}tɕioʔ^{4}]、“裤带裤腰带” [fu^{44}təi^{44}] 等组成。

汤布 tʰoŋ^{44}pu^{44} 旧时围腰的长布条。

鞋 xai^{22} 鞋子。旧时生活艰苦，畲民穿鞋较为简单，多是自己做的，主要有木拖鞋、布鞋和草鞋等。

木板鞋 moʔ^{2}pan$^{35-55}$xai^{22} 木拖鞋。类似木屐，制作工序较为简单。也叫“木拖板” [moʔ^{2} tʰo^{44}pan^{35}]。

布鞋 pu⁴⁴xai²² 鞋底和鞋面都由布制作而成的鞋子。

版壁 pan³⁵⁻⁵⁵piᴀʔ⁴ 布鞋鞋底的原料，用浆糊将碎布裱制而成。

鞋底刀 xai²²tai³⁵⁻⁵⁵tɑu⁴⁴ 切制鞋底的小刀，刀口宽，刀背窄，柄与刀呈L形。

鞋舷 xai²²tɕien²² 鞋面两边的鞋帮。后字有的人也读[44]调。

鞋面 xai²²mien⁴⁴ 脚面上方的鞋帮。

□条 tɕʰia⁵⁵tiau²² 缉鞋口的布条。

鞋舌 xai²²ɕieʔ² 棉鞋鞋面靠近脚弯处的部分，有的可以活动。

布鞋　武宁县新宁镇团结畲族村 /2016.7.26/ 黄术英 摄

草鞋 tsʰɑu³⁵⁻⁵⁵xai²² 用草搓成细绳编制的鞋子。草鞋男女都会做，以前生产队还有专门做草鞋的工分。做草鞋武宁畲话叫“编草鞋”[pin²¹tsʰɑu³⁵⁻⁵⁵xai²²]。一双草鞋需注意编好“草鞋鼻洞”和“草鞋脚踭戈”。

草鞋鼻洞 tsʰɑu³⁵⁻⁵⁵xai²²pʰi²¹tuŋ²¹ 草鞋底脚趾处的部分，上有草鞋绳。

草鞋脚踭戈 tsʰɑu³⁵⁻⁵⁵xai²²tɕioʔ⁴tsᴀŋ⁴⁴koi²¹ 草鞋上包裹脚跟的部分，较厚，与鞋底大致呈90°角。

草鞋耳 tsʰɑu³⁵⁻⁵⁵xai²²ȵi³⁵ 草鞋鞋底上的环形草绳。一只草鞋有多个“耳”，用草鞋绳将“草鞋耳”串连起来，草鞋就编好了。

三角杈 sɔn⁴⁴koʔ⁴tsʰɑ⁴⁴ 草鞋弓。编草鞋的工具之一，弓形，一般用小树杈做成，两端各有一个把手。也叫“草鞋腰”[tsʰɑu³⁵⁻⁵⁵xai²²ieu⁴⁴]。使用时将“三角杈”紧贴腹部系紧，上面拴草鞋绳，另一头套在“草鞋耙”上。

草鞋耙 tsʰɑu³⁵⁻⁵⁵xai²²pʰɑ²² 编草鞋的工具之一，木制。一头形似谷耙，上有数个木齿；有柄，柄的另一头做成钩状，可固定在长凳的一端。从“三角杈”上引出的草鞋绳另一头就分别套在“草鞋耙”的木齿上。

蒲鞋 pʰu^{22}xai^{22} 用蒲草编成的草鞋，形制类似僧鞋，“草鞋耳”较多。

蜢$^{=}$耳草鞋 mʌŋ^{55}ȵi$^{35-55}$tsʰɑu$^{35-55}$xai^{22} 一种制作工序较为复杂的草鞋，形似蒲鞋，用一般的草鞋绳来编，“耳”较多，工价也较贵。按，吴语“蜢$^{=}$”有稠密义，苏州等地将编织得很细密的篮子叫作“蜢$^{=}$篮”;《吴下方言考》卷七“茻音‘莽’”条:“吴中谓草木茂密为‘茻’。”

钉靴 ten^{44}ɕio^{44} 一种旧式雨鞋，木制鞋底，钉有钉子以便抓牢地面，鞋面刷油以便防水。以前畲民雨天外出劳作时经常使用。

绕脚鞋 ȵiau^{21}tɕioʔ^{4}xai^{22} 旧时裹脚妇女穿的弓鞋。

头毛□ tʰieu^{22}mɑu^{44}tɕʰiəu^{44} 发夹，是畲族妇女最普通的配饰。也叫“头毛夹”[tʰieu^{22}mɑu^{44}kauʔ^{2}]、“头毛扣”[tʰieu^{22}mɑu^{44}kʰəu^{44}]。

头包 tʰieu^{22}pau^{44} 绑在额头上的带子，用于束发暖额，抵御寒冷，上面有刺绣。

头片 tʰieu^{22}pʰan^{35} 头巾，一般为方形。

帽圈 mɑu^{21}tɕʰyon^{44} 现代畲族女性民族服装的一种头饰，上有各类装饰品。

板$^{=}$簪 pɔn^{55}tsɔn^{44} 老式簪子，形状较扁，多为银制，上有图案。

银插 ȵin^{22}tsʰauʔ^{4} 银钗，一般有两个“脚”。

耳念$^{=}$ ȵi$^{35-55}$ȵian^{21} 耳环，金制或银制的都有。

耳念$^{=}$牌 ȵi$^{35-55}$ȵian^{21}pʰai^{22} 耳坠儿。

板$^{=}$簪和耳念$^{=}$　武宁县新宁镇团结畲族村 /2018.9.24/ 余颂辉 摄

□□ loŋ^{55}loŋ^{55} 银铃，多装饰在小孩子的帽子上。

颈砖$^{=}$ tɕiʌŋ$^{35-55}$tɕyon^{44} 小孩子戴的项圈，一般为银制。

八卦 paʔ^{4}kɑ^{44} 幼童挂在脖子上的长命锁，上有八卦图案。

手钳 ɕiəu$^{35-55}$tɕʰien$^{22-21}$ 手镯，金银制或玉石制的都有。

脚钳 tɕioʔ^{4}tɕʰien$^{22-21}$ 脚镯，一般只有小孩子戴。

手节$^{=}$çiəu$^{35-55}$tsaʔ^{4}戒指，多为金银制。

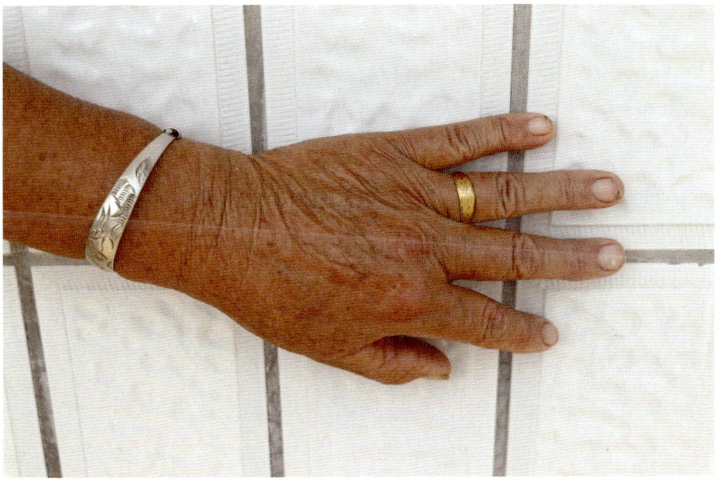

手钳和手节$^{=}$　武宁县新宁镇团结畲族村 /2018.9.24/ 余颂辉 摄

二　饮食文化

随着时代的发展，团结村畲民日常的饮食与汉族群众几无差别。但是有一些餐具、炊具和食品与武宁本地“老表”叫法不同，以下扼要介绍。

碗□uon$^{35-55}$ts^{h}ɔn^{21}碗橱。洗好的碗碟要放入碗橱，老式的碗橱非常讲究：上半部分有门，可放饭菜；下半部分采用半敞开式结构，可放锅碗碟盆。团结村畲民的碗橱与本地“老表”的碗橱不同，下半部分的结构比较特殊，木条通过榫卯结构斜着嵌入外围的木档，这样碗就可以“□竖着叠放碗碟”[lɑuʔ^{4}]起来，既可节省空间，又能保持碗碟的卫生。

碗□ uon^{55}ts^{h}ɔn^{21}　武宁县新宁镇团结畲族村 /2018.9.23/ 余颂辉 摄

饭箸□p^{h}ɔn^{21}tç^{h}y^{21}li^{35}筷子筒。团结村畲民管筷子叫“箸”[tç^{h}y^{21}]，洗好的筷子要插入

筷子筒存放。其形制和武宁本地的筷子筒一样，以前是用竹筒制作的，现在也逐渐改用金属制或塑料制的。

糜戈 moi^{22}koi$^{21-213}$ 盛粥用的长柄勺子。

铲字 ⁼tsʰan^{55}tɕʰi^{21} 炒菜的锅铲。也叫“镬铲”[oʔ^{2}tsʰan^{35}]。

粄瀝 pən$^{35-55}$liʌ^{213} 蒸箅。“瀝”[liʌʔ^{2}]指用厚篾片编成的晒谷物、干菜等的垫子。畲民往往还会用两根较细的毛竹筒或竹竿做梁，形似担架，以便搬抬。竹床上的窄竹条，团结村畲民也叫“瀝”[liʌʔ^{2}]。瀝，《集韵》来母入声锡韵狼狄切：“床箦。”这类器物，在我国东南地区很普遍，有不少方言的叫法也与武宁畲话同源，如：福建武平民主乡坪畲村将直径1米多的扁平簸箕叫作“□瀝”[mo^{24}lak^{5}][1]，浙江苍南闽语将晒粉干用的竹帘叫作“瀝□”[li$^{11-44}$piŋ$^{45-35}$]（参秋谷裕幸2005：11）。团结村畲民将放在锅内的蒸箅叫作“粄瀝”，不论是竹木制成的还是金属制成的，名称一律相同。

粄瀝　武宁县新宁镇团结畲族村 /2018.9.24/ 余颂辉 摄

薜荔豆腐 piɪʔ^{2}li^{55}tʰieu^{21}fu^{22} 凉粉。首字有的人也读[pi^{21}]。橡树、栎树等植物的果实，赣语南昌话叫“栎子”[liʌʔ^{2}tsɿ^{0}]，团结村畲民叫“薜荔崽”[piɪʔ^{2}li^{55}tsoi^{35}]。“薜荔崽”制成的淀粉叫“薜荔粉”[piɪʔ^{2}li^{55}pən^{35}]，因此，用“薜荔粉”做成的凉豆腐叫“薜荔豆腐”。薜荔本来是攀缘植物，但在团结村畲民口中，“薜荔树”[piɪʔ^{2}li^{55}ɕy^{21}]是一种乔灌木，“□采摘（果实）”[tɕʰyon^{44}]薜荔籽须选取不高的“薜荔树”。山中的“薜荔树”长大后籽实不宜做“薜荔豆腐”，只能当柴烧，一般称为“薜荔柴”[piɪʔ^{2}li^{55}tsʰai^{22}]。

① 承严修鸿先生赐告。

薜荔豆腐　武宁县新宁镇团结畲族村 /2016.7.14/ 黄术英 摄

粄 pɔn³⁵ 粮食等加工后做成的食品。和客家话相似，武宁畲话里的“粄”类词很多。做“粄”的原料不限于面粉，还有其他淀粉，甚至原粮，同时做法也各异。“粄”是民俗文化色彩非常浓的词。

粄□ pɔn³⁵⁻⁵⁵tɕʰian⁴⁴ 做粄时的粗制面团，此时艾草等配料已经掺入，还需揉搋均匀。

粄□ pɔn³⁵⁻⁵⁵nien²¹⁻²¹³ 将半湿的面团揪入沸水或沸稀粥中做成的面疙瘩。

头梳粄 tʰieu²²ɕio⁴⁴pɔn³⁵⁻⁵⁵ 煎饺，以其烹制时排在锅里像梳子而得名。

糯米粄 no²¹mai³⁵⁻⁵⁵pɔn³⁵ 糍粑，用糯米饭打制而成。

拳头粄 kʰuən²²tʰieu²²pɔn³⁵ 武宁本地的“拳头粑”，形似人的拳头，故名。

碱水粄 kan³⁵⁻⁵⁵ɕy³⁵⁻⁵⁵pɔn³⁵ 武宁本地的“碱水粑”，是当地的名小吃，制作时需在米粉中掺入食用碱。

裹粄 ku³⁵⁻⁵⁵pɔn³⁵ 粽子。也叫“裹角”[ku³⁵⁻⁵⁵koʔ⁴]。团结村畲民的“裹粄”与武宁本地“老表”的粽子形制不同：本地“老表”的粽子扎好后纵截面呈三角形，而团结村畲民的“裹粄”截面则呈长方形，与浙江等地的粽子类似。“裹粄”是畲民逢年过节必备的食品，每到节庆，都要“裹裹粄包粽子”[ku³⁵⁻⁵⁵ku³⁵⁻⁵⁵pɔn³⁵]。外面用的是山中的“排叶箬叶”[pʰai²²ieuʔ²]，内装“糯米”[no²¹mai³⁵]，可根据口味需要再加其他食材。此外，团结村畲民在办丧事时也要用到“裹粄”。此时里面并不包糯米，而是用灶灰做馅，封灵柩前放入棺材，意为供亡人在阴间打狗。

乌米饭 u⁴⁴mai³⁵⁻⁵⁵pʰɔn²¹ 用乌稔树叶的汁浸泡后蒸成的糯米饭。旧时农历三月初三，畲民会到山中采乌稔树叶捣烂取汁，拿来泡糯米，煮成米饭分食。因糯米被树叶汁泡后呈黑色，煮出的饭也呈黑色，故名。

物⁼溜⁼ uəɪʔ²liəu⁴⁴ 将“麦糊用面粉加水做成的糊糊”[mʌʔ²u²²]放入锅中“熇无油或用少量的油煎制”[xoʔ⁴]成的面饼，类似于南昌的“灰面粑”。这是过去团结村畲民经常做的一种食品，现在也只有老年人会做，许多50岁以下的畲民已不知其名称和做法。

物=溜=　武宁县新宁镇团结畲族村 /2018.9.24/ 余颂辉 摄

麻□ mɑ^{21}len^{44} 配芝麻粉蘸食的实心汤圆，无馅。在武宁畲话中，“□”[len^{44}]是打滚儿或擀的意思。制作“麻□”的淀粉不限，多以“□粉高粱粉”[ɕieu^{21}pən^{35}]为主，“麻□”的主要特点是味甜，蘸上“油麻粉芝麻粉”[iəu^{22}mɑ^{21}pən^{35}]之后口感较好，过去是畲民哄小孩子的零食，但吃多后容易“食吓=人腻”[ɕiʔ^{2}xᴀ^{55}ȵin^{22}]，现在已很少见到。

吊酒 tiau^{44}tɕiəu^{35} 用土法蒸馏白酒，是团结村畲民在浙江居住时即熟悉的制酒工艺。“吊酒”前需将“谷稻谷”[kuʔ^{4}]拌以“酒药酒曲”[tɕiəu$^{35-55}$io^{213}]，待发酵完成后，即可上锅加火蒸馏。

酒甑 tɕiəu$^{35-55}$tsen^{44} “吊酒”时蒸馏酒糟用的甑，锡制。又叫“锡甑”[sᴀʔ^{4}tsen^{44}]。使用时需与“锡桶”组合成一套器具。

锡桶 sᴀʔ^{4}t^{h}uŋ^{35} “吊酒”时用的锡制冷却锅，扣在酒甑上。

拗斗 au^{44}tieu$^{35-55}$ “吊酒”时用的舀水木器，容量大致相当于一斗，上有短直柄。使用时用“拗斗”舀水浇到锡桶上，达到促进冷凝的效果。

拗斗　武宁县新宁镇团结畲族村 /2018.9.22/ 余颂辉 摄

酒□ tɕiəu$^{35-55}$te^{44} 酒提，用来舀酒的长柄竹筒。

红曲酒 xuŋ^{22}tɕʰyʔ^{4}tɕiəu^{35} 一种橙红色糯米酒，酿酒时用的酒曲为红曲，故名。红曲酒可以加水做成水酒，但甜糯米酒则不行。

三　房舍建筑

旧时的团结村畲民在房屋建筑方面有自己的一些特色，建筑上的一些词语也与一般的汉族群众不同，如房屋一律叫“寮”[lau^{22}]，与之成系统的，有一系列的“寮”及建筑构件，也有相应的建筑方式。这些特色反映在语言里，形成了一系列的民俗文化词语，它们从各个角度，映射出早年团结村畲民的建筑文化和语言文化。

泥墙寮 nai^{22}tɕioŋ^{22}lau^{22} 夯土屋。畲民在淳安时住的多是“茅棚寮茅屋”[mau^{22}puŋ^{22}lau$^{22-44}$]和“板壁寮木板房”[pan$^{35-55}$piᴀʔ^{4}lau^{22}]，后又有“泥墙寮”；迁来团结村时，选址建房，都是夯土筑墙，住在“泥墙寮”里。夯制泥墙的工序叫“筑泥墙”[tyʔ^{4}nai^{22}tɕʰioŋ^{22}]。

泥墙寮　武宁县新宁镇团结畲族村 /2018.9.22/ 余颂辉 摄

泥砖寮 nai^{22}tɕyon^{44}lau^{22} 用泥砖砌墙建成的房子。“泥砖”[nai^{22}tɕyon^{44}]是挖泥晒制而成的砖，不经砖窑烧制。据介绍，“泥砖寮”是畲民生活稍宽裕一点后才逐渐有的。

砖头寮 tɕyon^{44}tʰieu^{22}lau^{22} 砖瓦房，砌墙所用的砖是烧制的。这种房子的外墙不抹泥灰，畲民住的“砖头寮”是改革开放后才逐渐普及的。

洋灰寮 ioŋ^{22}foi^{44}lau^{22} ①用水泥抹刷外墙的砖混结构楼房。②用混凝土浇筑的框架式住房。“洋灰”[ioŋ^{22}foi^{44}]是水泥的旧称。现在的团结村里90%以上都是“洋灰寮”。

天井寮 tʰan^{44}tsᴀŋ^{35}lau^{22} 带天井的房子。在老一辈畲民的记忆中，“天井寮”是他们以前在浙江见过的好房子，是“下佬汉族人”[xɑ^{21}lɑu$^{35-55}$]大户人家的住所，畲民自己并未住过。

先进 ɕian^{21}tɕin^{44} 有天井的房子中前面一个天井及配套建筑。与之相对应的叫“后进”

[xəu^{21}tɕin^{44}]。

隔⁼楼 kʌʔ^{4}lieu^{22} 阁楼。旧时畲民的“寮”并无楼上、楼下之分，“寮”里仅有可堆放杂物的“隔⁼楼”以供使用。

间 tɕian^{21} 房间。与汉族群众不同，团结村畲民的建筑内部相对独立的房间或者空间都叫“间”；与之相对的，是“厅主屋”[tʰʌŋ^{44}]。在畲民看来，屋内体积相当的五面体空间即可称“间”，一间“间”中用矮墙或矮柜隔开的空间亦可称“间”。

空间 kʰuŋ^{44}tɕian^{21} 没有人睡的房间。

过路间 ku^{44}lu^{21}tɕian^{21} 房间里的过道，与客厅等中间缺一道墙。

洗浴间 sai$^{35-55}$ioʔ^{2}tɕian^{21} 房子内专门用来洗澡的房间。

做寮 tso^{44}lau^{22} 盖房子。也叫“起寮”[ɕi$^{35-55}$lau^{22}]或“盖寮”[koi^{44}lau^{22}]。

䯗 pʰiʌŋ^{44} 用大木头搭成的房屋构件，是一个金字形的大木架，木与木之间用榫卯咬合。也叫“䯗架”[pʰiʌŋ^{44}kɑ^{44}]。䯗，《集韵》滂母平声青韵滂丁切：“肋骨。”“䯗”与屋脊呈垂直方向，建好后可以隔开“厅”和不同的“间”。两间“寮”需竖三个“䯗”，三间“寮”则需竖四个“䯗”。

竖䯗 ɕy^{21}pʰiʌŋ^{44} 畲民以前的建筑方式，先在空地上做好“䯗架”，然后多人用力将其竖起。过去畲民建房采用的都是“竖䯗”的方式，届时家家户户都来帮忙。

荐寮 tɕien^{44}lau^{22} 建筑方法之一。具体做法是，是在“䯗”刚刚竖起未稳时用一根长木斜撑住“䯗”，待“䯗”扶正，另换一根长木斜着撑牢该墙，撤去原先的长木。

垒墙 le^{35}tɕʰioŋ^{22} 砌墙。如果建“砖头寮”或“洋灰寮”，则需“垒墙”。“垒墙”时要用到“成粒砖整砖”[ɕiʌŋ^{22}liəuʔ^{4}tɕyon^{44}]和“半粒砖半块儿的砖”[pɔn^{44}liəuʔ^{4}tɕyon^{44}]，“半粒砖”又叫“半□砖”[pɔn^{44}tɕʰyɵeʔ^{2}tɕyon^{44}]。砌墙时通过“成粒砖”和“半粒砖”的相互配合，才能使墙体上下两层砖的位置错开，砌出的墙才更坚固。

刀口泥 tɑu^{44}kʰəu$^{35-55}$nai^{22} 砌墙时往砖上抹的灰浆。以前多用黄泥，现在多用水泥。

砖刀 tɕyon^{44}tɑu^{44} 瓦刀，垒墙的工具，多用于砍砖和往砖上抹灰浆或水泥。

砖 tɕyon^{44} 砌墙用的原料。过去畲民多是自己制砖的。做砖首先需要“掘泥挖泥”[kuəɪʔ^{2} nai^{22}]，利用“砖盒砖模子”[tɕyon^{44}xɑuʔ^{2}]来“□砖打砖”[fɑʔ^{4}tɕyon^{44}]，做成“泥坯土坯”[nai^{22} pʰoi^{44}]后，或“晒砖”[sai^{44}tɕyon^{44}]，或“烧砖”[ɕieu^{44}tɕyon^{44}]。制作完成，方能用来垒墙。

三六砖 sɔn^{44}lyʔ^{4}tɕyon^{44} 旧式青砖，长六寸，宽三寸，厚度不论。现在多叫“古老砖”[ku$^{35-55}$lɑu$^{35-55}$tɕyon^{44}]。

狗来洞 kɑu$^{35-55}$loi^{22}tuŋ^{21} 墙上的狗洞，方便家里的狗日常进出。“狗王”[kɑu$^{35-55}$uoŋ^{22}]是传说中畲族的祖先，畲民对其有原始崇拜，垒墙时，畲民都会在门旁的墙上预先留下“狗来洞”。

狗来洞　武宁县新宁镇团结畲族村 /2018.9.24/ 余颂辉 摄

竖树不 ɕy²¹ɕy²¹tən³⁵ 立柱子。一般来说，旧式的“寮”有梁有柱，才能长久居住。柱子叫作“树不”[ɕy²¹tən³⁵]，把柱子立起来就叫作“竖树不”[ɕy²¹ɕy²¹tən³⁵]。“树不”分为“正不房屋中间的柱子”[tɕiʌŋ⁴⁴tən³⁵]和“偏不除‘正不’外的柱子”[pʰien⁴⁴tən³⁵]，下面必须垫“磉基柱石”[soŋ³⁵⁻⁵⁵tɕi⁴⁴⁻²¹]，也叫“磉鼓”[soŋ³⁵⁻⁵⁵ku³⁵]。

梁 lioŋ²² 屋内架在柱子上面的长木，与屋脊呈垂直方向。不同位置的梁被冠以不同名称，如“栋梁主梁”[tuŋ⁴⁴lioŋ²²]、“上梁”[ɕioŋ²¹lioŋ²²]、“下梁”[xɑ²¹lioŋ²²]、“偏梁”[pʰien⁴⁴lioŋ²²]等。“树不”竖起来后，才可“上梁安梁”[ɕioŋ⁴⁴lioŋ²²]。

梁峰千⁼ lioŋ²²fuŋ⁴⁴tɕʰian⁴⁴ 主梁下方的梁。

铁尺梁 tʰaʔ⁴tɕʰiʌʔ⁴lioŋ²² 穿过柱子的梁。

几⁼人⁼销 tɕi⁵⁵ȵin²²ɕieu⁴⁴ 从柱子的侧面打入以固定两根“铁尺梁”的销子。

雨伞销 y³⁵⁻⁵⁵sən⁴⁴ɕieu⁴⁴ 柱子上固定两根“铁尺梁”的销子，形似雨伞，从上方打入。

榫头 sən³⁵⁻⁵⁵tʰieu²² 榫卯结构的榫。相对应的卯眼叫“榫头洞”[sən³⁵⁻⁵⁵tʰieu²²tuŋ²¹]。梁和柱都需通过榫、卯咬合，其中榫有“方榫方头榫”[foŋ⁴⁴sən³⁵]、“囵榫圆头榫”[lən²²sən³⁵]、“雌雄榫榫卯之间可以互相咬合的榫头”[tsʰɿ⁴⁴iuŋ²²sən³⁵]之分，尤以“雌雄榫”咬合最紧。

桁基 xʌŋ²²tɕi⁴⁴ 架檩条用的扁方形木头。“桁基”安装好后，在上面再架“桁条檩”[xʌŋ²²tiau²²]，然后架设“寮桷崽椽子”[lau²²koʔ⁴tsoi³⁵]。此后，即可盖上瓦片。

糊墙 u²²tɕʰioŋ²² ①用灰浆抹墙。②用白纸等裱墙。“垒墙”和“竖树不”等工序结束后，形成的毛坯房叫作“寮壳”[lau²²xoʔ⁴]，此时尚未安装门窗，还需要进行内外部的装饰装修。除“墙板板壁房的墙”[tɕʰioŋ²²pan³⁵]需要用白纸裱糊外，其他的墙都需抹上灰浆。

秆筋 kən³⁵⁻⁵⁵tɕyn⁴⁴ 旧时“糊墙”用的碎稻草秆。具体用法是将稻草秆切碎，“拌浆拌泥灰”[pən²¹tɕioŋ⁴⁴]时掺入，然后用“泥刮抹刀”[nai²²kuɑʔ⁴]抹在墙上。

漂墙p^{h}ieu^{35}tɕ^{h}ioŋ^{22} ①用熟石灰刷墙。②往墙面抹灰泥。

竖门ɕy^{21}mən^{22}安装门。做好的“寮壳”，除需糊墙外，还需有门窗才能入住。包括院子的门在内，团结村畲民家里的门有许多种类，各有不同的实用价值。如“大门”[t^{h}ɔi^{21}mən^{22}]、“后门”[xəu^{21}mən^{22}]、“横门从房子侧面开的门”[foŋ^{22}mən^{22}]等；一般来说，除大门为“双扇门”[suŋ^{44}ɕien^{44}mən^{22}]外，其他多为“单扇门”[tən^{44}ɕien^{44}mən^{22}]；此外，旧时店铺的门，为多块“门板”[mən^{22}pan^{35}]依序拼合而成。

矮门ai$^{35-55}$mən^{22}门框外侧加装的半截儿的门，比门槛高，防止小孩子或动物进出。

车门tɕ^{h}ia^{44}mən^{22}为改变房屋风水而新建院子所开的门。

门钮mən^{22}ȵiəu^{21}钉锦儿和屈戌儿的统称。

门销mən^{22}ɕieu^{44}门闩。分为“暗销”[ɔn^{44}ɕieu^{44}]和“插销”[ts^{h}aʔ^{4}ɕieu^{44}]两种。

门架mən^{22}kɑ^{44}门框。所有的门都必须装在“门架”内。

门顶mən^{22}tiŋ^{35} ①门框内侧上方的套住门扇上方转轴的门臼。②新式房屋的门楣。

门戈mən^{22}koi^{21}托住门扇下方转轴的门臼。

窗门tɕ^{h}ioŋ^{44}mən^{22}窗子。完整的老式窗子由“窗门脚窗台”[tɕ^{h}ioŋ^{44}mən^{22}tɕioʔ^{4}]、“窗门顶窗台正上方的部分”[tɕ^{h}ioŋ^{44}mən^{22}tiŋ^{35}]、“窗门扃横的窗格”[tɕ^{h}ioŋ^{44}mən^{22}kʌŋ^{44}]和“窗门栅竖的窗格”[tɕ^{h}ioŋ^{44}mən^{22}sʌʔ^{4}]等部件组成。

窗门　武宁县新宁镇团结畲族村 /2018.9.22/ 余颂辉 摄

走马楼tsɑu$^{35-55}$mɑ^{44}lieu^{22}阳台。也叫“走廊”[tsɑu$^{35-55}$loŋ^{22}]。团结村畲民的寮过去都是平房，改革开放以后逐渐出现了楼房，因此，才有了阳台。从“走马楼”的语义范围来看，这个说法和闽语相同。

楼梯lieu^{22}t^{h}oi^{44}固定的楼梯。这种构件与过去畲民家里常备的竹木“楼进$^{=}$可搬动的梯子”[lieu^{22}tɕin^{44}]不同，有“踏步台阶，楼梯的‘级’”[t^{h}ɑuʔ^{4}p^{h}u^{21}]和“栏杆楼梯上的扶手”[lɔn^{22}kɔn^{44}]。安装好“楼梯”之后，需在楼上“摊楼坪安装楼面”[t^{h}ɔn^{44}lieu^{22}p^{h}iʌŋ^{22}]，然后才可入住。

楼梯　武宁县新宁镇团结畲族村 /2018.9.22/ 余颂辉 摄

柴寮 ts^{h}ai^{22}lau^{22} ①柴房。②杂物间。

鸡□ tɕiai^{44}tɕi^{44} 搭建好的鸡舍，有顶，内部是独立空间。与之相对应，里面铺了稻草供鸡生蛋的鸡窝叫“鸡兜$^{=}$”[tɕiai^{44}tieu^{44}]。

猪栏 tɕy^{44}lɔn^{22} 猪圈。“猪栏”和“牛栏牛圈”[ŋɑu^{22}lɔn^{22}]一般是用泥砖垒墙的低矮房子，用于关猪、牛。猪牛栏的圈肥称为“栏粪”[lɔn^{22}pən^{44}]，是非常好的农家肥，“出栏粪出圈肥”[tɕ^{h}yɪʔ^{4}lɔn^{22}pən^{44}]是过去畲民日常劳动的必备工作。

猪栏　武宁县新宁镇团结畲族村 /2018.9.22/ 余颂辉 摄

四　农业生产

畲 ɕia^{44} 旱地的泛称。如今的团结村畲民因土地已被征收，无法再栽种水稻，只能在路边或者山里开辟出一些旱地来“种菜”[tɕiuŋ^{44}tsʰoi^{44}]或“种□乇种旱地作物”[tɕiuŋ^{44}tsau^{44}nɑʔ^{4}]。

作畲 tsoʔ^{4}ɕia^{44} ①开垦旱地。②在旱地里种植作物。“作畲”的程序主要有“掘畲挖地，锄地”[kuəɪʔ^{2}ɕia^{44}]、“耙畲在旱地中整地”[pʰɑ^{22}ɕia^{44}]、“开沟挖排水沟”[kʰoi^{44}kau^{44}]、“作畲厢⁼作畦”[tsoʔ^{4}ɕia^{44}ɕioŋ^{44}]等；“耙畲”的目的是将土“耙平”[pʰɑ^{22}pʰiᴀŋ^{22}]，只有平整和土质细碎的“畲”才能栽种作物。

盖种 koi^{44}tɕiuŋ^{35} 用土盖住种子。也叫“盖泥”[koi^{44}nai^{22}]、“遮泥”[tɕia^{44}nai^{22}]。

□草 loʔ^{4}tsʰɑu^{35} 锄草兼松土。

培土 poi^{21}tʰu^{35} 在植物根部壅土。

畲厢⁼ ɕia^{44}ɕioŋ^{44} 旱地上开好的菜畦。一片畦叫做“一厢⁼畲”[iɪʔ^{4}ɕioŋ^{44}ɕia^{44}]。

并畲厢⁼ piŋ$^{35-55}$ɕia^{44}ɕioŋ^{44} 收获了几季以后，将已有的两片畦合成一片面积更大的畦，便于下一季的种植。

并畲厢⁼　武宁县新宁镇团结畲族村 /2018.9.24/ 余颂辉 摄

棚 pᴀŋ^{22} 为攀缘植物生长搭的架子。在旱地上种植的作物，有些属于攀缘类植物。畲民常种的“豆豆类植物的统称”[tʰieu^{35}]、“金瓜南瓜”[tɕin$^{44-55}$kɑ^{44}]、“黄瓜”[uoŋ^{22}kɑ^{44}]、“苦瓜”[fu$^{35-55}$kɑ^{44}]、“□葫芦，瓠子”[pʰiəu^{21}]、“年⁼□丝瓜”[nan^{22}tɕi^{21}]等作物在成长期会“连⁼藤爬枝”[lien^{22}tʰen^{22}]，需要搭“棚”助其生长。“棚”较为简易，用几根粗篾或细竹竿在房前屋后或者路边便可搭成。这些植物顺势“连⁼蔓延”[lien^{22}]开，“□盘绕”[tɕʰyon^{21}]在棚上，适时施肥，即可按时收获。

棚　武宁县新宁镇团结畲族村 /2018.9.24/ 余颂辉 摄

锄头 tɕʰy^{22}tʰieu^{22} 松土和除草的农具。团结村畲民的锄头形制各异，大体上可分为“山锄大锄头”[san^{44}tɕʰy^{22}]、“两齿耙两齿锄头”[ioŋ$^{35-55}$tɕʰi$^{35-55}$pʰɑ^{22}]、“阔板板锄”[fɵeʔ^{4}pan^{35}]、“锄头崽小锄头，摘菜时用”[tɕʰy^{22}tʰieu^{22}tsoi^{35}]等。每把锄头上面都有“锄头□锄眼，装锄柄时用”[tɕʰy^{22}tʰieu^{22}uŋ^{44}]。一把铁制的锄头打好之后，需“鬬安装，拼合”[tieu^{44}]上木制的“锄头柄锄头把儿”[tɕʰy^{22}tʰieu^{22}piʌŋ^{44}]后方能使用。锄头用久了，还要通过“钢锄头”[koŋ^{44}tɕʰy^{22}tʰieu^{22}]的方式，给锄头加钢，以延长其使用寿命。

泼肥 pʰoaʔ^{4}fəi^{22} 浇肥。过去团结村畲民给作物施肥有“泼肥”和“淋肥料给作物挨个儿浇肥”[lin^{22}fəi^{22}lieu^{21}]两种，“泼肥”多用于“作田种田”[tsoʔ^{4}tʰan^{22}]，“淋肥料”可细分为“淋屎浇粪”[lin^{22}ɕi^{35}]和“淋尿”[lin^{22}nau^{21}]。屎需从“屎□粪池”[ɕi$^{35-55}$pʰɑ^{21}]中用“屎尿戈粪勺”[ɕi$^{35-55}$nau^{21}koi^{21}]捞入“尿桶粪桶”[nau^{21}tʰuŋ^{35}]，担到“畲”中或泼或淋；尿则是日常放在尿桶中，积累到一定程度即可担去泼淋。

□石灰 iai^{21}ɕiʌʔ^{2}foi^{44} 撒石灰，旧时的灭虫方式。石灰是农药普及之前常用的杀虫剂，后来社会发展，不仅有条件“打农药”[tʌŋ$^{35-55}$nuŋ^{22}ioʔ^{2}]，而且还能配置“照蛾灯”[tɕieu^{44}ŋo^{22}ten^{44}]灭虫。

犁田 lai^{22}tʰan^{22} 用犁耕田。拖拉机普及前，团结村畲民使用的是最原始的耕作方式，通过“使牛驱牛（耕田）”[soi$^{35-55}$ŋɑu^{22}]来耕田。

犁 lai^{22} ①翻土用的农具。②用犁耕地：～田。畲民的犁与武宁本地“老表”的犁形制大体相同，但许多配件的叫法不同：不论是犁的木头架子还是装上犁头以后的整体都叫

“犁”[lai^{22}]；细致说来，犁可以分为“犁头”[lai^{22}t^{h}ieu^{22}]、“犁壁犁镜”[lai^{22}piʌʔ^{4}]、“犁脚安放犁头的木头”[lai^{22}tɕioʔ^{4}]、“犁担犁弓”[lai^{22}tɔn^{44}]、“犁尾丢=犁把”[lai^{22}məi^{44}tiəu^{44}]（也叫“犁尾”[lai^{22}məi^{44}]）、“犁手犁把下人提犁用的把手”[lai^{22}ɕiəu^{35}]、“犁千斤犁前端的竖木”[lai^{22}tɕ^{h}ian^{44}tɕyn^{44}]、“犁横档用于套绳索的横木”[lai^{22}uoŋ^{22}toŋ^{44}]、“犁钩犁横档上的钩子”[lai^{22}kɑu^{21}]、“犁钮犁上固定绳索的部件，耳鼻形”[lai^{22}ȵiəu^{21}]等。

牛铁索ŋɑu^{22}t^{h}aʔ^{4}soʔ^{4}耕田时用来连接牛和犁的铁链，多为浙江移民所用。本地“老表”用“田索连接牛和犁的粗绳”[t^{h}an^{22}soʔ^{4}]连接犁和耕牛。

耙p^{h}ɑ^{22}①平田碎土农具，形体较大，一般要用牛驱使。②用耙整地：～田。③耙子，用来扒开或聚拢柴草、沙土等的农具，单人可以手持使用。④用耙子扒开或聚拢柴草、谷物、沙土等：～谷。两类工具和动作，武宁畲话都读同“爬”；而团结村内的严州徽语和本地赣语则将平田碎土农具读同“稗”，扒开或聚拢柴草、沙土等的农具读同“爬”。

水车ɕy$^{35-55}$tɕ^{h}ia^{44}将水从低处引到高处的传统农业器械。水车是团结村畲民以前经常使用的农具，用水车“车水用水车提水灌溉”[tɕ^{h}ia^{44}ɕy^{35}]，体现了先民的智慧。抽水机兴起后，水车已经废弃；团结村畲民失地后，以前闲置的水车更是难寻踪迹。传统的水车主要是用脚来驱动的，此外畲民还用过以手驱动的水车，叫作“手摇水车”[ɕiəu$^{35-55}$ieu^{22}ɕy$^{35-55}$tɕ^{h}ia^{44}]。

车脚tɕ^{h}ia^{44}tɕioʔ^{4}水车支架。

车筒tɕ^{h}ia^{44}t^{h}uŋ$^{22-35}$水车中传输系统总称。

车叶tɕ^{h}ia^{44}ieuʔ^{2}水车叶，传输系统中可汲水的木板。系用樟木制成，因樟木纹路横竖分布合理，不易破裂。

车龙骨tɕ^{h}ia^{44}liuŋ^{22}kuəɪʔ^{4}水车叶连接系统。

车笼头tɕ^{h}ia^{44}luŋ^{22}t^{h}ieu^{22}水车上的大转盘。

车水□tɕ^{h}ia^{44}ɕy$^{35-55}$kɑu^{55}水车上的小转盘。

踏脚鼓t^{h}ɑuʔ^{2}tɕioʔ^{4}ku^{35}水车脚踩驱动的部分。

风扇fuŋ^{44}ɕien^{44}风车，利用风力扬除秕草等的木制农业机械。一架风车有很多部件，如“风扇手风车把手”[fuŋ^{44}ɕien^{44}ɕiəu^{35}]、“风扇叶风车叶”[fuŋ^{44}ɕien^{44}ieuʔ^{2}]、“风扇斗风车斗”[fuŋ^{44}ɕien^{44}tieu^{35}]等，不同的部位也有不同的叫法。

风扇梁fuŋ^{44}ɕien^{44}lioŋ^{22}风车支架，包括支架和隔板等。

风扇鼓fuŋ^{44}ɕien^{44}ku^{35}风车上包络风车叶的部件，圆鼓形。

风扇舌fuŋ^{44}ɕien^{44}ɕieʔ^{2}风车上出米的地方。

风扇尾fuŋ^{44}ɕien^{44}məi^{44}风车上出糠的地方。

□米tɕia^{44}mai^{35}用机器加工大米。

刀□tɑu^{44}k^{h}en^{44}挂在腰间的刀架。农村的生产生活离不开刀，畲民家中至今保留着“铡刀”[tsʰaʔ^{2}tɑu^{44}]、“镰刀无齿，一般农事之用”[lien^{22}tɑu^{44}]、“禾镰有齿，割稻用”[o^{22}lien$^{22-35}$]、“草刀前端较弯，割草或钩柴草”[tsʰɑu$^{35-55}$tɑu^{44}]、“柴刀”[tsʰai^{22}tɑu^{44}]、“刀拜$^{=}$菜刀”[tɑu^{44}pai^{44}]等各类刀具。畲民外出劳作时，少不了将“刀□”系在腰间，插入所需刀具，方便行动。这一工具目前仍在使用。

刀□ tɑu^{44}ken^{44}　武宁县新宁镇团结畲族村 /2018.9.23/ 余颂辉 摄

作田 tsoʔ^{4}tʰan^{22} 种田。团结村畲民过去以种植水稻为主要生活来源，水稻分“早禾早稻”[tsɑu$^{35-55}$o^{22}]、“中禾中稻”[tɕiuŋ^{44}o^{22}]、“晏禾晚稻”[ɔn^{44}o^{22}]。种一季水稻需经过许多阶段。

圆秆 yon^{22}kɔn^{35} 水稻秆开始长得粗壮。

大肚 tʰɔi^{21}tu^{35} 禾苗籽实处开始饱满。武宁本地赣语叫“打苞”。

出头 tɕʰyɪʔ^{4}tʰieu^{22} 水稻从叶鞘中长出稻穗。

扬花 ioŋ^{22}xuɑ^{44} 禾花盛开，花粉飞散。

槙谷 tien^{21}kuʔ^{4} 饱满的谷子。“禾□稻穗”[o^{22}nieu^{35}]是否饱满，是判断作物收成好坏的标准，也决定了以后的经济状况。团结村畲民按谷物的饱满程度，将稻谷分为“槙谷”[tien^{21}kuʔ^{4}]、“半□子不饱满的籽粒”[pɔn^{44}in^{22}tsɿ$^{35-55}$]和“谷穲空的籽粒”[kuʔ^{4}ien^{44}]（也叫“□谷穲”[pʰoŋ^{44}kuʔ^{4}ien^{44}]），其中槙谷越多，收成越好。

谷箉 kuʔ^{4}tʰɔi^{44} 谷筛。依照筛眼的大小，筛子可依次分为“谷箉粗眼筛”[kuʔ^{4}tʰɔi^{44}]、“米箉细眼筛”[mai$^{35-55}$tʰɔi^{44}]和“箩糠糠筛”[lo^{22}xoŋ^{44}]三种。这三种筛子，具体作用不一。

箩糠、米筛、谷筛　武宁县新宁镇团结畲族村 /2016.7.25/ 黄术英 摄

簸箕 pɔi^{44}tɕy^{44} 用来簸米和养蚕的竹制工具，圆形，形状像筛子，上面无眼。

杆扫 kɔn$^{35-55}$sɑu^{44} 扫帚的总称。依照制作原料，可分为“竹杆扫竹枝扫帚”[tɕyʔ^{4}kɔn$^{35-55}$sɑu^{44}]、“芒杆扫芦苇扫帚”[muŋ^{22}kɔn$^{35-55}$sɑu^{44}]和“□扫高粱穗笤帚”[ɕieu^{21}sɑu^{44}]等。此外，团结村畲民把彗星叫作“杆扫星”[kɔn$^{35-55}$sɑu^{44}sʌŋ^{21}]。

五　岁时婚丧

火笼 fu$^{35-55}$luŋ$^{21-213}$ 手炉①。火笼是旧时团结村畲民冬天取暖用的必备器具，畲民自称“山客”，依山而居，冬季较冷，火笼在手，能够助人度过严冬。火笼的外面是篾打的提篮，里面是陶盆，也有整体用铜做的火笼；内置烧着的“炭木炭”或“炭碎炭屑”[tʰɔn^{44}səi^{44}]。随着社会的发展，火笼已经淡出畲民的生活。

火笼　武宁县新宁镇团结畲族村 /2016.7.25/ 黄术英 摄

① “笼”是中古次浊平声字，在“灯笼”“蒸笼”中读阳平[22]调，但在表笼子义时读[21]调，如“猪笼”“鸡笼”等。此处虽然只读小称变音[213]调，但仍可以判断本来是读[21]调的。

白炭 pʰᴀʔ^{2}tʰɔn^{44} 粗木炭，系在炭窑内烧制而成。

柴炭 tsʰai^{22}tʰɔn^{44} 细木炭，系将灶中未烧尽的柴放置而成。

媒人 moi^{22}ȵin^{22} 给新人做媒的夫妻俩。团结村畲民娶亲，做媒的规矩与武宁本地“老表”不同，讲究“做媒嘅也有两婆做媒的也是两夫妻”[tso^{44}moi^{22}ke^{44}ia^{21}xo^{44}ioŋ$^{35-55}$pʰo^{22}]。男性媒人叫“媒公”[moi^{22}kuŋ^{44}]，女性媒人叫“媒婆”[moi^{22}pʰo^{22}]。做媒主要的工作是其中一方在做，配偶多充当陪衬的角色。

睇人家 tʰai$^{35-55}$ȵin^{22}kɑ^{44} 相亲，含婚前暗中查探对方的家境人品等行为。

讲定 koŋ$^{35-55}$tʰᴀŋ^{21} ①男方决定或准备和女方结亲后上门提亲。②日常生活中约定某些事情。

送日子 suŋ^{44}ȵiɪʔ^{4}tɕi^{21} 在婚期前几个月，男方专门去女方家里，告诉女方准备结婚的大致时间和场地。双方达成一致意见后，再“拣日子挑选吉日”[kan$^{35-55}$ȵiɪʔ^{4}tɕi^{21}]，定下婚期。

日子书 ȵiɪʔ^{4}tɕi^{21}ɕy^{44} “拣日子”时男方送到女方家的一种旧式婚书，上面不仅有婚期，有的还会写上婚礼上耗费物资的明细。一共有两张，一张男方留底，一张送至女方家中；写好后要两张平铺对齐，在骑缝处写“礼单汇总”或“百年好合”的繁体字。

礼单 li$^{35-55}$tɔn^{44} 定亲时男方送至女方家的聘礼详单，多和“日子书”一并送达。

光 koŋ^{44} “日子书”或礼单上的食物材料清单。与此相对应，“日子书”或礼单上的生活用品清单叫“禄”[luʔ^{2}]，因此就有“先光后禄”[ɕian^{21}koŋ^{44}xəu^{21}luʔ^{2}]和“先禄后光”[ɕian^{21}luʔ^{2}xəu^{21}koŋ^{44}]两种形制。

开额 kʰoi^{44}ŋᴀʔ^{4} 女子出嫁时梳妆打扮。这是人生大事，一般新娘事先要请人替她“挽火⁼毛用棉线等绞去脸上的细绒毛”[mɔn$^{35-55}$fu$^{35-55}$mɑu^{44}]，然后梳头。

利市妈妈 li^{21}sɿ^{21}mɑ^{55}mɑ^{55} 在婚礼上负责给新娘梳妆、布置新房、招待到闺房和新房的客人等事务的妇女。此人必须是已婚的，男女双方各请一个。“利市妈妈”又称“利市婆”[li^{21}sɿ^{21}pʰo^{22}]，故其丈夫被称为“利市公”[li^{21}sɿ^{21}kuŋ^{44}]。“利市公”在婚礼上没有太多任务，但必须出席，以预示新人婚姻的圆满。

开额包 kʰoi^{44}ŋᴀʔ^{4}pau^{44} “开额”结束后男方给“利市妈妈”的红包，里面包有若干钱款。也叫“利市包”[li^{21}sɿ^{21}pau^{44}]。

赤箩 tɕʰiᴀʔ^{4}lo^{21} ①接亲前一日男方家装聘礼去女方家的箩担。这种箩担所用竹箩比平时担谷的箩略小，称为“箩崽”[lo^{21}tsoi^{55}]，“箩崽”和“东⁼杆扁担”[tuŋ^{44}kɔn^{44}]都被涂成红色，故名。②将“赤箩”挑到女方家的两个人。

赤箩捋鸡 tɕʰiᴀʔ^{4}lo^{21}loaʔ^{4}tɕiai^{44} 接亲前一天送聘礼的程序。一般来说，接亲前一日要由媒人、“赤箩”、亲家四人前往女方家里送聘礼。男方的聘礼等送至女方家，女方会要求“赤箩”现场杀鸡，鸡血需滴入碗中，不能洒出，否则，洒出一滴罚酒一杯。次日男方来接亲，女方从男方送来的肉中剁一个猪脚让新郎带回作为“回礼”[foi^{22}li^{35}]。

舅公鞋 tɕʰiəu^{21}kuŋ^{44}xai^{22} 接亲时男方给抱新娘上轿的娘家舅舅准备的新鞋。畲族妇女一生只有出嫁时才能坐轿，一般须由亲舅舅将新娘从房里抱上花轿。男方需为这位“舅公”准备一双新鞋，连同“纸包红包”[tɕi$^{35-55}$pau^{44}]一并交给对方。

接亲家舅 tsauʔ^{4}tɕʰiŋ^{44}kɑ^{44}tɕʰiəu$^{21-213}$ 接亲时媒人迎接送亲的新娘兄弟。新娘出嫁，女方家指派新娘的一个兄弟送嫁，此人被称为“亲家舅”[tɕʰiŋ^{44}kɑ^{44}tɕʰiəu$^{21-213}$]。迎亲时，男方要派媒人来接“亲家舅”，一般要接三回，都是在新娘离开闺房之后：第一回是媒人到闺房门口接“亲家舅”，第二回是在厅中接，第三回是新娘已经上轿到大门口接。

烧香经 ɕieu^{44}ɕioŋ^{44}tɕiŋ^{44} 为亡人念诵的一种经文。内容较长，开头是“今日烧香在眼前，三世爷娘去西天”[tɕin^{44}ȵin^{44}ɕieu^{44}ɕioŋ^{44}tsɔi^{21}ȵian$^{35-55}$tsʰan^{22}, sɔn^{44}se^{44}ia^{22}ȵioŋ^{22}ɕy^{44}sai^{44}tʰan^{44}]。一般由道士在丧礼上唱诵，一人持铃，一人敲鼓，边唱边做动作。成年的团结村畲民基本都会唱“烧香经”。

謦□ tɕieu^{44}ȵia^{55} 哭丧。“□”[ȵia^{55}]指母亲。畲民去世以后，在出殡前，亲朋好友会坐在一起通宵守灵，并一起哭丧。“謦□”并不限于哭诉亡母的功德事迹，所有逝者皆可成为“謦□”的对象。

謦□歌 tɕieu^{44}ȵia^{55}ko$^{21-213}$ 畲民世代口头传承的丧歌，内容多是哭诉亡人生前的种种好处，曲调婉转动人。

落材 loʔ^{2}tsʰoi^{22} 入殓。亡人入殓时，棺材内须将石灰包放在棺内，叫作“打石灰包”[tʌŋ$^{35-55}$ɕiʌʔ^{2}foi^{44}pau^{44}]，用瓦和石灰包“㬶塞”[sauʔ^{4}]入遗体侧面与棺材间的空隙，棺内还需摆放“金丝”[tɕin^{44}ɕi^{44}]、“桃树鞭”[tʰo^{35}ɕy^{21}pien^{44}]和以灶灰做馅的粽子等物品，然后“封□封上灵柩”[fuŋ^{44}kʰau^{21}]，用棺材钉钉好即成。

金丝 tɕin^{44}ɕi^{44} 治丧期间孝崽、孝孙戴在脖子上的苎麻线，封灵柩前取下与遗体平行放在侧面，意为供亡人缚阴间的蛇虫鼠蚁。

桃树鞭 tʰo^{35}ɕy^{21}pien^{44} 封灵柩前放在遗体旁边的桃树枝，意为供亡人在阴间赶鬼。

反手绳 fɔn^{35}ɕiəu$^{35-55}$ɕiŋ^{21} 孝子等捆在腰间的稻草绳，因其搓制的方向与平时用的稻草绳相反而得名。

枕头把 tɕin$^{35-55}$tʰieu^{22}pɑ^{35} 未出殡前垫在棺材下面的稻草捆。出殡时由亡人的儿媳担上枕头把、“纸炉化纸盆”[tɕi$^{35-55}$lu^{22}]和碗走在送葬队伍最前面。

八仙[paʔ^{4}ɕian^{44}]丧事期间给逝者装殓、出殡时负责抬棺的八个人。出殡途中实际上只有四个人抬棺，其余四个人轮换替补。也读[paʔ^{4}ɕien^{44}]。

地墓契 ti^{21}mu^{35}tsʰe^{44} 阴阳先生撰写的阴宅地契。安葬时由阴阳先生诵读，诵毕即焚。

完坟 yon^{22}pʰən^{22} 新坟落成后，家人送饭菜等到坟前祭奠。

撞七 tɕioŋ^{21}tɕʰiɪʔ^{4} 人去世后的四十九天内，若没有一个“七日”与农历每月的七日、十七日或二十七日相合，则要请一位威信高、胆子大的人从坟山上闯下，主动与上山祭奠的孝子孙身体相撞，并进行问答，以求解秽。

12

第五章 分类词表

说明：

1. 本章收录武宁畲话的词汇，包括词语和部分固定短语。词条的立项以语音和语义为准，有些词的汉字写法一致，但读音不同，词义也有差别，则视作不同的词。

2. 第一节收录《中国语言资源调查手册·汉语方言》中的词汇条目，词条次第以《手册》为准，据武宁畲话的实际情况有所删减。共14类，1197条（不含同义词），均附视频。《手册》中所列条目表现在武宁畲话中，有部分条目的语言形式是相同的，考虑到原始录音的次第，本节不做删改。

3. 第二节收词以《汉语方言词语调查条目表》（《方言》2003年第1期）为基础，根据武宁畲话的实际情况有所增删。增补的词条按意义附在各大类或各次类之下，如与词表中某些词条意义有紧密联系的，则放在该词条之后，第一节已列的方言词或义项一般不再出现。共29类，不附视频。

4. 每个词条先写汉字，次标读音，最后释义。不同义项加“①②③”等表示，并用“。”隔开。

5. 一般实物性的名词只记录汉字、注音；有特色的名词、抽象名词、形容词、动词以及一些语法性的词语，不仅给出注释，必要时加上例句。在例句中，该词条用“～”号代替，不同用例之间用“|”分隔。字的右上角加“=”号的表示写的是同音字。“□”表示语源暂时不明的语素，这样的语素出现在词头中时随词条注音，出现在释例中则在“□”后加注音标。

6. 同义词或近义词排在一起，一般按使用频率呈降序排列。第一条顶格排列，其他各条缩一格另行排列。

7. 一个词条的内容超过一行时，回行缩二格排列。

8. 第四章已收的词语，前加“*”，只写词条和音标，不做说明或解释。

9. 合音字用“[ ]”表示，所合音的字括于中括号内。

第一节

《中国语言资源调查手册·汉语方言》

一　天文地理	六　服饰饮食	十一　动作行为
二　时间方位	七　身体医疗	十二　性质状态
三　植物	八　婚丧信仰	十三　数量
四　动物	九　人品称谓	十四　代副介连词
五　房舍器具	十　农工商文	

一　天文地理

热头 ȵieʔ^{2}tʰieu^{44} 太阳

月 ȵyɵeʔ^{2} 月亮

星 sᴀŋ^{21} 星星

云 uən^{22}

风 piuŋ^{44}

台风 toi^{22}piuŋ^{44}

寮⁼公影影 lau^{22}kuŋ^{44}iᴀŋ^{55}iᴀŋ^{35} 动词，闪电

寮⁼公 lau^{22}kuŋ^{44} 雷

水 ɕy^{35} 雨

*落水 loʔ^{2}ɕy^{35}

打 tᴀŋ^{35} 淋：衫裤分水～湿了衣服被雨淋湿了

　淋 lin^{22}

晒 sai^{44} ①晾晒。②太阳烈：客边好～外面好晒。

　③（天）旱

雪 soaʔ^{4}

冰 pin^{44}

龙□ liuŋ^{22}pʰɵeʔ^{2} 冰雹

霜 soŋ^{44}

麻⁼露 mɑ^{21}lu^{44} 雾

露水 lu^{44}ɕy^{35}

蛟龙 kau^{44}liuŋ^{22} 虹

　鲎 xəu^{44}

天狗食热头 tʰan^{44}kɑu^{35}ɕiʔ^{2}ȵieʔ^{2}tʰieu^{44} 日食

天狗食月 tʰan^{44}kɑu^{35}ɕiʔ^{2}ȵyɵeʔ^{2} 月食

天气 tʰan^{44}tɕʰi^{44}

晴 tsʰᴀŋ^{22}

阴 in^{44} ①无阳光的天气。②背阴

晒 sai^{44} 旱：天～

涨大水 tɕiʌŋ^{55}tʰɔi^{21}ɕy^{35} 涝

天□ tʰan^{44}xau^{21} 天亮

水田 ɕy^{55}tʰan^{22}

畲地 ɕia^{44}tʰi^{21} 旱地

田唇 tʰan^{22}ɕyn^{22} 田埂

路 lu^{21}

山 san^{44}

山坳 san^{44}au^{44} 山谷

*坑 xʌŋ^{44}

坑崽 xʌŋ^{44}tsoi^{55} 溪

水沟 ɕy^{55}kau^{44}

湖 fu^{22}

塘 tʰoŋ^{22}

凼 toŋ^{35} 水坑儿

大水 tʰɔi^{21}ɕy^{35} 洪水

頞 uəɪʔ^{4} 淹：田～啊田被水淹了｜人～死啊人淹死了

坑岸 xʌŋ^{44}ŋɔn^{44} 河岸

坝 pɑ^{44}

地震 ti^{21}tsen^{55}

洞 tuŋ^{21} 窟窿

缝 fuŋ^{21}

石牯 ɕiʌʔ^{2}ku^{35} 石头

泥 nai^{22} ①土。②动词，用泥垒砌：～作⁼头垒灶

湿泥 ɕiəuʔ^{4}nai^{22} 泥

*洋灰 ioŋ^{22}foi^{44}

沙 sɑ^{21}

*砖 tɕyon^{44}

瓦 ŋɑ^{35}

煤 moi^{22}

洋油 ioŋ^{22}iəu^{22} 煤油

炭 tʰɔn^{44} 木炭

灰 foi^{44}

粉 pən^{35} 灰尘

火 fu^{35} ①明火。②灯火

烟 an^{44} ①烟雾。②空气中粉尘漫布：泥粉～□ɕin^{55} 来灰尘扬起来

着火 tɕʰioʔ^{2}fu^{35} 失火

水 ɕy^{35}

冷水 lʌŋ^{44}ɕy^{35}

热水 ȵieʔ^{2}ɕy^{35}

沸水 pəi^{44}ɕy^{35} 开水

吸铁 ɕiɪʔ^{4}tʰaʔ^{4} 磁铁

二　时间方位

时候 sɿ^{22}xəu^{21} 具体的时间点或时间段，也说"时紧⁼"[sɿ^{22}tɕin^{55}]

是⁼乇时候 ɕi^{44}nɑʔ^{4}sɿ^{22}xəu^{21} 什么时候

箇下 kɔi^{21}xɑ^{35} 现在

　箇阵 kɔi^{21}tɕin^{35}

以先 i^{55}ɕian^{21} 以前

以后 i^{55}xəu^{21}

一生世 iɪʔ^{4}sʌŋ^{44}se^{44} 一辈子

今年 tɕin^{44}nan^{22}

明年 mən^{22}nan^{22}

下年 xɑ^{21}nan^{22} 后年

*喜⁼年 ɕi^{55}nan^{22}

前年 tsʰan^{22}nan^{44}

□年 mɑ^{55}nan^{22} ①往年，往日。②古时候

年头 nan^{22}tʰieu^{22} 年初

年尾 nan^{22}mi^{44} 年底

　年底 nan^{22}tai^{55}

今晡□ tɕin^{44}pu^{44}ȵin^{44} 今天，也说"今晡"

[tɕin^{44}pu^{44}]、“今晡日”[tɕin^{44}pu^{44}ȵiɪʔ^{4}]、“今日”[tɕin^{44}ȵiɪʔ^{4}]

天⁼头 t^{h}an^{35}t^{h}ieu^{22} 明天，也说“天⁼头日”[t^{h}an^{35}t^{h}ieu^{22}ȵiɪʔ^{4}]、“天⁼日”[t^{h}an^{35}ȵiɪʔ^{4}]

汗⁼晡□ xɔn^{21}pu^{44}ȵin^{44} 后天

大汗⁼晡□ t^{h}ɔi^{21}xɔn^{21}pu^{44}ȵin^{44} 大后天

□晡□ tɔi^{21}pu^{21}ȵin^{44} 昨天，也说“□晡日”[tɔi^{21}pu^{21}ȵiɪʔ^{4}]

前晡日 tɕ^{h}ien^{21}pu^{44}ȵiɪʔ^{4} 前天，也说“前晡□”[tɕ^{h}ien^{21}pu^{44}ȵin^{44}]、“前晡”[tɕ^{h}ien^{21}pu^{44}]

大先日 t^{h}ɔi^{21}ɕian^{21}ȵiɪʔ^{4} 大前天，也说“大前晡日”[t^{h}ɔi^{21}tɕ^{h}ien^{21}pu^{44}ȵiɪʔ^{4}]

成天 ɕiʌŋ^{22}ȵiɪʔ^{4} 整天

晡晡□ pu^{44}pu^{21}ȵin^{44} 每天

眼⁼头 ȵian^{55}t^{h}ieu^{22} ①早晨。②早饭

上午 ɕioŋ^{21}ŋ^{35}

日昼头 ȵiɪʔ^{4}tɕiəu^{44}t^{h}ieu^{22} 中午，大致指11点到12点的时候

食了 ɕiʔ^{2}lau^{35} 下午，大致指12点到17点之间

好暗舷 xɑu^{55}ɔn^{44}tɕien^{44} 傍晚

热当⁼肚 ȵieʔ^{2}toŋ^{44}tu^{55} 白天

暗晡头 ɔn^{44}pu^{21}t^{h}ieu^{44} 夜晚

半夜 pɔn^{44}ia^{21}

正月 tɕiʌŋ^{44}ȵyɵeʔ^{2}

正月初一 tɕiʌŋ^{44}ȵyɵeʔ^{2}ts^{h}o^{44}iɪʔ^{4} 大年初一

正月十五 tɕiʌŋ^{44}ȵyɵeʔ^{2}ɕiəuʔ^{2}ŋ^{35} 元宵节

清明 tɕ^{h}iŋ^{44}miŋ^{22}

五月节 ŋ^{55}ȵyɵe^{2}tsaʔ^{4} 端午

七月半 tɕ^{h}iɪʔ^{4}ȵyɵeʔ^{2}pɔn^{44} 农历七月十五

中秋 tɕiuŋ^{44}tɕ^{h}iəu^{44}

冬节 tuŋ^{44}tsaʔ^{4} 冬至

冬了 tuŋ^{44}lau^{55} ①冬天。②腊月

三十日暗 sɔn^{44}ɕiəuʔ^{2}ȵiɪʔ^{4}ɔn^{44} 除夕

皇历 uoŋ^{22}liʔ^{2} 历书

阴历 in^{44}liʔ^{2}

阳历 ioŋ^{22}liʔ^{2}

星期日 ɕiŋ^{44}tɕi^{22}ȵiɪʔ^{4} 星期天

当⁼地 toŋ^{44}ti^{21} 地方，也有人说“当⁼位”[toŋ^{44}uəi^{35}]

是⁼乇当⁼地 ɕi^{44}nɑʔ^{4}toŋ^{44}t^{h}i^{21} 什么地方

寮里 lau^{22}li^{55} 家里

街路 tɕiai^{44}lu^{35} 城里

乡下 ɕioŋ^{44}xɑ^{21}

问⁼头 mən^{44}t^{h}ieu^{21} 上面

□底 k^{h}ɑ^{55}tai^{55} 下面

大边 t^{h}ɔi^{21}pan^{44} ①左边。②上席，上座。③较大的那一半

　反边 fɔn^{35}pan^{44}

细边 sai^{44}pan^{44} ①右边。②酒席上除两桌上座外的其余座位。③较小的那一半

　顺边 sən^{21}pan^{44}

当肚⁼ toŋ^{44}tu^{55} 中间

底⁼先 tai^{55}ɕian^{21} ①方位词，前面。②副词，事先

屎头 ɕi^{55}tieu^{21} ①方位词，后面。②副词，相当于“后来”“到了儿”“将来”，也说“屎拜⁼□”[ɕi^{55}pai^{44}lai^{55}]

尾丢⁼ məi^{44}tiəu^{44} 末尾

对门 toi^{44}mən^{22} 对面

米⁼前 ma^{55}ts^{h}an^{21} ①面前。②附近，跟前儿

屎拜⁼□ ɕi^{55}pai^{44}lai^{55} 背后

□肚 loi^{55}tu^{55} 里面

*客边 k^{h}ɑ^{55}pan^{44}

两边舷 ioŋ^{55}pan^{44}tɕien^{44} 旁边

问$^{=}$头 mən^{44}t^{h}ieu^{21}……上：园桌～放在桌上

□底 k^{h}ɑ^{55}tai^{55}……下：徛楼～站在楼下

*舷 tɕien^{22}

角 koʔ^{4} 角儿

上去 ɕioŋ^{44}ɕy^{44}

落来 loʔ^{2}loi^{22} 下来

入去 yɵeʔ^{2}ɕy^{44} 进去

出来 tɕ^{h}yɪʔ^{4}loi^{22}

出去 tɕ^{h}yɪʔ^{4}ɕy^{44}

转头 tɕyon^{55}t^{h}ieu^{22} 回来：渠～啊他回来了

□来 ɕin^{55}loi^{22} 起来：天冷～啊天冷起来了

三　植物

树 ɕy^{21} ①树的泛称。②树干

木头 moʔ^{2}t^{h}ieu^{44}

松柏崽 ts^{h}oŋ^{22}pᴀʔ^{4}tsoi^{35} 松树

柏树 pᴀʔ^{4}ɕy^{21}

杉树 sɔn^{44}ɕy^{21}

柳树 liəu^{35}ɕy^{21}

毛竹 mɑu^{22}tɕyʔ^{4}

笋 sən^{35}

叶 ieuʔ^{2} 叶子

花 fɑ^{44} ①植物的花。②刺绣的图案。③器物上沾染的尘絮：上～（器物）蒙尘絮

花卵 fɑ^{44}lɔn^{55} 花蕾，花骨朵

梅花 məi^{35}fɑ^{44}

牡丹 mieu^{55}tɔn^{44}

荷花 xo^{22}fɑ^{44}

草 ts^{h}ɑu^{35}

藤 t^{h}en^{22}

*蓊 neʔ^{4}

水果 ɕy^{55}ku^{35}

苹果 p^{h}in^{22}ku^{35}

桃 t^{h}o^{35} 桃子

果梨 ku^{55}li^{35} 梨

李 li^{55} 李子

杏 xan^{44}

橘 tɕiɪʔ^{4} 橘子

抛$^{=}$ p^{h}ɑu^{44} 柚子

柿 tɕ^{h}i^{44} 柿子

石榴 ɕiᴀʔ^{2}liəu^{22}

枣 tsɑu^{35}

栗子 liɪʔ^{2}tɕi^{21}

核桃 xeʔ^{4}t^{h}ɑu^{22}

白果 p^{h}ᴀʔ^{2}ku^{35} 银杏

甘蔗 kɔn^{55}tɕia^{44}

木耳 moʔ^{2}ȵi^{35}

菌 k^{h}uən^{21} 蘑菇

香菌 ɕioŋ^{44}k^{h}uən^{21} 香菇

禾 o^{22} 稻子

*谷 kuʔ^{4}

禾秆 o^{22}kɔn^{35} 稻草

大麦 t^{h}ɔi^{21}mᴀʔ^{2}

小麦 sau^{55}mᴀ^{213}

麦秆 mᴀʔ^{2}kɔn^{35} 麦秸

黄粟 uoŋ^{22}suʔ^{4} 小米，指植物

□ ɕieu^{21} 高粱

包罗 pau^{44}lo^{22} 玉米

棉 mien^{44} 棉花

油菜 iəu^{22}ts^{h}oi^{44} 一种油料作物，茎可食

油麻 iəu^{22}mɑ^{21} 芝麻

热头球 ȵieʔ^{2}t^{h}ieu^{44}tɕ^{h}iəu^{21} ①向日葵。②葵花籽儿

佛豆 fəɪʔ^{2}t^{h}ieu^{35} 蚕豆

麦豆 mʌʔ^{2}t^{h}ieu^{35} 豌豆

花生肉 fɑ^{44}sʌŋ^{44}n̠yʔ^{4} 花生仁

泥豆 nai^{22}t^{h}ieu^{35}

黄豆 uoŋ^{22}t^{h}ieu^{35}

绿豆 lioʔ^{2}t^{h}ieu^{35}

菜豆 ts^{h}oi^{44}t^{h}ieu^{21} 绿色豇豆

八月豇 paʔ^{4}n̠yoeʔ^{2}koŋ^{44} 紫色豇豆，比菜豆稍粗稍短

大白菜 t^{h}ɔi^{21}p^{h}ʌʔ^{2}ts^{h}oi^{44}

包心菜 pau^{44}ɕin^{44}ts^{h}oi^{44}

菠菜 po^{44}ts^{h}oi^{55}

春=葱 tɕ^{h}yn^{44}ts^{h}uŋ^{55} 芹菜

南京=菜 nɔn^{22}tɕiʌŋ^{44}ts^{h}oi^{44} 莴笋

韭菜 tɕiəu^{55}ts^{h}oi^{44}

芫苏=ien^{22}su^{44} 香菜

葱 ts^{h}uŋ^{21}

大蒜 t^{h}ɔi^{21}sɔn^{44} ①蒜，植物名。②青蒜，即嫩的蒜梗和蒜叶。③蒜头，即蒜的鳞茎，由蒜瓣组成

鬼葱 kuəi^{55}ts^{h}uŋ^{213} 野生蒜

山姜 san^{44}tɕioŋ^{44} 姜

洋葱 ioŋ^{22}ts^{h}uŋ^{21}

辣椒 loaʔ^{2}tɕiɑu^{44}

茄 tɕ^{h}io^{35} 茄子

洋辣椒 ioŋ^{22}loaʔ^{2}tɕiɑu^{44} 西红柿

菜头 ts^{h}oi^{44}t^{h}ieu^{44} 萝卜

赤菜头 tɕ^{h}iʌʔ^{4}ts^{h}oi^{44}t^{h}ieu^{44} 胡萝卜

*黄瓜 uoŋ^{22}kɑ^{44}

*年=□ nan^{22}tɕi^{21}

*金瓜 tɕin^{55}kɑ^{44}

米=时=mai^{55}ɕi^{22} 荸荠

番薯 fɔn^{44}ɕy^{22} 红薯

羊牯卵 ioŋ^{22}ku^{55}lɔn^{55} 马铃薯

芋卵 fu^{21}lɔn^{35} 芋头

山药 san^{44}ioʔ^{2}

藕 ŋau^{35}

四　动物

老虎 lɑu^{55}fu^{35}

猴狲 xɑu^{21}sən^{44} 猴子

蛇 ɕia^{22}

老鼠 lɑu^{55}ɕy^{35}

火鹞 fu^{55}ieu^{213} 蝙蝠

鸟 tau^{55} 飞鸟的泛称

茅□鸟 mau^{22}tɕin^{21}tau^{55} 麻雀

寮鹊 lau^{22}ɕiʌʔ^{4} 喜鹊

老鸦 lɑ^{55}ɑ^{44} 乌鸦

鸽子 kəʔ^{4}tsɿ^{55} ①鸽子。②鹌鹑。③口齿不清的人

胁刀 ɕieʔ^{4}tɑu^{44} 翅膀，有的人叫"□刀"[ɕi^{44} tɑu^{44}]

爪 tɕiau^{35} 爪子

尾丢=məi^{44}tiəu^{44} 尾巴

鸟窠 tau^{55}k^{h}o^{44} 鸟窝

虫 tɕ^{h}iuŋ^{21} 虫子

□□ iɑu^{21}iɑu^{35} ①蝴蝶。②飞蛾

黄□ uoŋ^{22}ne^{21} 蜻蜓

蜂 p^{h}iuŋ^{35} ①蜜蜂。②蜂的泛称

蜂糖 p^{h}iuŋ^{35}t^{h}oŋ^{22} 蜂蜜

蝉 ɕien^{21} 知了

蚁 n̠i^{35} 蚂蚁

蛇蠕沟=ɕia^{22}yon^{55}kau^{44} 蚯蚓

蚕 ts^{h}ɔn^{35}

寮=□ lau^{22}tɕ^{h}io^{21} 蜘蛛

长脚蚊 tɕʰioŋ^{22}tɕioʔ^{4}mən^{21} 蚊子

白蚊 pʰʌʔ^{2}mən^{35} 苍蝇

狗虱 kɑu^{55}ɕieʔ^{4} 跳蚤

虱 ɕieʔ^{4} 虱子

鱼 ȵy^{21}

鲤鱼 li^{55}ȵy^{21}

鳙鱼 suŋ^{22}ȵy^{21}

鲫鱼 tseʔ^{4}ȵy^{35}

鳖 pieʔ^{4} 甲鱼

鳞 lin^{22}

虾 xɑ^{35}

老蟹 lɑu^{55}xai^{35} 螃蟹

田□ tʰan^{22}tɕiai^{35} 青蛙，田鸡

烂田□ lɔn^{21}tʰan^{22}tɕiai^{35} 癞蛤蟆，也说“懒蛤宝”[lɔn^{44}kəʔ^{4}pɑu^{35}]

马 mɑ^{44} ①一种哺乳动物。②锯木用的三脚马的简称。

驴狗子 lu^{22}kəu^{55}tsɿ^{55} 驴

骡子 lo^{22}tsɿ^{55}

牛 ŋɑu^{22}

牛牯 ŋɑu^{22}ku^{35} 公牛

牛娘 ŋɑu^{22}ȵioŋ^{22} 母牛

暎牛 ȵiʌŋ^{44}ŋɑu^{22} 放牛

羊 ioŋ^{44}

猪 tɕy^{44}

猪牯 tɕy^{44}ku^{35} 种猪

猪 tɕy^{44} 成年已阉的猪，不论公母

猪娘 tɕy^{44}ȵioŋ^{22} 成年未阉的母猪

猪崽 tɕy^{44}tsoi^{55}

*猪栏 tɕy^{44}lɔn^{22}

养猪 ioŋ^{44}tɕy^{44}

猫 ȵiau^{44}

猫牯 ȵiau^{44}ku^{35} 公猫

猫娘 ȵiau^{44}ȵioŋ^{22} 母猫

狗 kɑu^{35}

狗牯 kɑu^{55}ku^{35} 公狗

狗娘 kɑu^{55}ȵioŋ^{21} 母狗

吠 pʰoi^{21}（狗）叫

兔 tʰu^{55} 兔子

鸡 tɕiai^{44} ①家禽。②麻将牌一条的戏称

鸡公 tɕiai^{44}kuŋ^{21} 公鸡

鸡娘 tɕiai^{44}ȵioŋ^{21} 母鸡

啼 tʰai^{22}（公鸡）叫，打鸣儿

生 sʌŋ^{44} 下：鸡～卵鸡下蛋

伏 pʰiəu^{21} 孵

鸭 ɑuʔ^{4}

鹅 ŋo^{22}

羯 tɕieʔ^{4} 阉（公的猪）

羯 tɕieʔ^{4} 阉（母的猪）

羯 tɕieʔ^{4} 阉（鸡）

养 ioŋ^{44} 喂（猪）

捋猪 loaʔ^{4}tɕy^{44} 杀猪

捋 loaʔ^{4} 杀

五　房舍器具

村坊 tsʰən^{44}foŋ^{44} 村庄

弄堂 luŋ^{21}toŋ^{44} ①巷子，胡同。②屋内的走廊

街路 tɕiai^{44}lu^{35} ①街道。②城里

*盖寮 koi^{44}lau^{22}

*寮 lau^{22}

*间 tɕian^{21}

间 tɕian^{21} 卧室

*茅棚寮 mau^{22}puŋ^{22}lau^{44}

做⁼米⁼前 tso^{44}ma^{55}tsʰan^{21} 厨房

镬灶 oʔ^{2}tsɑu^{44} 灶，也有人说“镬灶头”[oʔ^{2}tsɑu^{44}tʰieu^{22}]或“作⁼头”[tsoʔ^{4}tʰieu^{22}]

镬 oʔ^{2} 锅

饭镬 pʰɔn^{21}oʔ^{2} 饭锅

菜镬 tsʰoi^{44}oʔ^{2} 菜锅

*屎□ ɕi^{55}pʰɑ^{21}

*桁条 xʌŋ^{22}tiau^{22}

*树不 ɕy^{21}tən^{35}

*大门 tʰɔi^{21}mən^{22}

*门垫 mən^{22}tien^{21}

*窗门 tɕʰioŋ^{44}mən^{22}

*楼进⁼ lieu^{22}tɕin^{44}

*杆扫 kɔn^{55}sɑu^{44}

扫寮 sɑu^{44}lau^{22} 扫地

*拉飒 lɑ^{21}sɑʔ^{4}

家具 kɑ^{44}tɕy^{21}

毛 nɑʔ^{4} 东西

床 tsʰoŋ^{44}

枕头 tɕin^{55}tʰieu^{22}

被 pʰi^{44} 被子

棉被 mien^{22}pʰi^{44} ①棉絮。②睡觉用的棉被

床单 tsʰoŋ^{22}tɔn^{44}

垫被 tien^{21}pʰi^{44} 褥子

席 tsʰʌʔ^{2} 席子

蚊帐 mən^{21}tɕioŋ^{44}

桌 toʔ^{2} 桌子

橱 tɕʰy^{21} 柜子

刨⁼路⁼ pau^{21}lu^{21} 抽屉

搁几 koʔ^{2}tɕi^{44} 案子

交椅 kɑu^{44}i^{35} 椅子

凳 ten^{44}

马桶 mɑ^{44}tʰuŋ^{35}

*刀拜⁼ tɑu^{44}pai^{44}

勺 ɕioʔ^{2} 瓢

缸 koŋ^{21} 陶瓷容器的泛称

酒缸 tɕiəu^{55}koŋ^{21} 坛子

瓶 pʰen^{22} 瓶子

盖 koi^{44} 盖子

碗 uon^{35}

*箸 tɕʰy^{21}

饭箸 pʰɔn^{21}tɕʰy^{21}

瓢羹 pieu^{22}kʌŋ^{44} 汤匙

柴 tsʰai^{22} 柴火

洋火 ioŋ^{22}fu^{35} 火柴

锁 so^{35}

锁匙 so^{55}ɕi^{22} 钥匙

热水壶 ȵieʔ^{2}ɕy^{55}fu^{22} 暖水瓶

面盆 mien^{44}pʰən^{22} 脸盆

洗面水 sai^{55}mien^{44}ɕy^{35} 洗脸水

面片 mien^{44}pʰan^{35} 毛巾

手巾片 ɕiəu^{55}tɕyn^{44}pʰan^{55} 手绢

洋肥皂 ioŋ^{22}pʰi^{22}sɑu^{21} 肥皂

梳 ɕio^{44} 梳子

针 tɕin^{44} 缝衣针

剪刀 tsan^{55}tɑu^{44}

蜡烛 loaʔ^{2}tsuʔ^{4}

电筒 tien^{21}tʰuŋ^{22} 手电筒

伞 sɔn^{44}

踏脚车 tʰɑuʔ^{2}tɕioʔ^{4}tɕʰia^{44} 自行车

六　服饰饮食

*衫 san^{44}

着 tɕioʔ^{4} 穿

脱 tʰoaʔ^{4}

缚p^{h}uʔ^{2}系：～鞋带

衬衫ts^{h}en^{55}san^{44}

*背心poi^{44}ɕin^{44}

毛线衫mɑu^{44}ɕien^{55}san^{44}毛衣

棉袄mien^{22}ɑu^{35}

*手碗ɕiəu^{55}uon^{21}

衫袋san^{44}t^{h}oi^{21}衣服上的口袋

*裤fu^{44}

短脚裤tɔn^{55}tɕioʔ^{4}fu^{44}短裤

*裤脚fu^{44}tɕioʔ^{4}

帽mɑu^{21}帽子

*鞋xai^{22}

袜moaʔ^{2}

围巾uəi^{22}tɕyn^{44}

拦⁼腰lɔn^{22}ieu^{44}①围裙。②腰围帕

屎片ɕi^{55}p^{h}an^{35}尿布

*纽ȵiəu^{35}

扭ȵiəu^{21}扣：～衫纽扣扣子

*手节⁼ɕiəu^{55}tsaʔ^{2}

*手钳ɕiəu^{55}tɕ^{h}ien^{21}

剃头t^{h}ai^{44}t^{h}ieu^{22}

梳头ɕio^{44}t^{h}ieu^{22}

饭p^{h}ɔn^{21}①米饭。②正餐的泛称：食～｜煮～

糜moi^{22}①稀饭。②粥

麦粉mʌʔ^{2}pən^{35}面粉

面mien^{21}面条

粉pən^{35}面儿：麦～面粉

馒头mɔn^{22}t^{h}ieu^{21}

包子pau^{44}tsɿ^{55}

饺子tɕiau^{55}tsɿ^{55}

黄饨uoŋ^{22}tən^{22}馄饨

心ɕin^{44}馅儿

油条iəu^{22}tiau^{22}

豆浆t^{h}ieu^{21}tɕioŋ^{44}

豆腐花t^{h}ieu^{21}fu^{22}fɑ^{44}豆腐脑

汤圆t^{h}oŋ^{44}yon^{44}元宵，一种食品

*裹粄ku^{55}pɔn^{35}

年糕nan^{22}kɑu^{44}

点心tʌŋ^{55}ɕin^{44}

菜ts^{h}oi^{44}

菜干ts^{h}oi^{44}kɔn^{44}干菜

豆腐t^{h}ieu^{21}fu^{44}

猪血tɕy^{44}ɕieʔ^{4}

猪脚tɕy^{44}tɕioʔ^{4}猪蹄

猪舌tɕy^{44}ɕieʔ^{2}猪舌头

猪肝tɕy^{44}kɔn^{44}

肚内货tu^{55}noi^{21}xo^{44}下水

鸡卵tɕiai^{44}lɔn^{35}鸡蛋

皮卵p^{h}i^{22}lɔn^{35}松花蛋

猪油tɕy^{44}iəu^{22}

麻油mɑ^{21}iəu^{22}香油

酱油tɕioŋ^{44}iəu^{22}

盐ien^{21}

醋ts^{h}u^{44}

香烟ɕioŋ^{44}ian^{44}烤制的烟卷，也说“烟酒”[ian^{44}tɕiəu^{35}]

烟酒丝ian^{44}tɕiəu^{55}ɕi^{44}旱烟

烧酒ɕieu^{44}tɕiəu^{35}白酒

黄酒uoŋ^{22}tɕiəu^{35}

水酒ɕy^{55}tɕiəu^{35}由红曲酒加水做成的酒

茶米ts^{h}ɑ^{22}mai^{35}茶叶

泡p^{h}au^{44}沏：～茶

棒冰pʌŋ^{21}piŋ^{44}冰棍儿

煮饭 tɕy^{55}p^{h}ɔn^{21} 做饭

炒菜 ts^{h}au^{55}ts^{h}oi^{44}

* 煠 ts^{h}auʔ^{2}

煎 tsan^{44}

□ fəi^{44} 炸

蒸 tɕiŋ^{44}

　炊 tɕ^{h}yoi^{44} 蒸面食：～包子｜～馒头

□ ȵioʔ^{2} 揉

□ len^{44} 擀

食眼$^{=}$头 ɕiʔ^{2}ȵian^{55}t^{h}ieu^{22} 吃早饭

食日昼 ɕiʔ^{2}ȵiɪʔ^{4}tɕiəu^{44} 吃午饭

食暗晡 ɕiʔ^{2}ɔn^{44}pu^{21} 吃晚饭

* 食 ɕiʔ^{2}

食 ɕiʔ^{2} 喝：～酒

食 ɕiʔ^{2} 喝：～茶

食 ɕiʔ^{2} 抽：～烟酒

舀 ieu^{35} 盛：～饭

钳 tɕ^{h}ien^{22} 用筷子夹：～菜

倒 tɑu^{35} 斟：～酒，也说“酾”[sai^{44}]

* 颈□ tɕiᴀŋ^{55}tsau^{44}

饥 tɕy^{44} 饿

哽 kᴀŋ^{21} 噎

七　身体医疗

头 t^{h}ieu^{22}

头毛 t^{h}ieu^{22}mɑu^{44} 头发

* 头毛编 t^{h}ieu^{22}mɑu^{44}pin^{213}

□ loi^{44} ①头旋儿。②圆形的指纹

额头 ŋᴀʔ^{4}t^{h}ieu^{22}

相貌 ɕioŋ^{44}mɑu^{21}

* 面 mien^{44}

眼□ ȵian^{55}tɕ^{h}iɪʔ^{2} 眼睛

眼□崽 ȵian^{55}tɕ^{h}iɪʔ^{2}tsoi^{35} 眼珠

眼泪 ȵian^{55}li^{21}

眉毛 mi^{22}mɑu^{44}

耳朵 ȵi^{55}to^{21}

鼻洞 p^{h}i^{21}tuŋ^{21} ①鼻子。②鼻孔

鼻 p^{h}i^{21} 鼻涕

□ sen^{44} 擤

嘴 tɕyoi^{44} ①脊椎动物嘴巴的统称。②木盆、木桶等内壁底的凹槽

嘴皮 tɕyoi^{44}p^{h}i^{22} 嘴唇

派$^{=}$□水 pai^{44}lai^{55}ɕy^{35} ①口水。②唾沫

舌 ɕieʔ^{2} 舌头

牙 ŋɑ^{22} 牙齿

嘴地$^{=}$ tɕyoi^{44}ti^{21} 下巴

嘴须 tɕyoi^{44}su^{44} 胡子

颈 tɕiᴀŋ^{35} 脖子

　颈不 tɕiᴀŋ^{55}tən^{35}

颈喉 tɕiᴀŋ^{55}xo^{22} 喉咙

肩头戈 tɕin^{44}t^{h}ieu^{22}koi^{21} 肩膀

手肚 ɕiəu^{55}tu^{35} 胳膊

手 ɕiəu^{35} 手，包括臂

反手 fɔn^{35}ɕiəu^{55} 左手

顺手 sən^{21}ɕiəu^{55} 右手

拳头 k^{h}uən^{22}t^{h}ieu^{22}

　拳头牯 tɕ^{h}yon^{22}t^{h}ieu^{22}ku^{35}

手崽 ɕiəu^{55}tsoi^{35} 手指

手公 ɕiəu^{55}kuŋ^{21} 大拇指

手崽 ɕiəu^{55}tsoi^{35} 食指

手崽 ɕiəu^{55}tsoi^{35} 中指

手崽 ɕiəu^{55}tsoi^{35} 无名指

手崽笔$^{=}$ ɕiəu^{55}tsoi^{55}piɪʔ^{5} 小拇指

手甲 ɕiəu^{55}kauʔ^{4} 指甲

大髀 t^{h}ɔi^{21}pi^{35} 大腿

　脚肚 tɕioʔ^{4}tu^{35} 小腿肚子

脚 tɕioʔ^{4} ①人的足部。②人小腿和足部的统

称。③液体中的沉淀物或剩余物

脚盆⁼头 tɕioʔ^{4}pʰən^{21}tʰieu^{44} 膝盖

发⁼龙界 pəɪʔ^{4}liuŋ^{22}kai^{44} 背

肚屎 tu^{55}ɕi^{35} 肚子

肚屎脐 tu^{55}ɕi^{55}tɕʰi^{21} 肚脐

□ nien^{21} ①乳房。②乳汁

屎朏不 ɕi^{55}fəɪʔ^{4}tən^{21} 屁股

屎朏 ɕi^{55}fəɪʔ^{4} 肛门，也说“屎朏门”[ɕi^{55}fəɪʔ^{4}mən^{22}]、“屎朏洞”[ɕi^{55}fəɪʔ^{4}tuŋ^{21}]

□鸟 lin^{55}tau^{55} 男阴

□□ tɕi^{44}pe^{21} 女阴

□ tɕiaʔ^{2} 交合

屃 suŋ^{22} 精液

来月经 loi^{22}ȵyɵeʔ^{2}tɕiŋ^{44}

来身 loi^{22}ɕin^{44}

恶⁼屎 oʔ^{4}ɕi^{35} 拉屎

恶⁼尿 oʔ^{4}nau^{21} 撒尿

□屁 pʰoŋ^{44}pʰi^{44} 放屁，生理现象

病啊 pʰiᴀŋ^{21}ɑ^{44} 病了

［无好］过 mɑu^{55}ku^{44}

冻去 tuŋ^{44}ɕy^{44} 着凉

□ kʰoŋ^{44} 咳嗽

烧热 ɕieu^{44}ȵieʔ^{2} 发烧

打发冷 tᴀŋ^{55}pəɪʔ^{4}lᴀŋ^{44} 发抖

肚屎痛 tu^{55}ɕi^{55}tʰuŋ^{44} 肚子疼

肚屎泻 tu^{55}ɕi^{55}ɕia^{44} 拉肚子

打发冷 tᴀŋ^{55}pəɪʔ^{4}lᴀŋ^{44} 患疟疾

闭痧 pi^{42}sɑ^{44} 中暑

肿 tɕiuŋ^{35}

灌脓 kuon^{44}nuŋ^{22} 化脓，指皮下开始有脓出现的阶段

疤 pɑ^{44}

疮 tsʰoŋ^{21} 癣

老鼠□ lɑu^{55}ɕy^{55}nien^{21} 一种皮肤病，常发于上肢，一次多个，每个中间有肉刺，白色

包 pɑu^{21} 疙瘩

老鸦烧⁼ lɑ^{55}ɑ^{44}ɕieu^{44} 狐臭

睇病 tʰai^{55}pʰiᴀŋ^{21} 看病

□脉 tɑʔ^{2}mᴀʔ^{2} 诊脉

烧灯芯火 ɕieu^{44}ten^{44}ɕin^{44}fu^{35} 灸疗

打空针 tᴀŋ^{55}kʰuŋ^{44}tɕin^{44} 针疗

打针 tᴀŋ^{55}tɕin^{44}

打吊针 tᴀŋ^{55}tau^{44}tɕin^{44}

食药 ɕiʔ^{2}ioʔ^{2}

药 ioʔ^{2} 汤药

好滴 xɑu^{35}ti^{55} 病轻了

八　婚丧信仰

做媒 tso^{44}moi^{22}

*媒人 moi^{22}ȵin^{22}

*媒公 moi^{22}kuŋ^{44}

*媒婆 moi^{22}pʰo^{22}

*睇人家 tʰai^{55}ȵin^{22}kɑ^{44}

定婚 tʰᴀŋ^{21}xuon^{44}

嫁妆 kɑ^{44}tsoŋ^{44}

结婚 tɕieʔ^{4}fon^{44}

攞发⁼娘 lo^{44}pəɪʔ^{4}ȵioŋ^{22} 娶妻子

嫁人 kɑ^{44}ȵin^{22}（女子）出嫁

拜堂 pai^{44}toŋ^{22}

新郎官 ɕin^{44}loŋ^{22}kuon^{44} 新郎

新娘 ɕin^{44}ȵioŋ^{22} 新娘子

大肚屎 tʰɔi^{21}tu^{55}ɕi^{35} 孕妇

带胎 tɔi^{44}tʰoi^{44} ①怀孕。②改嫁时带着身孕

害崽 xɔi^{21}tsoi^{35} 害喜，妊娠反应

　病崽 pʰiᴀŋ^{21}tsoi^{35}

□ nuŋ^{35} 分娩

　养 ioŋ^{44}

落身 loʔ^{2}ɕin^{44} 流产

双胞胎 suŋ^{44}pau^{44}tʰoi^{44}

长⁼月 tɕioŋ^{55}ȵyɵeʔ^{2} 坐月子

食□ ɕiʔ^{2}nien^{21} 吃奶

扎⁼□ tsɑʔ^{4}nien^{21} 断奶

满月 mɔn^{55}ȵyɵeʔ^{2}

生日 sᴀŋ^{44}ȵiɪʔ^{4}

做寿 tso^{44}ɕiəu^{21} 祝寿

死 si^{35}

过山 ku^{44}san^{44} 死，婉称

　老 lɑu^{35}

寻死 ɕin^{22}si^{35} 自杀

脱气 tʰoaʔ^{4}tɕʰi^{44} ①咽气，断气。②窒息，休克

　落气 loʔ^{2}tɕʰi^{44}

* 落材 loʔ^{2}tsʰoi^{22}

棺材 kuən^{44}tsʰoi^{22}

　老寮 lɑu^{55}lau^{22}

　老寿 lɑu^{55}ɕiəu^{21}

出丧 tɕʰyɪʔ^{4}soŋ^{44} 出殡，也有人说"出殡" [tɕʰyɪʔ^{4} pin^{44}]

位牌 uəi^{21}pʰai^{44} 灵位

坟 pʰən^{22}

上坟 ɕioŋ^{44}pʰən^{22}

纸钱 tɕi^{55}tsʰan^{21}

老天爷 lɑu^{55}tʰan^{44}ia^{22}

佛 fəɪʔ^{2} 菩萨

观音佛 kuon^{44}in^{44}fəɪʔ^{2} 观音

灶佛 tsɑu^{44}fəɪʔ^{2} 灶神

　灶师老爷 tsɑu^{44}sɿ^{44}lɑu^{55}ia^{22}

佛庙 fəɪʔ^{2}mieu^{35} 寺庙

　庙 mieu^{21}

祠堂 sɿ^{22}toŋ^{22}

和尚 fu^{21}ɕioŋ^{21}

尼姑 ȵie^{22}ku^{44}

道士 tɑu^{21}su^{21}

算命 sɔn^{44}miᴀŋ^{21}

运气 uən^{21}tɕʰi^{44}

保佑 pɑu^{55}iəu^{21}

九　人品称谓

人 ȵin^{22}

化⁼生⁼崽 fɑ^{21}sᴀŋ^{21}tsoi^{55} 男人，多指年轻男子

女人 ȵy^{55}ȵin^{22}

单身牯 tɔn^{44}ɕin^{44}ku^{55} 单身汉

孤老姑 ku^{44}lɑu^{55}ku^{21} 老姑娘

牯核卵 ku^{55}xᴀʔ^{2}lɔn^{35} 婴儿

细羹⁼□ ɕi^{44}kᴀŋ^{44}lin^{55} 小孩

　细崽□ sai^{44}tsoi^{55}lin^{55}

细羹⁼□ ɕi^{44}kᴀŋ^{44}lin^{55} 男孩

　细崽□ sai^{44}tsoi^{55}lin^{55}

发⁼女崽 pəɪʔ^{4}ȵy^{55}tsoi^{55} 女孩

老人 lɑu^{55}ȵin^{22}

亲情 tɕʰin^{44}tsʰᴀŋ^{22} 亲戚

朋友 puŋ^{22}iəu^{35}

邻舍 lin^{22}ɕia^{44} 邻居

人客 ȵin^{22}xᴀʔ^{4} 客人

作田人 tsoʔ^{4}tʰan^{22}ȵin^{22} 农民

做生意嘅人 tso^{44}sᴀŋ^{44}i^{44}ke^{44}ȵin^{22} 商人

老师 lɑu^{21}su^{44} 手艺人

　有手艺人 xo^{44}ɕiəu^{55}ȵie^{21}ȵin^{22}

泥水匠 nai^{22}ɕy^{55}ɕioŋ^{21}

木匠 moʔ^{2}çioŋ^{21}

做衫嘅 tso^{44}san^{44}ke^{44} 裁缝

剃头人 t^{h}ai^{44}t^{h}ieu^{22}ȵin^{22} 理发师

伙头 fu^{55}t^{h}ieu^{22} 厨师

师父 sɿ^{44}fu^{21}

徒弟 tu^{22}te^{21}

擺饭人 lo^{44}p^{h}ɔn^{21}ȵin^{22} 乞丐

婊子 pieu^{55}tsɿ^{35} 妓女

流氓 liəu^{22}moŋ^{22}

贼 tç^{h}ieʔ^{2} 小偷，扒手

盲眼 mʌŋ^{22}ȵian^{55} 瞎子

聋耳朵 luŋ^{44}ȵi^{55}to^{21} 聋子

聋耳□ luŋ^{44}ȵi^{55}pʌŋ^{21}

哑嘴 ɑ^{55}tçyoi^{44} 哑巴

驼背 to^{22}poi^{44} 驼子

跷脚 tç^{h}iɑu^{44}tçioʔ^{4} 瘸子

癫子 tan^{44}tsɿ^{55} 疯子

戆子 ŋoi^{22}tsɿ^{55} 傻子

戆子 ŋoi^{22}tsɿ^{55} 笨蛋

翁 ʌŋ^{44} 爷爷

姐 tçia^{55} 奶奶

*爹公 tai^{44}kuŋ^{55}

*爹婆 tai^{44}p^{h}o^{55}

爷□ ia^{22}ȵia^{35} 父母，合称

爷 ia^{22} 父亲，叙称

□ ȵia^{55} ①母亲，叙称。②继母的面称之一

阿爹 a^{44}tia^{44} 爸爸，呼称

阿嫫 a^{44}mo^{55} 妈妈，呼称

阿嫫 ɑ^{44}mo^{21}

叔爷 çyʔ^{4}ia^{22} 继父

后□ xəu^{21}ȵia^{35} 继母

*爹公 tai^{44}kuŋ^{21}

*爹婆 tai^{44}p^{h}o^{21}

翁公 ʌŋ^{44}kuŋ^{44} 丈夫的父亲，叙称

翁姐 ʌŋ^{44}tçia^{55} 丈夫的母亲，叙称，也说“家婆”[kɑ^{55}p^{h}o^{22}]，又读[kɑ^{44}p^{h}o^{44}]

阿伯 ai^{44}pʌʔ^{4} 伯父

大□ t^{h}ɔi^{21}ȵia^{35} 伯母

叔 çyʔ^{4} ①叔父。②小叔子。③对继父的呼称。④对公爹的呼称。⑤对父亲的呼称

叔崽 çyʔ^{4}tsoi^{55} 排行最小的叔父

阿嫫 a^{44}mo^{55} 叔母

姑 ku^{21} 姑姑

姑丈 ku^{44}tç^{h}ioŋ^{35} 姑父

□舅 ȵia^{55}tç^{h}iəu^{55} 舅舅

□嫫 ȵia^{55}mo^{55} 舅妈

□姨 ȵia^{55}i^{55} 姨妈

□姨丈 ȵia^{55}i^{21}tç^{h}ioŋ^{35} 姨父

兄弟 çiʌŋ^{44}t^{h}ai^{44} ①弟兄，泛指有血缘关系的同辈男性族人。②关系好的朋友

姊妹 tçi^{55}moi^{44} ①姐妹。②姐弟。③兄妹

哥 ko^{44} 哥哥

嫂 sɑu^{55} 嫂子

弟 t^{h}ai^{35} 弟弟

弟妇 ti^{21}fu^{21} 弟媳

姊 tçi^{55} 姐姐

姊丈 tçi^{55}tç^{h}ioŋ^{35} 姐夫

妹 moi^{44} 妹妹

妹婿 moi^{44}sai^{44} 妹夫

叔伯兄弟 çyʔ^{4}pʌʔ^{4}çiʌŋ^{44}t^{h}ai^{44} 堂兄弟

表兄弟 pieu^{55}çiʌŋ^{44}t^{h}ai^{44} 表兄弟

叔伯嫫 çyʔ^{4}pʌʔ^{4}mo^{21} 妯娌

大细姨丈 t^{h}ɔi^{21}sai^{44}i^{21}tç^{h}ioŋ^{21} 连襟

崽 tsoi^{35} 儿子

新妇ɕin^{44}p^{h}iəu^{44} 儿媳妇

女ȵy^{35} 女儿

女婿ȵy^{55}sai^{44}

孙崽sən^{44}tsoi^{55} 孙子，尤指最小的孙子

孙sən^{44} 孙子

玄孙yon^{22}sən^{44} 重孙子

孙sən^{44} 侄子

饿⁼甥ŋo^{21}sen^{44} 外甥

饿⁼甥ŋo^{21}sen^{44} 外孙

两婆ioŋ^{55}p^{h}o^{22} 夫妻，也说“夫妻”[fu^{44}ts^{h}e^{44}]

两公婆ioŋ^{55}kuŋ^{44}p^{h}o^{22}

丈夫tɕ^{h}ioŋ^{44}pu^{44}

发⁼娘pəɪʔ^{4}ȵioŋ^{22} 妻子，叙称

名字miʌŋ^{22}tɕ^{h}i^{21} ①名儿。②名声：渠嘅～唔好他的名声不好

野名ia^{55}miʌŋ^{22} 绰号

十　农工商文

做事tso^{44}se^{21} 干活儿

事se^{21} 事情

布田pu^{55}t^{h}an^{22} 插秧

割禾koaʔ^{4}o^{22} 割稻

*种菜tɕiuŋ^{44}ts^{h}oi^{44}

*犁lai^{22}

*锄头tɕ^{h}y^{22}t^{h}ieu^{22}

*禾镰o^{22}lien^{35}

柄piʌŋ^{44} 把儿：刀～｜锄头～

*东⁼杆tuŋ^{44}kən^{44}

箩lo^{21} 箩筐，多用于挑谷、米等

*谷箒kuʔ^{4}t^{h}ɔi^{44}

*米箒mai^{55}t^{h}ɔi^{44}

*箩糠lo^{22}xoŋ^{44}

粪箕pən^{44}tɕy^{21} ①一种有提梁的农具，三面有帮，一面敞口多用以盛土、肥料等。②箕形的指纹

*簸箕pəi^{44}tɕy^{44}

羊角车ioŋ^{22}koʔ^{4}tɕ^{h}ia^{44} 独轮车

独轮车tuʔ^{2}lən^{22}tɕ^{h}ia^{44}

轮子lən^{22}tsɿ^{55}

碓toi^{44}

*坎盆xɔn^{55}p^{h}ən^{21}

石磨ɕiʌʔ^{2}mo^{21}

年成nan^{22}ɕiŋ^{22}

行客边xʌŋ^{22}k^{h}ɑ^{55}pan^{44} 走江湖

打工tʌŋ^{55}kuŋ^{44}

匕⁼头pi^{55}t^{h}ieu^{22} 斧子

钳tɕ^{h}ien^{22} ①钳子。②镊子

螺丝刀lo^{22}sɿ^{22}tɑu^{44}

铁锤t^{h}aʔ^{4}tɕ^{h}y^{22} ①锤子。②榔头

洋钉ioŋ^{22}ten^{44} 钉子

绳ɕiŋ^{21} 绳子

棍kuən^{44} 棍子

做生意tso^{44}sʌŋ^{44}i^{44}

店tian^{44} 商店

饭店p^{h}ɔn^{21}tian^{44} 饭馆

店tian^{44} 旅馆的旧称

贵kuəi^{44}

便宜pie^{21}ȵie^{22}

合算kɑuʔ^{4}sɔn^{44}

折扣tsʌʔ^{4}k^{h}əu^{44}

折本ɕieʔ^{2}pon^{35} 亏本

亏本k^{h}uəi^{44}pon^{35}

钱ts^{h}an^{21}

零钱liŋ^{22}ts^{h}an^{21}

角子 koʔ^{4}tsɿ^{55} 硬币

铅板 kʰan^{55}pan^{55}

本钱 pon^{55}tsʰan^{21}

工钱 kuŋ^{44}tsʰan^{21}

路费 lu^{21}fəi^{44}

使 soi^{35} 花（钱）

赚 tɕyon^{21} 赚（钱）

赚 tɕyon^{21} 挣（钱）

欠 tɕʰien^{44}

算盘 sɔn^{44}pʰɔn^{22}

秤 tɕʰiŋ^{44}

戥 ten^{35} 称

赶会 kɔn^{55}foi^{21} 赶集

市场 sɿ^{21}tɕʰioŋ^{44} 集市

庙会 mieu^{21}foi^{21}

学堂 xoʔ^{2}toŋ^{22} 学校

教室 tɕiɑu^{55}səɪʔ^{4}

上学 ɕioŋ^{44}xoʔ^{2} ①去学校上课。②开始上小学

放学 pioŋ^{44}xoʔ^{2}

考试 kʰɑu^{55}sɿ^{55}

书袋 ɕy^{44}tʰoi^{21} 书包

*簿 po^{21}

铅笔 tɕʰien^{55}piɪʔ^{5}

钢笔 koŋ^{44}piɪʔ^{4}

原子笔 ȵyon^{22}tsɿ^{55}piɪʔ^{4} 圆珠笔

毛笔 mɑu^{22}piɪʔ^{4}

墨 meʔ^{2}

墨盘 meʔ^{2}pʰɔn^{44} 砚台

信 ɕin^{44}

图书 tʰu^{22}ɕy^{44} 连环画

摸盲 moʔ^{4}mʌŋ^{55} 捉迷藏

跳绳 tʰau^{22}ɕiŋ^{21}

毽子 tɕien^{44}tsɿ^{55} 玩具名，鸡毛制，也说“□子”[tien^{44}tsɿ^{55}]

纸鹞 tɕi^{55}ieu^{213} 风筝

跳狮子 tʰau^{22}sɿ^{44}tsɿ^{35} 舞狮

火炮 fu^{55}pʰau^{44} 鞭炮

唱歌 tɕʰioŋ^{44}ko^{21} 唱山歌

唱歌 tɕʰioŋ^{44}ko^{44} 唱歌曲

做戏 tso^{44}se^{44} 演戏

锣鼓 lo^{22}ku^{35}

二胡 ȵi^{21}u^{22}

箫 ɕieu^{44} 笛子，也说“烂$^{=}$赢$^{=}$箫”[lɔn^{21}iʌŋ^{22}ɕieu^{44}]

划拳 fʌʔ^{4}kʰuən^{22}

行棋 xʌŋ^{22}tɕʰi^{22} 下棋

打老克$^{=}$ tʌŋ^{55}lɑu^{21}kʰeʔ^{5} 打扑克

打麻将 tʌŋ^{55}mɑ^{21}tɕiʌŋ^{55}

做把戏 tso^{44}pɑ^{55}se^{44} 变魔术

讲古老 koŋ^{55}ku^{55}lɑu^{55} 讲故事

打令猜 tʌŋ^{55}liʌŋ^{21}tsʰoi^{44} 猜谜语

长$^{=}$ tɕioŋ^{35} ①玩儿，游玩，多指无固定目标的玩、逛。②住：～啊十年住了十年

过寮长$^{=}$ ku^{44}lau^{22}tɕioŋ^{35} 串门儿

做人客 tso^{44}ȵin^{22}xʌʔ^{4} 走亲戚

十一　动作行为

睇 tʰai^{35} 看

听 tʰʌŋ^{44}

鼻 pʰi^{21} 闻

吸 ɕiɪʔ^{4}

擘 pʌʔ^{4} 睁：～眼

瞜 ɕieuʔ^{4} 闭：～眼

瞜 çieuʔ^{4} 眨：～眼

擘 pʌʔ^{4} 张：～嘴

闭 pi^{44}

啮 ȵiaʔ^{2} 咬

*噍 tsʰau^{21}

吞 tʰən^{44} 咽

*舐 çiai^{44}

含 xɔn^{22}

□嘴 tsoaʔ^{4}tçyoi^{44} 亲嘴

□ tsoaʔ^{4} 吮吸

*啡 pʰəi^{35}

□ lai^{35} 吐（舌头）

呕 ɑu^{35} 呕吐

打啊□ tʌŋ^{55}ɑ^{44}tçʰi^{21} 打喷嚏

□ nʌŋ^{44} ①拿。②给予。③准许：我～分你做我允许你做

分 pən^{44} ①动词，给。②分配：～钱。③介词，引出施动者，相当于“被”“让”等：～人打啊一下被人打了一下

摸 moʔ^{4} ①摸。②摩挲

□ tçʰyon^{35} 伸：～手

抓 tçiau^{21} 挠：～痒

□ neʔ^{4} 用拇指和食指的指甲掐

□ tsən^{21} 拧：～螺丝

扭 ȵiəu^{35} ①（双手）拧。②（用手指头）掐。③肢体转动：～腰｜～屎朏扭屁股

撚 nan^{35} 捻

擘 pʌʔ^{4} 掰

剥 poʔ^{4} 剥个体较大的植物果实和蛋等：～卵剥蛋

□ tçien^{44} 剥有荚植物的果实：～花生

擘 pʌʔ^{4} 撕

拗 au^{35} 折：～断

挽 mɔn^{35} 拔

摘 tsʌʔ^{4} 摘取，多用于采茶等：～茶米摘茶叶

*徛 tçʰi^{44}

靠 kʰɑu^{44} 倚，斜靠

*虬 tçʰiəu^{22}

坐 tsʰo^{44} ①以臀部着物而止息。②动词，表所在和所从，相当于“在”：～寮食饭在家吃饭

跳 tʰau^{22}

□ pʌŋ^{44} 迈

踏 tʰɑuʔ^{2} 踩

翘 çieu^{44} ①翘起。②杆秤称物时秤尾偏高

弯 uɔn^{44}

挺 tʰiŋ^{35}

覆 pʰuʔ^{4} 趴

爬 pʰɑ^{22}

*行 xʌŋ^{22}

*走 tsɑu^{35}

走 tsɑu^{35} 逃

赶 kɔn^{35} ①追赶。②驱逐

捉 tsuʔ^{4} 抓：～贼

□ tsʰɔn^{35} 抱

背 pe^{44}

牵 çien^{44} ①牵引。②搀扶

搡 suŋ^{35} 推

跌 tieʔ^{4} 摔

撞 tçioŋ^{21}

挡 toŋ^{35} 阻拦，遮蔽，也说“□”[tsʰɑ^{21}]

□ ien^{44} 躲

园 kʰoŋ^{35} 藏（东西）

园 kʰoŋ^{35} ①放：～寮里放在家里。②储存（物）：

～番薯

叠tʰauʔ^{2}摞

葬tsoŋ^{44}埋

盖koi^{44}

杔tɑʔ^{4}压

捺nɑʔ^{2}①（指头）摁。②（双手）用力压

捅tʰuŋ^{35}

插tsʰauʔ^{4}①将细物扎入：～香。②掺和：你莫～

*戳tsʰuʔ^{2}

斫tɕioʔ^{4}砍（小树、枝丫）

□tsən^{35}砍（大树）

斲toʔ^{4}剁

析ɕiᴀʔ^{4}削

□pieʔ^{4}裂

瘷tɕiəu^{44}皱

烂lən^{21}腐烂

□tɕieu^{21}擦

倒tɑu^{35}①倒掉：～饭。②铸造。③房屋、家具等垮塌

□iᴀŋ^{21}①丢弃，随手抛。②设计把人甩脱：□ti^{55}渠～掉把他甩掉

搅⁼kau^{35}

□ten^{44}扔，扔出的物体运动轨迹须呈抛物线

□落tɑ^{55}loʔ^{2}掉

□tiəuʔ^{4}滴

□落tɑ^{55}loʔ^{2}丢

寻ɕin^{22}

捡tɕien^{35}拾取

□kʰən^{21}提

担tən^{44}挑

□tɕʰia^{22}扛

扛koŋ^{44}抬

举tɕy^{35}

撑tsʰᴀŋ^{44}

撬tɕʰieu^{21}

拣kan^{35}挑选

捡tɕien^{35}收拾，拾掇：～乇收拾东西

□tɕien^{35}挽（袖子）

浪⁼loŋ^{21}①涮。②（水）荡漾

洗sai^{35}

*捞lieu^{22}

吊⁼tau^{44}拴：～牛

缚pʰuʔ^{2}捆：～起来

*敨tʰieu^{35}

移ie^{22}挪

掇tɵeʔ^{4}（双手）端

打tᴀŋ^{35}摔

冲tɕʰiuŋ^{44}掺

烧ɕieu^{44}

拆tsʰᴀʔ^{4}

□tɕʰyon^{21}①旋转：～个圈。②盘绕，绕：～个弯。③走动：出去～下

捶tɕʰy^{22}

*打tᴀŋ^{35}

双⁼打suŋ^{44}tᴀŋ^{35}打架

歇seʔ^{4}休息

擘嘴pᴀʔ^{4}tɕyoi^{44}打哈欠

想困ɕiᴀŋ^{55}fən^{44}①打瞌睡。②犯困

困fən^{44}睡

鼾鼻fən^{44}pʰi^{21}打呼噜

托梦间⁼tʰoʔ^{4}muŋ^{21}tɕian^{44}做梦

□□来uɑʔ^{4}ɕin^{55}loi^{22}起床

洗牙sai^{55}ŋɑ^{22}刷牙

洗浴 sai^{55}ioʔ^{2} 洗澡

想 ɕiᴀŋ^{35} 思索

想 ɕiᴀŋ^{35} 想念

何=算 xo^{22}sɔn^{44} 打算

记着 tɕi^{44}tɕʰioʔ^{2} 记得

□□ tʰaʔ^{4}ȵioŋ^{44} 忘记

吓 xᴀʔ^{4} 怕

相信 ɕioŋ^{44}ɕin^{44}

躁人 tsɑu^{44}ȵin^{22} ①发愁：你莫～。②烦躁

担=心 tɔn^{44}ɕin^{44} 小心

欢喜 fɔn^{44}ɕi^{35} 喜欢

讨厌 tʰɑu^{55}ien^{44}

舒服 ɕy^{44}fuʔ^{2}

难过 nɔn^{22}ku^{44} 难受（生理的）

难过 nɔn^{22}ku^{44} 难过（心理的）

高兴 kɑu^{44}ɕiŋ^{44}

  开心 kʰoi^{44}ɕin^{44}

生气 sᴀŋ^{44}tɕʰi^{44}

怪 kuai^{44} 责怪

悔 fəi^{44}

  后悔 xəu^{21}fi^{44}

赌=气 tu^{55}tɕʰi^{44} 忌妒

吓倒霉 xᴀʔ^{4}tɑu^{55}moi^{22} 害羞

倒霉 tɑu^{55}moi^{22} 丢脸

欺负 tɕʰi^{44}fu^{21}

装 tsoŋ^{44}

  装假 tsoŋ^{44}kɑ^{35}

心痛 ɕin^{44}tʰuŋ^{44} 疼

爱 oi^{44} 要

  好挃 xɑu^{55}ti^{55}

有 xo^{44} ①表存在，拥有：～崽～女。②富裕：渠寮里～欸他家里富裕

无 mɑu^{22} 没有

是 ɕi^{44}

□是 men^{21}ɕi^{44} 不是

是 ɕi^{44} 在

□是 men^{21}ɕi^{44} 不在

晓得 ɕieu^{35}tiʔ^{4} 知道

□得 mai^{55}tiʔ^{4} 不知道

  □□ mai^{55}tᴀʔ^{4}

懂 tuŋ^{35}

  晓得 ɕieu^{55}tiʔ^{4}

唔懂 n^{22}tuŋ^{35} 不懂

  □挃 ma^{55}tiɪʔ^{2}

解 xai^{44} 会

唔解 n^{22}xai^{44} 不会

  ［无解］mai^{44}

认着 ȵin^{21}tɕʰioʔ^{2} 认识

［无解］认着 mai^{44}ȵin^{21}tɕʰioʔ^{2} 不认识

好 xɑu^{35} 行，应答语

唔好 n^{22}xɑu^{35} 不行，应答语

  ［无解］好 mai^{44}xɑu^{35}

肯 xen^{35} ①助动词，表示同意：渠～来。②准许：～你养猪

应该 in^{55}kai^{44}

好 xɑu^{35} 可以

讲 koŋ^{35} 说

话 uɑ^{21} 话儿：讲～

讲闲谈 koŋ^{55}xan^{22}tan^{22} 聊天儿

  讲闲话 koŋ^{55}xan^{22}uɑ^{21}

□ o^{35} 叫

□ o^{35} 吆喝

譥 tɕieu^{44} 哭

骂 mɑ^{44}

双⁼争 suŋ^{44}tsᴀŋ^{44} 吵架

双⁼吵 suŋ^{44}ts^{h}au^{35}

骗 p^{h}ien^{44}

哄 xuŋ^{35} 用言语打发：～出去｜～细羹⁼哄小孩

骗 p^{h}ien^{44} ①撒谎。②哄骗，欺骗。③唆使：～我做恶事

吹牛皮 tɕ^{h}yoi^{44}ŋɑu^{22}p^{h}i^{2}

托马屁 t^{h}oʔ^{4}mɑ^{55}p^{h}i^{44}

开玩笑 k^{h}oi^{44}uan^{22}ɕiɑu^{55}

讲 koŋ^{35} 告诉

感谢 kɔn^{55}ɕia^{21}

对唔住 toi^{44}n^{22}tɕy^{21} 对不起

再会 tsai^{44}foi^{21}

十二　性质状态

大 t^{h}ɔi^{21} ①形容词，体量等超出一般。②动词，生长：～得快

细 sai^{44} 小

大 t^{h}ɔi^{21} 粗，也说“大茎”[t^{h}ɔi^{21}xᴀŋ^{22}]

细 sai^{44} 直径小，也说“细茎”[sai^{44}xᴀŋ^{22}]

长 tɕ^{h}ioŋ^{22} 长：线～

短 tɔn^{35} 短：线～

长 tɕ^{h}ioŋ^{22} 长：时间～

短 tɔn^{35} 短：时间～

阔 fɵeʔ^{4} 宽

阔 fɵeʔ^{4} 宽敞

大 t^{h}ɔi^{21}

狭 auʔ^{2} 窄

高 kɑu^{44} 高：飞得～

矮 ai^{35} 低

高 kɑu^{44} 高：生得～

矮 ai^{35}

远 yon^{35}

近 tɕ^{h}yon^{44}

深 tɕ^{h}in^{44}

浅 ts^{h}an^{35}

清 ts^{h}en^{44}

浊 ts^{h}uʔ^{2} 浑

圂 lɔn^{22} 圆

扁 pan^{35}

方 foŋ^{44}

尖 tɕian^{44}

平 p^{h}iᴀŋ^{22}

壮 tsoŋ^{44} 肥

腈 tsᴀŋ^{44} 瘦：～髀瘦肉

壮 tsoŋ^{44} 肥（指动物）

壮 tsoŋ^{44} 胖（指人）

瘦 sɑu^{44}

乌 u^{44} 黑

白 p^{h}ᴀʔ^{2}

赤 tɕ^{h}iᴀʔ^{4} 红

黄 uoŋ^{22}

蓝 lɔn^{22}

绿 lioʔ^{2} ①绿色。②鸭蛋青

紫 tsɿ^{35}

灰 foi^{44}

多 to^{44}

少 ɕieu^{35}

重 tɕ^{h}iuŋ^{44}

轻 tɕ^{h}iᴀŋ^{44}

直 tɕ^{h}iʔ^{2}

竖 ɕy^{21} 陡

弯 uɔn^{44}

斜 tɕ^{h}ia^{35} 歪

厚 kɑu^{21}

薄 p^{h}oʔ^{2}

□ tɕ^{h}yɵeʔ^{2} 浓稠

薄 p^{h}oʔ^{2} 稀：糜～粥稀

密 mieʔ^{2}

疏 ɕio^{44} 稀疏

□ xau^{21} 亮

乌 u^{44} 黑

热 ȵieʔ^{2} 热：天气～

暖 nɔn^{44} ①暖和。②动词，取暖：快滴来～下

凉 lioŋ^{22}

冷 lʌŋ^{44} ①形容词，温度凉。②动词，自然冷却：饭都～啊

热 ȵieʔ^{2} 热：～水

凉 lioŋ^{22}

□ tsau^{44} 干

湿 ɕiəuʔ^{4}

清气 tɕ^{h}iŋ^{44}tɕ^{h}i^{44} 干净

污龊 u^{44}tɕ^{h}ioʔ^{4} 脏

利 li^{21} 锋利

[无解] 利 mai^{44}li^{21} 钝

快 ɕiai^{44}

□ nien^{44} 慢

早 tsɑu^{35}

晏 ɔn^{44} 晚

晏 ɔn^{44}

宽 fɔn^{44} 松

紧 tɕin^{35}

容易 iuŋ^{22}i^{44}

难 nɔn^{22}

新 ɕin^{44}

旧 tɕ^{h}iəu^{21}

老 lɑu^{35}

年轻 nan^{22}tɕ^{h}iʌŋ^{44}

软 ȵyon^{44} ①柔软。②杆秤称物时秤尾偏低

硬 ŋʌŋ^{21} ①坚硬，坚固。②副词，确实，多含贬义：渠～爱去

烂 lɔn^{21} 腐朽

发煳 pəɪʔ^{4}fu^{35} 煳

扎□ tsɑʔ^{4}tsɿ^{35} 结实

扎实 tsɑʔ^{4}ɕiɪʔ^{2}

牢 lɑu^{21} ①（衣服、鞋子等）结实。②坚固

烂 lɔn^{21} 破

富 fu^{44}

穷 tɕ^{h}iuŋ^{22}

忙 moŋ^{22}

闲 xan^{22}

着力 tɕ^{h}ioʔ^{2}liʔ^{2} 累

痛 t^{h}uŋ^{44} 疼

痒 ioŋ^{44}

热闹 ȵieʔ^{2}nɑu^{21}

熟 ɕyʔ^{2} 熟悉

生疏 sʌŋ^{44}su^{44} 陌生

味道 mi^{21}tɑu^{21} ①饮食的滋味。②形容词，形容活得滋润：渠也正真～欸

气味 tɕ^{h}i^{44}mi^{21}

咸 xan^{22}

淡 t^{h}ɔn^{44}

酸 sɔn^{44}

甜 t^{h}an^{22}

苦 fu^{35}

辣 loaʔ^{2}

鲜 ɕien^{44}

香 ɕioŋ^{44}

臭 tɕ^{h}iəu^{44}

臭酸 tɕ^{h}iəu^{44}sɔn^{44} 馊

臭腥 tɕ^{h}iəu^{44}sᴀŋ^{44} 腥

好 xɑu^{35}

坏 kai^{21}

坏 kai^{21} 差

对 toi^{44}

错 ts^{h}oʔ^{4}

□气 k^{h}ᴀʔ^{4}tɕ^{h}i^{44} 漂亮

　生好 sᴀŋ^{44}xɑu^{55}

无好睇 mɑu^{22}xɑu^{55}t^{h}ai^{35} 丑

勤力 tɕ^{h}in^{22}liʔ^{2} 勤快

懒 lɔn^{44}

听讲 t^{h}ᴀŋ^{44}koŋ^{35} 乖

　听话 t^{h}ᴀŋ^{44}uɑ^{21}

皮厚 p^{h}i^{22}kɑu^{21} 顽皮

老实 lɑu^{55}ɕiɪʔ^{2}

戆 ŋoi^{22} 傻

　傻 sɑ^{44}

笨 pən^{21}

大方 t^{h}ɔi^{21}foŋ^{44}

小气 ɕiɑu^{55}tɕ^{h}i^{44}

直 tɕ^{h}iʔ^{2} 直爽

　心直 ɕin^{44}tɕ^{h}iʔ^{2}

□ ts^{h}ɑu^{44} 暴躁：性子～

十三　数量

一 iɪʔ^{4}

二 ȵi^{21}

三 sɔn^{44}

四 si^{44}

五 ŋ^{35}

六 lyʔ^{4}

七 tɕ^{h}iɪʔ^{4}

八 paʔ^{4}

九 tɕiəu^{35}

十 ɕiəuʔ^{2}

二十 ȵi^{21}ɕiəuʔ^{2}

三十 sɔn^{44}ɕiəuʔ^{2}

一百 iɪʔ^{4}pᴀʔ^{4}

一千 iɪʔ^{4}tɕ^{h}ian^{44}

一万 iɪʔ^{4}mɔn^{21}

一百零五 iɪʔ^{4}pᴀʔ^{4}liŋ^{22}ŋ^{35}

一百五 iɪʔ^{4}pᴀʔ^{4}ŋ^{35} 一百五十

第一 ti^{21}iɪʔ^{4}

两两 ioŋ^{35}lioŋ^{44} 二两

几个 tɕi^{55}kuai^{44}

两个 ioŋ^{35}kɔi^{44} 俩

三个 sɔn^{44}kɔi^{44} 仨

个把 kɔi^{44}pɑ^{55}

个 kɔi^{44}

头 t^{h}ieu^{22} 匹：一～马

头 t^{h}ieu^{22} 头：一～牛

头 t^{h}ieu^{22} 头：一～猪

头 t^{h}ieu^{22} 只：一～狗

头 t^{h}ieu^{22} 只：一～鸡

个 kɔi^{44} 只：一～蚊子

茎 xᴀŋ^{22} 条：一～鱼｜一～棍｜一～头毛｜一～包罗｜一～香

茎 xᴀŋ^{22} 条：一～蛇

把 pɑ^{55} 张：一～嘴｜一～交椅

番 p^{h}ɔn^{44} 张：一～桌

床 ts^{h}oŋ^{44} 床：一～被

床 ts^{h}oŋ^{44} 领：一～席

双 suŋ^{44} 双：一～鞋

把 pɑ^{35} 把：一～刀

把 pɑ^{35} 把：一～锁

茎 xʌŋ^{22} 根：一～绳

支 tsɿ^{44} 一～毛笔

副 fu^{44} 一～眼镜

面 mien^{55} 一～镜｜一～旗｜一～钟｜一～店

粒 liəuʔ^{4} 块，锭：一～香皂｜一～砖｜一～墨

辆 lioŋ^{22} 一～车｜一～船｜一～飞船｜一～轿

□ toŋ^{22} 座：一～寮一栋屋

茎 xʌŋ^{22} 座：一～桥

条 tʰau^{22} 一～河

条 tʰau^{22} 一～路

茎 xʌŋ^{22} 棵：一～树

蒲 pu^{22} 朵：一～花

粒 liəuʔ^{4} 颗：一～珠崽

粒 liəuʔ^{4} 一～米

顿 tən^{44} 一～饭

帖 tʰiauʔ^{4} 剂：一～药

股 ku^{35} 一～香味

行 xoŋ^{22} 一～字

块 kʰuəi^{44} 元：一～钱

角 koʔ^{4} 毛：一～钱

样 ioŋ^{21} 件：一～事

滴 tiʔ^{5} 点儿：一～乇一点儿东西

乃$^{=}$ nai^{44} 些：一～乇一些东西

下 xɑ^{21} 下：打一～

下 xɑ^{21} 会儿：坐啊一～

下 xɑ^{21} 顿：打一～

趟$^{=}$ tʰoŋ^{44} 阵：落啊一～水下了一阵雨

直$^{=}$ tɕʰiʔ^{2} 趟：去啊一～

十四　代副介连词

我 ŋɔi^{44}

你 ȵi^{44}

* 渠 ki^{44}

我年$^{=}$ ŋɔi^{44}nan^{22} 我们，也说“我伲”[ŋɔi^{44}ȵi^{55}]

我年$^{=}$ ŋɔi^{44}nan^{22} 咱们

你年$^{=}$ ȵi^{44}nan^{22} 你们

渠年$^{=}$ ki^{44}nan^{22} 他们

大利$^{=}$ tʰɔi^{21}li^{21} ①大家。②泛指群众

□家 ti^{21}kɑ^{21} 自己

别人 pʰiɪʔ^{2}ȵin^{22}

我爹 ŋɔi^{44}tia^{44} 我爸爸

你爹 ȵi^{44}tia^{44} 你爸爸

渠爹 ki^{44}tia^{44} 他爸爸

箇个 kɔi^{21}kɔi^{44} 这个

二$^{=}$个 ȵi^{21}kuai^{44} 那个

哪个 nɑ^{55}kuai^{44}

哪个 nɑ^{55}kuai^{44} 谁：你寻～

箇滴$^{=}$ kɔi^{21}ti^{55} 这里

二$^{=}$滴$^{=}$ ȵi^{21}ti^{55} 那里

哪灶$^{=}$ nɑ^{55}tsɑu^{44} 哪里

箇样 kɔi^{21}ioŋ^{21} 这样

二$^{=}$样 ȵi^{21}ioŋ^{21} 那样

□做 tso^{21}tso^{44} 怎样

箇 kɔi^{21} 这么：～贵啊

□做 tso^{21}tso^{44} 怎么

是$^{=}$乇 ɕi^{44}nɑʔ^{4} 什么：二$^{=}$个是～字

是$^{=}$乇 ɕi^{44}nɑʔ^{4} 什么：你寻～

记$^{=}$是$^{=}$乇 tɕi^{44}ɕi^{44}nɑʔ^{4} 为什么

做是$^{=}$乇 tso^{44}ɕi^{44}nɑʔ^{4} 干什么

几多 tɕi^{55}to^{44} 多少

好 xɑu^{35} 很

危险 uəi^{22}ɕien^{35} 非常

较 k^{h}au^{44} 更

□ t^{h}aʔ^{4} 太

顶 tiŋ^{35} 最

都 tu^{44}

一起 iɪʔ^{4}tɕ^{h}i^{35} 一共：～几多钱

一起 iɪʔ^{4}tɕ^{h}i^{35} 一起：我年$^{=}$～去

就是 tɕiəu^{21}ɕi^{44} 只：我～去过一回

正正 tɕiʌŋ^{44}tɕiʌŋ^{55} ①刚：二$^{=}$双鞋我着～好那双鞋我穿刚好。②刚好：～十个人

正 tɕiʌŋ^{44} 刚：我～到

正 tɕiʌŋ^{44} 才：你□ tso^{21} 做～来啊你怎么才来啊

就 tɕiəu^{21}

常起$^{=}$ɕiʌŋ^{22}tɕ^{h}i^{35} 经常

又 iəu^{21}

故 ku^{55} 还：渠～未转

再 tsai^{44}

也 ia^{21} 也：我～去

反正 fɔn^{55}tɕiŋ^{44}

□ men^{21} 没有

唔 n^{22} 不

唔使 n^{22}soi^{55} 别

唔使 n^{22}soi^{55} 甭

好 xɑu^{55} 快

断$^{=}$半$^{=}$滴$^{=}$t^{h}ɔn^{44}pɑ^{44}ti^{55} 差点儿

心愿 ɕin^{44}ȵyon^{21} 宁可

做假嘚 tso^{44}kɑ^{55}te^{213} ①故意。②假装，假惺惺。③装傻

随便 səi^{22}pien^{21}

白 p^{h}ʌʔ^{2}

肯定 k^{h}en^{55}tiŋ^{21}

可能 k^{h}o^{55}nen^{22}

一边 iɪʔ^{4}pan^{44}

□ ti^{55} 连词，和：我～他都姓王

□ ti^{55} 介词，和：我～渠去街路我和他去街上

□ ti^{55} 对：渠～我危险好

望 muŋ^{21}

问 mən^{44} 向：～渠借一本书

䐢 t^{h}en^{22} 按：～渠嘅要求做

□ ti^{55} 替：～渠写信

代 tai^{21}

如果 y^{22}kuo^{55}

唔管 n^{22}kuon^{55} 不管

第二节

《汉语方言词语调查条目表》

一　天文	十一　身体	二十一　文体活动
二　地理	十二　疾病医疗	二十二　动作
三　时令时间	十三　衣服穿戴	二十三　位置
四　农业	十四　饮食	二十四　代词等
五　植物	十五　红白大事	二十五　形容词
六　动物	十六　日常生活	二十六　副词介词等
七　房舍	十七　讼事	二十七　量词
八　器具用品	十八　交际	二十八　附加成分等
九　称谓	十九　商业交通	二十九　数字
十　亲属	二十　文化教育	

一　天文

天 t^{h}an^{44} ①天空。②老天爷，自然界的主宰

天公 t^{h}an^{44}kuŋ^{44} ①天色：～晏啊天色晚了。②天气：～［无解］好

天公下 t^{h}an^{44}kuŋ^{44}xɑ^{21} 太阳地儿

向阳 ɕioŋ^{44}ioŋ^{22}

阳光 ioŋ^{22}koŋ^{44}

月光下 ȵyɵeʔ^{2}koŋ^{44}xɑ^{21} 月亮地儿

七姊妹 tɕ^{h}iɪʔ^{4}tɕi^{55}moi^{44} 北斗星

天王星 t^{h}an^{44}uoŋ^{22}sᴀŋ^{21} 启明星

天河 t^{h}an^{44}xo^{22} 银河

*秆扫星 kɔn^{55}sɑu^{44}sᴀŋ^{21}

影 iᴀŋ^{35} ①影子。②（布等）透：衫薄肉都～出来

大风 t^{h}ɔi^{21}piuŋ^{44}

细风 sai^{44}piuŋ^{44} 微风

龙风 liuŋ^{22}piuŋ^{44} 龙卷风

鬼头风 kuəi^{55}t^{h}ieu^{22}piuŋ^{44} 旋风

弄堂风 luŋ^{21}toŋ^{22}piuŋ^{44} 两栋房子之间的风，特

别凉爽

对头风 toi^{44}t^{h}ieu^{22}piuŋ^{44} 迎面风

顺风 sən^{21}piuŋ^{44}

起风 tɕ^{h}i^{55}piuŋ^{44}

刮风 kuɑʔ^{4}piuŋ^{44}

无风 mɑu^{22}piuŋ^{44} 风停了

寮$^{=}$公云 lau^{22}kuŋ^{44}uən^{22} 积云

赤霞 tɕ^{h}iᴀʔ^{4}xɑ^{22} 云霞

火烧云 fu^{55}ɕieu^{44}uən^{22}

声寮$^{=}$公 ɕiᴀŋ^{44}lau^{22}kuŋ^{44} 打雷

寮$^{=}$公火 lau^{22}kuŋ^{44}fu^{35} 名词，闪电

寮$^{=}$公影 lau^{22}kuŋ^{44}iᴀŋ^{35}

放点 pioŋ^{44}tan^{35} 掉雨点，开始下雨

落水点 loʔ^{2}ɕy^{55}tan^{35}

水崽 ɕy^{55}tsoi^{55} 小雨

热头尿 ȵieʔ^{2}t^{h}ieu^{44}nau^{21} 太阳雨

毛毛水 mɑu^{22}mɑu^{22}ɕy^{35} 毛毛雨

单趟$^{=}$水 tɔn^{44}t^{h}oŋ^{44}ɕy^{55} 阵雨

大水 t^{h}ɔi^{21}ɕy^{35} 大雨

龙风大水 liuŋ^{22}piuŋ^{44}t^{h}ɔi^{21}ɕy^{35} 暴风雨

寮$^{=}$公水 lau^{22}kuŋ^{44}ɕy^{35} 雷阵雨

水停啊 ɕy^{35}tiŋ^{22}a^{44} 雨停了

打水 tᴀŋ^{55}ɕy^{35} ①淋雨。②从井里或河里取水

淋水 lin^{22}ɕy^{35}

打湿 tᴀŋ^{55}ɕiəuʔ^{4} 湿透

水□□ ɕy^{55}tiəuʔ^{4}tiəuʔ^{4}

凌 lin^{55} ①冰凌。②屋檐上的冰锥

霜落凌 soŋ^{44}loʔ^{2}lin^{55}

结冰 tɕieʔ^{4}pin^{44}

落雪 loʔ^{2}soaʔ^{4} 下雪

棉花雪 mien^{22}xuɑ^{44}soaʔ^{4} 鹅毛雪

雪米 soaʔ^{4}mai^{55} 雪珠子

烊雪 ioŋ^{22}soaʔ^{4} 化雪

上露水 ɕioŋ^{44}lu^{44}ɕy^{35} 下露

打霜 tᴀŋ^{55}soŋ^{44}

上麻$^{=}$露 ɕioŋ^{44}mɑ^{21}lu^{44} 下雾

晴天 ts^{h}ᴀŋ^{22}t^{h}an^{44}

阴天 in^{44}t^{h}an^{44}

伏天 fuʔ^{2}t^{h}an^{44} 三伏天

入伏 yɵeʔ^{2}fuʔ^{2}

头伏 t^{h}ieu^{22}fuʔ^{2}

二伏 ȵi^{21}fuʔ^{2}

三伏 sɔn^{44}fuʔ^{2}

天灾 t^{h}an^{44}tsai^{44}

□缝 pieʔ^{4}fuŋ^{21}（土地）开裂

水頞 ɕy^{55}uəɪʔ^{4} 水淹了

二　地理

平阳 p^{h}iᴀŋ^{22}ioŋ^{22} ①平原。②平坦的土地

菜畬 ts^{h}oi^{44}ɕia^{44} 菜地，菜园

荒畬 foŋ^{44}ɕia^{44} 荒地

沙畬 sɑ^{21}ɕia^{44} 沙地

山腰 san^{44}ieu^{44}

山脚 san^{44}tɕioʔ^{4}

山阿 san^{44}o^{55} 山窝

岭头 liᴀŋ^{44}t^{h}ieu^{22} 主峰

山湾$^{=}$ san^{44}uən^{44}（较宽的）峡谷

山峡 san^{44}kauʔ^{2} 两山之间低凹的深谷

山沟 san^{44}kau^{44} 山涧，两山夹水

山坞峡老$^{=}$ san^{44}u^{55}kauʔ^{2}lɑu^{35} 深山老林

界 kai^{44} 山脊

山面 san^{44}mien^{44} 山坡

山顶 san^{44}tiŋ^{35} 山峰

上山 ɕioŋ^{44}san^{44} ①上山。②特指将灵柩抬往

墓地安葬

落底⁼山 loʔ2tai55san44 上山

落山 loʔ2san44 下山

石壁 ɕiᴀʔ2piᴀʔ4 悬崖，峭壁

石岸 ɕiᴀʔ2ŋɔn44 崖岸

渠道 tɕy21tɑu21

坑塘 xᴀŋ44tʰoŋ22（溪涧）积水潭

山水塘 san44ɕy55tʰoŋ22 水库里面的湖

海 xai35

围坝 uəi22pɑ44 堤

清水 tsʰen44ɕy35

浊水 tsʰuʔ2ɕy35 浑水

污龊水 u44tɕʰioʔ4ɕy35 脏水

天水 tʰan44ɕy35 雨水

泉水 tɕʰyon22ɕy35

暖暖水 nɔn55nɔn44ɕy35 温水

暖水 nɔn44ɕy35

穿⁼tɕʰyon44 ①漏。②渗透

大石牯 tʰɔi21ɕiᴀʔ2ku35 大石头

石牯崽 ɕiᴀʔ2ku55tsoi55 小石头

石板 ɕiᴀʔ2pan35 板状的石块

鹅卵石 ŋo22lɔn55ɕiᴀʔ2

沙泥 sɑ21nai22 沙土

沙滩 sɑ21tʰɔn44

瓦碎 ŋɑ55səi44 碎瓦

灰尘 foi44tsʰən22 尘土

灰粉 foi44pən35 灰尘

烂恶泥 lɔn21u44nai22 ①稀泥。②黑糊泥

观音土 kuon44in44tʰu35 高岭土

猪肝土 tɕy44kɔn44tʰu35 紫土，呈黯紫色，宜种小麦、蚕豆等作物，浙江较多

金 tɕin44

银 ȵin22

水银 ɕy55ȵin22

铜 tʰuŋ22

铁 tʰaʔ4

锡 sᴀʔ4

机油 tɕi44iəu22 ①机器用的润滑油。②摩托车等的燃油

石灰 ɕiᴀʔ2foi44

玉 ȵioʔ2

鬼火 kuəi55fu35 磷火

火路 fu55lu21 火势蔓延的路径，灭火时要探明火路

火纹 fu55uən22 火烟子

城市 tsʰən22sɿ21

城墙 ɕiᴀŋ22tɕʰioŋ22

城内 ɕiᴀŋ22noi21

城外 ɕiᴀŋ22uai21

城门 ɕiᴀŋ22mən22

乡下 ɕioŋ44xɑ21 乡村

山坞峡⁼san44u55kauʔ2 ①山沟。②偏僻的山村

老家 lɑu55kɑ44

会 foi21 集市

大路 tʰɔi21lu21

路崽 lu21tsoi55 ①小路。②人迹罕至的偏僻路

横排路 uoŋ22pʰai22lu21 从半山腰斜着上山的路

三　时令时间

春天 tɕʰyn44tʰan44

热天 ȵieʔ2tʰan44 夏天

秋天 tɕʰiəu44tʰan44

节 tsaʔ4 ①节气：一年二十四～。②节日：过～

立春 liɪʔ^{2}tɕ^{h}yn^{44}

雨水 y^{55}ɕy^{35}

惊蛰 tɕiŋ^{44}tɕ^{h}iɪʔ^{2}

春分 tɕ^{h}yn^{44}fən^{44}

谷雨 kuʔ^{4}y^{35}

立夏 liɪʔ^{2}xɑ^{21}

小满 ɕiɑu^{55}mɔn^{35}

芒种 mɔŋ^{22}tɕiuŋ^{44}

夏至 ɑ^{21}tɕi^{44}

小暑 ɕiɑu^{55}ɕy^{35}

大暑 t^{h}ɔi^{21}ɕy^{35}

立秋 liɪʔ^{2}tɕ^{h}iəu^{44}

处暑 tɕ^{h}y^{44}ɕy^{21}

白露 p^{h}ᴀʔ^{2}lu^{21}

秋分 tɕ^{h}iəu^{44}fən^{44}

寒露 xɔn^{22}lu^{21}

霜降 sɔŋ^{44}kɔŋ^{44}

立冬 liɪʔ^{2}tuŋ^{44}

小雪 ɕiɑu^{55}soaʔ^{4}

大雪 t^{h}ɔi^{21}soaʔ^{4}

小寒 ɕiɑu^{55}xɔn^{22}

大寒 t^{h}ɔi^{21}xɔn^{22}

年崽 nan^{22}tsi^{55} 小年：过～

还年福 ian^{22}nan^{22}fuʔ^{4} 大年三十由一家之主向祖先和神佛许愿讨吉利

长⁼隔岁 tɕiɔŋ^{55}kᴀʔ^{4}soi^{44} 守岁

拜年 pai^{44}nan^{22}

过月半 ku^{44}ȵyɵeʔ^{2}pɔn^{44} 过元宵

三月三 sɔn^{44}ȵyɵeʔ^{2}sɔn^{44} 农历三月初三，畲族传统节日

七月七 tɕ^{h}iɪʔ^{4}ȵyɵeʔ^{2}tɕ^{h}iɪʔ^{4} 七夕

七七 tɕ^{h}iɪʔ^{4}tɕ^{h}iɪʔ^{4} ①七夕。②人死后第七个七日

鬼节 kuəi^{55}tsaʔ^{4} 中元节的又称

五月十三 ŋ^{55}ȵyɵeʔ^{2}ɕiəuʔ^{2}sɔn^{4} 农历五月十三，传说是关老爷磨刀的日子

一年透头 iɪʔ^{4}nan^{22}t^{h}ieu^{44}t^{h}ieu^{22} 一年到头

大前年 t^{h}ɔi^{21}ts^{h}an^{22}nan^{44}

大下年 t^{h}ɔi^{21}xɑ^{21}nan^{22} 大后年

年年 nan^{22}nan^{22} 每年

年中 nan^{22}tɕiuŋ^{44}

上半年 ɕiɔŋ^{21}pɔn^{44}nan^{22}

下半年 xɑ^{21}pɔn^{44}nan^{22}

成年 ɕiᴀŋ^{22}nan^{22} 全年，整年

闰月 lən^{21}ȵyɵeʔ^{2}

月初 ȵyɵeʔ^{2}ts^{h}o^{44}

月半 ȵyɵeʔ^{2}pɔn^{44} 月中

月尾 ȵyɵeʔ^{2}məi^{44} 月底

　月底 ȵyɵeʔ^{2}tai^{35}

一个月 iɪʔ^{4}kɔi^{44}ȵyɵeʔ^{2}

先上个月 ɕian^{21}ɕiɔŋ^{21}kɔi^{44}ȵyɵeʔ^{2} 前个月

先一个月 ɕian^{21}iɪʔ^{4}kɔi^{44}ȵyɵeʔ^{2} 上个月

箇个月 kɔi^{21}kɔi^{44}ȵyɵeʔ^{2} 这个月

　本月 pon^{55}ȵyɵeʔ^{2}

下一个月 xɑ^{21}iɪʔ^{4}kɔi^{44}ȵyɵeʔ^{2} 下个月

大月 t^{h}ɔi^{21}ȵyɵeʔ^{2} 农历有三十天的月份

细月 sai^{44}ȵyɵeʔ^{2} 农历有二十九天的月份

先几日 ɕian^{21}tɕi^{55}ȵiɪʔ^{4} 前几天

星期 ɕiŋ^{44}tɕi^{22}

一个星期 iɪʔ^{4}kɔi^{44}ɕiŋ^{44}tɕi^{22}

几月几号 tɕi^{55}ȵyɵeʔ^{2}tɕi^{55}xɑu^{21}

日 ȵiɪʔ^{4}

晡晡日 pu^{44}pu^{21}ȵiɪʔ^{4} 每天

十几日 ɕiəuʔ^{2}tɕi^{55}ȵiɪʔ^{4}

先十日 ɕian21ɕiəuʔ2ȵiɪʔ4
半日 pɔn44ȵiɪʔ4 半天
大半日 tʰɔi21pɔn44ȵiɪʔ4
天□舷 tʰan44xau21tɕien22 天快要亮或刚亮的时候
发白 foaʔ4pʰᴀʔ2 破晓
眼⁼头时 ȵian55tʰieu22ɕi22 清早
半□昼 pɔn44sɑu55tɕiəu44 上午8点到10点之间
好日昼 xɑu55ȵiɪʔ4tɕiəu44 上午10点到11点之间
日昼 ȵiɪʔ4tɕiəu44 ①正午。②午饭
日昼过 ȵiɪʔ4tɕiəu44ku44 午后12点到14点之间
点心 tan55ɕin44 下午14点到16点之间
暗晡 ɔn44pu21 ①黄昏，日落以后星出以前。②晚饭
天乌啊 tʰan44u44a44 天黑了
一日透暗 iɪʔ4ȵiɪʔ4tʰieu44ɔn44 一天到晚
上半夜 ɕioŋ21pɔn44ia21
下半夜 xɑ21pɔn44ia21
成夜 ɕiᴀŋ22ia21 整夜
晡晡暗 pu44pu21ɔn44 每天晚上
每日暗晡 məi35ȵiɪʔ4ɔn44pu21
每夜 məi35ia21

四　农业

春耕 tɕʰyn44kᴀŋ44
夏收 xɑ21ɕiəu44
秋收 tɕʰiəu44ɕiəu44
双抢 suŋ44tɕʰioŋ35
冬闲 tuŋ44xan22
烧山 ɕieu44san44
擻⁼山 pʰieʔ4san44 将某块山地上的植物全部伐去
耖田 tsʰɑu44tʰan22 在水田中平田整地
布禾 pu55o22 种水稻
熟 ɕyʔ2 一年中水稻种植的次数：一年种两～
浸种 tɕin44tɕiuŋ35
□谷种 iai21kuʔ4tɕiuŋ35 下种
点麦 tian55mᴀʔ2 播麦子
催芽 tɕʰyoi44ŋɑ21 催秧，整个过程大致四五天
挽秧 mɔn55ioŋ44 拔秧
缚秧 pʰuʔ2ioŋ44 扎秧
担秧 tɔn44ioŋ44 送秧
补苗 pu55mieu22
散苗 sɔn44mieu22 减苗
薅草 xɑu44tsʰɑu35 耘田
清沟 tɕʰiŋ44kau44 疏沟渠
花草 fɑ44tsʰɑu35 绿肥
猪屎 tɕy44ɕi35 猪粪肥
牛屎 ŋɑu22ɕi35 牛粪肥
积肥 tɕieʔ4fəi22
堆肥 toi21fəi22 沤肥
扒猪屎 pʰɑ22tɕy44ɕi35（用四齿耙）捡猪粪
扫鸡屎 sɑu44tɕiai44ɕi35 捡鸡屎
捡屎 tɕien55ɕi35 拾粪，多以捡狗屎为主
狗屎耙 kɑu55ɕi55pʰɑ22 拾粪扒
炆灰 uən22foi44 烧火肥，传统耕种方式之一
□草皮 loʔ4tsʰɑu55pʰi22 铲草皮
扒牛屎 pʰɑ22ŋɑu22ɕi35 捡牛粪
□肥 iai21fəi22 施肥
□灰 tsəɪʔ4foi44 点灰，一般用手逐蔸撮撒
□谷 liəu21kuʔ4 晒谷时翻谷
化肥 xuɑ44fəi22
尿素 ȵiau21su55
复合肥 fuʔ4xəʔ2fəi22

氯化钾 lyʔ^{4}xuɑ^{44}kaʔ^{4}

磷肥 lin^{22}fəi^{22}

氮氨 t^{h}an^{55}an^{44}

农药 nuŋ^{22}ioʔ^{2}

落⁼落⁼粉 loʔ^{2}loʔ^{2}fən^{55} 六六粉，杀虫剂名

除草剂 tɕ^{h}y^{22}ts^{h}ɑu^{55}tɕi^{55}

敌敌畏 tiʔ^{2}tiʔ^{2}uəi^{55}

乐果 loʔ^{4}ku^{55}

草甘膦 ts^{h}ɑu^{55}kan^{44}lin^{22}

睇水 t^{h}ai^{55}ɕy^{35} 巡视田中水情

睇禾虫 t^{h}ai^{55}o^{22}tɕ^{h}iuŋ^{21} 巡视田中虫情

割麦 koaʔ^{4}mᴀʔ^{2}

斫甘蔗 tɕioʔ^{4}kɔn^{55}tɕia^{44} 砍甘蔗

擘包罗 pᴀʔ^{4}pau^{44}lo^{22} 掰玉米

掘番薯 kuəɪʔ^{2}fɔn^{44}ɕy^{22} 挖红薯

打禾 tᴀŋ^{55}o^{22} 打稻谷

缚秆 p^{h}uʔ^{2}kɔn^{35} 扎稻草

晒谷 sai^{44}kuʔ^{4}

压水井 ɑuʔ^{4}ɕy^{55}tsᴀŋ^{35}

打井 tᴀŋ^{55}tsᴀŋ^{35}

洗井 sai^{55}tsᴀŋ^{35} 从井中舀出污水泥沙

戽水 fu^{44}ɕy^{35}

车水 tɕ^{h}ia^{44}ɕy^{35}

放水 pioŋ^{44}ɕy^{35} ①灌水，使水入田。②排水

灌⁼水 kuon^{44}ɕy^{35} 用器皿往外排水

担水 tɔn^{44}ɕy^{35} 挑水

泼水 p^{h}oaʔ^{4}ɕy^{35} 浇水

陈⁼水 tɕ^{h}in^{22}ɕy^{35} 蓄水

打水桶 tᴀŋ^{55}ɕy^{55}t^{h}uŋ^{35} 汲水用的木制吊桶

棕绳 tsuŋ^{44}ɕiŋ^{21}

麻绳 mɑ^{22}ɕiŋ^{21}

秆绳 kɔn^{55}ɕiŋ^{21} 稻草绳

板车 pan^{55}tɕ^{h}ia^{44}

轴心 tɕ^{h}ioʔ^{2}ɕin^{44} 车轴

车斗 tɕ^{h}ia^{44}tieu^{35} 板车斗

挡板 toŋ^{55}pan^{35}

牛轭 ŋɑu^{22}ᴀʔ^{4}

牛轭绳 ŋɑu^{22}ᴀʔ^{4}ɕiŋ^{21} 颈袢绳

牛绳 ŋɑu^{22}ɕiŋ^{21} 牛鼻绳

牛嘴络 ŋɑu^{22}tɕyoi^{44}loʔ^{4} 牛笼嘴

牛鼻拳 ŋɑu^{22}p^{h}i^{21}tɕ^{h}yon^{44} 穿在牛鼻子里的木棍儿

牛枝枝 ŋɑu^{22}tɕi^{44}tɕi^{21}（赶牛）鞭子

钮 ȵiəu^{21} ①犁耙上的小铁环。②其他器物上固定的小铁环

木耙 moʔ^{2}p^{h}ɑ^{22}

钉耙 ten^{44}p^{h}ɑ^{22}

寮⁼公耙 lau^{22}kuŋ^{44}p^{h}ɑ^{22} 滚耙，有木制和铁制两种，浙江移民多用木制，本地“老表”用铁制

草耙 ts^{h}ɑu^{55}p^{h}ɑ^{22} 耘田耙

平耙 p^{h}iᴀŋ^{22}p^{h}ɑ^{22} 板耙

耙刀 p^{h}ɑ^{22}tɑu^{44} 四齿耙

谷耙 kuʔ^{4}p^{h}ɑ^{22} 晒谷耙

耙柄 p^{h}ɑ^{22}piᴀŋ^{44} 耙把

耙绳 p^{h}ɑ^{22}ɕiŋ^{21}

耙梁 p^{h}ɑ^{22}lioŋ^{22}

耙齿 p^{h}ɑ^{22}tɕ^{h}i^{35}

打谷桶 tᴀŋ^{55}kuʔ^{4}t^{h}uŋ^{35}

谷桶 kuʔ^{4}t^{h}uŋ^{35} 盛谷用的大木桶

谷橱 kuʔ^{4}tɕ^{h}y^{21} 谷柜

谷仓 kuʔ^{4}ts^{h}oŋ^{44}

簟 tien^{21} 晒谷簟

□鼓 len^{44}ku^{35} 石磙，圆柱形，用来轧谷物、

平场地等

木砻 moʔ^{2}luŋ^{22}

砻钩 kuŋ^{22}kɑu^{21} 木砻上用于连接砻与外接动力系统的铁钩

夹⁼米机 kauʔ^{2}mai^{55}tɕi^{44} 碾米机

打石磨 tʌŋ^{55}ɕiʌʔ^{2}mo^{21} 制作磨子

修石磨 ɕiəu^{44}ɕiʌʔ^{2}mo^{21} 修整磨子

牛磨 ŋɑu^{22}mo^{21} 牛拉的石磨

水磨 ɕy^{55}mo^{21} 水推的石磨

磨心 mo^{21}ɕin^{44} 磨的下半部分中间的小木桩

磨盘 mo^{21}pʰɔn^{22} 磨的上半部分

磨槽 mo^{21}tsʰɑu^{22}

磨牙 mo^{21}ŋɑ^{22} 磨齿

砻钩 luŋ^{22}kɑu^{21} 木砻或石磨上用于连接外置动力系统的铁钩

磨手 mo^{21}ɕiəu^{35} 磨把儿

粉箒 pən^{55}tʰɔi^{44} 筛粉末状细物用的器具

豆□ tʰieu^{35}kau^{55} 连枷

踏米碓头 tʰɑuʔ^{2}mai^{55}toi^{44}tʰieu^{22} 碓杵

踏米碓□ tʰɑuʔ^{2}mai^{55}toi^{44}lin^{35}

踏米碓 tʰɑuʔ^{2}mai^{55}toi^{44} 脚碓

水碓 ɕy^{55}toi^{44} 以水驱动的碓

水笼头 ɕy^{55}luŋ^{22}tʰieu^{22} 水碓和筒车的动力传输系统

刀 tɑu^{44}

大柴刀 tʰɔi^{21}tsʰai^{22}tɑu^{44} 长柴刀

刀崽 tɑu^{44}tsoi^{55} 小刀儿

刀锋 tɑu^{44}fuŋ^{44} 刀口

锹 tɕʰiau^{44}

洋锹 ioŋ^{22}tɕʰiau^{44} 铁锹，形制与传统的锹有别

铲 tsʰan^{35} ①铲子。②动词，用铲子铲

铁铲 tʰaʔ^{4}tsʰan^{35}

谷□ kuʔ^{4}tɕʰiauʔ^{4} 撮箕

箩夫⁼ lo^{21}fu^{44} 箩绳，用藤、竹、棕等制成，方便担箩之用

篓 lieu^{35} 筐

络 loʔ^{4} 竹网筐，孔较稀疏

东⁼杆□ tuŋ^{44}kɔn^{44}tɕʰiɪʔ^{2} 扁担钉

担担 tɔn^{44}tɔn^{44} 挑担子

车轮盘 tɕʰia^{44}lən^{22}pʰɔn^{22} 汽车的车轮

五 植物

粮食 lioŋ^{22}ɕiʔ^{2}

五谷 ŋ^{55}kuʔ^{4}

麦 mʌʔ^{2} 麦子

花麦 fɑ^{44}mʌʔ^{2} 荞麦

苦麦 fu^{55}mʌ^{213} ①苦荞。②燕麦

麦□ mʌʔ^{2}nieu^{35} 麦穗

麦芒 mʌʔ^{2}muŋ^{22}

麦戈 mʌʔ^{2}koi^{21} 麦茬儿

麦皮 mʌʔ^{2}pʰi^{22} 麦糠

黄粟米 uoŋ^{22}suʔ^{4}mai^{35} 小米

农垦五八 nuŋ^{22}kʰen^{55}ŋ^{55}paʔ^{4} 稻种名

五〇三 ŋ^{55}liŋ^{22}sɔn^{44} 稻种名

河南早 xo^{22}nɔn^{22}tsɑu^{35} 稻种名

糯谷 no^{21}kuʔ^{4} 糯稻

粳稻 ken^{44}tɑu^{21}

稗 pʰe^{44} 稗草

稗崽 pʰe^{44}tsoi^{35} 稗谷

米 mai^{35} ①水稻等作物的籽实去壳后的成品。②糁子：包罗～玉米糁子

食米 ɕiʔ^{2}mai^{35} 大米，相对“糯米”而言

赤米 tɕʰiʌʔ^{4}mai^{35} 红米

乌米 u^{44}mai^{35} 黑米

早禾米 tsɑu^{55}o^{22}mai^{35} 早米

晏禾米 ɔn^{44}o^{22}mai^{35} 晚米

糙米 tsʰɑu^{44}mai^{35} 未舂碾过的米

白米 pʰᴀʔ^{2}mai^{35} 加工过的精米

新米 ɕin^{44}mai^{35}

陈米 tɕʰin^{22}mai^{35}

米碎 mai^{55}səi^{44} 碎米

棉桃 mien^{44}tʰo^{35}

麻 mɑ^{21} 麻类植物的统称，一般一人多高

麻梗 mɑ^{21}tɕiᴀŋ^{35} 麻秆儿

苎 tɕʰy^{21} 苎麻，比麻矮

白番薯 pʰᴀʔ^{2}fɔn^{44}ɕy^{22} 红薯的一个品种，皮为白色

胜利番薯 ɕiŋ^{44}li^{55}fɔn^{44}ɕy^{22} 红薯的一个品种，皮为红色，淀粉类含量较高，多用于加工薯粉

六十工 lyʔ^{4}ɕiəuʔ^{2}kuŋ^{44} 白心薯的一个品种名，畲民在淳安时常种

黄心番薯 uoŋ^{22}ɕin^{44}fɔn^{44}ɕy^{22} 黄心薯

野芋卵 ia^{55}fu^{21}lɔn^{35} 野芋

石芋 ɕiᴀʔ^{2}fu^{21} 一种植物，茎球小，大至硬币方寸，可入药

芋卵头 fu^{21}lɔn^{35}tʰieu^{22} 芋头球茎的主体

芋卵崽 fu^{21}lɔn^{35}tsoi^{35} 芋头主体上长出的小芋头

白梗芋 pʰᴀʔ^{2}tɕiᴀŋ^{55}fu^{21} 白芋，梗白色

赤眼芋 tɕʰᴀʔ^{4}ȵian^{55}fu^{213} 芋头品种名

乌皮捋 ⁼u^{44}pʰi^{55}loaʔ^{4} 芋头品种名

脚板薯 tɕioʔ^{4}pan^{55}ɕy^{22} 扁状山药

莲子 lien^{22}tsɿ^{35}

乌豆 u^{44}tʰieu^{35} 黑豆

赤豆 tɕʰiᴀʔ^{4}tʰieu^{35} 红小豆

米豆 mai^{55}tʰieu^{35}

四月荚 si^{44}ȵyəeʔ^{2}kauʔ^{4} 四季豆

扁□豆 pan^{55}ne^{21}tʰieu^{35} 刀豆

扁豆 pan^{55}tʰieu^{35}

菜瓜 tsʰoi^{44}kɑ^{44}

大金瓜 tʰɔi^{21}tɕin^{55}kɑ^{44} 大南瓜，扁形

长金瓜 tɕʰioŋ^{22}tɕin^{55}kɑ^{44} 小南瓜，较小，长而圆

冬瓜 tuŋ^{44}kɑ^{44}

冬瓜硝 tuŋ^{44}kɑ^{44}ɕieu^{44} 冬瓜毛，对皮肤有刺激性

长□ tɕʰioŋ^{22}pʰiəu^{21} 长瓠子

勺□ ɕioʔ^{2}pʰiəu^{21} 大瓠子，一般用于取壳舀水

四季葱 si^{44}tɕi^{44}tsʰuŋ^{21} 葱的一种，茎为白色

大麦葱 tʰɔi^{21}mᴀʔ^{2}tsʰuŋ^{21} 香葱，茎为红色，与大蒜的生长期相同

葱戈 tsʰuŋ^{21}koi^{21} ①葱头。②葱白

葱头 tsʰuŋ^{21}tʰieu^{22}

葱叶 tsʰuŋ^{21}ieuʔ^{2}

葱花 tsʰuŋ^{21}xuɑ^{44}

大蒜崽 tɔi^{21}sɔn^{44}tsoi^{35} 蒜瓣儿

大蒜心 tɔi^{21}sɔn^{44}ɕin^{44} 蒜苗

细叶韭菜 sai^{44}ieuʔ^{2}tɕiəu^{55}tsʰoi^{44} 细韭菜，口感较香

大叶韭菜 tʰɔi^{21}ieuʔ^{2}tɕiəu^{55}tsʰoi^{44} 大叶韭，没有细叶韭菜香

山韭菜 san^{44}tɕiəu^{55}tsʰoi^{44} 野韭，可药用

韭菜花 tɕiəu^{55}tsʰoi^{44}fɑ^{44}

韭菜心 tɕiəu^{55}tsʰoi^{35}ɕin^{44} 韭菜苔

苋菜 xɔn^{21}tsʰoi^{44}

赤苋菜 tɕʰiᴀʔ^{4}xɔn^{21}tsʰoi^{44} 红苋

白苋菜 pʰᴀʔ^{2}xɔn^{21}tsʰoi^{44} 白苋

嫩姜 nɔn^{21}tɕioŋ^{44} 带有嫩芽的未长老的姜

老姜 lɑu^{55}tɕioŋ^{44} 长老了的姜，即种姜成活后

长大的主茎体

姜娘 tɕioŋ44ȵioŋ22

洋芋 ioŋ22fu21 洋姜，主要用于腌制食用

青辣椒 tsʰᴀŋ44loaʔ2tɕiɑu44 青椒

赤辣椒 tɕʰiᴀʔ4loaʔ2tɕiɑu44 红椒

仰天椒 ȵiᴀŋ21tʰan44tɕiɑu44 朝天椒

灯笼椒 ten44luŋ22tɕiɑu44

辣椒崽 loaʔ2tɕiɑu44tsoi55 米椒

羊角椒 ioŋ22koʔ4tɕiɑu44 牛角椒

辣椒干 loaʔ2tɕiɑu44kɔn44 干辣椒

酸辣椒 sɔn44loaʔ2tɕiɑu44

辣椒粉 loaʔ2tɕiɑu44pən35 辣椒面儿

芥菜 tɕiai44tsʰoi44

胡椒 fu22tɕiɑu44

青菜 tsʰᴀŋ44tsʰoi44 绿叶菜的泛称

菜崽 tsʰoi44tsoi35 菜籽

高脚白 kɑu44tɕioʔ4pʰᴀʔ2 大青菜，梗较长，成菜有五斤左右，主要用于腌制酸菜

黄芽菜 uoŋ22ŋɑ55tsʰoi44 黄芽白

白菜崽 pʰᴀʔ2tsʰoi44tsoi55 小白菜

南京⁼菜叶 nɔn22tɕiᴀŋ44tsʰoi44ieuʔ2 莴笋叶

莴苣菜 u44tɕy55tsʰoi44 莴苣，类似莴笋，茎小，叶密，叶子稍带紫色，其叶可做蔬菜

生菜 sen44tsʰoi44

空心 kʰuŋ44ɕin44（萝卜）糠了

起布 tɕʰi55pu44（萝卜）表皮干皴

菜头叶 tsʰoi44tʰieu44ieuʔ2 萝卜缨

食梗菜 ɕiʔ2tɕiᴀŋ55tsʰoi44 苤蓝

茭笋 kau44sən35 茭白

赤菜心 tɕʰiᴀʔ4tsʰoi44ɕin44 油菜薹

油菜崽 iəu22tsʰoi44tsoi35 油菜籽

空心菜 kʰuŋ44ɕin44tsʰoi44 蕹菜

地菜 ti21tsʰoi44 荠菜

九头芥 tɕiəu55tʰieu22kai55 雪里蕻

树林 ɕy21lin22

山林 san44lin22 有树的山

山场 san44tɕʰioŋ22 成片的山地，可以没有树

树苗 ɕy21mieu22

树尾 ɕy21məi44 树梢

根 tɕyn44

树根 ɕy21tɕyn44

树叶 ɕy21ieuʔ2

树□ ɕy21uɑ55 树枝

种树 tɕiuŋ44ɕy21

松柏崽毛丝 tsʰoŋ22pᴀʔ4tsoi55mɑu44ɕi44 松针

茶崽毛 tsʰɑ22tsoi55mɑu44 用来引火的松针

松柏崽卵 tsʰoŋ22pᴀʔ4tsoi55lɔn55 松球

松香 suŋ22ɕioŋ44

杉树劈 sɔn44ɕy21neʔ4 杉针

蚕树 tsʰɔn35ɕy21 桑树

蚕树崽 tsʰɔn35ɕy21tsoi35 桑葚

蚕叶 tsʰɔn35ieuʔ2 桑叶

杨树 ioŋ22ɕy21

桐油树 tʰuŋ22iəu55ɕy21 油桐

桐油 tʰuŋ22iəu35 桐子

桐油崽 tʰuŋ22iəu55tsoi35

桐油 tʰuŋ22iəu22

苦楝树 kʰu55lien22ɕy21

竹 tɕyʔ4 竹子的统称，尤指清明前后出竹的竹子

竹崽 tɕyʔ4tsoi55 小竹子，可制箫

青皮竹 tsʰᴀŋ44pʰi22tɕyʔ4 生竹

实心竹 ɕiʔ2ɕin44tɕyʔ4 一种内实、出笋较晚的竹子

寮$^{=}$公竹 lau^{22}kuŋ^{44}tɕyʔ^{4} 一种开春打雷时出土的竹子

苦竹 k^{h}u^{55}tɕyʔ^{4}

孝顺竹 xau^{44}sən^{21}tɕyʔ^{4} 竹子的一种，春天笋生在中间，冬天笋生在外面

石灰竹 ɕiᴀʔ^{2}foi^{44}tɕyʔ^{4} 竹子的一种，主要用于做家具

菜竹 ts^{h}oi^{44}tɕyʔ^{4} 只用于吃笋的竹子

金竹 tɕin^{44}tɕyʔ^{4} 一种笋壳为红色的竹子

冬笋 tuŋ^{44}sən^{35} 立春前挖的笋，较嫩

春笋 tɕ^{h}yn^{44}sən^{35} 立春后挖的笋，较老

笋壳 sən^{55}xoʔ^{4}

笋干 sən^{55}kɔn^{44} 切好再晒干的笋

明$^{=}$笋 miŋ^{22}sən^{35} 未切晒干的板笋，又读[min^{22} sən^{35}]

竹篙 tɕyʔ^{4}kɑu^{44} 竹竿，常用作晾衣横杆

毛竹叶 mɑu^{22}tɕyʔ^{4}ieuʔ^{2} 竹叶

篾 maʔ^{2} 竹子劈成的薄片

篾青 maʔ^{2}ts^{h}ᴀŋ^{44} 破篾的第一层，做家具主要用篾青

篾黄 maʔ^{2}uoŋ^{22} 破篾的第二层

篾白 maʔ^{2}p^{h}ᴀʔ^{2} 破篾的第三层，一般弃置

篾瓤 maʔ^{2}noŋ^{22} 篾黄和篾白的合称

打篾 tᴀŋ^{55}maʔ^{2} 编织篾器

核 fəɪʔ^{2} 果核

崽 tsoi^{35} ①种子。②人或动物的幼体

枇杷 pi^{22}pɑ^{22}

柿饼 tɕ^{h}i^{44}piᴀŋ^{35}

橘衣 tɕiɪʔ^{4}i^{44} 橘络

柑 kɔn^{44} 柑子

橙子 ts^{h}ən^{22}tsɿ^{55}

木瓜 moʔ^{2}kɑ^{44}

桂圆 kuəi^{44}yon^{22} 龙眼

荔枝 li^{22}tsɿ^{44}

芒果 moŋ^{22}ku^{35}

菠萝 po^{44}lo^{22}

栗子 liᴀʔ^{2}tɕi^{21} “栗子”的又读，或为“栎子”之讹

尖栗 tɕian^{44}liɪʔ^{2} 锥栗

板栗 pan^{35}liɪʔ^{2}

西瓜 ɕi^{44}kɑ^{44}

瓜子 kɑ^{44}tɕi^{21}

甜瓜 t^{h}an^{22}kɑ^{44}

花生 fɑ^{44}sᴀŋ^{44} ①花生（指植物）。②未剥开壳的花生的果实

花生米 fɑ^{44}sᴀŋ^{44}mai^{35} 花生仁，又说

花生衣 fɑ^{44}sᴀŋ^{44}i^{44} 花生仁上的红皮

垫$^{=}$梨 tien^{21}li^{44} 猕猴桃

桂花 kuəi^{44}fɑ^{44}

菊花 tɕyʔ^{4}fɑ^{44}

手甲花 ɕiəu^{55}kauʔ^{4}fɑ^{44} 凤仙花

荷花 xo^{22}fɑ^{44}

藕叶 ŋau^{55}ieuʔ^{2} 荷叶

荷叶 xo^{22}ieuʔ^{2}

莲蓬 lien^{22}puŋ^{22}

水仙花 ɕy^{55}ɕian^{44}fɑ^{44}

茉莉花 moʔ^{4}li^{21}fɑ^{44}

牵牛花 ɕien^{44}ŋɑu^{22}fɑ^{44}

杜鹃花 tu^{55}tɕyon^{44}fɑ^{44}

芙蓉花 fu^{22}iuŋ^{22}fɑ^{44}

万年青 uən^{21}nan^{22}tɕ^{h}iŋ^{44}

仙人掌 ɕian^{44}ȵin^{22}tɕioŋ^{35}

仙人球 ɕian^{44}ȵin^{22}tɕ^{h}iəu^{22}

花边 fɑ^{44}pan^{44} 花瓣

　花片=fɑ44pʰan35
花芯fɑ44ɕin44花蕊
大水茅tʰɔi21ɕy55mau22芦苇
冬菌tuŋ44kʰuən21冬菇
青衣tsʰᴀŋ44i44青苔

六　动物

畜生tɕʰyʔ4sᴀŋ44①牲畜。②詈语
　畜生tɕʰioʔ4sᴀŋ44又读
头牲tʰieu22sᴀŋ44牲畜
牲口sᴀŋ44kʰəu35
马牯mɑ44ku35公马
马娘mɑ44ȵioŋ22母马
吽□xuŋ44ŋa213牛的儿称
羯牯tɕieʔ4ku35犍牛
黄牛uoŋ22ŋɑu44
水牛ɕy55ŋɑu22
山牛san44ŋɑu22野牛
牛崽ŋɑu22tsoi55牛犊
骆多=loʔ2to44①大型哺乳动物名称。②陀螺的一种叫法
绵羊mien22ioŋ22
菜羊tsʰoi44ioŋ22山羊
羊崽ioŋ22tsoi55羊羔
狗崽kɑu55tsoi55小狗儿
哈巴狗xɑ44pɑ44kɑu35
猪□核tɕy44lin55xᴀʔ2猪睾丸
花头fɑ44tʰieu22猪卵巢
羯猪tɕieʔ4tɕy44阉猪，动宾短语
双髻鸡suŋ44ke21tɕiai44重冠鸡
脚裤鸡tɕioʔ4fu44tɕiai44小腿长毛的鸡
本=毛鸡po55mɑu44tɕiai44毛反着长的鸡
鸡公崽tɕiai44kuŋ21tsoi55未成年且未阉的小公鸡
羯鸡tɕieʔ4tɕiai44①阉割好的鸡。②动宾短语，阉鸡
□角=鸡娘lɔi21koʔ4tɕiai44ȵioŋ21未开始孵蛋的母鸡
　□角=鸡娘lɔi21koʔ2tɕiai44ȵioŋ21又读
伏崽鸡娘pʰiəu21tsoi55tɕiai44ȵioŋ21抱窝鸡
鸡娘崽tɕiai44ȵioŋ21tsoi55未下蛋的母鸡
新鸡娘ɕin44tɕiai44ȵioŋ35刚开始下蛋的母鸡
鸡髻tɕiai44ke21鸡冠
鸡髀tɕiai44pi35①鸡肉。②尚未从鸡身上卸下的鸡腿
鸡腿tɕiai44tʰoi35剁下来做菜料的鸡腿
鸡脚tɕiai44tɕioʔ4鸡爪
鸭公ɑuʔ4kuŋ21公鸭
鸭娘ɑuʔ4ȵioŋ21母鸭
鸭崽ɑuʔtsoi55幼鸭
鸭卵ɑuʔ4lɔn35鸭蛋
鹅崽ŋo22tsoi55鹅雏
野兽ia55ɕiəu44
狮子sɿ44tsɿ35
老虎娘lɑu55fu55ȵioŋ22母虎
狗熊kɑu55iuŋ22熊
豹pau44
铜钱豹tʰuŋ22tsʰan21pau44金钱豹
狐狸u22li22
黄麂狼uoŋ22tɕi55loŋ22黄鼠狼
竹叶青tɕyʔ4ieuʔ2tsʰᴀŋ44蛇的一种，有毒
青蛇tsʰᴀŋ44ɕia22蛇的一种，有毒
白节蛇pʰᴀʔ2tsaʔ4ɕia22银环蛇
　竹节蛇tɕyʔ4tsaʔ4ɕia22
五步蛇ŋ55pʰu21ɕia22蛇的一种，剧毒

泥蛇nai^{22}ɕia^{22} 蛇的一种，无毒

水蛇ɕy^{55}ɕia^{22} 蛇的一种，无毒

鸡髻蛇tɕiai^{44}ke^{21}ɕia^{22} 蛇的一种，剧毒

菜花蛇tsʰoi^{44}fɑ^{44}ɕia^{22} 蛇的一种，无毒

乌扫蛇u^{44}sɑu^{44}ɕia^{22} 蛇的一种，无毒，黑色，行动迅速

棋盘蛇tɕʰi^{22}pʰɔn^{22}ɕia^{22} 蛇的一种，剧毒

泡=颈蛇pʰɑu^{44}tɕiʌŋ^{55}ɕia^{22} 蛇的一种，剧毒，发怒时头会膨胀成三角形

黄金条uoŋ^{22}tɕin^{44}tiau^{22} 蛇的一种，无毒

犁头拍=lai^{22}tʰieu^{22}pʰoʔ^{4} 蛇的一种，有毒，颈部会瘪，身体可竖，会追人，遇到时需走弯路方能躲避

狗屎蛇kɑu^{55}ɕi^{55}ɕia^{22} 蛇的一种，原在空心菜地中较多，今少见

四脚蛇si^{44}tɕioʔ^{4}ɕia^{22} 蜥蜴

燕an^{44} 燕子

大雁tʰɔi^{21}ien^{55}

斑鸠pan^{44}tɕiəu^{44}

咕咕咕ku^{22}ku^{55}ku^{44} ①布谷鸟。②鹧鸪

啄树鸟toʔ^{4}ɕy^{21}tau^{55} 啄木鸟

猫头鹞ȵiau^{44}tʰieu^{22}ieu^{21} 猫头鹰

□□pɑ^{22}pɑ^{44} 八哥儿

鹤xoʔ^{2}

寮鹞lau^{22}ieu^{21} 鹰

山鸡san^{44}tɕiai^{44} 野鸡

野水鸭ia^{55}ɕy^{55}ɑuʔ^{4} 野鸭

鸬鹚lu^{22}sɿ^{22}

虫崽tɕʰiuŋ^{21}tsoi^{55} 幼虫

蚕屎tsʰɔn^{35}ɕi^{35} 蚕沙

大水蚁tʰɔi^{21}ɕy^{55}ȵi^{35} 白蚁老了以后的形态，有翅膀，变天时飞来，有趋光性

地蚕ti^{21}tsʰɔn^{22} 一种害虫，形似蚕，吃作物的芽茎

蜒蚰ien^{44}iəu^{21} ①蜗牛。②蚰蜒

严=钮=ȵien^{22}ȵiəu^{21} 蚰蜒的又读

牛屎虫ŋɑu^{22}ɕi^{55}tɕʰiuŋ^{213} 蜣螂

田钉=tʰan^{22}ten^{44} 水蜈蚣，体硬，脚短，咬人很痛

百爪虫pʌʔ^{4}tɕiau^{35}tɕʰiuŋ^{21} 百足虫

壁虎piʔ^{4}fu^{35}

□虫xɔi^{22}tɕʰiuŋ^{21} 毛毛虫，以树分，不同树上的颜色不同

米虫mai^{55}tɕʰiuŋ^{21} 肉虫，常生于米里，色白

赤秧=tɕʰiʌʔ^{4}ioŋ^{44} 一种米虫，黑褐色，硬壳

优=字=iəu^{44}tɕʰi^{21} 蚜虫

牛虻ŋɑu^{22}mʌŋ^{21}

蚊=是=mən^{21}ɕi^{44} 蠓

脚=□tɕioʔ^{4}tɕie^{44} 蟋蟀

脚=□tɕioʔ^{4}ke^{44} 又读

灶□tsɑu^{44}tɕie^{44} 灶蟋蟀

九里弹=tɕiəu^{55}li^{55}tan^{21} 马蜂

叮ten^{44} ①（蚊）叮。②（蜂）蜇

蜂窠pʰiuŋ^{35}kʰo^{44} 蜂窝

阳=火衣ioŋ^{22}fu^{55}i^{44} 萤火虫

菜干□tsʰoi^{44}kɔn^{44}pʰɑu^{21} 臭大姐

扁鱼pan^{55}ȵy^{21} 鳊鱼

草鱼tsʰɑu^{55}ȵy^{21}

黄鱼uoŋ^{22}ȵy^{21} 石首鱼

鳜鱼kuəi^{44}ȵy^{21}

鳗mən^{22} 鳗鱼，形似黄鳝，生于河滩

南=袋=nɔn^{22}tʰoi^{21} 鲇鱼

□牯liʌʔ^{2}ku^{35} 黑鱼，吃了对伤口愈合有益

金鱼tɕin^{44}ȵy^{21}

湖□ fu^{22}liəu^{44} 泥鳅

田鳝 tʰan^{22}ɕien^{44} 黄鳝

鱼艻 ȵy^{21}neʔ^{4} 鱼刺

鱼泡 ȵy^{21}pʰɑu^{44} 鱼鳔

鱼鳃 ȵy^{21}ɕyoi^{44}

鱼卵 ȵy^{21}lɔn^{35} 鱼子

鱼花 ȵy^{21}fɑ^{44} 鱼苗

　鱼苗 ȵy^{21}mieu^{22}

钓鱼 tau^{44}ȵy^{21}

钓鱼棍 tau^{44}ȵy^{21}kuən^{44} 钓鱼竿

鱼钩 ȵy^{21}kɑu^{21}

鱼篓 ȵy^{21}lieu^{35}

渔网 ȵy^{21}moŋ^{35}

虾公 xɑ^{35}kuŋ^{44} 虾，又说

虾肉 xɑ^{35}ȵyʔ^{4} 鲜虾仁

虾米 xɑ^{35}mai^{35} 干虾仁儿

乌龟 u^{44}kuəi^{44}

黄巴= uoŋ^{22}pɑ^{44} 黄色龟甲的龟

毛蟹 mɑu^{22}xai^{35} 软壳蟹

老蟹黄 lɑu^{55}xai^{55}uoŋ^{22} 蟹黄

姊妹牯 tɕi^{55}moi^{44}ku^{35} 蝌蚪

青田□ tsʰʌŋ^{44}tʰan^{22}tɕiai^{35} 绿皮蛙

坑□ xʌŋ^{44}tɕiai^{35} 石蛙

水虮 ɕy^{55}tɕʰi^{22} 蚂蟥

田螺 tʰan^{22}lo^{22} 螺

坑螺 xʌŋ^{44}lo^{22} 一种螺，生于山溪中，个体很小，尾部尖，不好吃

厣 ien^{35} ①螺蛳壳口圆片状的盖儿：田螺～。②疮痂：结～

七　房舍

院子 yon^{21}tsɿ^{55}

围墙 uəi^{22}tɕʰioŋ^{22} 院墙

　墙围 tɕʰioŋ^{22}uəi^{22}

平房 pʰiʌŋ^{22}foŋ^{22}

楼房 lieu^{22}foŋ^{22}

楼上 lieu^{22}ɕioŋ^{21}

楼下 lieu^{22}xɑ^{21}

门楼 mən^{22}lieu^{22} 门楼儿，大门上边有牌楼式的顶，畲民在浙江时见过

寮檐 lau^{22}ien^{22} 屋檐

寮崠 lau^{22}tuŋ^{44} 屋脊

天花板 tʰan^{44}fɑ^{44}pan^{35}

门 mən^{22}

门头 mən^{22}tʰieu^{44} 门口

门拜=□ mən^{22}pai^{44}lai^{55} 门后

楼板 lieu^{22}pan^{35}

作=窟圹 tsoʔ^{4}fəɪʔ^{4}kʰoŋ^{44} 灶膛

　镬灶膛 oʔ^{2}tsɑu^{44}tʰoŋ^{22}

猪潲兜 tɕy^{44}sau^{44}tieu^{21} 猪食槽

羊栏 ioŋ^{22}lɔn^{22} 羊圈

*鸡兜= tɕiai^{44}tieu^{44}

　鸡窠 tɕiai^{44}kʰo^{44}

鸡笼 tɕiai^{44}luŋ^{21} 将鸡带至野外觅食的竹器

柴堆 tsʰai^{22}toi^{21} 柴草垛

八　器具用品

衫橱 san^{44}tɕʰy^{21} 衣柜

五斗橱 ŋ^{55}tieu^{55}tɕʰy^{21}

圞桌 lən^{22}toʔ^{2} 圆桌

方桌 foŋ^{44}toʔ^{2}

长桌 tɕʰioŋ^{22}toʔ^{2}

茶几 tsʰɑ^{22}tɕi^{44}

办公桌 pən^{21}kuŋ^{44}toʔ^{2}

台布toi^{22}pu^{44}铺在桌面上的布

围布uəi^{22}pu^{44}挂在桌子前面的布

躺椅tʰoŋ^{55}i^{35}

靠背kʰɑu^{44}poi^{44}椅子背儿

长板凳tɕʰioŋ^{22}pan^{55}ten^{44}长条形的板凳，凳面较宽，可以睡人

板凳崽pan^{55}ten^{44}tsoi^{55}小板凳

凳崽ten^{44}tsoi^{55}小凳

圂凳lən^{22}ten^{44}圆凳

高脚凳kɑu^{44}tɕioʔ^{4}ten^{44}

秆□kɔn^{55}pʰiʌŋ^{55}蒲团，稻草编成，类似坐垫，有薄有厚

床板tsʰoŋ^{22}pan^{35}

铺板pʰu^{44}pan^{35}已经钉好的床板，只需两块相合即可架成床

棕绷床tsuŋ^{44}pʌŋ^{44}tsʰoŋ^{22}

竹床tɕyʔ^{4}tsʰoŋ^{22}

蚊帐钩mən^{21}tɕioŋ^{44}kɑu^{21}

蚊帐帘mən^{21}tɕioŋ^{44}lien^{22}帐檐儿

毯tʰɔn^{35}毯子

被窠pʰi^{44}kʰo^{44}被窝，为睡觉叠成的长筒形的被子

被崽pʰi^{44}tsoi^{55}被里

　被合里pʰi^{44}kɑuʔ^{4}li^{21}

被面pʰi^{44}mien^{44}

草席tsʰɑu^{55}tsʰʌʔ^{2}

篾席maʔ^{2}tsʰʌʔ^{2}竹席

枕头套tɕin^{55}tʰieu^{22}tʰɑu^{44}枕套

枕头心tɕin^{55}tʰieu^{22}ɕin^{44}

梳妆台su^{44}tsoŋ^{44}toi^{22}

衫架san^{44}kɑ^{44}①立在地上的挂衣架。②晾衣架

尿壶nau^{21}fu^{22}夜壶

火炉fu^{55}lu^{22}炭火盆

暖水壶nɔn^{44}ɕy^{55}fu^{22}汤婆子

风箱fuŋ^{44}ɕioŋ^{44}

火笼管fu^{55}luŋ^{22}kuon^{35}吹火筒

　吹火筒tɕʰyoi^{44}fu^{55}tʰuŋ^{21}

火箸fu^{55}tɕʰy^{21}火筷子，铜制

火铲fu^{55}tsʰan^{35}

火挑⁼fu^{55}tʰau^{44}炉钩子，用来从出灰口通炉子

火杈fu^{55}tsʰɑ^{44}送柴杈，头系铁制

柴□tsʰai^{22}uɑ^{35}柴草，枝叶柴

□梗ɕieu^{21}tɕiʌŋ^{35}高粱秆儿

豆梗tʰieu^{35}tɕiʌŋ^{35}豆秸

锯粉tɕy^{44}pən^{35}锯末

柴柿tsʰai^{22}pʰi^{35}斧屑

火茶煤fu^{55}tsʰɑ^{22}moi^{22}锅烟子

烟囱ian^{44}tsʰuŋ^{44}

钢精锅koŋ^{44}tɕiŋ^{44}ko^{44}铝锅

爊猪潲镬ɑu^{44}tɕy^{44}sau^{44}oʔ^{2}煮猪食用的大锅

细镬sai^{44}oʔ^{2}小锅

桶⁼覇tʰuŋ^{55}kʰɔn^{21}锅盖

　镬盖oʔ^{2}koi^{44}

茶壶tsʰɑ^{22}fu^{22}①烧水壶，旧时多用铁皮做的茶壶，架在火上加热。②装茶的瓷壶

饭碗pʰɔn^{21}uon^{35}

碗公uon^{55}kuŋ^{21}海碗

杯poi^{44}杯子，材质和形制多样，比酒盏大

茶杯tsʰɑ^{22}poi^{44}带把儿的瓷杯

盘崽pʰɔn^{22}tsoi^{55}碟子

泥瓢羹nai^{22}pʰieu^{22}kʌŋ^{44}瓷制匙羹

酒盏tɕiəu^{55}tsan^{35}酒杯

　酒杯tɕiəu^{55}poi^{44}

盘 pʰɔn²² 盘子
酒壶 tɕiəu⁵⁵fu²² 可放于火上加热黄酒的金属壶
罐 kuon⁴⁴ 罐子，比“缸”稍小
捞篦 =lieu²²pʰi²¹ 笊篱
篮 lɔn²¹ ①篮子，菜篮子。②筲箕
瓶盖 pʰen²²koi⁴⁴
番薯刨 fɔn⁴⁴ɕy²²pau²¹ 礤床
切菜板 tsʰaʔ²tsʰoi⁴⁴pan⁵⁵ 砧板
树□ ɕy²¹pɔn⁵⁵ 原木横锯而成的砧板，较树墩薄
面板 mien²¹pan³⁵ 做面食用的案子
水桶 ɕy⁵⁵tʰuŋ³⁵
桶梁 tʰuŋ⁵⁵lioŋ²² 桶的提手
药槽 ioʔ²sɑu²¹ 研船
饭桶 pʰɔn²¹tʰuŋ³⁵ ①装饭的桶。②比喻不中用的人
蒸笼 tsen⁴⁴luŋ²²
饭甑底 pʰɔn²¹tsen⁴⁴tai³⁵ 甑箅子
水缸 ɕy⁵⁵koŋ²¹
潲缸 sau⁴⁴koŋ²¹ 泔水缸
潲 sau⁴⁴ 泔水
拭片 tɕʰiʔ⁴pʰan³⁵ 抹布
□桌片 loaʔ²toʔ²pʰan³⁵
拖把 tʰo⁴⁴pɑ³⁵
家伙 kɑ⁴⁴fu³⁵ 工具
刨 pau²¹ ①刨子，工具名。②动词，用刨子刨
角刨 koʔ⁴pau²¹
一字刨 iɪʔ⁴tɕʰi²¹pau²¹
平刨 pʰiʌŋ²²pau²¹ 推刨
粗刨 tsʰu⁴⁴pau²¹ 木工刨的三件套之一
嫩刨 nən²¹pau²¹ 木工刨的三件套之一
短刨 tɔn⁵⁵pau²¹ 木工刨的三件套之一
两面斧 ioŋ⁵⁵mien⁴⁴fu³⁵ 伐木斧
做木斧 tso⁴⁴moʔ²fu³⁵ 木工斧，斜刃
锯 tɕy⁴⁴ ①锯子。②动词，用锯子锯
锯板锯 tɕy⁴⁴pan⁵⁵tɕy⁴⁴ 伐木锯
凿 tsʰoʔ² ①凿子。②动词，用凿子凿
扁凿 pan⁵⁵tsʰoʔ²
圝凿 lən²²tsʰoʔ² 圆凿
尺 tɕʰiʌʔ⁴ 尺子，长度为一市尺
米尺 mi²²tɕʰiʌʔ⁴ ①米尺。②木匠用的折尺，可折叠，展开正好一米，合三尺三
鲁班尺 lu⁵⁵pan⁵⁵tɕʰiʌʔ⁴ 木匠用的老式尺子
三角尺 sɔn⁴⁴koʔ⁴tɕʰiʌʔ⁴ 一种木工尺，做装饰时用
卷尺 tɕyon⁵⁵tɕʰiʌʔ⁴
墨斗 meʔ²tieu³⁵
墨线 meʔ²san⁴⁴ 墨斗线
老虎钳 lɑu⁵⁵fu⁵⁵tɕʰien²² 用来起钉子或夹断铁丝的钳子
铰链 tɕiɑu⁴⁴lien²² 合叶
錾 tsɔn²¹ ①錾子：铁～。②动词，用錾子凿（石头、金属等）：～字
铁錾 tʰaʔ⁴tsɔn²¹ 石凿
石錾 ɕiʌʔ²tsɔn²¹
铁□ tʰaʔ⁴tiŋ²¹ 铁砧
剃刀 tʰai⁴⁴to²¹
洋剪 ioŋ²²tsan³⁵ 推子
鐾刀布 pʰi²¹tɑu⁴⁴pu⁴⁴
剃头椅 tʰai⁴⁴tʰieu²²i³⁵ 理发椅
洋车 ioŋ²²tɕʰia⁴⁴ 缝纫机
烫铁 tʰoŋ⁴⁴tʰaʔ⁴ 熨斗
熝铁 luʔ²tʰaʔ⁴ 烙铁
弹棉弓 tan²¹mien²²kuŋ⁴⁴

棉车 mien^{55}tɕʰia^{44} 纺车

经布机 kʌŋ^{44}pu^{44}tɕi^{44} 旧式织布机，木制

梭 su^{44} 织布机上用的梭子

篾刀 maʔ^{2}tɑu^{44} 篾匠破篾用的刀具

脚盆 tɕioʔ^{4}pʰən^{21} 木盆的统称

洋铁面盆 ioŋ^{22}tʰaʔ^{4}mien^{44}pʰən^{21} 搪瓷盆

面盆架 mien^{44}pʰən^{22}kɑ^{44} 脸盆架

洗浴盆 sai^{55}ioʔ^{2}pʰən^{22} 澡盆

洗脚盆 sai^{55}tɕioʔ^{4}pʰən^{21}

香皂 ɕioŋ^{44}sɑu^{21}

洗衫粉 sai^{55}san^{44}pən^{35} 洗衣粉

拭脚片 tɕʰiʔ^{4}tɕioʔ^{4}pʰan^{35} 擦脚布

□脚片 tɕieu^{21}tɕioʔ^{4}pʰan^{35}

汽油灯 tɕʰi^{44}iəu^{22}ten^{44} 气灯

白蜡 pʰʌʔ^{2}loaʔ^{2} 平时点的蜡烛

赤蜡 tɕʰiʌʔ^{4}loaʔ^{2} 节庆祭祀等活动点的蜡烛，表皮为红色

洋油灯 ioŋ^{22}iəu^{22}ten^{44} 煤油灯

灯心 ten^{44}ɕin^{44}

风□ fuŋ^{44}tɕiɑu^{55} 灯罩

油盏 iəu^{22}tsan^{35} 灯盏

灯盏 ten^{44}tsan^{35}

油盏贴$^{=}$ iəu^{22}tsan^{55}tʰauʔ^{4} 生铁铸成的灯盏

灯油 ten^{44}iəu^{22}

清油 tɕʰiŋ^{44}iəu^{22} 旧时家中点灯用的灯油，用椿树籽榨成

灯笼 ten^{44}luŋ^{22}

□袋 kʰən^{21}tʰoi^{21} 手提包

钱包 tsʰan^{21}pau^{44}

公章 kuŋ^{44}tsoŋ^{44}

私章 sɿ^{44}tsoŋ^{44}

千里镜 tɕʰian^{44}li^{55}tɕiʌŋ^{44} 望远镜

望远镜 uoŋ^{21}yon^{55}tɕiʌŋ^{44}

浆糊 tɕioŋ^{44}u^{22}

针□ tɕin^{44}tiəu^{35} 顶针儿

针眼 tɕin^{44}ȵian^{35}

针屎朏 tɕin^{44}ɕi^{55}fəɪʔ^{4}

针头 tɕin^{44}tʰieu^{22} 针尖

穿针 tɕʰyon^{44}tɕin^{44}

针钻 tɕin^{44}tsən^{44} 纳鞋底等用的钻子

耳朵耙 ȵi^{55}to^{21}pʰɑ^{22} 耳挖子

耳朵挖 ȵi^{55}to^{21}uaʔ^{4}

洗衫板 sai^{55}san^{44}pan^{55} 洗衣板儿

洗衫棍 sai^{55}san^{44}kuən^{44} 洗衣服用的棒槌

鸡毛刷 tɕiai^{44}mɑu^{44}səeʔ^{4} 鸡毛掸子

扇 ɕien^{44} 扇子

蒲扇 pu^{22}ɕien^{44}

杖 tɕʰioŋ^{21} 中式拐杖

卫生□ uəi^{35}sən^{44}kuan^{55} 西式手杖

文明杖 uən^{22}miŋ^{22}tɕʰioŋ^{21}

草纸 tsʰɑu^{55}tɕi^{35} 用稻草为主要原料制成的纸，较粗糙，多作为手纸或用于制作纸钱

卫生纸 uəi^{35}sən^{44}tɕi^{35} 现在通用的手纸

九　称谓

老人家 lɑu^{55}ȵin^{22}kɑ^{44}

［化生］崽 fʌŋ^{21}tsoi^{35} 小伙子，又说

［化生］□崽 fʌŋ^{21}lʌŋ^{21}tsoi^{35}

街路人 tɕiai^{44}lu^{35}ȵin^{22} 城里人

乡下人 ɕioŋ^{44}xɑ^{21}ȵin^{22}

乡下佬 ɕioŋ^{44}xɑ^{21}lɑu^{55} 乡巴佬，带贬义

一姓人 iɪʔ^{4}sʌŋ^{44}ȵin^{22} 同宗同姓的一家子

共姓人 tɕioŋ^{21}sʌŋ^{44}ȵin^{22} 同姓不同宗的人

客边人 kʰɑ^{55}pan^{44}ȵin^{22} ①外地人。②外人

　外地人 uai^{21}tʰi^{21}ȵin^{22}

本地人 pon^{55}tʰi^{21}ȵin^{22}

外国佬 uai^{21}kueeʔ^{4}lau^{55} 外国人

　外国人 uai^{21}kueeʔ^{4}ȵin^{22}

　洋鬼子 ioŋ^{22}kuəi^{55}tsɿ^{55}

□家佬 ti^{21}ka^{21}lau^{55} 自己人

外姓人 uai^{21}sᴀŋ^{44}ȵin^{22} ①外人。②不同姓的人

山客牯 san^{44}xᴀʔ^{4}ku^{35} 会说畲话的汉族人对畲民的谑称

棚里人 puŋ^{22}li^{55}ȵin^{22} 浙江淳安汉族居民对畲族人的泛称

祖家 tsu^{55}ka^{44} 氏族的发源地：～是广东凤凰山

同年 tʰuŋ^{22}nan^{22} 同庚

内行 noi^{21}xoŋ^{22}

外行 uai^{21}xoŋ^{22}

生手 sᴀŋ^{44}ɕiəu^{35}

担保人 tɔn^{44}pau^{35}ȵin^{22}

新妇女 ɕin^{44}pʰiəu^{44}ȵy^{35} 童养媳

二婚亲 ȵi^{21}xuon^{44}tɕʰin^{44} 再婚者，不论男女

寡妇 ka^{55}fu^{21}

相好佬 ɕioŋ^{44}xau^{55}lau^{55} 姘头，不分男女

　姘头 pʰiŋ^{44}tʰieu^{22}

野崽 ia^{55}tsoi^{55} 私生子

犯人 fɔn^{21}ȵin^{22}

小气鬼 ɕiau^{55}tɕʰi^{44}kuəi^{35}

败家货 pai^{21}ka^{44}xo^{44} 败家子

客边行嘅人 kʰa^{55}pan^{44}xᴀŋ^{22}ke^{44}ȵin^{22} 走江湖的

骗子 pʰien^{44}tsɿ^{55} ①骗取财物的人。②拐子，专门拐带妇女或小孩的人

土匪 tʰu^{55}fəi^{44}

强盗 tɕʰioŋ^{22}tau^{21}

贼头 tɕʰieʔ^{2}tʰieu^{22} 小偷团伙的头子

懒汉 lɔn^{44}xɔn^{44} ①懒惰的人。②二流子

烂□ lɔn^{21}liau^{22} 流氓行为，流氓习性

老实牯 lau^{55}ɕiɪʔ^{2}ku^{55} 过分老实的人

独人 tuʔ^{2}ȵin^{22} 不与别人来往的人

工作 kuŋ^{44}tsoʔ^{4}

工人 kuŋ^{44}ȵin^{22}

帮工 poŋ^{44}kuŋ^{44}

做长年嘅 tso^{44}tɕʰioŋ^{22}nan^{22}keʔ^{4} 长工

零工 liŋ^{22}kuŋ^{44}

大工 tʰɔi^{21}kuŋ^{44} 有技术的工种

小工 ɕiau^{55}kuŋ^{44} 无技术的工种，多为零工

正劳力 tɕiᴀŋ^{44}lau^{22}liʔ^{2} 壮劳力

半劳力 pɔn^{44}lau^{22}liʔ^{2} 妇女、老人及少年等劳力

贫农 pʰiᴀŋ^{22}nuŋ^{22}

老板 lau^{55}pan^{35} ①店主。②企业的私人投资方

东家 tuŋ^{44}ka^{44}

老板娘 lau^{55}pan^{55}ȵioŋ^{22}

伙计 fu^{55}tɕi^{44} ①店员。②堂倌儿

学徒 xoʔ^{2}tu^{22}

客 xᴀʔ^{4} 顾客

小贩子 ɕiau^{55}fɔn^{44}tsɿ^{55} 小贩

摆摊人 pai^{55}tʰɔn^{44}ȵin^{22} 摊贩

教书先生 kau^{44}ɕy^{44}ɕin^{44}sᴀŋ^{44} 私塾的老师

老师 lau^{55}sɿ^{44} 学校的教员

学生 xoʔ^{2}sen^{44}

　学生崽 xoʔ^{2}sen^{44}tsoi^{55} 八九岁的学生

同学 tʰuŋ^{22}xoʔ^{2}

兵 pin^{44} ①军人（相对百姓而言）。②中国象棋的一种棋子

民兵 min^{22}pin^{44}

警察 tɕiŋ^{55}tsʰᴀʔ^{4}

医生 $i^{44}sAŋ^{44}$

开车人 $k^hoi^{44}tɕ^hia^{44}ȵin^{22}$ 司机

做木嘅 $tso^{44}moʔ^2ke^{44}$ 木匠，又说

砖瓦匠 $tɕyon^{44}ŋɑ^{55}ɕioŋ^{21}$

锡匠 $sAʔ^4ɕioŋ^{21}$

铜匠 $t^huŋ^{22}ɕioŋ^{21}$

铁匠 $t^haʔ^4ɕioŋ^{21}$

补镬人 $pu^{55}oʔ^2ȵin^{22}$ 补锅匠

捋猪人 $loaʔ^4tɕy^{44}ȵin^{22}$ 屠户

担夫 $tɔn^{44}fu^{44}$ 挑夫，多指民国时被抓的壮丁

扛轿人 $koŋ^{44}tɕ^hieu^{21}ȵin^{22}$ 轿夫

车夫 $tɕ^hia^{44}fu^{44}$

摇渡人 $ieu^{22}t^hu^{21}ȵin^{22}$ 艄公

管家 $kuon^{55}kɑ^{44}$

账房先生 $tioŋ^{44}foŋ^{22}ɕin^{22}sAŋ^{44}$

佮伙人 $kɑuʔ^4fu^{35}ȵin^{22}$ 合伙人

帮厨嘅 $poŋ^{44}tɕ^hy^{22}ke^{44}$ 厨房里打下手的人

养猪人 $ioŋ^{44}tɕy^{44}ȵin^{22}$ 饲养员

□□ $nien^{21}ȵia^{35}$ 奶妈

丫鬟 $ia^{44}fɔn^{22}$

接生婆 $tsauʔ^4sAŋ^{44}po^{22}$

十　亲属

大辈 $t^hɔi^{21}poi^{44}$ 长辈

太公 $t^hai^{44}kuŋ^{44}$ ①高祖。②泛指祖宗

太婆 $t^hai^{44}p^ho^{22}$ 高祖母

嫫 mo^{55} ①继母的面称。②婆婆的面称

爹 tia^{44} 公公的面称

姑崽 $ku^{21}tsoi^{55}$ ①排行最小的姑姑。②小姑子

亲家公 $tɕ^hiŋ^{44}kɑ^{44}kuŋ^{44}$ 姻伯

姑婆 $ku^{44}p^ho^{55}$ 姑奶奶

姨婆 $i^{21}p^ho^{55}$ 姨奶奶

平辈 $p^hiAŋ^{22}poi^{44}$

小婆 $ɕiɑu^{55}p^ho^{21}$ 小妾，小老婆

　细婆 $sai^{44}p^ho^{22}$

大姑 $t^hɔi^{21}ku^{21}$ 大姑子

阿舅 $ai^{44}tɕ^hiəu^{21}$ 内兄弟

大阿舅 $t^hɔi^{21}ai^{44}tɕ^hiəu^{21}$ 内兄

细阿舅 $sai^{44}ai^{44}tɕ^hiəu^{21}$ 内弟

大阿姨 $t^hɔi^{21}ai^{44}i^{21}$ 大姨子

细阿姨 $sai^{44}ai^{44}i^{21}$ 小姨子

叔伯兄 $ɕyʔ^4pAʔ^4ɕiAŋ^{44}$ 堂兄

叔伯弟 $ɕyʔ^4pAʔ^4t^hai^{35}$ 堂弟

叔伯姊 $ɕyʔ^4pAʔ^4tɕi^{55}$ 堂姐

叔伯妹 $ɕyʔ^4pAʔ^4moi^{44}$ 堂妹

表哥 $pieu^{55}ko^{44}$

表嫂 $pieu^{55}sɑu^{35}$

表弟 $pieu^{55}t^hai^{35}$

表姊妹 $pieu^{55}tɕi^{55}moi^{21}$ 表姐妹

表姊 $pieu^{55}tɕi^{55}$ 表姐

表妹 $pieu^{55}moi^{44}$

细辈 $sai^{44}poi^{44}$ 晚辈

崽女 $tsoi^{55}ȵy^{35}$ 子女

大崽 $t^hɔi^{21}tsoi^{55}$ 大儿子

细崽 $sai^{44}tsoi^{55}$ 小儿子

带嘅崽 $tɔi^{44}ke^{44}tsoi^{35}$ 寄养子，帮别人照顾的小孩，和自己的子女一起成长

孙嫂 $sən^{44}sɑu^{55}$ ①侄媳。②孙媳

孙女 $sən^{44}ȵy^{55}$

孙女婿 $sən^{44}ȵy^{55}sai^{44}$ ①侄婿。②孙婿

玄孙女 $yon^{22}sən^{44}ȵy^{55}$ 重孙女

饿$^=$甥女 $ŋo^{21}sen^{44}ȵy^{55}$ ①外甥女。②外孙女

女孙 $ȵy^{55}sən^{44}$ ①侄女。②内侄女

姑嫂 $ku^{21}sɑu^{55}$ 女方和丈夫姐妹的合称

亲家 tɕʰiŋ44kɑ44 ①姻亲。②称平辈的亲家公

带崽 tɔi44tsoi55 带犊儿，妇女改嫁带来的儿女

男嘅 nɔn22ke44 爷儿们

女嘅 ȵy55ke44 娘儿们

娘家 ȵioŋ22kɑ44

婆家 pʰo22kɑ44

男方 nɔn22foŋ44 从外人角度称婚姻关系中的丈夫一方

夫家头 fu44kɑ44tʰieu22

女方 ȵy55foŋ44 从外人角度称婚姻关系中的妻子一方

姼婆寮 tai44pʰo55lau22 姥姥家

姼公寮 tai44kuŋ21lau22 丈人家

十一 身体

身 ɕin44 身体

身条 ɕin44tʰau22 身材

个头 kuai44tʰieu22 个子

头□ tʰieu22nɑ22 脑袋

光头 koŋ44tʰieu22 ①秃头，秃顶。②秃子

头顶 tʰieu22tiŋ35

后脑 xəu21nɑu35 后脑勺

脑浆 nɑu55tɕioŋ44 脑髓

先额 ɕian21ŋᴀʔ4 前额

脱头毛 tʰoaʔ4tʰieu22mɑu44 掉头发

脑门 nɑu55mən21 囟门

头毛把 ⁼tʰieu22mɑu44pɑ55 髻

面卵 mien44lɔn55 脸蛋儿

面卵骨 mien44lɔn55kuəɪʔ4 颧骨

酒窝 tɕiəu55o21

眼□圹 ȵian55tɕʰiɪʔ2kʰoŋ21 眼眶

眼□珠 ȵian55tɕʰiɪʔ2tɕy44 瞳仁儿

眼角 ȵian55koʔ4 上下眼睑的接合处

眼□圈 ȵian55tɕʰiɪʔ2tɕʰyon44 眼圈儿

眼屎 ȵian55ɕi35 眼眵

眼□皮 ȵian55tɕʰiɪʔ2pʰi22 眼皮

单眼皮 tɔn44ȵian55pʰi22

双眼皮 suŋ44ȵian55pʰi22

眼□毛 ȵian55tɕʰiɪʔ2mɑu44 睫毛

额瘷来 ŋᴀʔ4tɕiəu44loi22 皱眉头

鼻洞屎 pʰi21tuŋ21ɕi35 鼻垢

鼻洞毛 pʰi21tuŋ21mɑu44 鼻毛

鼻洞尖 pʰi21tuŋ21tɕian44 鼻子尖儿

鼻洞灵 pʰi21tuŋ21liŋ22 嗅觉灵敏

鼻洞梁 pʰi21tuŋ21lioŋ22 鼻梁

赤鼻洞 tɕʰiᴀʔ4pʰi21tuŋ21 酒糟鼻

舌苔 ɕieʔ2tʰoi44

大舌□ tʰɔi21ɕieʔ2kau55 ①大舌头，口齿不清。②结巴

对门牙 toi44mən22ŋɑ22 门牙

墙牙 tɕʰioŋ22ŋɑ22 大牙

牙屎 ŋɑ22ɕi35 牙垢

虫牙 tɕʰiuŋ21ŋɑ22 龋齿

耳朵洞 ȵi55to21tuŋ21 耳朵眼儿

耳朵屎 ȵi55to21ɕi35 耳屎

聋 luŋ44 ①听力丧失。②耳背

硬喉 ŋᴀŋ21xo22 喉结

拉飒胡 lɑʔ2sɑʔ2u22 络腮胡

拉飒胡 lɑ21sɑuʔ2u22 又读

八字胡 paʔ4tɕʰi21u22 八字胡子

手桠 ɕiəu55ɑ21 胳肢窝

手架下 ɕiəu55kɑ44xɑ21

手腕 ɕiəu55uon35

手崽节 ɕiəu55tsoi55tsaʔ4 指头上的关节

手崽缝 ɕiəu^{55}tsoi^{55}fuŋ^{21} 手指缝儿

手甲心 ɕiəu^{55}kauʔ^{4}ɕin^{44} 指甲盖和指尖肌肉连接处

手崽肚 ɕiəu^{55}tsoi^{55}tu^{35} 手指头肚儿

手掌 ɕiəu^{55}tɕioŋ^{35}

巴掌 pɑ^{44}tɕioŋ^{35}

手纹 ɕiəu^{55}uən^{22} 掌纹

手心 ɕiəu^{55}ɕin^{44} ①手掌的中心。②手里

手背 ɕiəu^{55}poi^{44}

脚筒骨 tɕioʔ^{4}tʰuŋ^{22}kuəɪʔ^{4} ①胫骨。②股骨

坐骨 tsʰo^{44}kuəɪʔ^{4} 胯骨

大髀椏 tʰɔi^{21}pi^{55}ɑ^{21} 裆

屎朏卵 ɕi^{55}fəɪʔ^{4}lɔn^{55} 屁股蛋儿

屎朏沟 ɕi^{55}fəɪʔ^{4}kau^{21} 屁股沟儿

尾丢⁼骨 məi^{44}tiəu^{44}kuəɪʔ^{4} 尾骨

脚腕 tɕioʔ^{4}uon^{35}

脚眼□ tɕioʔ^{4}ȵian^{55}tɕʰiɪʔ^{2} 踝子骨

脚盘弯 tɕioʔ^{4}pʰɔn^{22}uɔn^{44} 脚面与小腿的连接处

赤脚 tɕʰiᴀʔ^{4}tɕioʔ^{4}

脚盘 tɕioʔ^{4}pʰɔn^{22} 脚背

脚底 tɕioʔ^{4}tai^{35} 脚掌

脚底心 tɕioʔ^{4}tai^{55}ɕin^{44} 脚心

脚尖 tɕioʔ^{4}tɕian^{44}

脚手崽 tɕioʔ^{4}ɕiəu^{55}tsoi^{55} 除大脚趾外的脚趾

脚手公 tɕioʔ^{4}ɕiəu^{55}kuŋ^{21} 大脚趾

脚手甲 tɕioʔ^{4}ɕiəu^{55}kauʔ^{4} 脚趾甲

脚睁戈 tɕioʔ^{4}tsᴀŋ^{44}koi^{21} 脚跟

脚迹 tɕioʔ^{4}tsᴀʔ^{4} 脚印

　脚印 tɕioʔ^{4}in^{44}

老趼 lɑu^{55}tɕien^{35} ①手脚上的茧。②鸡眼

　硬□ ŋᴀŋ^{21}tiŋ^{44}

心头 ɕin^{44}tʰieu^{22} 胸膛，心口儿

胸脯 ɕiuŋ^{44}pʰu^{21}

眼⁼髆骨 ȵian^{55}pʰiᴀŋ^{21}kuəɪʔ^{4} ①肋骨。②锁骨

肚崽 tu^{55}tsoi^{55} 小腹

腰 ieu^{44}

发⁼龙骨 pəɪʔ^{4}liuŋ^{22}kuəɪʔ^{4} 脊梁骨

寒毛孔 xɔn^{22}mɑu^{44}kʰuŋ^{35} 寒毛眼儿

骨头 kuəɪʔ^{4}tʰieu^{22} ①泛指脊椎动物的骨头。②骸骨

筋 tɕyn^{44} ①韧带。②静脉。③植物的筋脉

血 ɕieʔ^{4}

血管 ɕieʔ^{4}kuon^{35}

脉 mᴀʔ^{2}

五脏 ŋ^{55}tsoŋ^{21}

心 ɕin^{44}

肝 kɔn^{44}

肺 fəi^{44}

胆 tɔn^{35} ①人体内器官名。②胆量：大～｜壮～。③器物内部中空的容器：热水壶～

胃 uəi^{21}

腰子 ieu^{44}tɕi^{21} 肾脏

肠 tɕʰioŋ^{22}

大肠 tʰɔi^{21}tɕʰioŋ^{22}

肠崽 tɕʰioŋ^{22}tsoi^{55} 小肠

盲肠 mᴀŋ^{55}tɕʰioŋ^{22}

十二　疾病医疗

小病 ɕiɑu^{55}pʰiᴀŋ^{21}

重病 tɕʰiuŋ^{44}pʰiᴀŋ^{21}

病好啊 pʰiᴀŋ^{21}xɑu^{35}ua^{44} 病好了

请医师 tsʰᴀŋ^{55}i^{44}sɿ^{44} 请医生

整 tɕiᴀŋ^{35} 治疗

开药方 k^{h}oi^{44}ioʔ^{2}foŋ^{44}

　开药 k^{h}oi^{44}ioʔ^{2}

偏方 p^{h}ien^{44}foŋ^{44}

切$^{=}$药 ts^{h}aʔ^{2}ioʔ^{2} 买药，包括中药和西药

□药 tsəɪʔ^{4}ioʔ^{2} 抓中药

换药 uon^{21}ioʔ^{2} 买西药

药铺 ioʔ^{2}p^{h}u^{44} 药店的旧说，中西药店皆可

药房 ioʔ^{2}foŋ^{22} 西药店

药罐 ioʔ^{2}kuon^{44}

煎药 tsan^{44}ioʔ^{2}

药膏 ioʔ^{2}kau^{44}

膏药 kɑu^{44}ioʔ^{2}

药粉 ioʔ^{2}pən^{35} 药面儿

搽药 ts^{h}ɑ^{22}ioʔ^{2}

　涂药 t^{h}u^{22}ioʔ^{2}

上药 ɕioŋ^{44}ioʔ^{2}

较好 k^{h}au^{44}xɑu^{35}（药）见效

出汗 tɕ^{h}yɪʔ^{4}xɔn^{21} 发汗

祛火 tɕ^{h}y^{44}fu^{35}

　退火 t^{h}oi^{44}fu^{35}

祛湿 tɕ^{h}y^{44}ɕiɪʔ^{4}

排毒 p^{h}ai^{22}tuʔ^{2} 祛毒

消食 ɕieu^{44}ɕiʔ^{2}

□火筒 tsoaʔ^{4}fu^{55}t^{h}uŋ^{21} 拔火罐

毛管竖□来 mɑu^{44}kuon^{55}ɕy^{21}ɕin^{55}loi^{22} 起鸡皮疙瘩

伤风 ɕioŋ^{44}fuŋ^{44}

哮病 xau^{44}p^{h}iᴀŋ^{21} ①泛指气喘。②气管炎，哮喘

火气重 fu^{55}tɕ^{h}i^{44}tɕ^{h}iuŋ^{44} 上火

疳积 kan^{44}tɕiʔ^{4} 积滞

心头痛 ɕin^{44}t^{h}ieu^{22}t^{h}uŋ^{44} 胸口疼

头昏 t^{h}ieu^{22}xuon^{44} 头晕

晕车 yn^{21}tɕ^{h}ia^{44}

晕船 yn^{21}ɕyon^{22}

想呕 ɕiᴀŋ^{55}ɑu^{35} 恶心

□呕 tsau^{44}ɑu^{35} 干哕

气鼓卵 tɕ^{h}i^{44}ku^{55}lən^{35} 疝气

大肠头□落来 t^{h}əi^{21}tɕ^{h}ioŋ^{22}t^{h}ieu^{22}tᴀ^{55}loʔ^{2}loi^{22} 脱肛

出痳 tɕ^{h}yɪʔ^{4}mɑ^{35} 出麻疹

水痘 ɕy^{55}t^{h}ieu^{35}

天花 t^{h}an^{44}fɑ^{44}

种痘 tɕiuŋ^{44}t^{h}ieu^{35}

伤寒病 ɕioŋ^{44}xən^{22}p^{h}iᴀŋ^{21}

黄疸病 uoŋ^{22}tən^{55}p^{h}iᴀŋ^{21}

肝炎 kən^{44}ien^{22}

肺病 fəi^{44}p^{h}iᴀŋ^{21}

胃病 uəi^{21}p^{h}iᴀŋ^{21}

痨病 lɑu^{22}p^{h}iᴀŋ^{21}

阑尾炎 lən^{22}uəi^{55}ien^{22}

跌伤 tieʔ^{4}ɕioŋ^{44}

撞伤 tɕioŋ^{21}ɕioŋ^{44} 碰伤

撞掉皮 tɕioŋ^{21}t^{h}au^{44}p^{h}i^{22} 蹭破皮

割 koaʔ^{4} 刺（口子）

出血 tɕ^{h}yɪʔ^{4}ɕieʔ^{4}

作血 tsoʔ^{4}ɕieʔ^{4} 面积较大的淤血

紫血 tsɿ^{55}ɕieʔ^{4} 外力导致的淤血，一般面积较小

红肿 xuŋ^{22}tɕiuŋ^{35}

猪头瘢 tɕy^{44}t^{h}ieu^{22}pan^{44} 腮腺炎

发疮 pəɪʔ^{4}ts^{h}oŋ^{21} 长疮

　生疮 sᴀŋ^{44}ts^{h}oŋ^{21}

痔疮 ts^{h}ɿ^{44}ts^{h}oŋ^{44}

烂嘴角 lɔn^{21}tɕyoi^{44}koʔ^{4} 嘴角疮

洋⁼马⁼崽 ioŋ^{22}mɑ^{44}tsoi^{35} 痱子

汗疤 xɔn^{21}pɑ^{44} 汗斑

瘤 liəu^{22} 瘊子

乌痣 u^{44}tɕi^{44} 痣

热难⁼ ȵieʔ^{2}nɔn^{21} 粉刺

嘴臭 tɕyoi^{44}tɕʰiəu^{44} 口臭

大颈泡 tʰɔi^{21}tɕiʌŋ^{55}pʰɑu^{44} 大脖子病

鼻洞痹 pʰi^{21}tuŋ^{21}pi^{44} 嗅觉失灵

水蛇腰 ɕy^{55}ɕia^{22}ieu^{44}

软腰 ȵyon^{44}ieu^{44}

独眼 tuʔ^{2}ȵian^{35}

近视眼 tɕin^{21}sɿ^{44}ȵian^{35}

老花眼 lɑu^{55}xuɑ^{44}ȵian^{35}

爆⁼眼 pau^{44}ȵian^{35} 鼓眼泡儿

七日风 tɕʰiɪʔ^{4}ȵiɪʔ^{4}fuŋ^{44} 小儿惊风

中风 tɕiuŋ^{44}fuŋ^{44}

瘫 tʰɔn^{44} 瘫痪

麻子 mɑ^{22}tsɿ^{55}

□嘴 tɕʰiaʔ^{4}tɕyoi^{44} 唇腭裂患者

六手爪 lyʔ^{4}ɕiəu^{55}tɕiau^{213} 六指儿

反手撇 fɔn^{55}ɕiəu^{55}pʰieʔ^{4} 左撇子

十三　衣服穿戴

打扮 tʌŋ^{55}pɔn^{44} 穿戴，打扮

制服 tsɿ^{55}fuʔ^{2}

便衫 pien^{21}san^{44} 中装

西装衫 ɕi^{44}tsoŋ^{44}san^{44} 西装

长衫 tɕʰioŋ^{22}san^{44}

马甲 mɑ^{55}kauʔ^{4}

棉衫 mien^{22}san^{44} 棉衣

皮袄 pʰi^{22}ɑu^{35}

大衣 tʰɔi^{21}i^{44}

半身大衣 pɔn^{44}ɕin^{44}tʰɔi^{21}i^{44} 短大衣

　半大衣 pɔn^{44}tʰɔi^{21}i^{44}

外衣 uai^{21}i^{44}

内衫 noi^{21}san^{44} 内衣

棉毛衫 mien^{22}mɑu^{22}san^{44} 圆领针织衫

汗背 xɔn^{21}pe^{55} 汗背心

　汗衣 xɔn^{21}i^{44}

对襟 toi^{44}tɕin^{44}

衫脚 san^{44}tɕioʔ^{4} 下摆

衫边 san^{44}pien^{44} 衣边儿

裙 kʰuən^{22} 裙子

桶裙 tʰuŋ^{55}kʰuən^{22}

袋崽 tʰoi^{21}tsoi^{55} 上装胸前的衣兜

裤袋 fu^{44}tʰoi^{21} 裤子口袋

拖鞋 tʰo^{44}xai^{22}

皮鞋 pʰi^{22}xai^{22}

鞋拔 xai^{22}poaʔ^{2} 鞋拔子

雨鞋 y^{55}xai^{22}

布袜 pu^{44}uoaʔ^{2}

纱袜 sɑ^{44}uoaʔ^{2} 线袜，棉质，较厚

丝袜 ɕi^{44}uoaʔ^{2}

长脚袜 tɕʰioŋ^{22}tɕioʔ^{4}uoaʔ^{2} 长袜

短脚袜 tɔn^{55}tɕioʔ^{4}uoaʔ^{2} 短袜

袜底 uoaʔ^{2}tai^{35}

绕脚布 ȵiau^{21}tɕioʔ^{4}pu^{44} 旧时妇女裹脚的布

脚绷 tɕioʔ^{4}pʌŋ^{21} 裹腿

皮帽 pʰi^{22}mɑu^{21}

礼帽 li^{55}mɑu^{21}

西瓜皮帽 ɕi^{44}kɑ^{44}pʰi^{22}mɑu^{21} 瓜皮帽

兵帽 pin^{44}mɑu^{21} 军帽

草帽 tsʰɑu^{55}mɑu^{213}

笠头 liɪʔ4tʰeu22 斗笠

日⁼头 ȵiɪʔ4tʰieu22 又读

帽舌 mɑu21ɕieʔ2 帽檐儿

别针扣 pieʔ4tɕin44kʰəu44 ①别针。②曲别针

带 təi44 带子

胭脂 ien44tsɿ44

香粉 ɕioŋ44pən35

手套 ɕiəu55tʰɑu44 ①套在手上以防寒或保护手的物品。②袖章

眼镜 ȵian55tɕiʌŋ44

东⁼□ tuŋ44səi44 蓑衣

雨衣 y55i44

手表 ɕiəu55pieu35

十四 饮食

伙食 fu55ɕiʔ2

食饭 ɕiʔ2pʰən21 ①吃饭。②开饭

正顿 tɕiʌŋ44tən44 正餐

食嘅乇 ɕiʔ2ke44nɑʔ4 食物

零食 liŋ22ɕiʔ2

糕饼茶 kɑu44piʌŋ55tsʰɑ22 茶点

半夜顿 pən44ia21tən44 夜宵

现饭 ian21pʰən21 ①不是本餐新做的饭。②上餐或更早吃剩下的饭

□饭 iʌŋ21pʰən21 陈饭，中年层及以下的说法

□饭 tɕʰioŋ21pʰən21 剩饭，动宾短语

米饮 mai55in35 米汤

米糊 mai55u22 用米磨成的粉做的糊状食物

牛头角 ŋɑu22tʰieu22koʔ2 团结村汉族浙江移民包制的一种粽子，四个角，长三寸左右，比畲民的“裹角”短

包罗粉 pau44lo22pən35 玉米面儿

雪面 soaʔ4mien21 一种干面条，一头宽一头细，较长，带咸味，畲民在浙江时常吃

切面 tsʰaʔ2mien21 现做现切的湿面条

水抽面 ɕy55tɕʰiəu44mien21 一种现拉现做的面条，做法与兰州拉面有别

汤面 tʰoŋ44mien21 带汤的面条

炒面 tsʰau55mien21 炒制的面条

烧饼 ɕieu44piʌŋ35

花卷 fɑ44tɕyon55

蛋糕 tan21kɑu44

月饼 ȵyɵeʔ2piʌŋ35

饼干 piʌŋ55kən44

发娘 foaʔ4ȵioŋ22 酵子

肉丁 ȵyʔ4ten44

髀片 pi55pʰien55 肉片

肉片 ȵyʔ4pʰien55

肉丝 ȵyʔ4ɕi44

肉浆 ȵyʔ4tɕioŋ44 肉末

猪髀皮 tɕy44pi55pʰi22 肉皮

肉皮 ȵyʔ4pʰi22

捧⁼蹄 pʰuŋ55te22 肘子

先胛 ɕian21kauʔ4 猪的前腿根部，是做肘子最好的材料

后胛 xəu21kauʔ4 猪的后腿根部

腰带肉 ieu44təi44ȵyʔ4 里脊

猪脚筋 tɕy44tɕioʔ4tɕyn44 蹄筋

牛舌 ŋɑu22ɕieʔ2 牛舌头

猪肺 tɕy44fəi44

猪肠 tɕy44tɕʰioŋ22

排骨 pʰai44kuəɪʔ4

百叶肚 pʌʔ4ieuʔ2tu35 毛肚儿

牛肚 ŋɑu22tu35 牛肚儿，光滑的那种

腰子 ieu^{44}tsɿ^{55} 猪腰

鸡□ tɕiai^{44}tɕʰin^{21} 鸡肫

鸡血 tɕiai^{44}ɕieʔ^{4}

炒卵 tsʰau^{55}lɔn^{35} 炒蛋

熇卵 xoʔ^{4}lɔn^{35} 荷包蛋，油炸的，炸前不搅

煎卵 tsan^{44}lɔn^{35} 煎蛋，煎前可搅可不搅

煮鸡卵 tɕy^{55}tɕiai^{44}lɔn^{35} 卧鸡子儿

□卵花 tin^{22}lɔn^{55}fɑ^{22} 蒸蛋羹

茶米卵 tsʰɑ^{22}mai^{55}lɔn^{35} 茶叶蛋

咸鸡卵 xan^{22}tɕiai^{44}lɔn^{35}

咸鸭卵 xan^{22}ɑuʔ^{4}lɔn^{35}

香肠 ɕioŋ^{44}tɕʰioŋ^{22}

落酒菜 loʔ^{2}tɕiəu^{55}tsʰoi^{44} 下酒菜

卤菜 lu^{55}tsʰoi^{44} 卤味

酸菜 sɔn^{44}tsʰoi^{44} 咸菜

素菜 su^{44}tsʰoi^{44}

荤菜 xuon^{44}tsʰoi^{44}

冷盘 lᴀŋ^{44}pʰɔn^{22} ①凉菜。②酒席上的小菜

豆腐皮 tʰieu^{21}fu^{22}pʰi^{22}

腐竹 fu^{55}tɕyʔ^{4}

千张 tɕʰian^{44}tɕioŋ^{44} 薄的豆腐干片

豆腐干 tʰieu^{21}fu^{22}kɔn^{44}

豆腐泡 tʰieu^{21}fu^{22}pʰɑu^{44} 豆腐制成后放置一段时间，使内部发酵后再油炸而成的食品

豆腐腌 tʰieu^{21}fu^{22}ien^{44} 霉豆腐

粉丝 fɔn^{55}ɕi^{44} 用米、绿豆、红薯等磨粉蒸煮后做的细粉条

粉皮 fɔn^{55}pʰi^{22} 用红薯刨刨出来的粉条

番薯粉丝 fɔn^{44}ɕy^{22}fɔn^{55}ɕi^{44} 用刀切出来的红薯细粉条

凉粉 lioŋ^{22}pɔn^{55} 用淀粉做成的凉豆腐

藕粉 ŋau^{55}pɔn^{35}

豆豉 tʰieu^{21}ɕi^{44}

白木耳 pʰᴀʔ^{2}moʔ^{2}ȵi^{35} 银耳

金针菇 tɕin^{44}tɕin^{44}ku^{44}

海带 xai^{55}tɔi^{44}

口味 kʰəu^{55}mi^{21}

颜色 ŋɔn^{22}seʔ^{4}

荤油 xuon^{44}iəu^{22} 动物油

板油 pan^{55}iəu^{22} 猪肚两侧的油

网油 moŋ^{55}iəu^{22} 猪腹部上面的油，剥下后呈网状

花油 fɑ^{44}iəu^{44} ①猪大肠上的油。②除板油外的猪油的统称，包括猪大小肠和腹部的油

鸡髻油 tɕiai^{44}ke^{21}iəu^{22} 猪小肠上的油，其边缘带红色，似鸡冠

素油 su^{44}iəu^{22}

茶油 tsʰɑ^{22}iəu^{22} 茶籽油

菜油 tsʰoi^{44}iəu^{22} 菜籽油

粗盐 tsʰu^{44}ien^{21}

碎盐 sɔi^{44}ien^{21} 细盐

油麻酱 iəu^{22}mɑ^{21}tɕiᴀŋ^{55} 芝麻酱

麦酱 mᴀʔ^{2}tɕiᴀŋ^{55} 面酱，味道有甜和不甜之分

豆酱 tʰieu^{35}tɕiᴀŋ^{55} 豆瓣酱

辣椒酱 loaʔ^{2}tɕiɑu^{44}tɕiᴀŋ^{55}

红糖 xuŋ^{22}tʰoŋ^{22}

白糖 pʰᴀʔ^{2}tʰoŋ^{22}

冰糖 pin^{44}tʰoŋ^{22}

欶欶糖 tɕyɪʔ^{4}tɕyɪʔ^{4}tʰoŋ^{22} 可吸吮的糖果，如水果糖，一般要用纸一块块包好

花生糖 fɑ^{44}sᴀŋ^{44}tʰoŋ^{22}

白皮糖 pʰᴀʔ^{2}pʰi^{22}tʰoŋ^{22} 麦芽糖

香料 ɕioŋ^{44}lieu^{21} 作料

八角 paʔ^{4}koʔ^{4}

桂皮 kuəi^{55}pʰi^{22}

花椒 fɑ^{44}tɕiɑu^{44}

胡椒粉 fu^{22}tɕiɑu^{44}pən^{35}

烟酒 ȵian^{44}tɕiəu^{35} 烟草

烟酒叶 ȵian^{44}tɕiəu^{55}ieuʔ^{2} 烟叶

烟酒叶 ian^{44}tɕiəu^{55}ieuʔ^{2} 黄烟

水烟筒 ɕy^{55}ian^{44}tʰuŋ^{21} 水烟袋

烟酒筒 ian^{44}tɕiəu^{55}tʰuŋ^{21} 旱烟袋

烟盒 ian^{44}xɑuʔ^{2} 装香烟的盒子

烟酒丝盒 ian^{44}tɕiəu^{55}ɕi^{44}xɑuʔ^{2} 装烟丝的盒子

烟酒油 ian^{44}tɕiəu^{55}iəu^{22} 烟油子

烟酒灰 ian^{44}tɕiəu^{55}foi^{44} 烟灰

火刀 fu^{55}tɑu^{44} 火镰

打火刀 tᴀŋ^{55}fu^{55}tɑu^{44}

火石 fu^{55}ɕiᴀʔ^{2} 打火石

打火石 tᴀŋ^{55}fu^{55}ɕiᴀʔ^{2}

纸煤 tɕi^{55}moi^{22} 一种细纸卷，点着后一吹即燃

火媒纸 fu^{55}moi^{22}tɕi^{35}

茶 tsʰɑ^{22} ①沏好的茶。②开水

釃茶 sai^{44}tsʰɑ^{22} 倒茶

倒茶 tɑu^{55}tsʰɑ^{22}

十五　红白大事

亲事 tɕʰin^{44}sɿ^{21}

年龄 nan^{22}liŋ^{22}

定婚礼 tʰᴀŋ^{21}xuon^{44}li^{35} 定婚时男方送给女方家的财物

财礼 tsʰoi^{22}li^{35}

结婚日子 tɕieʔ^{4}xuon^{44}ȵiɪʔ^{4}tɕi^{21} 喜期

喜酒 ɕi^{55}tɕiəu^{35}

发嫁妆 foaʔ^{4}kɑ^{44}tsoŋ^{44} 出嫁时女方家把嫁妆发往男家，泛指新娘出门赴夫家

嫁女 kɑ^{44}ȵy^{35} 嫁闺女

轿 tɕʰieu^{21} 花轿

新娘间 ɕin^{44}ȵioŋ^{22}tɕian^{21} 新房

洞房 tuŋ^{21}foŋ^{22}

回门 xuoi^{22}mən^{22} 婚礼次日早饭后新郎陪同新娘回娘家，亲家舅此时亦陪同返回，午饭后新人即需返回婆家

改嫁 kai^{55}kɑ^{44} 再醮

攞第二个 lo^{44}ti^{21}ȵi^{21}kuai^{44} 续弦

攞二婚亲 lo^{44}ȵi^{21}xuon^{44}tɕʰin^{44} 男子再婚

并家 piŋ^{55}kɑ^{44} 丧偶或离异的双方组合成新的家庭

接生 tsauʔ^{4}sᴀŋ^{44}

胞衣 pau^{44}i^{44} 胎盘

头胎 tʰieu^{22}tʰoi^{44}

打胎 tᴀŋ^{55}tʰoi^{44}

□嘴 nien^{21}tɕyoi^{44}（奶瓶上的）奶嘴儿

尿床 nau^{21}tsʰoŋ^{22}

寿岸 ɕiəu^{21}ŋon^{44} 寿命

长寿面 tɕʰioŋ^{22}ɕiəu^{21}mien^{21} ①做寿时大家分吃的面条。②治丧期间给抬棺人单独吃的面条

白事 pʰᴀʔ^{2}sɿ^{21} 丧事

短命鬼 tən^{55}miᴀŋ^{21}kuəi^{35} 未及壮年而亡的人或夭折的人

亡人 moŋ^{22}ȵin^{22}

白身子 pʰᴀʔ^{2}ɕin^{44}tsɿ^{55} “短命鬼”用的棺材，不上油漆

孝堂 xau^{44}toŋ^{22} 灵堂

灵堂 liŋ^{22}tʰoŋ^{22}

长$^{=}$夜 tɕioŋ^{55}ia^{21} 出殡前一天夜里大家坐在一

起守灵

坐夜 tsʰo^{44}ia^{21}

烧七 ɕieu^{44}tɕʰiɪʔ^{4} 做七

守孝 ɕiəu^{55}xau^{44} ①守灵。②守孝

戴孝 təi^{44}xau^{44}

孝崽 xau^{44}tsoi^{35} 孝子

孝孙 xau^{44}sən^{44}

送上山 suŋ^{44}ɕioŋ^{21}san^{44} 送葬，送葬队伍依次是新妇、孝子、棺材、亡人的女儿、孙辈、亲情

五色纸 ŋ^{55}seʔ^{4}tɕi^{35} 做烧给死人穿的衣服的彩色纸

坟山 pʰən^{22}san^{44} 坟地

牌 pʰai^{22} ①碑。②用木板等做的标志

坟牌 pʰən^{22}pʰai^{22} 墓碑

碑石 poi^{44}ɕiᴀʔ^{2}

颁死 uəiʔ^{4}si^{55} 溺亡

吊颈 tau^{44}tɕiᴀŋ^{35} 上吊

死人骨头 si^{55}ȵin^{22}kuəɪʔ^{4}tʰieu^{22} 尸骨

佛祖 fəɪʔ^{2}tsu^{35}

土地庙 tʰu^{55}tʰi^{21}mieu^{21}

水口庙 ɕy^{55}kʰəu^{55}mieu^{21} 村尾水流经过处安置土地公和土地婆的小庙

龙王庙 luŋ^{22}uoŋ^{22}mieu^{21}

阎王 ȵien^{22}uoŋ^{22}

案 ɔn^{44} 香案

供 tɕiuŋ^{44} 上供：～太公给祖先上供

蜡烛台 loaʔ^{2}tsuʔ^{4}toi^{22} 烛台，铜或生铁铸成

蜡烛架 loaʔ^{2}tsuʔ^{4}kɑ^{44} 烛架

盘香 pʰɔn^{22}ɕioŋ^{44} 线香，多用于敬神

香钵 ɕioŋ^{44}poaʔ^{4} 香炉，多由生铁铸成

香炉 ɕioŋ^{44}lu^{22}

烧香 ɕieu^{44}ɕioŋ^{44}

签纸 tɕʰian^{44}tɕi^{35} 印有谈吉凶内容的纸条

签旗 tɕʰian^{44}tɕʰi^{22} 求签处将印好签文的纸条排好挂在墙上，类似小旗子

求签 tɕʰiəu^{22}tɕʰian^{44}

做卦 tso^{44}kɑ^{44} 卜卦

打卦 tᴀŋ^{55}kɑ^{44}

珓 kau^{44} 占卜用器具，用两块形似蚌壳的毛竹片制成

阴珓 in^{44}kau^{44} 珓的两面朝下

阳珓 ioŋ^{22}kau^{44} 珓的两面朝上

圣珓 ɕiŋ^{44}kau^{44} 一正一反的珓

做道场 tso^{44}tɑu^{21}tɕʰioŋ^{22}

念经 ȵian^{21}tɕiŋ^{44}

阴阳先生 in^{44}ioŋ^{22}ɕin^{44}sᴀŋ^{44} 地师

算命先生 sɔn^{44}miᴀŋ^{21}ɕin^{44}sᴀŋ^{44}

睇相人 tʰai^{55}ɕioŋ^{44}ȵin^{22} 看相的

睇相 tʰai^{55}ɕioŋ^{44} 相面

许愿 ɕy^{55}ȵyon^{21} ①对神佛祈求，许下某种酬谢。②发誓

还愿 ian^{22}ȵyon^{22}

十六　日常生活

脱鞋 tʰoaʔ^{4}xai^{22}

量衫 lioŋ^{22}san^{44} 量衣服

做衫 tso^{44}san^{44} 做衣服

量尺寸 lioŋ^{22}tɕʰiᴀʔ^{4}tsʰən^{44} 量测要做衣服的人的身材体型

贴边 tʰauʔ^{4}pien^{44} 缝在衣服里子边上的窄条

圈边 lən^{22}pien^{22} 在衣服、布鞋等的边缘特别缝制的一种圆棱的边儿

折边 tɕieuʔ^{4}pien^{44} 用窄布条包住衣服等的边

圆 yon^{22} 缲边：使针～一下

上鞋面 ɕioŋ^{44}xai^{22}mien^{44} 鞔鞋帮儿

刺鞋底 tsʰᴀʔ^{4}xai^{22}tai^{35} 纳鞋底

钉衫纽 ten^{44}san^{44}ȵiəu^{35} 钉扣子

做=花 tso^{44}fɑ^{44} 绣花

补洞 pu^{55}tuŋ^{21} 打补丁

做被 tso^{44}pʰi^{44} 做被子

洗一到=水 sai^{55}iɪʔ^{4}tɑu^{55}ɕy^{35} 洗一水

漂 pʰieu^{35} ①用清水漂洗。②往墙面抹灰泥：～墙

晒衫 sai^{44}san^{44} 晒衣服

晾衫 loŋ^{22}san^{44} 晾衣服

浆衫 tɕioŋ^{44}san^{44} 浆衣服

烫衫 tʰoŋ^{44}san^{44} 熨衣服

生火 sᴀŋ^{44}fu^{35}

洗米 sai^{55}mai^{35} 淘米

发面 foaʔ^{4}mien^{21}

拌麦粉 pɔn^{21}mᴀʔ^{2}pən^{35} 和面

□粄□ ȵioʔ^{2}pɔn^{55}tɕʰian^{44} 揉面

打面 tᴀŋ^{55}mien^{21} 做面条的擀制工序，打完面后还要切

炊馒头 tɕʰyoi^{44}mɔn^{22}tʰieu^{21} 蒸馒头

拣菜 kan^{55}tsʰoi^{44} 择菜

煮菜 tɕy^{55}tsʰoi^{44} 做菜

煮汤 tɕy^{55}tʰoŋ^{44} 做汤

饭好啊 pʰɔn^{21}xɑu^{35}a^{44} 饭好了

  饭煮好啊 pʰɔn^{21}tɕy^{55}xɑu^{35}a^{44}

钳菜 tɕʰien^{22}tsʰoi^{44} 搛菜

舀汤 ieu^{55}tʰoŋ^{44}

食零食 ɕiʔ^{2}liŋ^{22}ɕiʔ^{2} 吃零食

使饭箸 soi^{55}pʰɔn^{21}tɕʰy^{21} 使筷子

髀未爊烂 pi^{55}məi^{21}ɑu^{44}lɔn^{21} 肉不烂

  髀未煮烂 pi^{55}məi^{21}tɕy^{55}lɔn^{21}

嗺［无解］动 tsʰau^{21}mai^{44}tuŋ^{21} 嚼不动

  啮［无解］动 ȵiaʔ^{2}mai^{44}tuŋ^{21}

  ［无解］啮得动 mai^{44}ȵiaʔ^{2}tiʔ^{4}tuŋ^{21}

打嗝□ tᴀŋ^{55}kəʔ^{4}təʔ^{4} 打嗝逆

打□ tᴀŋ^{55}əʔ^{4} 嗳气

嘴淡 tɕyoi^{44}tʰɔn^{44} 嘴没味儿：～想食零食

嘴苦 tɕyoi^{44}fu^{35} 口苦，多指因病不想吃东西的情况

洗手 sai^{55}ɕiəu^{35}

汰嘴 tai^{21}tɕyoi^{44} 漱口

  盪嘴 toŋ^{21}tɕyoi^{44}

扎头毛把 tsɑʔ^{4}tʰieu^{22}mɑu^{44}pɑ^{55} 梳髻

打羊角编 tᴀŋ^{55}ioŋ^{22}koʔ^{4}pin^{213} 梳羊角髻

剪手甲 tsan^{55}ɕiəu^{55}kauʔ^{4} 剪指甲

柳=耳朵 liəu^{55}ȵi^{55}to^{21} 掏耳朵

拭身 tɕʰiɪʔ^{4}ɕin^{44} 擦澡

  □身 tɕieu^{21}ɕin^{44}

□艘 tsʰəɪʔ^{4}mɔn^{21} 擦体垢

乘凉 ɕiŋ^{22}lioŋ^{22}

炙热头 tɕiᴀʔ^{4}ȵieʔ^{2}tʰieu^{44}（人）晒太阳取暖

晒热头 sai^{44}ȵieʔ^{2}tʰieu^{44}（衣物）晒太阳

点灯 tan^{55}ten^{44}

□灯 uən^{44}ten^{44} 关灯

铺床 pʰu^{44}tsʰoŋ^{22}

□落 lien^{35}loʔ^{2} 躺下

困着 fən^{44}tɕʰioʔ^{2} 睡着

困［无解］着 fən^{44}mai^{44}tɕʰioʔ^{2} 睡不着

仰天困 ȵiᴀŋ^{21}tʰan^{44}fən^{44} 仰着睡

侧困 tseʔ^{4}fən^{44} 侧着睡

覆困 pʰuʔ^{4}fən^{44} 趴着睡

颈骨困聱啊 tɕiᴀŋ^{55}kuəɪʔ^{4}fən^{44}ŋau^{22}a^{44} 落枕

抽筋 tɕʰiəu44tɕyn44 ①抽筋。②动物临死前伸腿

讲梦话 koŋ55muŋ21uɑ21

眼眉提=提= ȵian55mi22tʰi22tʰi22 魇住了

熬夜 ŋau22ia21

落田 loʔ2tʰan22 下地，去田里干活

上工 ɕioŋ44kuŋ44

歇工 seʔ4kuŋ44 ①生产队时一天的出工结束。②下班

歇力 seʔ4liʔ2 ①临时性的休息。②收工

歇累 seʔ4li21

出门 tɕʰyɪʔ4mən22

转寮 tɕyon55lau22 回家

落街路长= loʔ2tɕiai44lu35tɕioŋ55 逛街

散步 san55pʰu21

十七　讼事

告状 kɑu44tsʰoŋ21

状纸 tsʰoŋ21tɕi35 状子

坐堂 tsʰo44toŋ22

退堂 tʰoi44toŋ22

问案 mən44ɔn55

过堂 ku44toŋ22 当事人到公堂上受审

证人 tsen55ȵin22

人证 ȵin22tsen55

物证 uəɪʔ2tsen55

对质 toi44tsəɪʔ4

民事 min22sɿ21

律师 liʔ2sɿ44

服 fuʔ2 ①遵从。②佩服

唔服 n22fuʔ2

宣判 ɕyon55pʰɔn44

招口供 tɕieu44kʰəu55kuŋ44 招认

口供 kʰəu55kuŋ44

讲 koŋ35 供：～渠出来把他供出来

同伙 tʰuŋ22fu35 同谋

故意犯罪 ku44i44fɔn21tsoi21 故犯

误犯 u21fɔn21

犯法 fɔn21foaʔ4

犯罪 fɔn21tsoi21

牵连 tɕʰien44lien22

保 pɑu35 保释

逮捕 tʰi44pʰuʔ4

押送 ɑuʔ4suŋ44 押解

犯人车 fɔn21ȵin22tɕʰia44 囚车

青天大老爷 tɕʰiŋ44tʰan44tʰɔi21lɑu55ia22

罚钱 foaʔ2tsʰan21 罚款

捋头 loaʔ4tʰieu22 斩首

铳毙 tɕʰiuŋ44pi35 枪毙

死牌 si55pʰai22 ①旧时插在死囚背后验明正身的木条。②挂在死刑犯胸前写有犯人名字的牌子

打屎朏 tʌŋ55ɕi55fəɪʔ4 打屁股

手铐 ɕiəu55kʰɑu44

脚链 tɕioʔ4lien21 脚镣

绑□来 poŋ35ɕin55loi22 绑起来

□□来 uən44ɕin55loi22 关起来，囚禁

坐牢 tsʰo44lɑu22

睇牢 tʰai55lɑu22 探监

走掉 tsɑu35tʰau44 越狱

写借条 ɕia55tsʌʔ4tiau22 立字据

捺手崽印 nɑʔ2ɕiəu55tsoi55in44 按手印

税 ɕyoi44

地租 tʰi21tsu44

还税 ian22ɕyoi44

交税 kau^{44}ɕyoi^{44}

执照 tseʔ^{4}tsau^{55}

告示 kɑu^{44}sɿ^{44}

通知 tuŋ^{44}tsɿ^{44}

命令 miŋ^{21}liŋ^{21}

暗访 ɔn^{44}foŋ^{35} 私访

私访 sɿ^{44}foŋ^{35}

移缴 ie^{22}tɕieu^{35} 把经手的事务交代给接替的人

落台 loʔ^{2}toi^{22} 卸任

传票 tɕ^{h}yon^{22}p^{h}ieu^{44}

十八 交际

来往 loi^{22}uoŋ^{35}

请客 ts^{h}ᴀŋ^{55}xᴀʔ^{4} ①宴请客人。②开席前负责去各家各户通知客人来吃饭的人

招待 tɕieu^{44}tai^{21}

男客 nɔn^{22}xᴀʔ^{4}

女客 n̥y^{55}xᴀʔ^{4}

远客 yon^{55}xᴀʔ^{4}

送礼 suŋ^{44}li^{35}

礼 li^{35} 礼物，包括贺礼、寿礼和办丧事时别人送的财物等

人情 n̥in^{22}tɕiŋ^{22} ①人与人之间的情面、情谊等。②人情往来的礼物：送～

做客 tso^{44}xᴀʔ^{4}

待客 tai^{21}xᴀʔ^{4}

陪客 poi^{22}xᴀʔ^{4}

送客 suŋ^{44}xᴀʔ^{4}

唔送啊 n^{22}suŋ^{44}ŋa^{44} 不送了，主人说的客套话

唔使客气 n^{22}soi^{55}xᴀʔ^{4}tɕ^{h}i^{44} 别客气

摆酒 pai^{55}tɕiəu^{35} 摆酒席

一桌酒 iɪʔ^{4}toʔ^{2}tɕiəu^{35}

请帖 ts^{h}ᴀŋ^{55}t^{h}auʔ^{4}

送请帖 suŋ^{44}ts^{h}ᴀŋ^{55}t^{h}auʔ^{4} 下请帖

坐 ts^{h}o^{44} 入席

出菜 tɕ^{h}yɪʔ^{4}ts^{h}oi^{44} 上菜

干杯 kan^{44}poi^{44}

［无解］佮 mai^{44}kɑuʔ^{4}（他们两人）不和

佮［无解］来 kɑuʔ^{4}mai^{44}loi^{22}

［无解］佮得来 mai^{44}kɑuʔ^{4}tiʔ^{4}loi^{22}

冤家 yon^{44}kɑ^{44}

冤枉 yon^{44}uoŋ^{35}

欺生 tɕ^{h}i^{44}sᴀŋ^{44}

插嘴 ts^{h}auʔ^{4}tɕyoi^{44}

摆架子 pai^{55}kɑ^{44}tsɿ^{55}

出洋相 tɕ^{h}yɪʔ^{4}ioŋ^{22}ɕioŋ^{44}

唔吓面皮 n^{22}xᴀʔ^{4}mien^{44}p^{h}i^{22} 丢人

巴结 pɑ^{55}tɕieʔ^{4}

睇得起 t^{h}ai^{55}tiʔ^{4}tɕ^{h}i^{35} 看得起

睇唔起 t^{h}ai^{55}n^{22}tɕ^{h}i^{35} 看不起

佮伙 kɑuʔ^{4}fu^{35} 合伙

答应 tɑuʔ^{4}en^{44}

唔答应 n^{22}tɑuʔ^{4}en^{44} 不答应

十九 商业交通

招牌 tɕieu^{44}p^{h}ai^{22}

广告 kuᴀŋ^{55}kɑu^{44}

开店 k^{h}oi^{44}tian^{44} 开铺子

开店 foi^{44}tian^{44} 又读

铺面 p^{h}u^{44}mien^{44} 商店的门面

摆摊 pai^{55}t^{h}ɔn^{44} 摆摊子

面馆店 mien^{21}kuon^{55}tian^{44} 面馆儿

布店 pu^{44}tian^{44}

杂货店 tsᴀʔ^{2}xo^{44}tian^{44}

油盐店 iəu22ien21tian44
粮站 lioŋ22tsan21 粮店
碗店 uon55tian44 瓷器店
墨笔店 meʔ2piɪʔ4tian44 旧时文具店
茶馆 tsʰɑ22kuon35
剃头店 tʰai44tʰieu22tian44 理发店
剃面毛 tʰai44mien44mɑu44 刮脸
　修面 ɕiəu44mien44
　修面毛 ɕiəu44mien44mɑu44
□嘴须 tɕiaʔ4tɕyoi44su44 用刀刮胡子
　□嘴须 kʰau22tɕyoi44su44
剃嘴须 tʰai44tɕyoi44su44 用电动剃须刀刮胡子
髀店 pi55tian44 肉铺
捋猪 loaʔ4tɕy44 杀猪
榨油店 tsɑ44iəu22tian44 油坊
当店 toŋ44tian44 当铺
租寮 tsu44lau22 租房子
当寮 toŋ44lau22 典房子
煤铺 moi22pʰu44
开张 kʰoi44tɕioŋ44 开业
□门 uən44mən22 ①关门。②商铺停业
盘底 pʰən22tai35 盘点
柜台 kuəi21toi22
开价 foi44kɑ44
还价 ian22kɑ44
公道 kuŋ44tɑu21（价钱）公道
生意好 sᴀŋ44i44xɑu55 买卖好
生意淡 sᴀŋ44i44tʰən44 买卖清淡
　生意断⁼半⁼ sᴀŋ44i44tʰən44pən44
保本 pɑu55pon35 不亏不赚
赚钱 tɕyon21tsʰan21
利息 li21ɕiʔ4
运气好 uən21tɕʰi44xɑu55
少 ɕieu35 差：～五角十块
押金 ɑuʔ4tɕin44
账房 tioŋ44foŋ22
开销 kʰoi44ɕieu44
记账 tɕi44tioŋ44 记录收入、支出的账目
烂账 lən21tioŋ44 要不来的账
发票 foaʔ4pʰieu44
收据 ɕieu44tɕy35
陈⁼款 tɕʰin22kʰuən35 存款
散钱崽 sən55tsʰan21tsoi55 面值较小的零钱
钞票 tsʰau55pʰieu44
铜钱 tʰuŋ22tsʰan21 铜板儿
　铜板 tʰuŋ22pan35
白洋 pʰᴀʔ2ioŋ44 银元
一分钱 iɪʔ4fən44tsʰan21
一角钱 iɪʔ4koʔ4tsʰan21
一块钱 iɪʔ4kʰuəi44tsʰan21
十块钱 ɕiəuʔ2kʰuəi44tsʰan21
一百块钱 iɪʔ4pᴀʔ4kʰuəi44tsʰan21
一张钞票 iɪʔ4tɕioŋ44tsʰau55pʰieu44 一张纸币
一个铜钱崽 iɪʔ4kuai44tʰuŋ22tsʰan21tsoi55 一个铜子儿
药秤 ioʔ2tɕʰiŋ44 戥子
磅秤 poŋ55tɕʰiŋ44
秤盘 tɕʰiŋ44pʰən22
秤花 tɕʰiŋ44fɑ44 秤星
秤梗 tɕʰiŋ44tɕiᴀŋ35 秤杆儿
秤钩 tɕʰiŋ44kɑu21
秤砣 tɕʰiŋ44tʰo22 秤锤
秤翘 tɕʰiŋ44ɕieu44 称物时秤尾高
秤砣⁼ tɕʰiŋ44tʰo22 称物时秤尾偏低

□板 tɕiaʔ^{4}pan^{35} 平斗斛的木片

铁路 tʰaʔ^{4}lu^{21}

铁轨 tʰaʔ^{4}kuəi^{44}

火车 fu^{55}tɕʰia^{44}

火车站 fu^{55}tɕʰia^{44}tsan^{21}

汽车路 tɕʰi^{44}tɕʰia^{44}lu^{21} 公路

汽车 tɕʰi^{44}tɕʰia^{44}

客车 xʌʔ^{4}tɕʰia^{44}

货车 xo^{44}tɕʰia^{44}

公交车 kuŋ^{44}tɕiɑu^{44}tɕʰia^{44}

小车 ɕiɑu^{55}tɕʰia^{44} 小轿车

包车 pɑu^{44}tɕʰia^{44}

摩托车 mo^{22}tʰoʔ^{4}tɕʰia^{44}

电瓶车 tien^{21}pʰin^{22}tɕʰia^{44} ①以电瓶驱动的车。②车龙头下方有类似电瓶车式踏板的摩托车

三轮车 sɔn^{44}lən^{22}tɕʰia^{44}

船 ɕyon^{22}

帆 fɔn^{22}

篷 puŋ^{22}

舵 to^{21}

桨 tɕioŋ^{35}

桥板 tɕʰieu^{22}pan^{35} 跳板

帆船 fɔn^{22}ɕyon^{22}

渔船 ȵy^{21}ɕyon^{22}

渡船 tʰu^{21}ɕyon^{22}

轮船 lən^{22}ɕyon^{22}

过渡 ku^{44}tʰu^{21} ①坐船过河。②状态上的周转

渡口 tʰu^{21}kʰəu^{35}

二十　文化教育

走 tsɑu^{35} 逃学

幼儿园 iəu^{44}ə^{22}yon^{22}

拖儿所 tʰo^{44}ə^{22}su^{55}

放假 pioŋ^{44}kɑ^{44}

暑假 ɕy^{55}kɑ^{44}

寒假 xɔn^{22}kɑ^{44}

农忙假 nuŋ^{22}moŋ^{22}kɑ^{44} 过去当地中小学在插秧时所放的假，一周左右

请假 tsʰʌŋ^{55}kɑ^{44}

上课 ɕioŋ^{44}kʰo^{44}

落课 loʔ^{2}kʰo^{44} 下课

讲台 koŋ^{55}toi^{22}

黑板 xeʔ^{4}pan^{55}

粉笔 fən^{55}piɪʔ^{4}

粉笔擦 fən^{55}piɪʔ^{4}tsʰʌʔ^{4} 板擦儿

点名册 tan^{55}miʌŋ^{22}tsʰʌʔ^{4}

笔记簿 piɪʔ^{4}tɕi^{55}po^{21} 笔记本

书 ɕy^{44} ①书籍。②课本

橡皮 ɕiʌŋ^{21}pʰi^{22} 橡皮擦

卷笔刀 tɕyon^{55}piɪʔ^{4}tɑu^{44} 转笔刀

圆规 yon^{22}kuəi^{44}

三角板 sɔn^{44}koʔ^{4}pan^{35}

作文簿 tsoʔ^{4}uən^{22}po^{21} 作文本

大字簿 tʰɔi^{21}tɕʰi^{21}po^{21} 大字本

毛笔套 mɑu^{22}piɪʔ^{4}tʰɑu^{44} 笔帽儿

笔筒 piɪʔ^{4}tʰuŋ^{21}

磨墨 mo^{22}meʔ^{2} 研墨

墨盒 meʔ^{2}xɑuʔ^{2}

墨汁 meʔ^{2}tseʔ^{4} 写毛笔时用的墨水

鐾笔 pʰi^{21}piɪʔ^{4} 掭笔

墨水 meʔ^{2}ɕy^{55} 写钢笔字用的有颜色的液体，一般有红、黑、蓝三种颜色

读书人 tʰoʔ^{2}ɕy^{44}ȵin^{22}

晓□字人 ɕieu55tᴀʔ4tɕʰi21ȵin22 识字的人

　认着字人 ȵin21tɕʰioʔ2tɕʰi21ȵin22

□□字人 ma55tᴀʔ4tɕʰi21ȵin22 文盲

　□得字人 ma55tiʔ4tɕʰi21ȵin22

读书 tʰoʔ2ɕy44 ①念书。②开始上学

背书 poi21ɕy44

报考 pɑu44kʰɑu35

入考场 yɵeʔ2kʰɑu55tɕʰioŋ22 入场

　入场 yɵeʔ2tɕʰioŋ22

考卷 kʰɑu55tɕyon35

满分 mɔn35fən44

零分 liŋ22fən44

发榜 foaʔ4poŋ35

头名 tʰieu22miᴀŋ22

落末名 loʔ2moʔ4miᴀŋ22 末名

毕业 piɪʔ4ȵieuʔ2

文凭 uən22pʰin22

画掉 uɑ21tʰau44 涂了

写白字 ɕia55pʰᴀʔ2tɕʰi21

溜⁼字 liəu44tɕʰi21 掉字

草稿 tsʰɑu55kɑu35

打草稿 tᴀŋ55tsʰɑu55kɑu55

抄 tsʰɑu44 誊

一点 iɪʔ4tan35

一横 iɪʔ4uoŋ22

一直 iɪʔ4tɕʰiʔ2 一竖

一撇 iɪʔ4pʰieʔ4

一捺 iɪʔ4lᴀʔ4

一勾 iɪʔ4kɑu21

一剔 iɪʔ4tʰeʔ4 一挑

一画 iɪʔ4uɑ21

　一划 iɪʔ4uᴀʔ2

斜勾 tɕʰia22kɑu21

烂⁼赢⁼勾 lɔn21iᴀŋ22kɑu21 横勾

竖勾 ɕy21kɑu21

单人旁 tɔn44ȵin22pʰoŋ22 亻

双人旁 suŋ44ȵin22pʰoŋ22 彳

弯弓张 uɔn44kuŋ44tɕioŋ44 张

立草章 liɪʔ2tsʰɑu35tɕioŋ44 章

宝盖头 pɑu55koi44tʰieu22 宀

竖心旁 ɕy21ɕin22pʰoŋ22 忄

耳朵旁 ȵi55to21pʰoŋ22

王字旁 uoŋ22tɕʰi21pʰoŋ22 王

土字旁 tʰu55tɕʰi21pʰoŋ22

竹字头 tɕyʔ4tɕʰi21tʰieu22 ⺮

火字旁 fu55tɕʰi21pʰoŋ22

四点水 si44tan55ɕy35 灬

三点水 sɔn44tan55ɕy35 氵

两点水 ioŋ35tan55ɕy55 冫

病字头 pʰiᴀŋ21tɕʰi21tʰieu22 疒

走字旁 tsɑu55tɕʰi21pʰoŋ22 辶

绞丝旁 tɕiɑu55sɿ44pʰoŋ22 纟

提手旁 tʰi22ɕiəu55pʰoŋ22 扌

草头 tsʰɑu55tʰieu22 艹

二十一　文体活动

□□ ien44ien44 一种游戏，寻找预先藏匿在某处的同伴

踢毽子 tʰeʔ4tɕien44tsɿ55

捡子 tɕien55tsɿ55 一种游戏，用几个石子儿，扔起其一，做规定动作后再接住

弹老虎珠 tan21lɑu55fu55tɕy44 弹玻璃球

打飘⁼飘⁼ tᴀŋ55pʰieu44pʰieu44 打水漂儿，在水面上掷瓦片或石子儿

跳箬⁼tʰau22kʰu44 跳房子

本⁼绳 pon55ɕiŋ21 翻绳儿，两人轮换翻动手指头上的细绳，变出各种花样

打令 tʌŋ55liʌŋ21 出谜语：～你猜

牌九 pʰai22tɕiəu35

麻将 mɑ22tɕiʌŋ55

　麻将 mɑ22tɕioŋ55 又读

打色 tʌŋ35seʔ2 掷色子

押宝 ɑuʔ4pɑu35

放火炮 pioŋ55fu55pʰau44 打鞭炮

烟花 ien44fɑ44

放烟花 pioŋ44ien44fɑ44 放花炮

象棋 ɕiʌŋ21tɕʰi2

将 tɕioŋ44

帅 suai44

士 sɿ21

象 ɕioŋ21 ①中国象棋里的“象”。②中国象棋里的“相”

车 tɕy44

炮 pʰau44

卒 tsəɪʔ4 ①中国象棋里的“卒”。②中国象棋里的“兵”

行卒 xʌŋ22tsəɪʔ4 拱卒

撑士 tsʰʌŋ44sɿ21 上士

过坑 ku44xʌŋ44 下象棋时棋子越过楚河汉界

炮不 pʰau44tən35 炮架子

和棋 xo22tɕʰi22

　平棋 pʰiʌŋ22tɕʰi22

□绳 pieʔ2ɕiŋ21 拔河

划水 uɑ22ɕy35 游泳

撑排 tsʰʌŋ44pʰai22 仰泳

踏水 tʰɑuʔ2ɕy35 踩水

打水钻 tʌŋ55ɕy55tsən44 潜水

打球 tʌŋ55tɕʰiəu22

冰⁼棒⁼球 pin44pʌŋ55tɕʰiəu22 乒乓球

篮球 lən22tɕʰiəu22

排球 pʰai22tɕʰiəu22

脚球 tɕioʔ4tɕʰiəu22 足球

羽毛球 y55mɑu22tɕʰiəu22

跳远 tʰau22yon35

跳高 tʰau22kɑu44

翻拳⁼斗 fən44kʰuən22tieu35 翻跟头

　打拳⁼斗 tʌŋ55kʰuən22tieu35

倒立 tɑu44liɪʔ2

行高脚 xʌŋ22kɑu44tɕioʔ4 踩高跷

对刀 toi44tɑu44

舞刀 u55tɑu44 耍刀

对铳 toi44tɕʰiuŋ44 对枪

舞铳 u55tɕʰiuŋ44 耍枪

打腰鼓 tʌŋ55ieu44ku35

跳舞 tʰau22u35

木头戏 moʔ2tʰieu22se44 木偶戏

大戏 tʰɔi21se44 大型戏曲

越剧 yɵeʔ2tɕieʔ2

婺剧 u35tɕieʔ2 团结村畲民在浙江时常看的一种地方戏

戏馆 se44kuon35 戏院

戏台 se44toi22

戏棚 se44puŋ22

做戏人 tso44se44n̥in22 演员

　演员 ien55yon22

讲古老 koŋ55ku55lɑu55 说书

闹台 nɑu21toi22 打开场

　浪⁼台 loŋ21toi22

花面 fɑ^{44}mien^{44} 花脸

　大花面 t^{h}ɔi^{21}fɑ^{44}mien^{44}

小花面 ɕiɑu^{55}fɑ^{44}mien^{44} 丑角

小生 ɕiɑu^{55}sᴀŋ^{44}

老旦 lɑu^{55}tɔn^{44}

花旦 fɑ^{44}tɔn^{44}

二十二　动作

跌倒来 tieʔ^{4}tɑu^{55}loi^{22} 跌倒了

□□来 uoaʔ^{4}ɕin^{55}loi^{22} 爬起来

摇头 ieu^{22}t^{h}ieu^{22}

啄头 toʔ^{4}t^{h}ieu^{22} ①点头。②打瞌睡

头□来 t^{h}ieu^{22}tɕ^{h}ia^{22}loi^{22} 抬头

□头 tia^{21}t^{h}ieu^{22} ①低头。②磕头

回头 foi^{22}t^{h}ieu^{22}

面聱过去 mien^{44}ŋau^{22}ku^{44}ɕy^{44} 脸转过去

眼□崽□来 ȵian^{55}tɕ^{h}iɪʔ^{2}tsoi^{55}ləɪ^{213}loi^{22} 瞪眼

　眼□崽□来 ȵian^{55}tɕ^{h}iɪʔ^{2}tsoi^{55}lən^{55}loi^{22}

　眼瞪来 ȵian^{55}ten^{44}loi^{22}

眼机⁼来 ȵian^{55}tɕi^{44}loi^{22} 挤眼儿

眼□□来□去 ȵian^{55}tɕ^{h}iɪʔ^{2}ləɪʔ^{2}loi^{22}ləɪʔ^{2}ɕy^{44} 眼睛乱转

出眼泪 tɕ^{h}yɪʔ^{4}ȵian^{55}li^{21} 流眼泪

　溜⁼眼泪 liəu^{44}ȵian^{55}li^{21}

顾 ku^{44} 瞟：～一眼

听知 t^{h}ᴀŋ^{44}te^{44} 听见

嘴翘来 tɕyoi^{44}ɕieu^{44}loi^{22} ①噘嘴。②努嘴

　翘嘴洞 ɕieu^{44}tɕyoi^{44}tuŋ^{21}

举手 tɕy^{55}ɕiəu^{35}

□手 iᴀʔ^{2}ɕiəu^{35} 摆手

□手 miŋ^{44}ɕiəu^{35} 甩手

放手 pioŋ^{44}ɕiəu^{35} 撒手

动手 tuŋ^{21}ɕiəu^{35} ①用手接触。②开始做

搭手 tɑuʔ^{4}ɕiəu^{35} 拍手

绞手 kau^{55}ɕiəu^{35} ①背着手。②两手交叉在胸前

手绞来 ɕiəu^{55}kau^{55}loi^{22} ①手挽手。②背着手

手笼来 ɕiəu^{55}luŋ^{22}loi^{22} 双手交叉伸到袖筒里

手放来 ɕiəu^{55}pioŋ^{44}loi^{22} 张开手掌

□ ts^{h}an^{35} 用手指戳

　□ tən^{44}

□ tsəɪʔ^{4} 用三个手指撮

拗手崽 au^{55}ɕiəu^{55}tsoi^{35} 扒拉手指

□屎 ts^{h}ɔn^{35}ɕi^{35} 把屎

□尿 ts^{h}ɔn^{35}nau^{21} 把尿

弹手崽 tan^{21}ɕiəu^{55}tsoi^{35} 弹指头

□拳头牯 tɑʔ^{2}k^{h}uən^{22}t^{h}ieu^{22}ku^{35} 攥拳

　□拳头牯 tɑʔ^{2}tɕ^{h}yon^{22}t^{h}ieu^{22}ku^{35} 又读

脚□□来 tɕioʔ^{4}tɑʔ^{2}ɕin^{55}loi^{22} 跺脚

踮 tien^{44}

搁脚 koʔ^{2}tɕioʔ^{4} 跷二郎腿

脚虬来 tɕioʔ^{4}tɕ^{h}iəu^{22}loi^{22} 蜷腿

抖脚 tieu^{55}tɕioʔ^{4} 抖腿

弹脚 tan^{21}tɕioʔ^{4} 踢腿

直腰 tɕ^{h}iʔ^{2}ieu^{44} ①伸腰。②伸懒腰

撑腰 ts^{h}ᴀŋ^{44}ieu^{44} ①叉腰。②背后支持

弯腰 uən^{44}ieu^{44}

屎朏翘来 ɕi^{55}fəɪʔ^{4}ɕieu^{44}loi^{22} 撅屁股

捶发⁼龙 tɕ^{h}y^{22}pəɪʔ^{4}liuŋ^{22} 捶背

缩⁼ suʔ^{4} 吸溜鼻涕

嫌弃 xan^{22}tɕ^{h}i^{44}

□紧紧 ts^{h}ɔn^{35}tɕin^{55}tɕin^{55} 抱得紧紧的

拦 lɔn^{22} ①拦截。②阻止。③挡住，特指看戏时高的人挡在前面使后排人看不到

□上身 k^{h}ɔn^{21}ɕioŋ^{55}ɕin^{44} 拎起来

捡上身 tɕien^{35}ɕioŋ^{55}ɕin^{44} 捡起来

拭掉 tɕʰiʔ^{4}tʰau^{44} 擦掉

寻着啊 ɕin^{22}tɕʰioʔ^{2}a^{44} 找到了

叠上身 tʰauʔ^{2}ɕioŋ^{55}ɕin^{44} 码起来

撞$^{=}$tɕioŋ^{21} ①摞，叠放。②量词，摞：一～碗

□mʌŋ^{22} ①用纱布类透风织品遮盖。②将皮子固定在乐器的共鸣器上

容 kʰɑuʔ^{4} 压，多因建筑垮塌而导致：成□toŋ^{22}寮都～落来整栋楼都塌了

檵$^{=}$tɕian^{44}（用拳）捅

□tsʰɔi^{44} 在粗糙物上蹭擦：～痒

□fɑʔ^{4} ①举起后用力摔。②甩（手）

捋 ləɪʔ^{2} ①捋（袖子、胡须等）。②手工给玉米脱粒

挼 nu^{22} ①搓：～绳｜～衫。②揉（肌肉、关节等）

□命 tɕʰiaʔ^{4}miʌŋ^{21} ①鸡被杀时临死前的挣扎②詈语，批评小孩好动

　□命 tɕʰioʔ^{4}miʌŋ^{21} 又读

□pəɪʔ^{4} 用簸箕等聚拢

磨□mo^{22}laʔ^{4} 磨破

□lio^{35} 动词，锉

□loi^{21} ①用手工钻钻。②用拳捅

□tɕioŋ^{44} 搞，做：～坏｜～转头

懂啊 tuŋ^{35}a^{44} 懂了

解啊 xai^{44}a^{44} 会了

认字 ȵin^{21}tɕʰi^{21} 识字

想下 ɕiʌŋ^{35}xɑ^{21} 想一想

　想想 ɕiʌŋ^{55}ɕiʌŋ^{55}

估堆$^{=}$ku^{55}toi^{213} 估量

想办法 ɕiʌŋ^{55}pɔn^{21}foaʔ^{4} 想主意

猜 tsʰoi^{44} 猜想

估定 ku^{55}tʰʌŋ^{21} 料定

主张 tɕy^{55}tɕioŋ^{44}

怀疑 fai^{22}ȵi^{22}

想 ɕiʌŋ^{35} ①沉思。②犹疑。③盼望

吓倒来 xʌʔ^{4}tɑu^{55}loi^{22} 吓着了

急人 tɕieʔ^{4}ȵin^{22} 着急

挂念 kɑ^{44}ȵien^{21}

　［无解］□□mai^{44}tʰaʔ^{4}ȵioŋ^{44}

放心 pioŋ^{44}ɕin^{44}

巴唔得 pɑ^{44}n^{22}tiʔ^{4} 巴不得

　巴不得 pɑ^{44}pəɪʔ^{4}tiʔ^{4}

想□来 ɕiʌŋ^{55}ɕin^{55}loi^{22} 想起来了

眼红 ȵian^{55}xuŋ^{22} 妒忌

恨 xon^{21}

偏心 pʰien^{44}ɕin^{44}

怄气 au^{44}tɕʰi^{44}

报怨 pɑu^{44}yon^{44} 抱怨

怨 yon^{44} 埋怨

闭气 pi^{44}tɕʰi^{44} 憋气

做人家 tso^{44}ȵin^{22}kɑ^{44}（对物）爱惜

挃钱 tiɪʔ^{2}tsʰan^{21}（对人）疼爱：～细㜸$^{=}$疼小孩子

　肉痛 ȵyʔ^{4}tʰuŋ^{44}

宠 tɕʰiuŋ^{21} 娇惯，溺爱

让 ȵioŋ^{21} ①迁就，宽容：～分你。②介词：～我再算一到$^{=}$让我再算一遍

白啡 pʰʌʔ^{2}pʰəi^{35} 说大话

搭嘴 tɑuʔ^{4}tɕyoi^{44} 搭茬

唔搭嘴 n^{22}tɑuʔ^{4}tɕyoi^{44} 不搭茬

唔声 n^{22}ɕiʌŋ^{44} 不作声

　唔吱声 n^{22}tɕi^{44}ɕiʌŋ^{44}

　应都唔应 en^{44}tu^{44}n^{22}en^{44}

应嘴 en^{44}tɕyoi^{44} 顶嘴

顶嘴 tiŋ^{55}tɕyoi^{44}

嘴巴老⁼tɕyoi^{44}pɑ^{44}lɑu^{35}：你唔使～你别顶嘴

分人骂 pən^{44}ȵin^{22}mɑ^{44} 挨骂

翻⁼咐 fən^{44}fu^{44} 叮嘱，嘱咐

受批评 ɕiəu^{21}pʰi^{44}pʰiŋ^{22} 挨说

长念 tɕʰioŋ^{22}ȵian^{21} 唠叨

二十三　位置

□泥 kʰɑ^{55}nai^{22} 地上，地下：莫跌～别摔到地上｜～污龊嘞地上脏

天上 tʰan^{44}ɕioŋ^{21}

山上 san^{44}ɕioŋ^{21}

路上 lu^{21}ɕioŋ^{21}

街路当肚 tɕiai^{44}lu^{21}toŋ^{44}tu^{55} 街上

墙上 tɕʰioŋ^{22}ɕioŋ^{21}

门上 mən^{22}ɕioŋ^{21}

桌上 toʔ^{2}ɕioŋ^{21}

椅上 i^{55}ɕioŋ^{21}

边舷 pan^{44}tɕien^{44} 边儿上：徛二⁼～站在边儿上

心里 ɕin^{44}li^{55}

大门外 tʰɔi^{21}mən^{22}uai^{21}

门外 mən^{22}uai^{21}

墙外 tɕʰioŋ^{22}uai^{21}

窗门外 tɕʰioŋ^{44}mən^{22}uai^{21}

车上 tɕʰia^{44}ɕioŋ^{21}

车客边 tɕʰia^{44}kʰɑ^{55}pan^{44} 车外

车先 tɕʰia^{44}ɕian^{21} 车前

车后 tɕʰia^{44}xəu^{21}

山先 san^{44}ɕian^{21} 山前

山后 san^{44}xəu^{21}

以上 i^{35}ɕioŋ^{21}：～是渠年⁼队，以下是我年⁼队（这）以上是他们队，以下是我们队

以下 i^{55}xɑ^{21}

东 tuŋ^{44}

南 nɔn^{22}

西 sai^{44}

北 peʔ^{4}

东南 tuŋ^{44}nɔn^{22}

东北 tuŋ^{44}peʔ^{4}

西南 sai^{44}nɔn^{22}

西北 sai^{44}peʔ^{4}

路舷 lu^{21}tɕien^{44}

□翁⁼toʔ^{4}oŋ^{44} 当间儿

床架下 tsʰoŋ^{22}kɑ^{44}xɑ^{21} 床底下

楼□底⁼lieu^{22}kʰɑ^{55}tai^{55} 楼底下

脚□底⁼tɕioʔ^{4}kʰɑ^{55}tai^{55} 脚底下

碗底 uon^{55}tai^{35} 碗底儿

镬底 oʔ^{2}tai^{35} 锅底儿

缸底 koŋ^{21}tai^{35} 缸底儿

望□肚行 muŋ^{21}loi^{55}tu^{55}xʌŋ^{22} 往里走

望客边行 muŋ^{21}kʰɑ^{55}pan^{44}xʌŋ^{22} 往外走

望东行 muŋ^{21}tuŋ^{44}xʌŋ^{22} 往东走

望西行 muŋ^{21}sai^{44}xʌŋ^{22} 往西走

行转头 xʌŋ^{22}tɕyon^{55}tʰieu^{22} 往回走

望先行 muŋ^{21}ɕian^{21}xʌŋ^{22} 往前走

以东 i^{55}tuŋ^{44}

以西 i^{55}sai^{44}

以南 i^{55}nɔn^{22}

以北 i^{55}peʔ^{4}

以内 i^{55}noi^{21}

以外 i^{55}uai^{21}

以来 i^{55}loi^{22}

之后 tsɿ^{44}xəu^{21}

之先tsɿ^{44}ɕian^{21}之前：我三年～穷

之外tsɿ^{44}uai^{21}

之内tsɿ^{44}noi^{21}

当肚=toŋ^{44}tu^{55}之间

二十四　代词等

我嘅ŋɔi^{44}ke^{44}我的

□nai^{35}那，单音节词，三个物体比较时可充当中指

□n^{21}那，常做宾语

□滴=nai^{21}ti^{55}那里，对照时可以指较远处

箇多=kɔi^{21}to^{44}①这些。②这么多

二=多=n̠i^{21}to^{44}①那些。②那么多

哪多=nɑ^{55}to^{44}哪些

箇生色kɔi^{21}sʌŋ^{44}seʔ^{4}这么：～做

二=n̠i^{21}那么：～高

二=生色n̠i^{21}sʌŋ^{44}seʔ^{4}那么：～做

□做办tso^{21}tso^{44}pɔn^{21}怎么办

我两个ŋɔi^{44}ioŋ^{55}kuai^{44}我俩

你两个n̠i^{44}ioŋ^{55}kuai^{44}你们俩

渠两个ki^{44}ioŋ^{55}kuai^{44}他俩

两子娘ioŋ^{55}tɕi^{55}n̠ioŋ^{22}娘儿俩

两子爷ioŋ^{55}tɕi^{55}ia^{22}爷儿俩

两孙翁ioŋ^{55}sɔn^{44}oŋ^{44}爷孙俩

两□娌ioŋ^{55}ɕiɔuʔ^{2}li^{44}妯娌俩

两姑嫂ioŋ^{55}ku^{21}sɑu^{55}姑嫂俩

两兄弟ioŋ^{55}ɕiʌŋ^{44}t^{h}ai^{44}兄弟俩

两姊妹ioŋ^{55}tɕi^{55}moi^{44}①姐妹俩。②兄妹俩。③姐弟俩

姊妹两个tɕi^{55}moi^{44}ioŋ^{55}kuai^{44}姐儿俩

两姑孙ioŋ^{55}ku^{21}sɔn^{44}姑侄俩

两叔孙ioŋ^{55}ɕyʔ^{4}sɔn^{44}叔侄俩

儿□娌tɕi^{55}ɕiɔuʔ^{2}li^{55}妯娌们

儿姑嫂tɕi^{55}ku^{21}sɑu^{55}姑嫂们

二十五　形容词

唔错n^{22}ts^{h}oʔ^{4}

差唔多ts^{h}a^{44}n^{22}to^{44}①差不多。②凑合

唔□做n^{22}tso^{21}tso^{44}不怎么样

[无好]使mɑu^{55}soi^{35}①不顶事。②不行：渠～

灵巧liŋ^{22}tɕiɑu^{35}①形容男人英俊。②形容女人能干

要紧ieu^{44}tɕin^{35}

结实tɕieʔ^{4}ɕiɪʔ^{2}壮实：吓=人～特别壮实

腩nɔn^{22}软，如和面的水分多

□tɕiauʔ^{4}涩

缺德tɕ^{h}yɪʔ^{4}teʔ^{4}

活汤=uoaʔ^{2}t^{h}oŋ^{44}机灵

　灵活liŋ^{22}uoaʔ^{2}

糊涂u^{22}tu^{22}

屃人suŋ^{22}n̠in^{22}脓包

量气大lioŋ^{21}tɕ^{h}i^{44}t^{h}ɔi^{21}①性格开朗。②出手阔绰

□ɕyon^{22}完整

□kuɔn^{22}整（钱）

成个ɕiʌŋ^{22}kuai^{44}整的

成ɕiʌŋ^{22}浑：～身都是汗

突t^{h}ɔɪʔ^{4}凸

　拱kuŋ^{35}

□nieuʔ^{4}①凹陷，瘪。②颗粒不饱满

齐ts^{h}ai^{22}①整齐。②齐备

合意xɑuʔ^{2}i^{44}称心

斜tɕ^{h}ia^{22}

猪肝色tɕy^{44}kɔn^{44}seʔ^{4}朱红

水红 ɕy^{55}xuŋ^{22} 粉红

大红 tʰɔi^{21}xuŋ^{22} 深红

枣红 tsɑu^{55}xuŋ^{22}

紫红 tsɿ^{55}xuŋ^{22}

茄色 tɕʰio^{35}seʔ^{4} 茄红

米黄 mai^{55}uoŋ^{22}

天蓝 tʰan^{44}lɔn^{22}

雪白 ɕyɵeʔ^{4}pʰᴀʔ^{2}

银灰 ȵin^{22}foi^{44}

金黄 tɕin^{44}uoŋ^{22}

青 tsʰᴀŋ^{44} 青色：～面

二十六　副词介词等

净净 tɕiᴀŋ^{21}tɕiᴀŋ^{21} 净，光：～食菜唔食饭

有滴 xo^{44}ti^{55} 有点儿：两个字～相同

□□ kʰɑ^{55}mɑ^{55} 恐怕：～好落水啊

马上 mᴀ^{55}ɕioŋ^{21} 立即、立刻：渠～就来啊

傍早 poŋ^{21}tsɑu^{35} 趁早：你～做了啊

早晏 tsɑu^{55}ɔn^{44} 迟早：～爱去迟早要去

眼睇 ȵian^{55}tʰai^{35} 眼看：～就到期啊

故好 ku^{55}xɑu^{55} 幸亏：～你来啊，爱唔我年⁼就行错掉幸亏你来了，要不我们就走错了

故□好 ku^{55}ai^{22}xɑu^{35}

当面 toŋ^{44}mien^{21}

背后 poi^{44}xəu^{21} 背地：有话当面讲，莫～乱讲

一堆 iɪʔ^{4}toi^{21} 一块儿

一个人 iɪʔ^{4}kuai^{44}ȵin^{22} 自个儿：我～落武宁

顺便 sən^{21}pien^{21} 顺带：请渠～帮我换本书

莫 moʔ^{2} 不要：好好行，～走｜未是你讲嘅～乱讲

偏 pʰien^{44} 偏偏：你唔□ti^{55}我去，我就～去你不让我去，我就偏要去

乱 lən^{21} 胡：～讲

零⁼外 liŋ^{22}uai^{21} 另外：～还有一个人

正真 tɕiᴀŋ^{44}tɕin^{44} ①副词，简直。②副词，果然，的确

好来 xɑu^{55}loi^{22} 几乎：～无好使

唔□ n^{22}se^{35} 不止：～哦，我都七十三岁啊

无底⁼紧 mɑu^{22}tai^{55}tɕin^{35} 不要紧

来唔□ loi^{22}n^{22}tɔi^{21} 来不及

挨来 ai^{44}loi^{22} 轮流

轮流 lən^{22}liəu^{22}

就好 tɕiəu^{21}xɑu^{55} 就要，表即将发生：～落水啊就要下雨了

□ ti^{55} ①把：～门□uən^{44}来把门关起来。②对着：渠～我笑。③给：～渠做事｜你～我徛牢你给我站住

□ li^{55} 又读

从 tsʰuŋ^{22} 介词，表起点：～武宁落浙江从武宁去浙江

自从 tsɿ^{21}tsʰuŋ^{22} 自从：～渠行啊，我一直唔放心

依 i^{55} 照：～我睇不算错照我看不算错

随⁼ se^{22} 顺着，沿着：～坑行沿着河走

朝 tɕʰieu^{22} 介词，表方向：～屎头睇朝后看

赶 kɔn^{35} 趁着：～热食

二十七　量词

枚 moi^{22} 一～奖章

本 pon^{35} 一～书｜一～账｜一～戏

笔 piɪʔ^{4} 一～款

封 fuŋ^{44} 一～信｜一～火炮

服 fu^{21} 一～药

样 ioŋ^{21} 一～药｜一～虫

顶 tiŋ^{35} 一～帽

子$^{=}$tsɿ^{35} 一～香｜一～笔｜一～烟酒一根香烟｜一～铳

盏 tsan^{35} 一～灯｜一～酒

桌 toʔ^{2} 一～酒

身 ɕin^{44} 一～新衫｜一～泥

间 tɕian^{44} 一～间一间房间

篇 p^{h}ien^{44} 一～文章

叶 ieuʔ^{2} 一～书｜一～纸

节 tsaʔ^{2} 一～文章｜一～古老一段故事｜一～路｜一～木头一截儿细木头｜一～甘蔗

段 tən^{21} 一～文章｜一～路｜一～木头一截粗木头｜念一～经

片 p^{h}ien^{44} 一～好心

层 ts^{h}en^{22} 一～衫｜一～纸｜一～楼

盘 p^{h}ən^{22} 一～菜｜一～棋｜一～麻将（打）一圈麻将

门 mən^{22} 一～亲事｜一～手艺

刀 tɑu^{44} 一～纸

叠 t^{h}iauʔ^{2} 一～纸｜一～碗

缸 koŋ^{21} 一～水｜一～金鱼｜一～酒

碗 uon^{35} 一～饭

杯 poi^{44} 一～茶

袋 t^{h}oi^{21} 一～花生｜一～书｜一～米

担 tən^{44} 一～米｜一～谷｜一～水

排 p^{h}ai^{22} 一～桌

进 tɕin^{44} 一～院子｜三～天井

挂 kɑ^{44} 一～火炮

句 ku^{44} 一～话｜喊一～

对 toi^{44} 一～花瓶｜一～枕头

套 t^{h}ɑu^{44} 一～书｜一～衫裤

伙 fu^{35} 一～人

窠 k^{h}o^{44} 一～蜂｜一～老鼠｜一～蛋

皮$^{=}$p^{h}i^{22} 一～货一批货

□ nən^{35} 拃

琴$^{=}$tɕ^{h}in^{22} 庹

□ p^{h}iʌŋ^{35} 一～乌青一大片淤青

□ tɑ^{21} 一～花一束花

□ k^{h}ən^{21} 一～葡萄一串葡萄

□ pʌŋ^{21} 一～麸一丛荆棘

□ tsəɪʔ^{4} 一～毛一撮毛

□ tin^{22} 一～牛一群牛｜一～人一群人

□ tɕi^{21} 一～香捆起来的十多根香

眼 ȵian^{35} 一～针一根针

口 xɑu^{55} 食一～

坵 ɕiəu^{44} 一～田一块田

厢$^{=}$ɕioŋ^{44} 一～菜一畦菜

兜 tieu^{44} 一～尿一泡尿｜一～屎一泡屎

台 toi^{22} 一～戏｜一～电视

到$^{=}$tɑu^{55} 洗一～水洗一遍｜写一～写一遍

荚 kauʔ^{4} 一～花生一颗未剥开的花生

个把两个 kuai^{44}pɑ^{55}ioŋ^{55}kuai^{44}

百把个 pʌʔ^{4}pɑ^{55}kuai^{44}

千把人 tɕ^{h}ian^{44}pɑ^{55}ȵin^{22}

万把块钱 mən^{21}pɑ^{55}k^{h}uəi^{44}ts^{h}an^{21}

里把路 li^{55}pɑ^{55}lu^{21}

里把两里路 li^{55}pɑ^{55}ioŋ^{55}li^{55}lu^{21}

亩把两亩 mieu^{55}pɑ^{55}ioŋ^{55}mieu^{55}

二十八　附加成分等

头 t^{h}ieu^{21} 食～｜睇～｜做～｜苦～｜甜～

好死 xɑu^{55}si^{35} 要命：歎得～

不得了 pəɪʔ^{4}teʔ^{4}liau^{35} 好得～

二十九 数字

一号 iɪʔ^{4}xɑu^{21} ①一个月的第一天。②排序的第一位

二号 ȵi^{21}xɑu^{21} ①一个月的第二天。②排序的第二位

三号 sɔn^{44}xɑu^{21}

四号 si^{44}xɑu^{21}

五号 ŋ^{35}xɑu^{21}

六号 lyʔ^{4}xɑu^{21}

七号 tɕ^{h}iɪʔ^{4}xɑu^{21}

八号 paʔ^{4}xɑu^{21}

九号 tɕiəu^{35}xɑu^{21}

十号 ɕiəuʔ^{2}xɑu^{21}

初一 ts^{h}o^{44}iɪʔ^{4}

初二 ts^{h}o^{44}ȵi^{21}

初三 ts^{h}o^{44}sɔn^{44}

初四 ts^{h}o^{44}si^{44}

初五 ts^{h}o^{44}ŋ^{35}

初六 ts^{h}o^{44}lyʔ^{4}

初七 ts^{h}o^{44}tɕ^{h}iɪʔ^{4}

初八 ts^{h}o^{44}paʔ^{4}

初九 ts^{h}o^{44}tɕiəu^{35}

初十 ts^{h}o^{44}ɕiəuʔ^{2}

老大 lɑu^{21}t^{h}ɔi^{21}

老二 lɑu^{21}ȵi^{21} ①排行老二。②次子

老三 lɑu^{21}sɔn^{44}

老四 lɑu^{21}si^{44}

老五 lɑu^{21}ŋ^{35}

老六 lɑu^{21}luʔ^{4}

老七 lɑu^{21}tɕ^{h}iɪʔ^{4}

老八 lɑu^{21}paʔ^{4}

老九 lɑu^{21}tɕiəu^{35}

落末□ loʔ^{2}moʔ^{4}pai^{55} 老幺

大哥 t^{h}ɔi^{21}ko^{44}

二哥 ȵi^{21}ko^{44}

一个 iɪʔ^{4}kuai^{44}

两个 ioŋ^{35}kuai^{44}

三个 sɔn^{44}kuai^{44}

四个 si^{44}kuai^{44}

五个 ŋ^{35}kuai^{44}

六个 lyʔ^{4}kuai^{44}

七个 tɕ^{h}iɪʔ^{4}kuai^{44}

八个 paʔ^{4}kuai^{44}

九个 tɕiəu^{35}kuai^{44}

十个 ɕiəuʔ^{2}kuai^{44}

第二 ti^{21}ȵi^{21}

第三 ti^{21}sɔn^{44}

第四 ti^{21}si^{44}

第五 ti^{21}ŋ^{35}

第六 ti^{21}lyʔ^{4}

第七 ti^{21}tɕ^{h}iɪʔ^{4}

第八 ti^{21}paʔ^{4}

第九 ti^{21}tɕiəu^{35}

第十 ti^{21}ɕiəuʔ^{2}

第一个 ti^{21}iɪʔ^{4}kuai^{44}

第二个 ti^{21}ȵi^{21}kuai^{44}

第三个 ti^{21}sɔn^{44}kuai^{44}

第四个 ti^{21}si^{44}kuai^{44}

第五个 ti^{21}ŋ^{35}kuai^{44}

第六个 ti^{21}lyʔ^{4}kuai^{44}

第七个 ti^{21}tɕ^{h}iɪʔ^{4}kuai^{44}

第八个 ti^{21}paʔ^{4}kuai^{44}

第九个 ti^{21}tɕiəu^{35}kuai^{44}

第十个 ti21ɕiəuʔ2kuai44

十一 ɕiəuʔ2iɪʔ4

二十一 ȵi21ɕiəuʔ2iɪʔ4

三十一 sɔn44ɕiəuʔ2iɪʔ4

四十 si44ɕiəuʔ2

四十一 si44ɕiəuʔ2iɪʔ4

五十 ŋ35ɕiəuʔ2

五十一 ŋ55ɕiəuʔ2iɪʔ4

六十 lyʔ4ɕiəuʔ2

六十一 lyʔ4ɕiəuʔ2iɪʔ4

七十 tɕhiɪʔ4ɕiəuʔ2

七十一 tɕhiɪʔ4ɕiəuʔ2iɪʔ4

八十 paʔ4ɕiəuʔ2

八十一 paʔ4ɕiəuʔ2iɪʔ4

九十 tɕiəu35ɕiəuʔ2

九十一 tɕiəu55ɕiəuʔ2iɪʔ4

一百一十 iɪʔ4pᴀʔ4iɪʔ4ɕiəuʔ2

一百一十个 iɪʔ4pᴀʔ4iɪʔ4ɕiəuʔ2kuai44

一百一十一 iɪʔ4pᴀʔ4iɪʔ4ɕiəuʔ2iɪʔ4

一百一十二 iɪʔ4pᴀʔ4iɪʔ4ɕiəuʔ2ȵi21

一百二 iɪʔ4pᴀʔ4ȵi21 一百二十

一百三 iɪʔ4pᴀʔ4sɔn44 一百三十

一百五十个 iɪʔ4pᴀʔ4ŋ35ɕiəuʔ2kuai44

两百五十 ioŋ55pᴀʔ4ŋ35ɕiəuʔ2

　两百五 ioŋ55pᴀʔ4ŋ35

两百五十个 ioŋ55pᴀʔ4ŋ35ɕiəuʔ2kuai4

三百一 sɔn44pᴀʔ4iɪʔ4 三百一十

三百三 sɔn44pᴀʔ4sɔn44 三百三十

三百六 sɔn44pᴀʔ4lyʔ4 三百六十

三百八 sɔn44pᴀʔ4paʔ4 三百八十

一千一 iɪʔ4tɕhian44iɪʔ4 一千一百

一千一百个 iɪʔ4tɕhian44iɪʔ4pᴀʔ4kuai44

一千九 iɪʔ4tɕhian44tɕiəu35 一千九百

一千九百个 iɪʔ4tɕhian44tɕiəu55pᴀʔ4kuai44

三千 sɔn44tɕhian44

五千 ŋ35tɕhian44

八千 paʔ4tɕhian44

一万一千 iɪʔ4mɔn21iɪʔ4tɕhian44

一万两千 iɪʔ4mɔn21ioŋ35tɕhian44

　一万二 iɪʔ4mɔn21ȵi21

一万两千个 iɪʔ4mɔn21ioŋ35tɕhian44kuai44

三万五千 sɔn44mɔn21ŋ35tɕhian44

三万五千个 sɔn44mɔn21ŋ35tɕhian44kuai44

零 liŋ22

两斤 ioŋ35tɕyn44

两钱 ioŋ35tshan22

两分 ioŋ35fən44 ①重量，二分。②长度，合 1/5 市寸。③两成

两厘 ioŋ35le22

两丈 ioŋ35tɕhioŋ44

两尺 ioŋ35tɕhiᴀʔ4

两寸 ioŋ35tshən44

两里 ioŋ35li55

两担 ioŋ35tɔn44

两斗 ioŋ35tieu55

两升 ioŋ35ɕiŋ44

两亩 ioŋ35mieu55

好多个 xɑu55to44kuai44

大一滴 thɔi21iɪʔ4tiʔ4 大一些

大滴 thɔi21tiʔ4 大点儿

大滴滴 thɔi21tiʔ4tiʔ4 大一点，比“大滴”大

一滴 iɪʔ4tiʔ4 一点儿

　滴滴 tiʔ4tiʔ4

一滴滴 iɪʔ4tiʔ4ti55 一点点，比“一滴”少

十多个 ɕiəuʔ^{2}to^{44}kuai^{44} 比十个多，不含十个

一百多个 iɪʔ^{4}pᴀʔ^{4}to^{44}kuai^{44}

十来个 ɕiəuʔ^{2}loi^{22}kuai^{44} 比十个多，含十个

百把个 pᴀʔ^{4}pɑ^{55}kuai^{44} 一百以上

半个 pən^{44}kuai^{44}

一大半 iɪʔ^{4}t^{h}ɔi^{21}pən^{44}

一个半 iɪʔ^{4}kuai^{44}pən^{44}

左右 tso^{55}iəu^{21}

上下 ɕioŋ^{21}xɑ^{21}

一来二去 iɪʔ^{4}loi^{22}ȵi^{21}ɕy^{44}

一清二白 iɪʔ^{4}tɕ^{h}iŋ^{44}ȵi^{21}p^{h}ᴀʔ^{2}

一清二楚 iɪʔ^{4}tɕ^{h}iŋ^{44}ȵi^{21}ts^{h}u^{35}

一刀两段 iɪʔ^{4}tɑu^{44}ioŋ^{55}tən^{21} 一刀两断

一举两得 iɪʔ^{4}tɕy^{35}ioŋ^{55}teʔ^{4}

三番五回 sən^{44}fən^{44}ŋ^{55}foi^{22} 三番五次

三日两头 sən^{44}ȵiɪʔ^{4}ioŋ^{55}t^{h}ieu^{22} 三天两头

三日两夜 sən^{44}ȵiɪʔ^{4}ioŋ^{55}ia^{21} 三天两夜

三长两短 sən^{44}tɕ^{h}ioŋ^{22}ioŋ^{55}tən^{35}

三心两意 sən^{44}ɕin^{44}ioŋ^{55}i^{44} 三心二意

四通八达 si^{44}t^{h}uŋ^{44}paʔ^{4}tɑʔ^{2}

四面八方 si^{44}mien^{44}paʔ^{4}foŋ^{44}

五湖四海 ŋ^{55}fu^{22}si^{44}xai^{35}

五花八门 ŋ^{55}fɑ^{44}paʔ^{4}mən^{22}

七上八落 tɕ^{h}iɪʔ^{4}ɕioŋ^{44}paʔ^{4}loʔ^{2} 七上八下

上七下八 ɕioŋ^{21}tɕ^{h}iɪʔ^{4}xɑ^{21}paʔ^{4} 半斤八两

半斤八两 pən^{44}tɕyn^{44}paʔ^{4}lioŋ^{44}

乱七八糟 lən^{21}tɕ^{h}iɪʔ^{4}paʔ^{4}tsɑu^{44}

七长八短 tɕ^{h}iɪʔ^{4}tɕ^{h}ioŋ^{22}paʔ^{4}tən^{35}

七手八脚 tɕ^{h}iɪʔ^{4}ɕiəu^{55}paʔ^{4}tɕioʔ^{4}

千辛万苦 tɕ^{h}ian^{44}ɕin^{44}mən^{21}k^{h}u^{35}

千真万确 tɕ^{h}ian^{44}tɕin^{44}mən^{21}tɕioʔ^{4}

千军万马 tɕ^{h}ian^{44}tɕyn^{44}mən^{21}mɑ^{35}

千变万化 tɕ^{h}ian^{44}pien^{44}mən^{21}fɑ^{44}

千家万户 tɕ^{h}ian^{44}kɑ^{44}mən^{21}u^{21}

甲 kauʔ^{4}

乙 iɪʔ^{4}

丙 piᴀŋ^{35}

丁 ten^{44}

子 tsɿ^{35}

丑 tɕ^{h}iəu^{35}

寅 in^{22}

卯 mɑu^{35}

辰 ɕin^{22}

巳 su^{21}

午 ŋ^{35}

未 mi^{21}

申 ɕin^{44}

酉 iəu^{35}

戌 səɪʔ^{4}

亥 xɔi^{21}

第六章 语法

本章对武宁畲话中一些较为突出的语法特点进行简单的描写和分析。这些描写和分析并不全面，还有待更深入的调查研究和更有针对性的扩充比较，特别是基于自然口语语料库的分析，同时又有赖于对武宁畲话语音和词汇系统的细致梳理。由于调查时是多位发音人共同参定大家都认可的说法，发音人之间存在异读（参第二章第四节），相同词语的读音略有差异，我们均按录音中的实际发音记录。

第一节

词法

一　构词法

（一）指称动物性别特征的语素

在武宁畲话中，用以指称动物性别的语素主要有“牯”“公”和“娘”“㹀”四个，这四个都是后附式语素。“牯”用来指称雄性畜类动物，如“牛牯”“马牯”“猪牯”狗牯”等；“公”用来指称雄性禽类动物，如“鸡公”“鸭公”“鹅公”等；“娘”用来指称已成年的雌性动物（不论禽类还是畜类），如“牛娘”“猫娘”“鸡娘”“鸭娘”“老虎娘”“猴狲娘”等；“㹀”用来指称未成年的母畜，如“牛㹀”“猪㹀”“羊㹀”“狗㹀”“猫㹀”等。从这些合成词里语素的顺序上看，“牯”“公”“娘”“㹀”的构词方式与多数汉语南方方言相同，而与官话方言相悖，以下分别列举普通话、武宁畲话、梅县话（代表客家话）、厦门话（代表闽方言）、广州话（代表粤方言）、南昌话（代表赣方言）的相关词语[①]：

普通话	武宁畲话	梅县话	厦门话	广州话	南昌话
公牛	牛牯	牛牯	牛公	牛牯/牛公	牛牯哩
母牛	牛娘	牛嫲	牛母	牛乸	牛婆哩
小母牛	牛㹀	牛㹀	——	牛女/牛㹀[②]	牛婆崽子
公鸡	鸡公	鸡公	鸡角	鸡公	旺鸡
母鸡	鸡娘	鸡嫲	鸡母	鸡乸	鸡婆子

① 梅县话依黄雪贞（1995），厦门话依周长楫（1998），广州话依白宛如（1998），南昌话依本书作者的调查。

② 承黄小娅先生赐告，现代广州话中常以“女”为词缀，表示未成年雌畜还有“猪女”“狗女”“猫女”等；“牛㹀”的说法不如“牛女”普遍，且“㹀”的读音归阴去，声母是否送气因人而异。谨诚致谢。

可知，这种语序是比较典型的南方汉语类型。此外，在武宁畲话中，“公”“牯”等语素还有虚化为词缀的趋势，黏附在一些难以区分性别的名词或非动物类名词之后时，失去了标识性别的作用，如“天公天色、寮⁼公雷、大蚁公大蚂蚁、虾公虾、碗公大碗、大针公缝被针、手公拇指、石牯石头、老实牯老实人、下佬牯汉族人、山客牯畲族人、单身牯光棍儿、拳头牯拳头”等。

需要指出的是，不论是“公”还是“牯”，在语流中有的读本调，有的则有小称变音，如“天公”[t^{h}an^{44}kuŋ^{44}]、“鸡公”[tɕiai^{44}kuŋ^{21}]、“石牯”[ɕiʌʔ^{2}ku^{35}]、“老实牯”[lɑu^{55}ɕiɪʔ^{2}ku^{55}]等。这些不同的语音形式多和语义有关，并不涉及语法结构。

（二）词缀

武宁畲话的常用词缀可分为前缀和后缀。前缀主要有“老”“阿”，后缀主要有“崽”“子”“佬”“头”等，这些词缀都是名词性的。

1. 老[lɑu^{35}]

武宁畲话的前缀“老”在很多情况下用法与普通话相同，如“老虎”“老鼠”“老蟹螃蟹”“老爷”“老板”，以及表排行的“老大”“老九”等。值得注意的是，前缀“老”在有的词中有变音的情况：一是在“老鸦乌鸦”[lɑ^{55}ɑ^{44}]中读单元音韵母；二是在“老师手艺人”[lɑu^{21}su^{44}]、“老克⁼扑克”[lɑu^{21}k^{h}e^{55}]、表兄弟排行的“老X”结构中读[21]调。

2. 阿[ɑ^{44}]

“阿”是武宁畲话中一个用得很广的名词前缀，在语流中常有[a^{44}]、[ai^{44}]的变体。作为亲属称谓词的前缀，一般带有亲昵的感情色彩。如：

阿爹/阿叔父亲的面称	阿嫫母亲的面称	阿伯伯父
阿□[n̥ia^{35}]表伯母的面称	阿舅内兄弟	阿姨妻子的姐妹

同时，“阿”还可以作为称谓词的前缀，但是不局限于亲属称谓，如本文的青男发音人兰森、青女发音人兰云，团结村的畲民就直接称他们“阿森”“阿云”。

3. 崽[tsoi^{35}]

“崽”在武宁畲话中作为名词的后缀较为常见，相当于普通话中的“儿”，多表示幼小、体积小等含义，包含怜惜的感情色彩。如：

稗崽稗谷	棉崽棉籽	菜崽菜籽	蓖麻崽蓖麻子
大蒜崽蒜瓣	松柏崽松树	千崽一千响的鞭炮	棋崽棋子
牛崽牛犊	鸟崽幼鸟	虫崽幼虫	鱼崽小鱼
水崽小雨	雪崽小雪	石牯崽小石头	锄头崽小锄头
泥佛崽泥人	箩崽箩，多指“赤箩”	叔崽小叔叔	发女崽女孩子
年崽小年	头毛崽刘海	野崽私生子	话崽悄悄话

在武宁畲话中，“崽”的本义是“儿子”，由表动物的“儿子”义引申为植物的籽实，再引申为表物体幼小之义，然后进一步虚化为名词后缀。上举诸例，除前两行表示植物籽实义和其他有相对实际意义的“崽”读[35]调外，其余四行皆读[55]调[①]。考察武宁畲话中的“崽”尾词，有实指意义的“崽”一般读[35]调，做名词后缀的则读[55]调。

4. 子[tsɿ^{55}]

普通话中不少用“子”做后缀的词，在武宁畲话中多用单音节词表示。如：

毯 毯子	被 被子	裤 裤子	袜 袜子
钉 钉子	锯 锯子	镜 镜子	盘 盘子
尺 尺子	梳 梳子	绳 绳子	肠 肠子

但也有不少名词有类似于普通话“子”缀的构词方式，语音形式有多种。如：

“子”读[tsɿ^{35}]	狮子	底子	样子
“子”读[tsɿ^{55}]	贩子	矮子	癫子 疯子
	包子	摊子	腰子 猪肾
“子”读[tɕi^{21}]	日子	种子	腰子 人的肾脏

从上举的情况来看，武宁畲话中的“子”缀内部层次复杂，值得深入探讨。

5. 佬[lɑu^{55}]

武宁畲话中的“佬”主要作为社会称谓词的后缀，但并不指成年男子，而是泛指具有某类社会特征的人。如：

乡下佬 乡巴佬	外国佬	地$^{=}$家佬 自己人，男女皆可
相好佬 情人，男女皆可	下佬 汉族人	好佬 好人，能人

此时的“佬”读[55]调，第二章第三节已经提到，不赘。

6. 头[t^{h}ieu^{22}]

武宁畲话中“头”做后缀的情况很多，而且读音各异。如：

“头”读[t^{h}ieu^{22}]	锄头	榫头	枕头
	姘头	伙头 厨师	拳头
“头”读[t^{h}ieu^{44}]	热头 太阳	菜头 萝卜	暗晡头 晚上
	门头 门口	木头	不头 圆木
“头”读[t^{h}ieu^{21}]	问$^{=}$头 上面	屎头 后面	馒头

上举多数词语中的词缀“头”在北京话中都读轻声，语义虚化。此外，武宁畲话还有一类“头”缀词，用来表示第二、第三套人民币的面额，如“一块头、两块头、三块头、五块头、

① “手崽”有两个读音：泛指手指，后字读[35]调；专指小拇指，后字则读[55]调。其他词也有类似情况。

十块头”等。从词义考察，武宁畲话中的多数“头”缀失去具体的意义，虚化为纯粹的词尾；但从其语言形式来看，这个“头”缀的内部层次是比较复杂的。类似的情况还有“舷边沿”[tɕien^{22}]，语义上有类似于后附词缀的作用，但多数情况下还有比较具体的语义：当其语义并不具体时，则往往读[44]调，第二章第三节已简要介绍。

二　数量方所指代

（一）数量

武宁畲话的系数词是：“零”[liŋ^{22}]、“一”[iɪʔ^{4}]、“二”[ȵi^{21}]、“三”[sɔn^{44}]、“四”[si^{44}]、“五”[ŋ^{35}]、“六”[lyʔ^{4}]、“七”[tɕʰiɪʔ^{4}]、“八”[paʔ^{4}]、“九”[tɕiəu^{35}]；常用的位数词是：“十”[ɕiəuʔ^{2}]、“百”[pᴀʔ^{4}]、“千”[tɕʰian^{44}]、“万”[mɔn^{21}]；除了读音之外，并没有太多特别之处。需要注意的是，武宁畲话的系数词“一”有特殊的隐现规则，在“动词＋一＋量词”和“指示代词＋一＋量词”的结构中，“一”可以省略，但后一种结构闽东方言可以省略“一＋量词”，这种结构做主语时粤、潮汕等方言可以省略“指示代词＋一”，而武宁畲话却不能这样省略。

武宁畲话概数的表示方法是在数词后头加上“几”[tɕi^{35}]、“多”[to^{44}]、“来”[loi^{22}]和“把”[pɑ^{35}]。其中，“几”“多”“来”用在“十”“百”“千”“万”等后面，表示多于此数，之间没有太大差异；“把”则用在“百”“千”“万”等后面，表示在此数上下浮动；与“把”意义相同的还有“上下”[ɕioŋ^{21}xɑ^{21}]和“左右”[tso^{55}iəu^{21}]，不过使用频率低于“把”，而且“左右”只用于数量结构之后，“上下”则还可以用在“把”的后面；此外，还可以在数量短语前加上“成”[ɕiᴀŋ^{22}]，表示多于或等于此。如“十几个”[ɕiəuʔ^{2}tɕi^{55}kuai^{44}]、“一百多个”[iɪʔ^{4}pᴀʔ^{4}to^{44}kuai^{44}]、“一千来个”[iɪʔ^{4}tɕʰian^{44}loi^{22}kuai^{44}]、“百把个”[pᴀʔ^{4}pɑ^{55}kuai^{44}]、“十斤左右”[ɕiəuʔ^{2}tɕyn^{44}tso^{55}iəu^{21}]、“十斤上下”[ɕiəuʔ^{2}tɕyn^{44}ɕioŋ^{21}xɑ^{21}]、“百把上下”[pᴀʔ^{4}pɑ^{55} ɕioŋ^{21}xɑ^{21}]、“成十个”[ɕiᴀŋ^{22}ɕiəuʔ^{2}kuai^{44}]等，其中，“十斤上下”比“十斤左右”更靠近十斤，不论是多还是少；“成十个”则主要表示十个以上，包括十个。此外，还有一种“量词＋把＋两＋量词”的结构，表示介于一到两个数量单位之间，如“个把两个”[kuai^{44}pɑ^{55}ioŋ^{55}kuai^{44}]、“里把两里路”[li^{55}pɑ^{55}ioŋ^{55}li^{55}lu^{21}]、“亩把两亩”[mieu^{55}pɑ^{55}ioŋ^{55} mieu^{55}]等。

武宁畲话中表示分数的方法也比较有特色，普通话说的“X成”，在武宁畲话中用“分”[fən^{44}]或“分数”[fən^{44}su^{44}]来表示，如“一分”[iɪʔ^{4}fən^{44}]、“两分”[ioŋ^{35}fən^{44}]、“七八分”[tɕʰiɪʔ^{4}paʔ^{4}fən^{44}]、“七分数”[tɕʰiɪʔ^{4}fən^{44}su^{44}]、“八分数”[paʔ^{4}fən^{44}su^{44}]、“十分”[ɕiəuʔ^{2} fən^{44}]等。而几分之几，则用“X股X股”的格式表示，分母在前，分子在后，如“十股三股”[ɕiəuʔ^{2}ku^{55}sɔn^{44}ku^{55}]表示3/10，“三股两股”[sɔn^{44}ku^{55}ioŋ^{35}ku^{55}]表示2/3，“两股一

股”[ioŋ^{35}ku^{55}iɪʔ^{4}ku^{55}]表示1/2，以此类推。

武宁畲话主要的名量词有：

（1）个[kuai^{44}]

与普通话的“个”并不完全对应。如：一个人、一个碗、一个瓜、一个蚊、一个星、一个山。

（2）条[t^{h}au^{22}]

多数是固定的一些用法。如：一条洋肥皂指老式的两块相连的肥皂、一条河、一条路、一条歌。

（3）头[t^{h}ieu^{22}]

主要用于动物。如：一头狗、一头马、一头猪、一头鸡。

（4）茎[xʌŋ^{22}]

主要用于长条形的物体或动物。如：一茎蛇、一茎鱼、一茎绳、一茎树、一茎头毛、一茎桥、一茎香。

（5）粒[liəuʔ^{4}]

主要用于颗粒状或块状的物体。如：一粒面片一块毛巾、一粒髀一块肉、一粒米、一粒砖、一粒石牯、一粒墨。

（6）把[pɑ^{35}]

与普通话的“把”并不完全对应。如：一把锄头、一把刀、一把伞、一把锁、一把嘴一张嘴、一把柴一捆柴。

（7）窠[k^{h}o^{44}]

相当于普通话的量词“窝”。如：一窠老鼠、一窠蜂、一窠蛋。

（8）番[p^{h}ən^{44}]

可指称的事物有限，但较有特色。如：一番桌一张桌子、一番交椅一把椅子、一番牙一排牙齿。

（9）蒲[pu^{22}]

相当于“朵”，用以计量花朵状的物体。如：一蒲花、一蒲大蒜。

此外，有的物量词可以受形容词“细”“大”的修饰，组合成形容词性结构。如：

大茎粗 t^{h}ɔi^{21}xʌŋ^{22}　　　细茎细 sai^{44}xʌŋ^{22}

大粒块儿大 t^{h}ɔi^{21}liəuʔ^{4}　　　细粒块儿小 sai^{44}liəuʔ^{4}

武宁畲话不同于普通话的动量词有：

（1）到$^{=}$[tɑu^{55}]

相当于普通话的动量词“遍”。如“洗两到$^{=}$、读一到$^{=}$、抄几到$^{=}$”等。这个说法和江西北部的许多赣方言相似。①

（2）下 [xɑ^{21}]

表动作时间的持续，相当于普通话的“一会儿”“一阵儿”等。如：讲一下讲一会儿、打一下打一顿、坐啊一下坐了一阵。

（3）兜=[tieu^{44}]

仅用于表示排泄的次数。如：恶=啊一兜=屎拉了一泡屎、恶=啊两兜=尿撒了两泡尿。

（二）方所

武宁畲话中表示方所这个语法范畴的语法手段相对简单，主要通过单纯方位词与合成方位词两大类来体现，以下分别介绍。

1. 单纯方位词

单音节的单纯方位词有“东”[tuŋ^{44}]、“南”[nɔn^{22}]、“西”[sai^{44}]、“北”[peʔ^{4}]、“先”[ɕian^{21}]、“后”[xəu^{21}]、“上”[ɕioŋ^{21}]、“下”[xɑ^{21}]、“舷边沿”[tɕien^{22}]、“内”[noi^{21}]、“外”[uai^{22}]、“头”[t^{h}ieu^{22}]、“尾”[məi^{44}]、“脚”[tɕioʔ^{4}]、“面”[mien^{44}]、“底”[tai^{35}]、“顶”[tiŋ^{35}]等。这些单纯方位词除了对举或指示方向外很少单用，多数是和名词等组合，构成方位短语。

2. 合成方位词

武宁畲话的合成方位词很多，大致可以分为两类。

一类在形式上是双音节或多音节，但在语法功能上又与前举的单纯方位词相当。这些方位词中不少语源待考，与其他汉语方言的方位词相比，具有较大的特色，如“问=头上面”[mən^{44}t^{h}ieu^{21}]、“□底下面”[k^{h}ɑ^{55}tai^{55}]、“架下下面，用得较少”[kɑ^{44}xɑ^{21}]、“□肚里面”[loi^{55}tu^{55}]、“客边外面”[k^{h}ɑ^{55}pan^{44}]、“底=先前面”[tai^{55}ɕian^{21}]②、“屎头后面”[ɕi^{55}t^{h}ieu^{21}]、“尾丢=末尾”[məi^{44}tiəu^{44}]、“屎拜=□背后”[ɕi^{55}pai^{44}lai^{55}]③、“米=前面前”[mai^{55}ts^{h}an^{21}]④、“大边左边”[t^{h}ɔi^{21}pan^{44}]、“细边右边”[sai^{44}pan^{44}]、“顺边右边”[sən^{21}pan^{44}]、“反边左边”[fɔn^{35}pan^{44}]、“当肚中间”[toŋ^{44}tu^{55}]、“□□中间”[toʔ^{4}oŋ^{44}]、“□泥地下”[k^{h}ᴀ^{55}nai^{22}]、“边舷旁边”[pan^{44}tɕien^{44}]等。这些方位词可以单用，也可以与名词等组合构成方位短语。如：

园火问=头烧放在火上烧。k^{h}oŋ^{55}fu^{35}mən^{44}t^{h}ieu^{21}ɕieu^{44}.

□底是你嘅鞋下面是你的鞋子。k^{h}ᴀ^{55}tai^{55}ɕi^{44}ȵi^{44}ke^{44}xai^{22}.

望□肚行往里走。muŋ^{21}loi^{55}tu^{55}xᴀŋ^{22}.

① 这个动量词在武宁畲话中读小称调，仅从读音来判断，语源可能是“道”，也可能是“到”。但客赣方言特别是江西北部的许多赣方言中，这个动量词是读同“到”的，与“道”的声母和声调都不相同。

② 前字在语流中也读[tᴀ^{55}]、[ta^{55}]等。

③ 语流中又念[ɕi^{55}pəiʔ^{4}lai^{55}]。

④ 前字在语流中也读[mᴀ^{55}]、[ma^{55}]等。

客边好落水啊外面要下雨了。kʰɑ^{55}pan^{44}xɑu^{55}loʔ^{2}ɕy^{35}a^{44}.

底⁼先行来嘅是我年⁼村嘅前面走来的是我们村的。tai^{55}ɕian^{21}xᴀŋ^{22}loi^{22}ke^{44}ɕi^{44}ŋɔi^{44}nan^{22}tsʰən^{44}ke^{44}.

屎头是开发区嘅寮后面是开发区的房子。ɕi^{5}tʰieu^{21}ɕi^{44}kʰoi^{44}foaʔ^{4}tɕʰy^{44}ke^{44}lau^{22}.

你徛尾丢⁼你站到后面去。ȵi^{44}tɕʰi^{44}məi^{44}tiəu^{44}.

渠无帮我，反而故在屎拜⁼□泻火他不仅没帮我，而且在背后使坏。ki^{44}mɑu^{22}poŋ^{44}ŋɔi^{44}, fɔn^{55}ə^{22}ku^{55}tsɔi^{21}ɕi^{55}pai^{44}lai^{55}ɕia^{44}fu^{35}.

你行□前来你走过来。ȵi^{44}xᴀŋ^{22}mᴀ^{55}tsʰan^{21}loi^{22}.

街路当肚有一茎树路中间有一棵树。tɕiai^{44}lu^{35}toŋ^{44}tu^{55}xo^{44}iɪʔ^{4}xᴀŋ^{22}ɕy^{21}.

□泥嘅鞋是你嘅［无解］地上的鞋是你的吗？ kʰᴀ^{55}nai^{22}ke^{44}xai^{22}ɕi^{44}ȵi^{44}ke^{44}mai^{44}?

你园我箇边舷你放我旁边。ȵi^{44}kʰoŋ^{55}ŋɔi^{44}kɔi^{21}pan^{44}tɕien^{44}.

另一类则与普通话相当，如“东南”[tuŋ^{44}nɔn^{22}]、“东北”[tuŋ^{44}peʔ^{4}]、“西南”[sai^{44}nɔn^{22}]、“西北”[sai^{44}peʔ^{4}]、“正面”[tɕiᴀŋ^{44}mien^{44}]、“反面背面”[fɔn^{35}mien^{44}]、“侧面”[tseʔ^{4}mien^{44}]、“路边”[lu^{21}pan^{44}]、“山先山前”[san^{44}ɕian^{21}]、“寮后”[lau^{22}xəu^{21}]、“床上”[tsʰoŋ^{22}ɕioŋ^{21}]、“山下”[san^{44}xɑ^{21}]、“坑舷河边”[xᴀŋ^{44}tɕien^{44}]、“窗门内”[tɕʰioŋ^{44}mən^{22}noi^{21}]、“城外”[ɕiᴀŋ^{22}uai^{21}]、“山脚”[san^{44}tɕioʔ^{4}]、“坑底河底”[xᴀŋ^{44}tai^{35}]、“山顶”[san^{44}tiŋ^{35}]等。这些方位短语，有的是生活中常用的，有的则很少使用。

值得注意的是表示上方的方位名词中，“‘底⁼’[tai^{55}]＋物名”指的是紧贴在某物的上面，而“物名＋问⁼头”则指某物的上方。如：

乇园底⁼桌东西放在桌上。nɑʔ^{4}kʰoŋ^{55}tai^{55}to^{213}.

桌问⁼头有电火桌子上方有电灯。toʔ^{2}mən^{44}tʰieu^{21}xo^{44}tien^{21}fu^{35}.

底⁼墙挂一张年画墙上挂了一张年画。tai^{55}tɕʰioŋ^{22}kɑ^{44}iɪʔ^{4}tɕioŋ^{44}nan^{22}uɑ^{21}.

落底⁼山上山去。loʔ^{2}tai^{55}san^{44}.

可以看出，“底⁼”[tai^{55}]相当于“在……上面”。这种说法与闽语相似，不赘。

（三）指代

武宁畲话的代词系统较为完备，可分为人称代词、指示代词和疑问代词等。

1. 人称代词

武宁畲话的人称代词系统较许多汉语南方方言复杂，三身人称代词有单复数之分，另外还有表示自指、他指和统指的三种人称代词。如表6–1所示：

表6-1　武宁畲话人称代词表

<table>
<tr><td></td><td colspan="2">单数</td><td colspan="2">复数</td></tr>
<tr><td rowspan="3">第一人称</td><td colspan="2" rowspan="2">我[ŋɔi^{44}]</td><td>不含听话者：
我年$^{=}$[ŋɔi^{44}nan^{22}]
我伲[ŋɔi^{44}ȵi^{55}]①</td><td>包含听话者：
我伲[ŋɔi^{44}ȵi^{55}]</td></tr>
<tr><td colspan="2">统指：我年$^{=}$[ŋɔi^{44}nan^{22}]</td></tr>
<tr><td colspan="2">领属语：我嘅[ŋɔi^{44}ke^{44}]</td><td colspan="2">领属语：我年$^{=}$嘅[ŋɔi^{44}nan^{22}ke^{44}]</td></tr>
<tr><td rowspan="2">第二人称</td><td>你[ȵi^{44}]</td><td>敬：（无）</td><td colspan="2">你年$^{=}$[ȵi^{44}nan^{22}]</td></tr>
<tr><td colspan="2">领属语：你嘅[ȵi^{44}ke^{44}]</td><td colspan="2">领属语：你年$^{=}$嘅[ȵi^{44}nan^{22}ke^{44}]</td></tr>
<tr><td rowspan="2">第三人称</td><td>渠[ki^{44}]</td><td>敬：（无）</td><td colspan="2">渠年$^{=}$[ki^{44}nan^{22}]</td></tr>
<tr><td colspan="2">领属语：渠嘅[ki^{44}ke^{44}]</td><td colspan="2">领属语：渠年$^{=}$嘅[ki^{44}nan^{22}ke^{44}]</td></tr>
</table>

另有“□家自己”[ti^{21}kɑ^{21}]、“别人”[p^{h}iɪʔ^{2}ȵin^{22}]、“大利$^{=}$大家”[t^{h}ɔi^{21}li^{21}]等。

相比之下，武宁畲话的人称代词有以下特点：

①第一、第二人称单数读阴平调，符合武宁畲话部分中古次浊上声字今读阴平调的规律；第三人称单数说“渠”[ki^{44}]，声母今读不送气清塞音，与许多汉语南方方言相似，受第一、第二人称今读感染，读阴平调。

②复数形式用“年$^{=}$”[nan^{22}]做标记，这个语素的来源尚不明确。值得注意的是第一人称复数形式有“我年$^{=}$”[ŋɔi^{44}nan^{22}]、“我伲”[ŋɔi^{44}ȵi^{55}]两个。其中，“我伲”[ŋɔi^{44}ȵi^{55}]有包括式的倾向，专门比较时与“我年$^{=}$”[ŋɔi^{44}nan^{22}]有语法功能的差异。如：

都好担卵哪，糖啊，都□欸都□我年$^{=}$食都要挑蛋啊，糖啊，都拿欸都拿给我们吃。tu^{44}xɑu^{55}tɔn^{44}lɔn^{35}na^{44}, t^{h}oŋ^{22}ŋᴀ^{44}, tu^{44}nᴀŋ^{42}ŋe^{21}tu^{44}nᴀŋ^{42}ŋɔi^{44}nan^{22}ɕiʔ^{2}.

我伲先行，老张反正［无解］来啊咱们先走，老张反正不会来了。ŋɔi^{44}ȵi^{55}ɕian^{21}xᴀŋ^{22}, lɑu^{55}tɕioŋ^{44}fɔn^{55}tsen^{44}mai^{44}loi^{22}ɑ^{44}.

但是仍然可以找到“我伲”表非包括式甚至“我伲”“我年$^{=}$”合用的例子：

我伲寮无电视我们家没有电视。ŋɔi^{44}ȵi^{55}lau^{22}mɑu^{22}tien^{21}sɿ^{44}.

打毛线衫，我伲唔讲“织毛线衫”（对调查人说）打毛衣，我们不讲“织毛衣”。tᴀŋ^{55}mɑu^{22}ɕien^{55}san^{44}, ŋɔi^{44}ȵi^{55}n^{22}koŋ^{55} “tseʔ^{4}mɑu^{44}ɕien^{55}san^{44}”.

我伲年$^{=}$太阳就是□“热头”我们太阳就是叫“热头”。ai^{44}ȵi^{55}nan^{22}t^{h}ai^{44}ioŋ^{22}tɕiəu^{21}ɕi^{44}uo^{55} “ȵieʔ^{2}t^{h}ieu^{44}”.

“我伲”的包括式倾向可以看作是“我伲”和“我年$^{=}$”在实际使用过程中的一种功能

① 不论是包括式还是排除式，后字在语流中都读[44]调。

性分工，但并不彻底。还有的时候，“我伲”并不指代复数。如：

再是=毛嘞，啊，二=个细羹=呢，啊也家婆相□，我伲就是做事再什么呢，啊，那个小孩呢，啊婆婆也给带，我就是干活。tsai^{21}çi^{44}nɑʔ^{4}le^{44}, ᴀ^{21}, n^{21}kə^{44}çi^{44}kᴀŋ^{44}ne^{55}, a^{21}ia^{21}kɑ^{44}p^{h}o^{44}suŋ^{44}ts^{h}ɔn^{35}, ŋɔi^{44}n̠i^{55} tɕiəu^{21}çi^{44}tso^{44}se^{21}.

③第二、第三人称没有敬称。

④此外，武宁畲话的人称代词有“领属格”，其构成方式是在人称代词的单数或复数形式之后加上“嘅”[ke^{44}]①，如“我嘅、你嘅、渠嘅、我年=嘅、你年=嘅、渠年=嘅、□家嘅自己的[ti^{21}kɑ^{21}ke^{44}]、别人嘅、大利=嘅”等。这种用法在汉语南方方言中比较常见。

2. 指示代词

武宁畲话的指示代词与普通话的对应情况见表6-2：

表6-2 武宁畲话指示代词表

指示内容		武宁畲话	普通话
人或事物	近指	箇[kɔi^{21}]	这
	远指	□[nai^{21}]	那
		二=[n̠i^{21}]	那
处所	近指	□[kɔi^{35}] 箇滴=[kɔi^{21}ti^{55}]	这儿、这里
	远指	□[nai^{35}] □滴=[nai^{21}ti^{55}]	那儿、那里
		二=[n̠i^{35}] 二=滴=[n̠i^{21}ti^{55}]②	
性质、状态、方式	近指	箇[kɔi^{213}] 箇生色[kɔi^{21}sᴀŋ^{44}seʔ^{4}] 箇色[kɔi^{21}seʔ^{4}]	这样、这么
	远指	二=[n̠i^{213}] 二=生色[n̠i^{21}sᴀŋ^{44}seʔ^{4}] 二=色[n̠i^{21}seʔ^{4}]	那样、那么

① 武宁畲话助词“嘅”[ke^{44}]在语流中也常读[kə^{44}]或[keʔ^{4}]，其来源应该和多数汉语南方方言一样，是“个=”；而且武宁畲话中类似普通话起舒缓语气作用的“这个”“那个”的“个”，在语流中韵母往往是弱化的；但是，武宁畲话的量词“个”读音却是[kuai^{44}]、[kɔi^{44}]，这反映的是不同的历史层次。同时，语气词“嘅”在语流中还常念[ko^{44}]，助词“嘅”的这种情况则较少。本书将武宁畲话中的这两个虚词的汉字形式统一处理为“嘅”，国际音标转写依照录音中的实际读音标注。

② 在语流中有时读作[n^{21}ti^{55}]。

续 表

指示内容		武宁畲话	普通话
程度	近指	箇[kɔi^{35}]	这么、这样
	远指	□[nai^{35}]	那么、那样
数量	近指	箇多=[kɔi^{21}to^{44}] 箇滴=[kɔi^{21}ti^{55}]	这些
	远指	二=多=[ȵi^{21}to^{44}] 二=滴=[ȵi^{21}ti^{55}]	那些

说明：

①武宁畲话表人或物的指示代词有三个，分别是近指代词“箇”[kɔi^{21}]及远指代词“□”[nai^{21}]和“二=”[ȵi^{21}]①。放在一起比较时，三者的距离呈递增关系，即“箇”[kɔi^{21}]指代最近处，“□”[nai^{21}]指代较远处，“二=”[ȵi^{21}]指代更远处。②如：

我欢喜箇近处双鞋，唔欢喜□较远处双，也唔欢喜二=更远处双。ŋɔi^{44}fɔn^{44}ɕi^{55}kɔi^{21}suŋ^{44}xai^{22}, n^{22}fɔn^{44}ɕi^{55}nai^{21}suŋ^{44}, ia^{21}n^{22}fɔn^{44}ɕi^{55}ȵi^{21}suŋ^{44}.

箇近处是桌，□较远处是电视，二=更远处是大门。kɔi^{35}ɕi^{44}toʔ^{2}, nai^{35}ɕi^{44}tien^{21}sɿ^{44}, ȵi^{35}ɕi^{44}t^{h}ɔi^{21}mən^{22}.

在日常生活中，“□”[nai^{21}]用得少，“二=”[ȵi^{21}]用得多。后者在语流中还常读成“□”[n^{21}]③，较难考察其差别。此外，这三个指示代词的来源还需要进一步考证。

②武宁畲话的“箇”[kɔi^{21}]、“□”[nai^{21}]、“二=”[ȵi^{21}]需要先与量词或者数量结构组合才能修饰名词。

③表性质、状态、方式和表程度的代词都有近指和远指之分，但远指代词“二=”[ȵi^{21}]只有指代功能，而无表条件的连接功能。如：

像箇生色做，连化=生=崽都［无解］食得落这么干活，连小伙子都会累坏的。ɕiʌŋ^{21}kɔi^{21}sʌŋ^{44}seʔ^{4}tso^{44}, lien^{21}fɑ^{21}sʌŋ^{21}tsoi^{55}tu^{44}mai^{44}ɕiʔ^{2}tiʔ^{4}loʔ^{2}.

箇也［无解］对，二=也［无解］对，你想□做这也不对，那也不对，你想怎么样？ kɔi^{35}ia^{21}mai^{44}toi^{44}, ȵi^{35}ia^{21}mai^{44}toi^{44}, ȵi^{44}ɕiʌŋ^{55}tso^{21}tso^{44}？

① 这三个代词，有的人单念时也读[213]调；此外，雷土根先生近指代词单念时读[kuai^{213}]，语流中与[kɔi^{21}]、[kɔi^{213}]是变体。

② 学界一般将此类代词分别视为近指、中指和远指代词，但武宁畲话的“□”[nai^{21}]和“二=”[ȵi^{21}]只在对举时才有较远和更远之分，本书依张振兴（2013：77—93）的观点，依旧视之为近指代词和远指代词。

③ 实际音值介于[n]和[ŋ]之间，与“五”“午”的韵母略有差异，但不构成音节的最小对立。

我箇色做［无解］对，二$^{=}$色做［无解］对，□我就应该□做做我这么做不对，那么做也不对，那我应该怎么做呢？ ŋɔi^{44}kɔi^{21}seʔ^{4}tso^{44}mai^{44}toi^{44}, ȵi^{21}seʔ^{4}tso^{44}mai^{44}toi^{44}, nai^{35}ŋɔi^{44}tɕiəu^{21}iŋ^{44}kai^{44}tso^{21}tso^{44}tso^{44}?

3. 疑问代词

武宁畲话的疑问代词与普通话的对应见表6–3：

表6–3　武宁畲话疑问代词表

疑问内容	武宁畲话	普通话
事物的类属	是$^{=}$乇[ɕi^{44}nɑʔ^{4}]	什么
人	哪个[nɑ^{55}kuai^{44}]①	谁
人或事物	哪不能单说[nɑ^{55}]	哪
处所	哪灶$^{=}$[nɑ^{55}tsɑu^{44}]	哪儿、哪里
性质、状态、方式	□做[tso^{21}tso^{44}]	怎样，怎么
数量	哪多[na^{55}to^{44}] 几多[tɕi^{55}to^{44}] / 几偶尔说[tɕi^{35}]	哪些 多少
原因、目的	记$^{=}$是$^{=}$乇[tɕi^{44}ɕi^{44}nɑʔ^{4}] / 为是$^{=}$乇[uəi^{21}ɕi^{44}nɑʔ^{4}] 做是$^{=}$乇[tso^{44}ɕi^{44}nɑʔ^{4}] / 记$^{=}$乇[tɕi^{44}nɑʔ^{4}]	为什么 干什么
	□做[tso^{21}tso^{44}]	怎么

说明：

①和普通话一样，武宁畲话的疑问代词也有任指和虚指的用法。如：

箇是哪个写嘅诗？哪个猜得出来我就奖哪个十块钱这是谁写的诗？ 谁猜出来我就奖励谁十块钱。kɔi^{213}ɕi^{44}lɑ^{55}kuai^{44}ɕia^{55}ke^{44}sʅ^{44}? lɑ^{55}kɔi^{44}ts^{h}oi^{44}tiʔ^{4}tɕ^{h}yɪʔ^{4}loi^{22}ŋɔi^{44}tɕiəu^{21}tɕiʌŋ^{35}lɑ^{55}kɔi^{44}ɕiəuʔ^{2}k^{h}uəi^{44} ts^{h}an^{21}.

渠年$^{=}$两个人哪个都［无解］认着哪个他们俩谁也不认识谁。ki^{44}nan^{22}ioŋ^{35}kɔi^{44}ȵin^{22}nɑ^{55}kɔi^{44}tu^{44} mai^{44}ȵin^{21}tɕ^{h}ioʔ^{2}nɑ^{55}kɔi^{44}.

箇茎树有几多高这棵树有多高？ kɔi^{21}xʌŋ^{22}ɕy^{21}xo^{44}tɕi^{55}to^{44}kɑu^{44}?

箇茎树几多高哦这棵树多高啊！ kɔi^{21}xʌŋ^{22}ɕy^{21}tɕi^{55}to^{44}kɑu^{44}o^{42}!

②疑问代词用于疑问，与人称代词和指示代词在问答上是相配的。相配的代词之间，在语法功能上有一定的共性。如：

你爱寻是$^{=}$乇你要找什么？ ȵi^{44}oi^{44}ɕin^{22}ɕi^{44}nɑʔ^{4}?

---

① 口语中常念[lɑ^{55}kuai^{44}]、[lɑ^{55}kɔi^{44}]等。武宁畲话中的“哪”作为语素在口语中有[nɑ^{55}]、[lɑ^{55}]两个自由变体，因为是实词，故汉字统一写作“哪”，音标则依录音中的实际读音转写。

哪个箇下议论我老师来啊谁刚才议论我老师来着？ nɑ^{55}kɔi^{44}kɑ^{21}xɑ^{35}ȵi^{21}lən^{21}ŋɔi^{44}lɑu^{55}sɿ^{44}loi^{22}ᴀ^{44}?

你好落哪灶⁼去你要到哪里去？ ȵi^{44}xɑu^{55}loʔ^{2}nɑ^{55}tsɑu^{44}ɕy^{44}?

渠哪下转寮来他什么时候回来？ ki^{44}nɑ^{55}xɑ^{35}tɕyon^{55}lau^{22}loi^{22}?

你箇下出去记⁼乇你现在出去做什么？ ȵi^{44}kɑ^{21}xɑ^{35}tɕ^{h}yɪʔ^{4}ɕy^{44}tɕi^{44}nɑʔ^{4}?

渠坐寮做是⁼乇他在家做什么？ ki^{44}ts^{h}o^{44}lau^{22}tso^{44}ɕi^{44}nɑʔ^{4}?

你寮有几个人你家有多少人？ ȵi^{44}lau^{22}xo^{44}tɕi^{55}kɔi^{44}ȵin^{22}?

你今年几多岁你今年多大年纪？ ȵi^{44}tɕin^{44}nan^{22}tɕi^{55}to^{44}soi^{44}?

你嘅字□做写得箇好？我□做写都［无解］写得好你的字怎么写得这么好？我怎么写也写不好。ȵi^{44} ke^{44}tɕ^{h}i^{21}tso^{21}tso^{44}ɕia^{55}tiʔ^{4}kɔi^{21}xɑu^{55}? ŋɔi^{44}tso^{21}tso^{44}ɕia^{55}tu^{44}mai^{44}ɕia^{55}tiʔ^{4}xɑu^{55}.

三　性状与程度

（一）形容词的生动形式

武宁畲话的形容词生动形式主要有重叠式和偏正式两种：重叠式是指形容词全部、部分或附加语缀重叠，表达一种轻微的程度；偏正式是指副词修饰形容词，表达生动的语法意义，语气要比重叠式强。

1. 重叠式

重叠式也分好几种。

一种是单音节形容词的重叠式“AA”式。这种形式数量最多，且重叠后，不论原字读什么调，首字往往读[55]调，次字根据原调的不同有不同的变音方式，第二章已经列表总结，不赘。单音节形容词的“AA”式重叠使用频率高，而且也普遍存在于其他地区的畲话中，这种形式不同于客赣方言，和闽语、吴语等方言类似。

另一种单音节形容词的重叠式是“AXX”式。“A”是单音节形容词词根，“XX”是叠音后缀，多数并无变音。“AXX”式的使用频率仅次于“AA”式。“AXX”中有些与普通话同源，有些则有自己的特色，许多“X”的语源待考。如：

臭烘烘 tɕ^{h}iəu^{44}xuŋ^{44}xuŋ^{44}　　笑眯眯 sau^{44}mi^{44}mi^{44}

光秃秃 koŋ^{44}t^{h}əɪʔ^{4}t^{h}əɪʔ^{4}　　赤条条 tɕ^{h}iᴀʔ^{4}t^{h}au^{22}t^{h}au^{22}

矮□□矮墩墩 ai^{55}təɪʔ^{2}təɪʔ^{2}　　硬□□硬邦邦 ŋᴀŋ^{21}tiŋ^{21}tiŋ^{21}

烂啮⁼啮⁼非常破 lən^{21}ȵiaʔ^{2}ȵiaʔ^{2}　　□店⁼店⁼黏黏的 ne^{21}tian^{44}tian^{44}

湿□□湿淋淋 ɕiəuʔ^{4}tɕiauʔ^{2}tɕiauʔ^{2}①　　熝□□滚烫 luʔ^{2}p^{h}oaʔ^{2}p^{h}oaʔ^{2}

毛密密形容细毛丛生 mɑu^{44}mie^{55}mie^{213}　　壮厚厚肥胖的样子 tsoŋ^{44}kɑu^{21}kɑu^{21}

---

① 又读作[ɕiəuʔ^{4}tɕiauʔ^{4}tɕiauʔ^{4}]。

在“AXX”式的形容词重叠式里，有些看似与上举诸例相同，但实际上是不同的。如：

急忙忙 tɕieʔ^{4}moŋ^{22}moŋ^{22}　　水灵灵 ɕy^{55}liŋ^{22}liŋ^{22}

清气气 tɕʰiŋ^{44}tɕʰi^{44}tɕʰi^{44}　　污龊龊 u^{44}tɕʰioʔ^{4}tɕʰioʔ^{4}

冷清清 lʌŋ^{44}tɕʰiŋ^{44}tɕʰiŋ^{44}　　热闹闹 ȵieʔ^{2}nɑu^{21}nɑu^{21}

这种重叠式，其实是“AB”式形容词的后字重叠的结果，可描写为“ABB”式。

双音节形容词的重叠式则有“AABB”和“A里AB”两种形式，不论哪种形式，多数都没有变音现象。“AABB”式如：

清清气气干干净净 tɕʰiŋ^{44}tɕʰiŋ^{44}tɕʰi^{44}tɕʰi^{44}　　□□震震颤颤巍巍 yən^{21}yən^{21}tɕin^{44}tɕin^{44}

□□气气漂漂亮亮 kʰʌʔ^{4}kʰʌʔ^{4}tɕʰi^{55}tɕʰi^{55}　　慌慌张张 xoŋ^{44}xoŋ^{44}tɕioŋ^{44}tɕioŋ^{44}

气气下$^{=}$下$^{=}$因急促而喘气的样子 tɕʰi^{44}tɕʰi^{44}xɑ^{21}xɑ^{21}　　零零散散 liŋ^{22}liŋ^{22}sən^{55}sən^{55}

还有一些与普通话类似的，如：

规规矩矩 kuəi^{44}kuəi^{44}tɕy^{55}tɕy^{35}　　平平稳稳 pʰiʌŋ^{22}pʰiʌŋ^{22}uən^{55}uən^{35}

高高兴兴 kɑu^{44}kɑu^{44}ɕiŋ^{44}ɕiŋ^{44}　　四四方方 si^{44}si^{44}foŋ^{44}foŋ^{44}

热热闹闹 ȵieʔ^{2}ȵieʔ^{2}nɑu^{21}nɑu^{21}　　高高低低 kɑu^{44}kɑu^{44}tai^{44}tai^{44}

“A里AB”式的不多，如：

糊里糊涂 u^{22}li^{55}u^{22}tu^{22}　　妖里妖气 ieu^{44}li^{55}ieu^{44}tɕʰi^{44}

古里古怪 ku^{55}li^{55}ku^{55}kuai^{44}　　懵里懵懂 muŋ^{55}li^{55}muŋ^{55}tuŋ^{21}

2. 偏正式

武宁畲话偏正式的形容词生动形式主要是程度副词“□”[tʰaʔ^{4}]① 放在形容词前，表示生动的语法意义。这种情况，与普通话的“太＋A”式相当。如：

食得□饱啊吃得太饱了。ɕiʔ^{2}ti^{55}tʰaʔ^{4}pau^{35}ɑ^{44}.

猪髀□壮，食吓$^{=}$人猪肉太肥，腻死了。tɕy^{44}pi^{35}tʰaʔ^{4}tsoŋ^{44}, ɕiʔ^{2}xʌʔ^{4}ȵin^{22}.

箇□衫裤□贵啊，换［无解］起这件衣服太贵了，买不起。kəi^{21}iʌŋ^{44}san^{44}fu^{44}tʰaʔ^{4}kuəi^{44}ʌ^{44}, uon^{21} mai^{44}tɕʰi^{35}.

□多啊，唔使二$^{=}$样多，爱箇样多就有料啊太多了，要不了那么多，只要这么多就够了。tʰaʔ^{4}to^{44}ɑ^{44}, n^{22}soi^{55}ȵi^{21}ioŋ^{21}to^{44}, oi^{44}kəi^{21}ioŋ^{21}to^{44}tɕiəu^{21}xo^{44}lieu^{35}ɑ^{44}.

我无事，来得成，渠□忙啊，来［无解］成我没事，来得了，他太忙，来不了。ŋəi^{44}mɑu^{22}se^{21}, loi^{22}tiʔ^{4}ɕiʌŋ^{22}, ki^{44}tʰaʔ^{4}moŋ^{22}ʌ^{44}, loi^{22}mai^{44}ɕiʌŋ^{22}.

值得注意的是，“很高兴”武宁畲话的表示方法是“高兴□”[kɑu^{44}ɕiŋ^{44}tʰaʔ^{4}]而非相反

① 武宁畲话的程度副词“□”[tʰaʔ^{4}]与“铁”同音，其用法与普通话的“太”或婺州吴语的“忒”相当。从音韵结构来看，这个读音对应中古山摄一等或四等入声字，其语源有可能是“忒”，也有可能是“汏”，《广韵》他达切：“汏过。”又他盖切：“太过也。”义合，待考。

的语序，这和贵溪樟坪畲话的“形容词＋很”结构的语序类型相似，值得探究，但目前收集到的类似用例有限，不赘。

此外，武宁畲话中还有一种与形容词的表义程度相关的格式“A＋人”结构。这里的“A”多是一些表示心理或生理感觉的形容词，表示“比较A”或者“有点儿A”。如：

急人 tɕieʔ⁴ȵin²²	躁人烦恼 tsau⁴⁴ȵin²²	绊人碍事 pɔn²¹ȵin²²
□木人（毛衣）扎 tsʰɔn²¹moʔ²ȵin²²	熏人刺鼻 ɕyn⁴⁴ȵin²²	气人 tɕʰi⁴⁴ȵin²²
□人因皮肤接触动植物表皮等而刺痒 xɔi²²ȵin²²	熝人烫 luʔ²ȵin²²	辣人 loaʔ²ȵin²²
□人腹内无油水老觉得饿的感觉 lieu³⁵ȵin²²	□人（车）很颠 tʰɔn²¹ȵin²²	胀人 tiʌŋ⁴⁴ȵin²²

类似结构在许多汉语南方方言中广泛存在。只不过有些方言点的结构是“A＋人家”，与武宁畲话的“A＋人”式在形式上稍有差别，但构式来源应该一致，可能是从形容词的使动用法演变而来的，后来“人”“人家”逐渐虚化，就形成了固定格式。这种格式还可以受程度副词的修饰，因此仍属于形容词的生动形式范畴。如：

箇□毛线衫危险□木人这件毛衣很扎。kɔi²¹iʌŋ⁴⁴mau⁴⁴ɕien⁵⁵san⁴⁴uəi²²ɕien⁵⁵tsʰɔn²¹moʔ²ȵin²².

路［无解］好，危险□人路不好，很颠。lu²¹mai⁴⁴xau³⁵, uəi²²ɕien⁵⁵tʰɔn²¹ȵin²².

（二）副词

武宁畲话的副词系统也有自己的特点，有些副词和其他汉语南方方言同源，有些副词的语源尚待探讨。兹将其中一些较有特色的列举于后。

1. 较 [kʰau⁴⁴]

程度副词，相当于普通话的“更”。如：

［无解］一样，一种较淡，一种较浓不一样，一种（色）更淡，一种（色）更浓。mai⁴⁴iɪʔ⁴ioŋ²¹, iɪʔ⁴tsuŋ⁵⁵ kʰau⁴⁴tʰɔn⁴⁴, iɪʔ⁴tsuŋ⁵⁵kʰau⁴⁴iuŋ²².

渠走得比我较快，一个比一个走得快他跑得比我还快，一个比一个跑得快。ki⁴⁴tsau³⁵tiʔ⁴pi⁵⁵ŋɔi⁴⁴ kʰau⁴⁴ɕiai⁴⁴, iɪʔ⁴kuai⁴⁴pi⁵⁵iɪʔ⁴kuai⁴⁴tsau³⁵tiʔ⁴ɕiai⁴⁴.

（韭菜）大叶嘅较［无解］香大叶（韭菜）不大香。tʰɔi²¹ieuʔ²ke⁴⁴kʰau⁴⁴mai⁴⁴ɕioŋ⁴⁴.

2. 吓⁼人 [xʌ⁵⁵ȵin²²]

程度副词，相当于普通话的“特别”。① 如：

渠欸危险欢喜，欢喜这头，这个，吓⁼人勤力嘅［化生］崽它非常喜欢，喜欢这头这个，很勤劳的年青人。ki⁴⁴e⁴⁴uəi²²ɕien³⁵fɔn²¹sɿ⁵⁵, fɔn²¹sɿ⁵⁵kə²¹tʰieu²², kə²¹kəai⁴⁴, hʌ⁵⁵ȵin²²tɕʰin²²liʔ²ke⁴²fʌŋ²¹tsoi⁵⁵.

二⁼种人哪吓⁼人少嘅那种人是特别少的。n²¹tsuŋ⁵⁵ȵin²²nʌ⁴⁴xʌ⁵⁵ȵin²²ɕieu³⁵ke⁴⁴.

老师嘞是吓⁼人恶讲究哦老师呢是特别讲究呢！ lau⁵⁵sɿ⁴⁴le⁴⁴ɕi⁴⁴xʌ⁵⁵ȵin²²oʔ⁴koŋ⁵⁵tɕiəu⁴⁴o⁴⁴!

---

① 此词分解来念时，首字发音人读作 [xan⁵⁵]，但语流中多读 [xʌ⁵⁵]，或为语流音变所致，存疑。

3. 好 [xɑu^{55}]

程度副词兼助动词。做程度副词时表示程度高，相当于普通话的“很”，使用较为普遍；做助动词时表示即将，相当于普通话的“要”。如：

箇□衫好大这件衣服很大。kɔi^{21}iʌŋ^{44}san^{44}xɑu^{55}tʰɔi^{21}.

今日好热今天很热。tɕin^{44}ȵiʔ^{4}xɑu^{55}ȵieʔ^{2}.

渠呀，好厉害哩她呀，可厉害着呢！ ki^{44}ia^{44}, xɑu^{55}li^{21}xai^{21}li^{55}!

好落水啊，你年$^{=}$莫出去啊快要下雨了，你们别出去了。xɑu^{55}loʔ^{2}ɕy^{35}ʌ^{44}, ȵi^{44}nan^{22}moʔ^{2}tɕʰyɪʔ^{4}ɕy^{44}a^{44}.

渠好去，就让渠去他要去，就随他去吧。ki^{44}xɑu^{55}ɕy^{44}, tɕiəu^{21}ȵioŋ^{21}ki^{44}ɕy^{44}.

4. 危险 [uəi^{22}ɕien^{35}]

程度副词，相当于普通话的“非常”，语气较“好”强，程度更深。上文已列出一些用例，再举两例：

寮里人□我危险好家里人对我很好。lau^{22}li^{55}ȵin^{22}ti^{55}ŋɔi^{44}uəi^{22}ɕien^{55}xɑu^{55}.

箇碗菜危险好食这碗菜太好吃了。kɔi^{21}uon^{55}tsʰoi^{44}uəi^{22}ɕien^{55}xɑu^{55}ɕiʔ^{2}.

5. 顶 [tiŋ^{35}]

程度副词，相当于普通话的“最”。如：

兄弟三个渠顶高兄弟三个中他最高。ɕiʌŋ^{44}tʰai^{44}sɔn^{44}kɔi^{44}ki^{44}tiŋ^{55}kɑu^{44}.

水果我顶欢喜食橘水果我最爱吃橘子。ɕy^{55}ku^{35}ŋɔi^{44}tiŋ^{55}fɔn^{44}ɕi^{55}ɕiʔ^{2}tɕiɪʔ^{4}.

作顶坏嘅打算做最坏的打算。tsoʔ^{4}tiŋ^{35}kai^{21}ke^{44}tʌŋ^{55}sɔn^{44}.

6. 故 [ku^{55}]

时间副词，相当于普通话的“还”。如：

我五点半就□啦，你□做七点钟故未□来我五点半就起来了，你怎么七点了还不起来？ ŋɔi^{44}ŋ^{55}tan^{55}pɔn^{44}tɕiəu^{21}uɑʔ^{4}la^{44}, ȵi^{44}tso^{21}tso^{44}tɕʰiɪʔ^{4}tan^{55}tɕiuŋ^{44}ku^{55}məi^{21}uɑʔ^{4}loi^{22}?

我食啊茶故是颈□我喝了茶还是渴。ŋɔi^{44}ɕiʔ^{2}ʌ^{44}tsʰɑ^{22}ku^{55}ɕi^{44}tɕiʌŋ^{55}tsau^{44}.

你故记着我啊［无解］你还记得不记得我了？ ȵi^{44}ku^{55}tɕi^{44}tɕʰioʔ^{2}ŋɔi^{44}a^{44}mai^{44}?

7. 正 [tɕiʌŋ^{44}]

时间副词，相当于普通话的“刚”“才”；而“正”连用，则为程度副词，相当于普通话的“刚好”“恰恰”。如：

正写掉一半，故好写落去只写了一半，还得写下去。tɕiʌŋ^{44}ɕia^{55}tʰau^{44}iɪʔ^{4}pɔn^{44}, ku^{55}xɑu^{55}ɕia^{55}loʔ^{2}ɕy^{44}.

报名正一个人报名才一个人。pɑu^{44}miʌŋ^{22}tɕiʌŋ^{44}iɪʔ^{4}kɔi^{44}ȵin^{22}.

汽车正开过去，射啊我一身泥汽车刚开过去，溅了我一身泥。tɕʰi^{44}tɕʰia^{44}tɕiʌŋ^{44}foi^{44}ku^{44}ɕy^{44}, ɕia^{21}

ɑ^{44}ŋɔi^{44}iɪʔ^{4}ɕin^{44}nai^{22}.

正正十个人刚好十个人。tɕiʌŋ^{44}tɕiʌŋ^{55}ɕiəuʔ^{2}kɔi^{44}ȵin^{22}.

8. 末 [məi^{21}]

否定副词，相当于普通话的“没有”。多用于对已然事物或动作的否定，有时也用在疑问句的句末，表示疑问。如：

你□渠讲箇样事啊末你告诉他这件事了吗？ ȵi^{44}ti^{55}ki^{44}koŋ^{55}kɔi^{21}ioŋ^{21}sɿ^{21}a^{44}məi^{21}?

我末唱，我箇下放录音我没在唱，我放着录音呢。ŋɔi^{44}məi^{21}tɕ^{h}ioŋ^{44}, ŋɔi^{44}kɑ^{21}xɑ^{35}pioŋ^{44}loʔ^{2}in^{44}.

a. 我食过兔髀肉，你食过末我吃过兔子肉，你吃过没有？ ŋɔi^{44}ɕiʔ^{2}ku^{44}t^{h}u^{55}pi^{55}ȵyʔ^{4}, ȵi^{44}ɕiʔ^{2}ku^{44} məi^{21}?

b. 末，我末食过没有，我没吃过。məi^{21}, ŋɔi^{44}məi^{21}ɕiʔ^{2}ku^{44}.

与此相同的，“末”在语流中有时又读成 [men^{21}]，几位发音人都单独提出有这样的读音。其功能和“末”一样，这或许是“末”的变音，或许是某类合音，本书用“□”表示。如：

小张□晡钓掉一条大鱼，我□钓着鱼小张昨天钓了一条大鱼，我没有钓到鱼。ɕiɑu^{55}tɕioŋ^{44}təi^{21}pu^{21} tau^{44}t^{h}au^{44}iɪʔ^{4}t^{h}au^{22}t^{h}ɔi^{21}ȵy^{21}, ŋɔi^{44}men^{21}tau^{44}tɕ^{h}ioʔ^{2}ȵy^{21}.

渠□橘皮剥掉，就是□食他把橘子剥了皮，但是没吃。ki^{44}ti^{55}tɕiɪʔ^{4}p^{h}i^{22}poʔ^{4}t^{h}au^{44}, tɕiəu^{21}ɕi^{44}men^{21} ɕiʔ^{2}.

□□做办嘞？□是二⁼色办，爱就箇色办怎么办呢？不是那么办，要这么办才对。nai^{35}tso^{21}tso^{44}pɔn^{21} le^{44}? men^{21}ɕi^{44}ȵi^{21}seʔ^{4}pɔn^{21}, oi^{44}tɕiəu^{21}kɔi^{21}seʔ^{4}pɔn^{21}.

9. 唔 [n^{22}]

否定副词，相当于普通话的“不”，是用得最广泛的否定副词。如：

你到底答应唔答应渠你到底答应不答应他？ ȵi^{44}tɑu^{55}ti^{55}tɑʔ^{4}en^{44}n^{22}tɑʔ^{4}en^{44}ki^{44}?

我唔好怪别人，只好怪□家我不能怪人家，只能怪自己。ŋɔi^{44}n^{22}xɑu^{55}kuai^{44}pieʔ^{2}ȵin^{22}, tsɿ^{55}xɑu^{55} kuai^{44}ti^{21}kɑ^{21}.

我□渠讲啊，你再唔使讲我告诉他了，你不用再说了。ŋɔi^{44}ti^{55}ki^{44}koŋ^{55}ʌ^{44}, ȵi^{44}tsai^{44}n^{22}soi^{55}koŋ^{35}.

10. ［无解］[mai^{44}]

否定副词，这是一个合音词，相当于普通话的“不会”。有的浙江畲民歌本写作“𫗧”，按理语源当为“唔”与能愿动词“解”的组合，但武宁畲话表否定的“唔”[n^{22}] 与此读音不合，因此暂记作“［无解］”。“［无解］”本身是“不会”的意思，但在武宁畲话中实际使用范围较前者有所扩大，有和“唔”并驾齐驱的趋势，有时还能取代“末”。如：

a. 你平时食烟酒［无解］你平时抽烟吗？ ȵi^{44}p^{h}iʌŋ^{22}ɕi^{22}ɕiʔ^{2}ian^{44}tɕiəu^{35}mai^{44}?

b. ［无解］，我唔食烟不，我不抽烟。mai^{44}, ŋɔi^{44}n^{22}ɕiʔ^{2}ian^{44}.

a. 天⁼头王经理解来公司啊［无解］明天王经理会来公司吗？ t^{h}an^{35}t^{h}ieu^{22}uoŋ^{22}tɕin^{44}li^{55}xai^{44}loi^{22}

kuŋ⁴⁴sɿ⁴⁴ɑ⁴⁴mai⁴⁴?

b.我睇渠［无解］来我看他不会来。ŋɔi⁴⁴tʰai⁵⁵ki⁴⁴mai⁴⁴loi²².

11.无[mɑu²²]

否定副词，相当于普通话的“没有”。用于否定状态；有时也用在疑问句的句末，表示疑问。是汉语南方方言中用得较多的否定副词。如：

你算算睇，箇滴钱有料使啊无你算算看，这点钱够不够花？ n̥i⁴⁴sɔn⁴⁴sɔn⁴⁴tʰai⁵⁵, kɔi²¹tiʔ⁴tsʰan²¹xo⁴⁴lieu⁵⁵soi³⁵ᴀ⁴⁴mɑu²²?

老张寮一下崽无见掉两头羊老张家一下子丢了两只羊。lɑu⁵⁵tɕioŋ⁴⁴lau⁴⁴iɪʔ⁴xɑ²¹tsoi⁵⁵mɑu²²tɕien⁴⁴tʰau⁴⁴ioŋ³⁵tʰieu²²ioŋ⁴⁴.

我嘅头毛无你长我的头发没你的长。ŋɔi⁴⁴ke⁴⁴tʰieu²²mɑu⁴⁴mɑu²²n̥i⁴⁴tɕʰioŋ²².

12.莫[moʔ²]

否定副词，相当于普通话的“不要”。多用于祈使句中，程度比“唔使别，甭，不必”[n²²soi³⁵]要深。如：

你莫难过，你□我，角，□落来，变成两个箩你别难过，你把我的角拿下来，变成两个箩筐。n̥i⁴⁴moʔ²nᴀŋ⁴⁴kuə⁴⁴, n̥i⁴⁴ti⁵⁵ŋɔi⁴⁴, ko⁴², nᴀŋ⁴⁴loʔ²loi²², pien⁴⁴tsʰen²²ioŋ³⁵kə⁴⁴lo²¹.

你莫吓！你大胆讲别怕！你大着胆子说吧。n̥i⁴⁴moʔ²xᴀʔ⁴! n̥i⁴⁴tʰɔi²¹tɔn³⁵koŋ³⁵.

好好行，莫走！小心跌倒去好好儿走，别跑！小心摔跤了。xɑu⁵⁵xɑu⁵⁵xᴀŋ²², moʔ²tsɑu³⁵! ɕiɑu⁵⁵ɕin⁴⁴tieʔ⁴tɑu⁵⁵ɕy⁴⁴.

四　介引与关联

（一）介词

武宁畲话的介词系统见表6-4：

表6-4　武宁畲话介词系统简表

分类		武宁畲话的介词	与普通话共有的介词
时间处所	1. 所在	是[ɕi⁴⁴]、□[loi⁵⁵]	
	2. 起点	从时间[tsʰuŋ²²]、望空间[muŋ²¹]	从
	3. 方向	望[muŋ²¹]	
	4. 到达	望[muŋ²¹]	
	5. 经由	望[muŋ²¹]	

续 表

分类		武宁畲话的介词	与普通话共有的介词
施受关系	6. 被动	分 [pən^{44}]	
	7. 处置	□ [ti^{55}]①、□ [li^{55}]	
与事关系	8. 对象	□ [ti^{55}]、□ [li^{55}]、问言语对象 [mən^{44}]	
	9. 替代	□ [ti^{55}]、□ [li^{55}]	
	10. 共同	□ [ti^{55}]、□ [li^{55}]、塍 [t^{h}en^{22}]	
	11. 比较	比 [pi^{35}]	比
	12. 除外	除掉 [tɕ^{h}y^{22}t^{h}au^{44}]	
	13. 包括强调	连 [lien^{21}]②	连
方式手段	14. 材料工具	□ [nʌŋ^{44}]	
	15. 方式依据	塍 [t^{h}en^{22}]	
原因	16. 原因	因为 [in^{22}uəi^{22}]	因为

以下简要描写武宁畲话中若干常见且富有特色的介词：

1. 是 [ɕi^{44}]

介词，相当于普通话的“在”。武宁畲话中，“是”既可以做判断词，如：

我是个作田人我是一个农民。ŋɔi^{44}ɕi^{44}kə^{44}tsoʔ^{4}t^{h}an^{22}ȵin^{22}.

也可以做表所在和所从的动词，如：

兰根是寮末兰根在家吗？ lɔn^{22}tɕyn^{44}ɕi^{44}lau^{22}mei^{21}?

《广韵》承纸切：“是，是非也。”中古浊上字今读阴平调。判断词同时表示“存在”义的动词，也见于其他汉语南方方言中，如赣语上高话和宜丰话、徽语绩溪话（赵日新，2003）以及粤语广州话。此外，武宁畲话中的“是”也做介词，表所在和所从，如：

我年⁼是车站换嘅车票我们在车站买的车票。ŋɔi^{44}nan^{22}ɕi^{44}tɕ^{h}ia^{44}tsan^{213}uon^{21}ke^{44}tɕ^{h}ia^{44}p^{h}ieu^{44}.

渠是哪灶⁼食嘅饭他在哪儿吃的饭？ ki^{44}ɕi^{44}nɑ^{55}tsɑu^{44}ɕiʔ^{2}ke^{44}p^{h}ɔn^{21}?

我有几个亲情是客边打工我有几个亲戚在外地做工。ŋɔi^{44}xo^{44}tɕi^{55}kɔi^{44}tɕ^{h}in^{44}ts^{h}ʌŋ^{22}ɕi^{44}k^{h}ɑ^{55}pan^{44} tʌŋ^{55}kuŋ^{44}.

这种用法是表所在的动词“是”虚化而来的。

---

① 不少人韵母实际音值有动程，该词的语源也可能是某个入声字。

② 介词“连”读 [21] 调，可能与小称变音有关。

2. □ [loi^{55}]

介词，相当于普通话的“在”。这个词说得很少，甚至几位发音人都想不起来，但是我们依然在录音中找到了这样的例子。如：

含□嘴含在嘴里。xɔn^{22}loi^{55}tɕyoi^{44}.

□镬有饭哪无锅里还有饭没有？ loi^{55}uo^{213}xo^{44}p^{h}ɔn^{21}na^{44}mɑu^{22}?

再，同房□肚就，再落□坐二⁼□床舷。坐□床舷呢再，同房里面就，再去在坐在那床边。坐在床边呢。tsai^{44}, t^{h}uŋ^{22}foŋ^{22}loi^{55}tu^{55}tɕiəu^{21}, tsai^{44}loʔ^{2}loi^{55}ts^{h}o^{44}n^{21}loi^{55}ts^{h}oŋ^{22}tɕien^{44}. ts^{h}o^{44}loi^{55}ts^{h}oŋ^{22}tɕien^{44} ne^{44}.

还有的情况是[loi^{55}]在语流中产生了音变。如：

交嗯欸，又无交通，唔便□山头蜥上，长⁼落山头上交通又不便生活在山上。tɕiɑu^{44}n^{13}e^{21}, iəu^{21}mɑu^{22}tɕiɑu^{44}t^{h}uŋ^{44}, n^{22}pien^{21}le^{35}san^{44}t^{h}ieu^{22}s̥ʅ^{22}tɕ^{h}ioŋ^{21}, tɕioŋ^{55}loʔ^{2}san^{44}t^{h}ieu^{22}ɕioŋ^{21}.

在这些例句中，“□”[loi^{55}]既可以做及物动词，也可以做介词。由此可知，武宁畲话中“□肚里面”[loi^{55}tu^{55}]的构词方式是动宾式。“□”[loi^{55}]的语源待考。

值得注意的是，武宁畲话并非不用表所在和所从的动词及介词“在”[tsɔi^{21}]。如上举例子也可以说成：

渠是在哪灶⁼食嘅饭他在哪儿吃的饭？ ki^{44}ɕi^{44}tsɔi^{21}nɑ^{55}tsɑu^{44}ɕiʔ^{2}ke^{44}p^{h}ɔn^{21}?

又如：

□个乇唔在二⁼滴⁼，也唔在箇滴⁼那个东西不在那儿，也不在这儿。nai^{21}kɔi^{44}nɑʔ^{4}n^{22}tsɔi^{21}ȵi^{21}ti^{55}, ia^{21}n^{22}tsɔi^{21}kɔi^{21}ti^{55}.

这种用法多见于对照普通话例句的解释。在口语中，不用“在”而用“是”的情况较多。

此外，类似普通话的“V＋在＋处所”式，武宁畲话并不用“是”，而是用其他方式表述。如：

徛路上站在路上。tɕ^{h}i^{44}lu^{21}ɕioŋ^{21}.

徛二⁼边舷站在边上。tɕ^{h}i^{44}ȵi^{21}pan^{44}tɕien^{44}.

园底⁼桌放在桌子上。k^{h}oŋ^{55}tai^{55}to^{213}.

上例最后一句也可以说成：

园□桌。k^{h}oŋ^{55}nai^{21}to^{213}.

园□桌。k^{h}oŋ^{55}ȵi^{21}to^{213}.

“□”[nai^{21}]和“□”[ȵi^{21}]是远指代词，这里还难以说虚化为介词；但是“底⁼”[tai^{55}]常放在名词前，表示某物的上面，已有介词的部分功能。此外，在这类结构中，往往不需要在名词后再附上方位词“上”，这也是和普通话不同的地方。

3. 望 [muŋ^{21}]

介词，相当于普通话的“从”“向”等。这个词的读法在武宁畲话的音系里显得突兀，也许和吴语有关，待考。如：

a. 你是望哪灶⁼来嘅你是从哪里来的？ ȵi^{44}ɕi^{44}muŋ^{21}nɑ^{55}tsɑu^{44}loi^{22}ke^{44}?

b. 我是望浙江来嘅我是从浙江来的。ŋɔi^{44}ɕi^{44}muŋ^{21}tseʔ^{4}koŋ^{44}loi^{22}ke^{44}.

望北行向北走。muŋ^{21}peʔ^{4}xᴀŋ^{22}.

落县城爱望二⁼滴⁼过去县城要从那儿过。loʔ^{2}ien^{21}tsʰən^{22}oi^{44}muŋ^{21}ȵi^{21}ti^{55}ku^{44}.

4. 分 [pən^{44}]

介词，用于被动句中，引出施事方。“分”在武宁畲话中本来是表给予义的动词，这个用法和梅州等地的客家话一致，从动词到介词的语法化路径非常明确。如：

分水打啊一身湿□□给雨淋了个浑身湿透。pən^{44}ɕy^{55}tᴀŋ^{35}ŋᴀ^{44}iɪʔ^{4}ɕin^{44}ɕiəuʔ^{4}tɕiauʔ^{4}tɕiauʔ^{4}.

鸡崽分黄麂狼□去啊小鸡被黄鼠狼给叼走了。tɕiai^{44}tsoi^{55}pən^{44}uoŋ^{22}tɕi^{55}loŋ^{22}tɕʰia^{22}ɕy^{44}ᴀ^{44}.

此外，“分”也可以用在动词后，引出受事者，此时往往读成 [pəɪʔ^{4}] 或 [pu^{44}]①。如：

送本书分渠送本书给他。suŋ^{44}pon^{55}ɕy^{44}pəɪʔ^{4}ki^{44}.

老张借分老李一百块钱老张借了一百块钱给老李。lɑu^{55}tɕioŋ^{44}tsᴀʔ^{4}pu^{44}lɑu^{55}li^{35}iɪʔ^{4}pᴀʔ^{4}kʰuəi^{44} tsʰan^{21}.

5. □ [ti^{55}]、□ [li^{55}]

广义介词。两个词的意思用法一致，都读变音，语源待考。发音人表示两种说法都有，从自然口语语料判断，大体雷土根先生用“□”[ti^{55}] 多一点，雷兰根先生用“□”[li^{55}] 多一点。如：

我去□渠开门我去给他开门。ŋɔi^{44}ɕy^{44}ti^{55}ki^{44}kʰoi^{44}mən^{22}.

二⁼辆踏脚车渠□我□坏啊那辆自行车他给我弄坏了。ȵi^{21}lioŋ^{22}tʰɑuʔ^{2}tɕioʔ^{4}tɕʰia^{44}ki^{44}ti^{55}ŋɔi^{44}tɕioŋ^{44} fai^{21}a^{44}.

我□渠讲天⁼头好落水啊我跟他说明天要下雨了。ŋɔi^{44}li^{55}ki^{44}koŋ^{35}tʰan^{35}tʰieu^{22}xɑu^{55}loʔ^{2}ɕy^{35}ɑ^{44}.

我□渠招手我向他招手。ŋɔi^{44}ti^{55}ki^{44}tsɑu^{44}ɕiəu^{35}/ŋɔi^{44}li^{55}ki^{44}tsɑu^{44}ɕiəu^{35}.

为箇滴事□隔壁邻舍双⁼争，[无解] 值得为这事儿和邻居吵架，很不值得。uəi^{21}kɔi^{21}ti^{55}sɿ^{213}ti^{55}kᴀʔ^{4} piᴀʔ^{4}lin^{22}ɕia^{44}suŋ^{44}tsᴀŋ^{44}, mai^{44}tɕʰiʔ^{2}tiʔ^{4}.

---

① 从录音来看，雷土根先生倾向于读 [pəɪʔ^{4}]，雷兰根先生倾向于读 [pu^{44}]，两位发音人认为这是同一个词，但有时认为和“分”一样，有时又不认为是“分”的变体；而在贵溪樟坪畲话中，同样的结构，这个介词确实是读“分”[puɯ^{44}] 的。从语义来看，我们推断这个读入声韵的介词有可能是“分”的变体，但也有可能与赣方言中表给予义的动词“拨⁼”[peʔ$_{5}$] 有关，待考。

6. 滕 [tʰen²²]

介词，表方式依据等。如：

我天⁼日滕渠一起去钓鱼我明天跟他一起去钓鱼。ŋɔi⁴⁴tʰan³⁵ȵiɪʔ⁴tʰen²²ki⁴⁴iɪʔ⁴tɕʰi³⁵ɕy⁴⁴tau⁴⁴ȵy²¹.

滕渠嘅要求做按他的要求做。tʰen²²ki⁴⁴ke⁴⁴iɑu⁵⁵tɕʰiəu²²tso⁴⁴.

（二）连词

1. □ [ti⁵⁵]、□ [li⁵⁵]

连词。这两个词同时也兼做连词，用于连接两个并列关系的词或短语。这是武宁畲话最主要的连词。如：

牛郎□织女牛郎和织女。ŋɑu²²loŋ²²ti⁵⁵tsəʔ⁴ȵy³⁵.

渠□你哪个落北京他和你谁要去北京？ ki⁴⁴li⁵⁵ȵi⁴⁴nɑ⁵⁵kɔi⁴⁴loʔ²peʔ⁴tɕiʌŋ⁴⁴?

2. □是 [ai⁵⁵ɕi⁴⁴]

连词，表选择，相当于普通话的“还是”“或者”。前字读 [55] 调，在语流中有时读单元音韵母。语源有可能就是“还是”，待考。如：

你食饭□是食馒头你吃饭还是吃馒头？ ȵi⁴⁴ɕiʔ²pʰɔn²¹ai⁵⁵ɕi⁴⁴ɕiʔ²mɔn²²tʰieu²¹?

壮嘅好□是瘦嘅好胖的好还是瘦的好？ tsoŋ⁴⁴ke⁴⁴xɑu⁵⁵ai⁵⁵ɕi⁴⁴sɑu⁴⁴ke⁴⁴xɑu⁵⁵?

你爱箇滴⁼，□是二⁼滴⁼你要这些，还是那些？ ȵi⁴⁴oi⁴⁴kɔi²¹ti⁵⁵, ai⁵⁵ɕi⁴⁴ȵi²¹ti⁵⁵?

武宁畲话中其他用于连接分句的成对的关联词不多，有的比较明显地与普通话相类，可能是从别的方言借用而来，不赘。

五 体貌系统

（一）动词的体

1. 完成体

表示在某一个特定的时间节点上，动作或事态变化的完成或实现。武宁畲话的完成体标记主要有三个：一是“啊”，在口语中多读 [a⁴⁴]①，有时也读成 [ʌ⁴⁴] 或 [ɑ⁴⁴]，一般紧附于谓词之后，泛指某类动作的完成（不见得有结果）；二是“掉”[tʰau⁴⁴]，放在动词后面，表示动作或事态的完成（带有结果）②；三是“了”[lau³⁵]，放在动词后做结果补语，程度最深，表示动作的结束或事态的全面完成。如：

箇粒面片污龊啊，□掉渠呀这毛巾很脏了，扔了它吧。kɔi²¹liəuʔ⁴mien⁴⁴pʰan³⁵u⁴⁴tɕʰioʔ⁴ʌ⁴⁴, iʌŋ²¹tʰau⁴⁴ki⁴⁴ia²¹.

---

① 元音实际音值接近于 [æ]。

② 也可把“掉”看做动词已然体的标记，本书将学界的“已然体”和“完成体”合在一起介绍。

老张来啊末？讲好渠也来嘅老张来了吗？说好他也来的！ lɑu^{55}tɕioŋ^{44}loi^{22}a^{44}məi^{21}? koŋ^{55}xɑu^{35} ki^{44}ia^{21}loi^{22}ke^{44}!

渠年⁼□教室都装掉空调他们把教室都装上了空调。ki^{44}nan^{22}ti^{55}tɕiɑu^{55}səʔ^{4}tu^{44}tɕioŋ^{44}tʰau^{44}kʰuŋ^{44} tiau^{22}.

a. 故有饭食啊无还有没有饭吃？ ku^{55}xo^{44}pʰɔn^{21}ɕiʔ^{2}ɑ^{44}mɑu^{22}?

b. 有，正食掉有，刚吃呢。xo^{44}, tɕiʌŋ^{44}ɕiʔ^{2}tʰau^{44}①.

故□讲了啊？催渠快滴啊还没说完啊？催他快点儿！ ku^{55}men^{21}koŋ^{55}lau^{35}ɑ^{44}? tɕʰyoi^{44}ki^{44}ɕiai^{44} tiʔ^{4}a^{44}!

十个人［无解］食得了箇镬饭十个人吃不了这锅饭。ɕiəuʔ^{2}kɔi^{44}ȵin^{22}mai^{44}ɕiʔ^{2}tiʔ^{4}lau^{35}kɔi^{21}uoʔ^{2} pʰɔn^{21}.

在实际使用中，“了”后面还可以加“啊”，但此时的“啊”并不承担动词完成体的标记功能，而是语气词。这种情况，“了”和“啊”合音读为“啦”[lɑ^{44}]，此时元音部分有不同变体。如：

两个人呢，就，结为啦夫妻两个人结为了夫妻。ioŋ^{35}kə^{44}ȵin^{22}ne^{44}, tɕiəu^{21}, tɕieʔ^{4}uəi^{35}la^{44}fu^{44}tsʰe^{42}.

做啦箇场事再讲了了这桩事情再说。tso^{44}lʌ^{44}kɔi^{21}tɕʰioŋ^{22}sɿ^{21}tsai^{44}koŋ^{35}.

渠年⁼□每个间都安啦电话他们把每个房间都装上了电话。ki^{44}nan^{22}li^{55}moi^{35}kɔi^{44}tɕian^{21}tu^{44}ɔn^{44}lɑ^{44} tien^{21}uɑ^{21}.

2. 进行体

表示动作、变化正处于进行中或状态正在持续变动，不强调开始或结束的方式结果。武宁畲话的进行体多用零标记，或用“正[tɕiʌŋ^{44}]＋V”“正在[tɕiʌŋ^{44}tsɔi^{21}]＋V”格式表示。如：

a. 你□下唱是⁼乇你在唱什么？ ȵi^{44}kɑ^{21}xɑ^{35}tɕʰioŋ^{44}ɕi^{44}nɑʔ^{4}?

b. 我未唱，我□下放录音我没在唱，我放着录音呢。ŋɔi^{44}məi^{21}tɕʰioŋ^{44}, ŋɔi^{44}kɑ^{21}xɑ^{35}pioŋ^{44}loʔ^{2}in^{44}.

门头一□人徛二⁼滴⁼，［无解］讲是⁼乇门口站着一帮人，不知在说什么。mən^{22}tʰieu^{44}iɪʔ^{4}tin^{22}ȵin^{22} tɕʰi^{44}ȵi^{21}ti^{55}, mai^{44}koŋ^{55}ɕi^{44}nɑʔ^{4}.

渠成日都陪我讲话他整天都陪着我说话。ki^{44}ɕiʌŋ^{22}ȵiɪʔ^{4}tu^{44}poi^{22}ŋɔi^{44}koŋ^{55}uɑ^{21}.

渠骑踏脚车上山啊她骑着自行车上山了。ki^{44}tɕʰi^{22}tʰɑuʔ^{2}tɕioʔ^{4}tɕʰia^{44}ɕioŋ^{44}san^{44}ʌ^{44}.

渠年⁼几个正讲话嘞他们几个人正说着话呢。ki^{44}nan^{22}tɕi^{55}kɔi^{44}tɕiʌŋ^{44}koŋ^{55}uɑ^{21}le^{44}.

渠正在做作业，你一个人去长⁼她正做作业呢，你一个人去玩儿吧。ki^{44}tɕiʌŋ^{44}tsɔi^{21}tso^{44}tsoʔ^{4}ȵieuʔ^{2},

① 按，这句话看似是进行体，其实是完成体，“正”是副词，表示刚刚的意思，“食掉”不是进行，而是表示动作的完成，但并没有穷尽。

ȵi^{44}iɪʔ^{4}kɔi^{44}ȵin^{22}ɕy^{44}tɕioŋ^{35}.

3. 持续体

表示动作所产生的状态在某一段时间内保持不变。武宁畲话中的持续体也是零标记，有时用完成体标记来表示存现，偶尔用“牢”[lɑu^{21}]来标记持续。如：

墙壁贴一张地图墙上贴着一张地图。tɕ^{h}ioŋ^{22}piᴀʔ^{4}t^{h}auʔ^{4}iɪʔ^{4}tɕioŋ^{44}ti^{21}t^{h}u^{22}.

床上困一个老人床上躺着一个老人。ts^{h}oŋ^{22}ɕioŋ^{21}fən^{44}ɪiʔ^{4}kuai^{44}lɑu^{55}ȵin^{22}.

坑□肚游掉有乃$^{=}$鱼崽河里游着好多小鱼。xᴀŋ^{44}loi^{55}tu^{55}iəu^{22}t^{h}au^{44}xo^{44}nai^{44}ȵy^{21}tsoi^{55}.

底$^{=}$桌放啊一碗水，莫撞□掉桌上放着一碗水，小心别碰倒了。ʈai^{55}to^{213}pioŋ^{44}ᴀ^{44}iɪʔ^{4}uon^{35}ɕy^{35}, moʔ^{2}tɕioŋ^{21}lien^{35}t^{h}au^{44}.

莫走，你□我徛牢别跑，你给我站着！ moʔ^{2}tsɑu^{35}, ȵi^{44}ti^{55}ŋɔi^{44}tɕ^{h}i^{44}lɑu^{21}!

我真后悔当时末□渠留牢我真后悔当时没把他留住。ŋɔi^{44}tɕin^{44}xəu^{21}fəi^{44}toŋ^{44}sɿ^{22}məi^{21}li^{55}ki^{44}liəu^{22}lɑu^{21}.

4. 经历体

表示经历过某一动作或行为。主要通过在动词后加“过”[ku^{44}]来标记，意义和用法与普通话基本相同。如：

箇部电影渠睇过这部电影他看过。kɔi^{21}pu^{44}tien^{21}iŋ^{35}ki^{44}t^{h}ai^{35}ku^{44}.

我洗过浴啊，今晡唔打篮球啊我洗过澡了，今天不打篮球了。ŋɔi^{44}sai^{55}ku^{44}ioʔ^{2}ᴀ^{44}, tɕin^{44}pu^{44}n^{22}tᴀŋ^{55}nɔn^{22}tɕ^{h}iəu^{22}ʋa^{44}.

我从细未出过门，只解讲山客话我从小就没出过门，只会说畲族话。ŋɔi^{44}ts^{h}uŋ^{22}sai^{44}məi^{21}tɕ^{h}yɪʔ^{4}ku^{44}mən^{22}, tsɿ^{55}xai^{44}koŋ^{55}san^{44}xᴀʔ^{4}uɑ^{21}.

5. 起始体

表示在某一个时点或时段，动作或变化开始发生、状态开始出现。武宁畲话的起始体标记是“□来”[ɕin^{55}loi^{22}]，相当于普通话的“起来”。与普通话相似，武宁畲话的起始体用“□来”不仅可以黏附在谓词后面表示起始义，还可以将动词的宾语插入“□”[ɕin^{55}]和“来”中间，构成“V＋□＋宾＋来”结构。如：

天公热□来啊天气热起来了。t^{h}an^{44}kuŋ^{44}ȵieʔ^{2}ɕin^{55}loi^{22}ᴀ^{44}.

渠一高兴就唱□歌来啊他一高兴就唱起歌来了。ki^{44}iɪʔ^{4}kɑu^{44}ɕiŋ^{44}tɕiəu^{21}tɕ^{h}ioŋ^{44}ɕin^{55}ko^{44}loi^{22}a^{44}.

渠做□事来比哪个都快他干起活来比谁都快。ki^{44}tso^{44}ɕin^{55}se^{21}loi^{22}pi^{55}nɑ^{55}kɔi^{44}tu^{44}ɕiai^{44}.

（二）动词的貌

1. 反复貌

表示某个动作或行为在某特定时段内多次进行。武宁畲话表示反复意义的格式主要是“V＋下＋V＋下”式，其中“下”有时读零声母，构成反复貌的动词一般是单音节动词。如：

渠坐电视机米$^{=}$前，睇下睇下都困着啊他在电视机前，看着看着睡着了。ki^{44}ts^{h}o^{44}tien^{21}sɿ^{44}tɕi^{44}ma^{55} ts^{h}an^{21}, t^{h}ai^{55}xɑ^{21}t^{h}ai^{55}xɑ^{21}tu^{44}fən^{44}tɕ^{h}ioʔ^{2}ɑ^{44}.

讲下讲下就笑□来啊说着说着就笑起来了。koŋ^{55}xɑ^{35}koŋ^{35}xɑ^{35}tɕiəu^{21}sau^{44}ɕin^{55}loi^{22}a^{44}.

我年$^{=}$行下行下就行透啊我们走着走着就走到了。ŋɔi^{44}nan^{22}xᴀŋ^{22}ɑ^{44}xᴀŋ^{22}ɑ^{44}tɕiəu^{21}xᴀŋ^{22}t^{h}ieu^{44}ᴀ^{44}.

2. 轻量貌

表示动作的时量短或动量小，往往带有“尝试”的意义。一般用“V＋下”表示，相当于普通话的动词重叠或“V＋一＋V”式。如：

你唔去医院睇下老张唔好哦你不去医院看看老张不好。ȵi^{44}n^{22}ɕy^{44}i^{44}yon^{44}t^{h}ai^{35}xɑ^{21}lɑu^{55}tɕioŋ^{44}n^{22} xɑu^{55}o^{44}.

老王来打下太极拳唔老王打打太极拳吗？ lɑu^{55}uoŋ^{22}loi^{22}tᴀŋ^{55}xɑ^{21}t^{h}ai^{44}tɕiʔ^{4}tɕ^{h}yon^{22}n^{22}?

我去□下我去躺躺。ŋɔi^{44}ɕy^{44}lien^{35}xɑ^{21}.

同时，武宁畲话中还有一个“VV＋下”的结构，表示主观上的轻量，与“尝试”不同。这类结构，发音人认为一般不说，但仍可以在自然口语语料中找到。如：

故有一个特产嘞，就是二$^{=}$种嘅“相思粉”，是客边无有嘅，就是我年$^{=}$箇滴$^{=}$武宁有，比较，上好食食下嘅还有一个特产呢，就是那种相思粉，是外面没有的，比较，正好吃一下的。ko^{55}xo^{44}iɪʔ^{4}kə^{44}t^{h}əʔ^{4} ts^{h}an^{35}le^{44}, tɕiəu^{21}ɕi^{44}n^{21}tsəŋ^{55}kə^{44} “ɕioŋ^{44}sɿ^{44}fən^{35}”, ɕi^{44}k^{h}oa^{55}pan^{44}mɑu^{22}xo^{44}ko^{44}, tɕiəu^{21}ɕi^{44}ŋɔi^{44}nan^{22} kɔi^{21}ti^{55}u^{55}lin^{22}xo^{44}, pi^{55}tɕiɑu^{44}, ɕioŋ^{21}xɑu^{55}ɕiʔ^{2}ɕiʔ^{2}xɑ^{35}ke^{44}.

欸移民呢，都是是，先无寮咯，是，长$^{=}$人寮，欸猪栏牛栏，甚至□家搭滴茅棚，长$^{=}$长$^{=}$下欸移民呢，都是，开始没房子咯，是住人家，欸猪栏牛栏，甚至自己搭点茅棚住一下。e^{21}ie^{22}min^{22} ne^{44}, tu^{42}ɕi^{44}ɕiɪʔ^{4}, ɕian^{21}mɑu^{22}lau^{22}lo^{44}, ɕi̥^{21}, tɕioŋ^{55}ȵin^{22}lau^{44}, e^{21}tɕy^{42}lən^{21}ŋɑu^{22}lən^{22}, sən^{21}tsɿ^{55}ti^{21}kɑ^{21} tɑuʔ^{4}ti^{55}mɑu^{22}puŋ^{22}, tɕioŋ^{55}tɕioŋ^{55}xɑ^{35}.

再就，去拜堂啊。再拜拜下，大细拜下再就，去拜堂了。再拜一拜，大小（亲朋）拜下。tsai^{44}tɕiuŋ^{21}, ɕy^{44}pai^{44}toŋ^{22}ŋa^{44}. tsai^{44}pai^{44}pai^{44}xɑ^{35}, t^{h}ɔi^{21}sai^{44}pai^{44}xɑ^{35}.

六　语气词

语气词是表达语气的重要手段之一。武宁畲话中最常见的语气词有“啊”[ɑ^{44}]、“嘞”[le^{44}]/“呢”[ne^{44}]/“啦”[la^{44}]/“唻”[lai^{44}]、“嘅”[ke^{44}]、“嘎”[kᴀ^{55}]、“欸”[ei^{21}]等。

（一）啊[ɑ^{44}]

主要表示陈述、祈使乃至感叹等语气，相当于普通话的“了$_2$”。语流中读成[a^{44}]、[ᴀ^{44}]、[ɑ^{44}]的都有；在句末时多读[44]调或随前字读[55]调，在句中或句首则多读[21]调。如：

你去啊你去吧。ȵi^{44}ɕy^{44}ᴀ^{44}.

箇色［无解］好啊这样不好嘛。kɔi^{21}seʔ^{4}mai^{44}xɑu^{35}ᴀ^{44}.

箇妙沙经来讲嘞，啊渠也是一种，欸□做，欸救苦菩萨嘅经，哈这《妙沙经》来讲呢，它也是一种，叫作，救苦菩萨的经哈。kə^{21}mieu^{55}sɑ^{44}tɕiŋ^{44}lei^{22}koŋ^{55}le^{44}, ɑ^{21}ki^{44}ia^{21}ɕi^{44}iɪʔ^{4}tsuŋ^{55}, e^{21}uo^{35}tso^{44}, e^{21}tɕiəu^{55} kʰu^{55}pʰu^{22}saʔ^{4}ke^{44}tɕiŋ^{42}, xɑ^{42}.

（二）嘞[le^{44}]/呢[ne^{44}]/啦[la^{44}]/唻[lai^{44}]

主要用于句中和句末：用于句中时表示舒缓语气；用于句末的“嘞”还可以用在疑问句中，相当于普通话的“呢”。语流中“嘞”常常会念成[ne^{44}]、[lei^{44}]、[la^{44}]、[lai^{44}]等，但其语法功能及意义与[le^{44}]基本一致，这里把这些虚词看作同一个语气词的变体。如：

渠磨磨□□嘅，做是⁼乇呢他磨磨蹭蹭的，做什么呢？ ki^{44}mo^{22}mo^{22}tʰən^{44}tʰən^{44}ke^{44}, tso^{44}ɕi^{44}nɑʔ^{4} ne^{44}?

爱几多有料嘞要多少才够呢？ oi^{44}tɕi^{55}to^{44}xo^{44}lieu^{35}le^{44}?

箇下故早，等一下再去嘞这会儿还早呢，过一会儿再去吧。kɔi^{21}xɑ^{35}ku^{55}tsɑu^{35}, ten^{55}iɪʔ^{4}xɑ^{21}tsai^{44}ɕy^{44} le^{44}.

箩嘞就是像嘞，生掉肋刀样，突然就飞□来啊，一下嘞，就飞透天上去啊箩呢就是像呢，生了翅膀一样，突然就飞起来了，一下呢，就飞到天上去了。lo^{21}le^{44}tɕiəu^{21}ɕi^{21}ɕiᴀŋ^{21}lei^{44}, sᴀŋ^{44}tʰaʔ^{4}ɕieʔ^{4}tɑu^{44}ioŋ^{21}, tʰuʔ^{4}lan^{22}tɕiəu^{21}pi^{44}ɕin^{55}nei^{22}a^{44}, iɪʔ^{4}hɑ^{35}ze^{44}, tɕiəu^{21}pi^{44}tɕiau^{44}tʰan^{42}ɕioŋ^{21}ɕy^{44}ɑ^{44}.

透，过年啦，正月都可以食到，过年啊，正月都可以吃。tʰieu^{44}, ku^{44}nan^{22}lᴀ^{44}, tɕiᴀŋ^{44}ȵyɵeʔ^{4}tu^{44} kʰo^{55}i^{44}ɕiʔ^{2}.

箇下唻，田地，都□［我年⁼］征收掉，分掉我年⁼嘅钱，啊，我年⁼欸老人嘞，又，唔使作田啦，欸现在呢，田地，都给我们征收掉了，分给了我们钱，啊，我们欸老人呢，又，不用种田啦，欸。kə^{21}xɑ^{35} lai^{44}, tʰan^{22}tʰi^{21}, tu^{44}li^{55}ŋɔn^{42}tɕin^{44}ɕiəu^{44}tau^{44}, pən^{44}tʰau^{44}ŋɔi^{44}lan^{22}kə^{44}tsʰan^{21}, ᴀ̃^{42}, ŋɑ^{44}lan^{22}ŋə^{44}lɑu^{35} ȵin^{22}lei^{44}, ie^{21}, n^{22}soi^{55}tsoʔ^{4}tʰan^{22}la^{44}, e^{21} .

畲又泡⁼，再唻番薯又嘶，解大土地又松软，再呢番薯又，长得快。ɕia^{44}iəu^{21}pʰɑu^{44}, tsai^{44}lai^{44}fən^{44} ɕy^{22}iəu^{21}tsɿ̊^{44}, xai^{44}tʰɔi^{21}.

（三）嘅[ke^{44}]

多用于句末，表示陈述的语气，相当于普通话的语气词“的”。如：

渠［无解］去嘅他不会去的。ki^{44}mai^{44}ɕy^{44}ke^{44}.

我是69年来武宁嘅我是69年到的武宁。ŋɔi^{44}ɕi^{44}lyʔ^{4}tɕiəu^{35}nan^{22}loi^{22}u^{55}lin^{22}ke^{44}.

是渠□二⁼个杯打烂嘅是他把那个杯子打碎了。ɕi^{44}ki^{44}ti^{55}ȵi^{21}kɔi^{44}poi^{44}tᴀŋ^{55}lɔn^{21}ke^{44}.

（四）嘎[kᴀ^{55}]

多用于祈使句的句末，相当于普通话的“吧”。祈使义不太强烈时“嘎”读[44]调，韵母读[a]①、[ᴀ]、[ɑ]等，有时因人而异。有时也用于陈述句中。如：

［无解］早啊，快去嘎不早了，快去吧！ mai^{44}tsɑu^{35}a^{44}, ɕiai^{44}ɕy^{44}ka^{55}!

我伲一起行嘎咱们一起走吧。ŋɔi^{44}ȵi^{55}iɪʔ^{4}tɕ^{h}i^{35}xᴀŋ^{22}kᴀ^{44}.

老张就是一个教书嘅，定唔了箇个事嘎老张只是一个教书的，定不了这个事儿。lɑu^{55}tɕioŋ^{44}tɕiəu^{21}ɕi^{44}iɪʔ^{4}kɔi^{44}kau^{44}ɕy^{44}ke^{44}, tiŋ^{21}n^{22}lau^{35}kɔi^{21}kɔi^{44}sɿ^{21}kᴀ^{55}.

箇个碗借分你使嘎这只碗借给你用吧。kɔi^{21}kɔi^{44}uon^{35}tsᴀʔ^{4}pu^{44}ȵi^{44}soi^{55}kᴀ^{55}.

（五）欸[ei^{21}]

多用在句中以缓和语气。声调多为[21]，也读[44]调。如：

再，啊渠欸顶屎头，啊渠就欸，啊，欸，欸，“化赤为金，化白为银”再，它最后啊，它就，欸，“化赤为金，化白为银”。tsai^{44}, ɑ^{21}ki^{44}ei^{21}tiŋ^{35}ɕi^{55}t^{h}eu^{21}, ɑ^{21}ki^{44}tɕiəu^{21}ai^{44}, ɑ^{21}, ei^{21}, ei^{44}, “xuɑ^{44}ts^{h}ᴀʔ^{2}uəi^{22}tɕin^{44}, xuɑ^{44}p^{h}ᴀʔ^{2}uəi^{22}ȵin^{22}”.

渠还要鞠个躬嘅，欸顶屎头他最后还要鞠个躬的。ki^{44}ai^{22}ieu^{44}tɕyʔ^{4}ko^{44}kuŋ^{42}ko^{21}, ei^{42}tiŋ^{35}ɕi^{55}t^{h}ieu^{21}.

① 实际音值接近于[æ]。

第二节

句法

一　处置句与被动句

（一）处置句

处置句是类似于普通话的“把字句”的句式，表示对某一对象进行处置，处置对象（受事）在动作的影响下产生某种结果或状态。武宁畲话表示处置义有两种方式：

一种是不加处置标记，用主谓结构或动宾结构来表示，处置对象或者是动词的宾语，或是受事主语。如：

门□来嘎把门关了吧。mən^{22}uən^{44}loi^{22}kʌ^{55}.

□菜鸡食把菜给鸡吃。nʌŋ^{44}ts^{h}oi^{44}tɕiai^{44}ɕiʔ^{2}.

这里的“□关闭”[uən^{44}]和“□拿”[nʌŋ^{44}]都是及物动词，两句中都无处置标记，但都表示了处置义。

另一种是通过“介词＋处置对象（受事）＋动词”的句式来表示。这种句式即为处置句，它和普通话的“把＋处置对象＋动词”句式一样，差别仅在于介词的不同。武宁畲话处置句的介词多用“□”[ti^{55}]、“□”[li^{55}]。如：

你□碗洗一下你把碗洗一下。ȵi^{44}ti^{55}uon^{35}sai^{55}iɪʔ^{4}xɑ^{21}.

哪个□二⁼瓶酒食了啊谁把那瓶酒给喝完了？ nɑ^{55}kɔi^{44}li^{55}ȵi^{21}p^{h}en^{22}tɕiəu^{35}ɕiʔ^{2}lau^{35}ɑ^{44}?

你□地板拖一下你把地板拖一下。ȵi^{44}ti^{55}t^{h}i^{21}pan^{35}t^{h}o^{44}iɪʔ^{4}xɑ^{21}.

我年⁼两兄弟一直□老张当我年⁼□家嘅叔一样我们哥俩一直把老张当自己的叔叔。ŋɔi^{44}nan^{22}ioŋ^{55}ɕiʌŋ^{44}t^{h}ai^{44}iɪʔ^{4}tɕ^{h}iʔ^{2}ti^{55}lɑu^{55}tɕioŋ^{44}toŋ^{44}ŋɔi^{44}nan^{22}ti^{21}kɑ^{21}ke^{44}ɕyʔ^{4}iɪʔ^{4}ioŋ^{21}.

（二）被动句

被动句是主语为受事，句中有引介动作施事的被动词的句式。武宁畲话用源自给予义动词的“分”来引出施动者，构成“受事 + 被动词 + 施事 + 动词”的格式来表示被动。需要指出的是，武宁畲话的介词“分”后面必须有施事者，而没有类似普通话中隐去施事的“受事 + 被动词 + 动词”的格式；如果施事不确定，则采用零标记的形式表示被动义。如：

帽分风吹走啊帽子被风吹走了。mɑu^{21}pən^{44}piuŋ^{44}tɕ^{h}yoi^{44}tsɑu^{35}ᴀ^{44}.

渠分渠□讲謦来啊他被妈妈说哭了。ki^{44}pən^{44}ki^{44}ȵia^{55}koŋ^{55}tɕieu^{44}loi^{22}a^{44}.

窗门都震碎啊窗户都被震碎了。tɕ^{h}ioŋ^{44}mən^{22}tu^{44}ts^{h}ən^{55}səi^{44}ᴀ^{44}.

我年$^{=}$已经都录取啊我们已经被录取了。ŋɔi^{44}nan^{22}i^{55}tɕiŋ^{44}tu^{44}loʔ^{2}tɕ^{h}y^{35}ᴀ^{44}.

在武宁畲话中，“分”作为实义动词时是“给予”的意思。从“给予”义逐步虚化为表示被动的介词，许多汉语方言都存在类似的情况，这具有类型学意义。另一方面，用零标记的形式来表示被动义的句式在北部赣语里也很常见。

二　双宾句

双宾句是指谓语动词后面有两个宾语的句子。其动作行为往往涉及两个对象，一个是直接宾语，一个是间接宾语。普通话的双宾句中，间接宾语在前，直接宾语在后；武宁畲话的双宾句有的与普通话相同，有的则与其不同。一般来说，表给予某人以某物或索取某人以某物是双宾句最主要的语义类别。武宁畲话的双宾句中，表给予义和表索取义的动词，都可以构成双宾句。如：

二$^{=}$个换药嘅骗掉渠一千块钱那个卖药的骗了他一千块钱呢。ȵi^{21}kuai^{44}uon^{21}ioʔ^{2}ke^{44}p^{h}ien^{44}t^{h}au^{44}ki^{44}iɪʔ^{4}tɕ^{h}ian^{44}k^{h}uəi^{44}ts^{h}an^{21}.

分一本书我给我一本书。pən^{44}iɪʔ^{4}pon^{55}ɕy^{44}ŋɔi^{44}.

分三块钱渠给他三块钱。pən^{44}sɔn^{44}k^{h}uəi^{44}ts^{h}an^{21}ki^{44}.

拿滴乇渠给他点东西。nᴀŋ^{44}tiʔ^{4}nɑʔ^{4}ki^{44}.

哪个□箇块石牯掇掉，我就□渠一百块钞票谁把石头搬走，我就给谁一百块钱。nɑ^{55}kɔi^{44}li^{55}kɔi^{21}kuai^{44}ɕiᴀʔ^{2}ku^{35}tɵeʔ^{4}t^{h}au^{44}, ŋɔi^{44}tɕiəu^{21}nᴀŋ^{44}ki^{44}iɪʔ^{4}pᴀʔ^{4}k^{h}uəi^{44}ts^{h}au^{55}p^{h}ieu^{44}.

可以认为，武宁畲话中表给予义的双宾句的语序在口语中多是“动词 + 直接宾语 + 间接宾语”式；同时，将双宾语句说成类似普通话的“动词 + 间接宾语 + 直接宾语”的格式几位发音人也都认可，只是他们表示前一种说法“较土”。但是，表索取义的动词接双宾语时，说成“动词 + 直接宾语 + 间接宾语”式（如“二$^{=}$个换药嘅骗掉一千块钱渠”）则不被认可。

三　比较句

比较句指表示比较的句子，有平比句和差比句之分。武宁畲话土话的平比句和普通话差不多，都采用“甲 + 连词 + 乙 + 性状词”的格式，只是普通话中的连词用“和”“跟”等，武宁畲话则用“□”[ti^{55}]或“□”[li^{55}]。如：

老王□老张一样高老王跟老张一样高。lau^{55}uoŋ^{22}ti^{55}lau^{55}tɕioŋ^{44}iɪʔ^{4}ioŋ^{21}kau^{44}.

箇个□二⁼个一样大这个跟那个一般大。kɔi^{21}kɔi^{44}ti^{55}ȵi^{21}kɔi^{44}iɪʔ^{4}ioŋ^{21}tʰɔi^{21}.

我嘅头毛□你一样长我的头发跟你的一样长。ŋɔi^{44}ke^{44}tʰieu^{22}mau^{44}li^{55}ȵi^{44}iɪʔ^{4}ioŋ^{21}tɕʰioŋ^{22}.

差比句和普通话一样，用“甲＋比＋乙＋形容词”的格式；有时不用“比”，而用“□”[ti^{55}]或“□”[li^{55}]；还可以在形容词前加上副词，或在形容词后面加补语，以强调程度或状态。如：

你比我故高，渠比你故较高你比我高，他比你还要高。ȵi^{44}pi^{55}ŋɔi^{44}ku^{55}kau^{44}, ki^{44}pi^{55}ȵi^{44}ku^{55}kʰaʌ^{42} kau^{21}①.

箇个比二⁼个好这个比那个好。kɔi^{21}kɔi^{44}pi^{55}ȵi^{21}kɔi^{44}xau^{35}.

其实箇个□二⁼个好多啊其实这个比那个好多了。tɕʰi^{22}ɕiʔ^{2}kɔi^{21}kɔi^{44}ti^{55}ȵi^{21}kɔi^{44}xau^{55}to^{44}a^{44}.

天⁼头嘅天公肯定比今晡好明天的天气肯定比今天好。tʰan^{35}tʰieu^{22}ke^{44}tʰan^{44}kuŋ^{44}kʰen^{55}tiŋ^{21}pi^{55}tɕin^{44} pu^{44}xau^{55}.

我比你大三岁。ŋɔi^{44}pi^{55}ȵi^{44}tʰɔi^{21}sɔn^{44}soi^{44}.

值得注意的还有比较句的否定式。武宁畲话中，平比句的否定式多采用“主语＋［无解］＋形状词”的格式。如：

箇个大，二⁼个细，两个［无解］一样大这个大，那个小，两个不一般大。kɔi^{21}kɔi^{44}tʰɔi^{21}, ȵi^{21}kɔi^{44} sai^{44}, ioŋ^{55}kɔi^{44}mai^{44}iɪʔ^{4}ioŋ^{21}tʰɔi^{21}.

差比句的否定式则稍有不同，常用“甲＋无＋乙＋形容词”式或“甲＋唔如＋乙＋形容词”。如：

渠无你高他不比你高。ki^{44}mau^{22}ȵi^{44}kau^{44}.

渠行路无渠爹快她走路没有她爸爸快。ki^{44}xʌŋ^{22}lu^{21}mau^{22}ki^{44}tia^{44}ɕiai^{44}.

我唔如渠我不如她。ŋɔi^{44}n^{22}y^{22}ki^{44}.

行路唔如坐车走路唔如坐车。xʌŋ^{22}lu^{21}n^{22}y^{22}tsʰo^{44}tɕʰia^{44}.

四 疑问句

武宁畲话疑问句的类型和构成方式与普通话相差不大，但其疑问句又有一定的特色。根据表示疑问的提问手段和语义情况，一般可以分为特指问、选择问、是非问和正反问四类。其中，特指问用相应的疑问代词发问，上文“疑问代词”部分已举过大量例子，此处从略；选择问多用关联词“（是）……□是”并列选择的项目，偶用“（是）……还是”，

① 在多人纸笔调查时，多数发音人认为“渠比你故还高”[ki^{44}pi^{55}ȵi^{44}ku^{55}xan^{22}kau^{44}]要更土一些。

这在前文“连词”部分已经讲到，再举几例：

你是食烟酒嘞还是食茶你是抽烟呢，还是喝茶？ ȵi^{44}ɕi^{44}ɕiʔ^{2}ian^{44}tɕiəu^{35}le^{44}xan^{22}ɕi^{44}ɕiʔ^{2}tsʰɑ^{22}?

坐二$^{=}$食好啊□是徛二$^{=}$食好坐着吃好，还是站着吃好？ tsʰo^{44}ȵi^{55}ɕiʔ^{2}xɑu^{55}a^{44}ai^{55}ɕi^{44}tɕʰi^{44}ȵi^{55}ɕiʔ^{2}xɑu^{55}?

你想食葡萄□是橘你想吃葡萄还是橘子？ ȵi^{44}ɕiᴀŋ^{55}ɕiʔ^{2}pʰu^{22}tʰɑu^{22}ai^{55}ɕi^{44}tɕiɪʔ^{4}?

此外，还可以用疑问代词复指的方式来表示选择性疑问。从结构上来说，这并非严格意义的选择问句，如前文举过的：

渠□你哪个落北京他和你谁要去北京？ ki^{44}li^{55}ȵi^{44}nɑ^{55}kɔi^{44}loʔ^{2}peʔ^{4}tɕiᴀŋ^{44}?

是非问句是指可以用简单的肯定式或否定式来回答的疑问句；正反问句是指通过肯定形式和否定形式的两个谓词性成分的并列来表示疑问的句子，学界通常用“VP不VP”式来概括正反问句的结构特点。武宁畲话的是非问句很少像普通话那样用句末加表疑问的语气词来表示，而是根据话语中动词的体貌特征选择适当的否定副词放在句末来表示。如：

你欢喜食橘［无解］你喜欢吃橘子吗？ ȵi^{44}fɔn^{44}ɕi^{55}ɕiʔ^{2}tɕiɪʔ^{4}mai^{44}?

你有你爹高啊无你有你爸爸高吗？ ȵi^{44}xo^{44}ȵi^{44}tia^{44}kɑu^{44}ᴀ^{44}mɑu^{22}?

老张行啊未老张走了吗？ lɑu^{55}tɕioŋ^{44}xᴀŋ^{22}ŋᴀ^{44}məi^{21}?

在日常生活中，这样的句式是最普遍的。从结构上讲，它与普通话正反问句中省略否定副词后谓词的“V不”式相当，并非严格意义上的是非问句；但从功能上讲，这样的疑问句一般只能用简单的肯定或否定式来回答。当然，武宁畲话中也有将语气词放在句末，表是非问的句式，但使用频率不高。如：

a. 你食橘啊唔嘅你吃橘子吗？ ȵi^{44}ɕiʔ^{2}tɕiɪʔ^{4}a^{44}n^{22}ke^{44}?

b. 唔食不吃。 n^{22}ɕiʔ^{2}.

a. 渠底$^{=}$先食酒啊吗他刚才喝酒了吧？ ki^{44}tᴀ^{55}ɕian^{21}ɕiʔ^{2}tɕiəu^{35}ᴀ^{44}mɑ^{44}?

b. 未，渠未食酒没有，他没喝酒。 məi^{21}, ki^{44}məi^{21}ɕiʔ^{2}tɕiəu^{35}.

这样的句子从形式上看其实还是用了否定副词，有的可能是否定副词的音变形式。武宁畲话中“V＋否定副词”的句式较为普遍，和学界广泛认可的正反问句有形式上交叉的情况。

武宁畲话中“VP＋否定副词＋VP”式的正反问句使用频率也比较高。如：

食啊饭再去好唔好吃了饭再去好不好？ ɕiʔ^{2}a^{44}pʰɔn^{21}tsai^{44}ɕy^{44}xɑu^{55}n^{22}xɑu^{55}?

好香啊，是［无解］是好香呀，是不是？ xɑu^{55}ɕioŋ^{44}ɑ^{44}, ɕi^{44}mai^{44}ɕi^{44}?

箇个事干讲得［无解］讲得这个事情说得说不得呀？ kɔi^{21}kɔi^{44}sɿ^{21}kɔn^{44}koŋ^{35}tiʔ^{4}mai^{44}koŋ^{55}tiʔ^{4}?

渠讲得快［无解］快？听清楚啊未他说得快不快？听清楚了吗？ ki^{44}koŋ^{55}tiʔ^{4}ɕiai^{44}mai^{44}ɕiai^{44}? tʰᴀŋ^{44}tɕʰiŋ^{44}tsʰu^{35}a^{44}məi^{21}?

普通话中的有些正反问句，武宁畲话也可以用选择问句的形式来表示。如：

你年$^{=}$来得成□是来唔成你们来得了来不了？ ȵi^{44}nan^{22}loi^{22}tiʔ^{4}ɕiʌŋ^{22}a^{55}ɕi^{44}loi^{22}n^{22}ɕiʌŋ^{22}?

箇个乇危险重，□得动□是□唔动这个东西很重，拿得动拿不动？ kɔi^{21}kɔi^{44}nɑʔ^{4}uəi^{22}ɕien^{55} tɕʰiuŋ^{44}, nʌŋ^{44}tiʔ^{4}tuŋ^{21}a^{55}ɕi^{44}nʌŋ^{44}n^{22}tuŋ^{21}?

上述是非问、选择问和正反问之间形式与功能交叉分布的情况说明，武宁畲话的疑问句系统是比较复杂的。

五 否定句

武宁畲话的否定句一般由“否定副词＋VP”构成。常见的否定副词有“未、唔、[无解]、无、莫”等，表示对意愿、行为、性状、变化、情况等的一般否定。这些否定副词与动词的体貌特征相匹配，在本章第一节已经有过介绍。此处再补充一个否定副词“唔使”[n^{22}soi^{35}]。“唔使”多用于祈使句中，程度比“莫”轻，大体相当于普通话的“别”或“不用”。如：

唔使急，□□来别着急，慢慢儿来。 n^{22}soi^{55}tɕieʔ^{4}, nien^{55}nien^{44}loi^{22}.

你唔使食酒你不要喝酒。 ȵi^{44}n^{22}soi^{55}ɕiʔ^{2}tɕiəu^{35}.

天乌啊，唔使出去天黑了，不要出去了。 tʰan^{44}u^{44}ʌ^{44}, n^{22}soi^{55}tɕʰyɪʔ^{4}ɕy^{44}.

六 可能句

武宁畲话的可能句常用“得”[tiʔ^{4}]作为标记，“得”在语流中有时会读成[ti^{55}]，其语源就是“得”，但它和动词“得”[teʔ^{4}]的读音不同，武宁畲话的可能句主要类型大致如表6–5所示。

表6–5 武宁畲话带“得”可能句的类型表

类型	肯定形式	否定形式
A	V得	[无解]V得
		V唔得
B	V得O	[无解]V得O
		V唔得O
C	V得C	V[无解]C
		[无解]V得C
		[无解]VC
		V唔C

续 表

类型	肯定形式	否定形式
D	V 得 OC	［无解］V 得 OC
		VO 唔 C
		V［无解］CO
		V 唔 CO
		［无解］VOC

否定形式中有多个的，上面的较下面的使用频率稍高。如：

箇是熟嘅，食得。二$^{=}$是生嘅，［无解］食得这是熟的，能吃。那是生的，不能吃。kɔi^{21}ɕi^{44}ɕyʔ^{2}ke^{44}, ɕiʔ^{2}tiʔ^{4}. ȵi^{21}ɕi^{44}sʌŋ^{44}ke^{44}, mai^{44}ɕiʔ^{2}tiʔ^{4}.

箇是熟嘅，食得。二$^{=}$是生嘅，食唔得这是熟的，能吃。那是生的，不能吃。kɔi^{21}ɕi^{44}ɕyʔ^{2}ke^{44}, ɕiʔ^{2}tiʔ^{4}. ȵi^{21}ɕi^{44}sʌŋ^{44}ke^{44}, ɕiʔ^{2}n^{22}tiʔ^{4}.

我一个人食得三碗饭我一个人能吃三碗饭。ŋɔi^{44}iɪʔ^{4}kuai^{44}ȵin^{22}ɕiʔ^{2}tiʔ^{4}sɔn^{44}uon^{55}p^{h}ɔn^{21}.

学生［无解］睇得电视学生不能看电视。xoʔ^{2}sen^{44}mai^{44}t^{h}ai^{55}tiʔ^{4}tien^{21}sʅ^{44}.

渠行唔得路他走不得路。ki^{44}xʌŋ^{22}n^{22}tiʔ^{4}lu^{21}.

我□得动，渠□唔动我拿得动，他拿不动。ŋɔi^{44}nʌŋ^{44}tiʔ^{4}tuŋ^{21}, ki^{44}nʌŋ^{44}n^{22}tuŋ^{21}.

箇个乇□硬，我噍［无解］动这东西太硬，我嚼不动。kɔi^{21}kɔi^{44}nɑʔ^{4}t^{h}aʔ^{4}ŋʌŋ^{21}, ŋɔi^{44}ts^{h}au^{21}mai^{44}tuŋ^{21}.

当真［无解］轻，连我都［无解］□得动真不轻，重得连我都拿不动了。toŋ^{44}tɕin^{44}mai^{44}tɕ^{h}iʌŋ^{44}, lien^{21}ŋɔi^{44}tu^{44}mai^{44}nʌŋ^{44}tiʔ^{4}tuŋ^{21}.

我一个大字都［无解］认得着我一个大字也不认得。ŋɔi^{44}iɪʔ^{4}kɔi^{44}t^{h}ɔi^{21}tɕ^{h}i^{21}tu^{44}mai^{44}ȵin^{21}tiʔ^{4}tɕ^{h}ioʔ^{2}.

我打得渠过我打得过他。ŋɔi^{44}tʌŋ^{55}tiʔ^{4}ki^{44}ku^{44}.

我讲渠唔过，哪个都［无解］讲得渠过我说不过他，谁都说不过这个家伙。ŋɔi^{44}koŋ^{55}ki^{44}n^{22}ku^{44}, nɑ^{55}kuai^{44}tu^{44}mai^{44}koŋ^{55}tiʔ^{4}ki^{44}ku^{44}.

十个人食［无解］了□镬饭十个人吃不了这锅饭。ɕiəuʔ^{2}kɔi^{44}ȵin^{22}ɕiʔ^{2}mai^{44}lau^{35}kɔi^{21}uoʔ^{2}p^{h}ɔn^{21}.

箇个寮长$^{=}$唔落十个人这个屋子住不下十个人。kɔi^{21}kɔi^{44}lau^{22}tɕioŋ^{55}n^{22}loʔ^{2}ɕiəuʔ^{2}kɔi^{44}ȵin^{22}.

我嘴笨，□做都［无解］讲渠过我嘴笨，可是怎么也说不过他。ŋɔi^{44}tɕyoi^{44}pən^{21}, tso^{21}tso^{44}tu^{44}mai^{44}koŋ^{55}ki^{44}ku^{44}.

此外，普通话中表可能的“能 + VP”式和“不能 + VP”式，武宁畲话是用“解”的肯定和否定形式来表示的。如：

你解唔解来你能不能来？ ȵi^{44}xai^{44}n^{22}xai^{44}loi^{22}?

解来就来，［无解］来就唔使来能来就来，不能来就不来。 xai^{44}loi^{22}tɕiəu^{21}loi^{22}, mai^{44}loi^{22}tɕiəu^{21}n^{22} soi^{55}loi^{22}.

七　动补句

汉语中动词加补语的类型非常多样，有结果补语、趋向补语、数量补语、时间补语、地点补语、可能补语、程度补语和情态补语等，武宁畲话也有这些补语类型。可能补语见上面“可能句”，其他类型的补语中结果补语、趋向补语、数量补语、程度补语与普通话结构相似。如：

我算得□快算错啊，让我再算一到$^{=}$我算得太快算错了，让我重新算一遍。 ŋɔi^{44}sɔn^{44}tiʔ^{4}tʰaʔ^{4}ɕiai^{44} sɔn^{44}tsʰoʔ^{4}ɑ^{44}, ȵioŋ^{21}ŋɔi^{44}tsai^{44}sɔn^{44}iɪʔ^{4}tɑu^{55}.

学生年$^{=}$坐汽车坐掉两个成日学生们坐汽车坐了两整天了。 xoʔ^{2}sen^{44}nan^{22}tsʰo^{44}tɕʰi^{44}tɕʰia^{44}tsʰo^{44} tʰau^{44}ioŋ^{35}kɔi^{44}ɕiᴀŋ^{44}ȵiɪʔ^{4}.

箇辆汽车好开落广州去这辆汽车要开到广州去。 kɔi^{21}lioŋ^{22}tɕʰi^{44}tɕʰia^{44}xɑu^{55}foi^{44}loʔ^{2}kuᴀŋ^{55}tɕiəu^{44} ɕy^{44}.

我高兴□啊我高兴极了。 ŋɔi^{44}kɑu^{44}ɕiŋ^{44}tʰaʔ^{4}ᴀ^{44}.

好得不得了好得不得了。 xɑu^{55}tiʔ^{4}pɔɪʔ^{4}teʔ^{4}liɑu^{35}.

下面主要介绍较有特色的情态补语。武宁畲话在动词之后用助词“得”[tiʔ^{4}]连接表示动作的结果状态的补语。如：

解，我□解讲建德话、武宁话，不过讲得［无解］好会，我还会说建德话、武宁话，不过说得不怎么好。 xai^{44}, ŋɔi^{44}ai^{21}xai^{44}koŋ^{35}tɕien^{55}teʔ^{4}uɑ^{21}, u^{55}lin^{22}uɑ^{21}, pɔɪʔ^{4}ku^{44}koŋ^{55}tiʔ^{4}mai^{44}xɑu^{35}.

渠手巧，画得真好睇他手巧，画得很好看。 ki^{44}ɕiəu^{35}tɕʰiɑu^{35}, uɑ^{21}tiʔ^{4}tɕin^{44}xɑu^{55}tʰai^{35}.

你睇渠急得，急得面都赤啊你看他急得，急得脸都红了。 ȵi^{44}tʰai^{55}ki^{44}tɕieʔ^{4}tiʔ^{4}, tɕieʔ^{4}tiʔ^{4}mien^{44}tu^{44} tɕʰiᴀʔ^{4}a^{44}.

在武宁畲话中，还有另一类补语形式值得注意，即动词结构后加上“凑”[tɕʰieu^{44}]表示重复、追加或继续，这种结构与周边地区的赣方言类似，但又有差异。如：

我底$^{=}$先数钱数［无解］对，让我数到$^{=}$凑我刚才数钱数得不对，让我重新数一遍。 ŋɔi^{44}tᴀ^{55}ɕian^{21}su^{44} tsʰan^{21}su^{44}mai^{44}toi^{44}, ȵioŋ^{21}ŋɔi^{44}su^{44}tɑu^{55}tɕʰieu^{44}.

我在箇滴$^{=}$换落一套寮，老张劝我再换一套凑我在这里买下了一套房子，老张劝我再买上一套。 ŋɔi^{44} tsɔi^{21}kɔi^{21}ti^{55}uon^{21}loʔ^{2}iɪʔ^{4}tʰɑu^{44}lau^{22}, lɑu^{55}tɕioŋ^{44}tɕʰyon^{44}ŋɔi^{44}tsai^{44}uon^{21}iɪʔ^{4}tʰɑu^{44}tɕʰieu^{44}①.

---

① 几位发音人都表示，“老张劝我再换一套”比“老张劝我再换一套凑”更土。

你正食啊一碗饭，再食一碗凑你才吃了一碗米饭，再吃一碗吧。ȵi^{44}tɕiʌŋ^{44}ɕiʔ^{2}a^{44}iɪʔ^{4}uon^{5}p^{h}ɔn^{21}, tsai^{44}ɕiʔ^{2}iɪʔ^{4}uon^{55}tɕ^{h}ieu^{44}.

筑墙时紧$^{=}$有乃$^{=}$□□，爱□□□滴水凑再来拌下哈筑墙时有点太干，要在那再搁点水再来拌一下。tɕyʔ^{4}tɕ^{h}ioŋ^{22}sʅ^{22}tɕin^{55}xo^{44}nai^{44}t^{h}aʔ^{4}tsau^{44}, oi^{44}kə^{44}ȵi^{55}p^{h}ɑ^{44}tiʔ^{4}ɕy^{55}tɕ^{h}ieu^{44}tsai^{44}loi^{22}pɔn^{21}xɑ^{21}xɑ^{42}.

赣方言南昌话中也有类似结构，但是用了“凑”[ts^{h}eu^{213}]的句子，动词前不加副词“再”，而武宁畲话却可以同时存在“VP＋凑”和“再＋VP＋凑”两种格式，相比之下，这里的“凑”补充说明的功能更强。从以上例句来看，“凑”在早期的武宁畲话中做后置成分的功能较明显，但随着语言的演变，这类功能有削弱的趋势。

第七章 语法例句

本章所列语法例句分两节内容：第一节是2016年夏在团结村根据《中国语言资源调查手册·汉语方言》语法例句所调查的50个例句，由雷土根、雷兰根和雷成东三位发音人共同参订，并由雷土根先生完成摄录工作，三人的语法习惯稍有差异，以摄录结果为准，均附视频，视频目录与《中国语言资源调查手册·汉语方言》语法例句条目一致；第二节是2017年夏在团结村调查的结果，由雷土根和雷兰根二位发音人共同参订，调查中间有畲民来访，亦会参与讨论，我们将调查过程中出现的其他说法也放在此处，不附视频。

所有语法例句均先列调查条目（普通话说法），再列方言说法，以汉字对齐音标的方式排列。调查条目例句的句式（例如“有的地方管太阳叫日头”）或其中的词语（例如“明白”）在武宁畲话里如无完全对应的说法，尽量用意义相近的表达方式，并将调查条目的语法例句放在括号中，附于该条目普通话说法的后面。用字尽量使用本字或常见的俗字，同音字（虚词是近音字）在该字右上角标注“＝”，写不出合适的字的用“□”代替。普通话同一例句在方言中有多种说法的，依自然度或常用度降序排列。一个普通话例句仅有一种说法但武宁畲话中有多种说法的，另行排列。

第一节

《中国语言资源调查手册·汉语方言》

01 **小张昨天钓了一条大鱼，我没有钓到鱼。**

çiɑu^{55}tçioŋ^{44}tɔi^{21}pu^{21}tau^{44}t^{h}au^{44}iɪʔ^{4}t^{h}au^{22}t^{h}ɔi^{21}ȵy^{21}, ŋɔi^{44}men^{21}tau^{44}tʃoʔ^{2}ȵy^{21}.

小 张 □晡钓 掉 一条 大 鱼，我□ 钓 着 鱼。

02 **a. 你平时抽烟吗？ b. 不，我不抽烟。**

a. ȵi^{44}p^{h}iʌŋ^{22}çi^{22}çiʔ^{2}ian^{44}tçiəu^{35}mai^{44}? b. mai^{44}, ŋɔi^{44}n^{22}çiʔ^{2}ian^{44}.

你 平 时 食 烟 酒 [无解]? [无解],我 唔食 烟。

03 **a. 你告诉他这件事了吗？ b. 是，我告诉他了。**

a. ȵi^{44}ti^{55}ki^{44}koŋ^{55}kɔi^{21}ioŋ^{21}sɿ^{21}a^{44}məi^{21}? b.çi^{44}, ŋɔi^{44}ti^{55}ki^{44}koŋ^{35}ŋʌ^{44}.

你 □渠 讲 箇 样 事 啊未？ 是，我 □渠 讲 啊。

04 **你吃米饭还是吃馒头？**

ȵi^{44}çiʔ^{2}p^{h}ɔn^{21}a^{55}çi^{44}çiʔ^{2}mɔn^{22}t^{h}ieu^{21}?

你 食 饭 □是 食 馒 头？

05 **你到底答应不答应他？**

ȵi^{44}tɑu^{55}ti^{55}tɑʔ^{4}en^{44}n^{22}tɑʔ^{4}en^{44}ki^{44}?

你 到 底答 应 唔答 应 渠？

06 **a. 叫小强一起去电影院看《刘三姐》。b. 这部电影他看过了。**

a. o^{55}çiɑu^{55}tç^{h}ioŋ^{22}iɪʔ^{4}tç^{h}i^{35}çy^{44}tien^{21}iŋ^{55}yon^{21}t^{h}ai^{35}liəu^{22}sɔn^{44}tçi^{55}.

□小 强 一起 去 电 影院 睇《刘 三 姊》。

b. kɔi^{21}pu^{44}tien^{21}iŋ^{35}ki^{44}t^{h}ai^{35}ku^{44}.

箇 部 电 影 渠 睇 过。

07 **你把碗洗一下。**

ȵi^{44}ti^{55}uon^{35}sai^{55}iɪʔ^{4}xɑ^{21}.

你 □碗 洗 一下。

08 **他把橘子剥了皮，但是没吃。**

ki^{44}ti^{55}tɕiɪʔ^{4}p^{h}i^{22}poʔ^{4}t^{h}au^{44}, tɕiəu^{21}ɕi^{44}men^{21}ɕiʔ^{2}.

渠 □橘 皮 剥 掉， 就 是□ 食。

09 **他们把教室都装上了空调。**

ki^{44}nan^{22}ti^{55} tɕiɑu^{55}səʔ^{4}tu^{44}tɕioŋ^{44}t^{h}au^{44}k^{h}uŋ^{44}tiau^{22}.

渠 年$^{=}$ □ 教 室 都 装 掉 空 调。

10 **帽子被风吹走了。**

mɑu^{21}pən^{44}piuŋ^{44}tɕ^{h}yoi^{44}tsɑu^{35}ᴀ^{44}.

帽 分 风 吹 走 啊。

11 **张明被坏人抢走了一个包，人也差点儿被打伤。**

tɕioŋ^{44}miŋ^{22}pən^{44}kai^{21}ȵin^{22}tɕ^{h}ioŋ^{55}t^{h}au^{44}iɪʔ^{4}kɔi^{44}pau^{44},ȵin^{22}ia^{21}t^{h}ɐ^{44}pɑ^{44}ti^{55} pən^{44}tᴀŋ^{55}ɕioŋ^{44}.

张 明 分 坏 人 抢 掉 一个 包， 人 也 断$^{=}$半$^{=}$滴$^{=}$分 打 伤。

12 **快要下雨了，你们别出去了。**

xɑu^{55}loʔ^{2}ɕy^{35}ᴀ^{44}, ȵi^{44}nan^{22}moʔ^{2} tɕ^{h}yɪʔ^{4}ɕy^{44}a^{44}.

好 落 水 啊, 你 年$^{=}$ 莫 出 去 啊。

13 **这毛巾很脏了，扔了它吧。**

kɔi^{21}liəuʔ^{4}mien^{44}p^{h}an^{35}u^{44}tɕ^{h}ioʔ^{4}ᴀ^{44}, iᴀŋ^{21}t^{h}au^{44}ki^{44}ia^{21}.

箇 粒 面 片 污龊 啊, □ 掉 渠 呀。

14 **我们是在车站买的车票。**

ŋɔi^{44}nan^{22}ɕi^{44} tɕ^{h}ia^{44}tsan^{213}uon^{21}ke^{21}tɕ^{h}ia^{44}p^{h}ieu^{44}.

我 年$^{=}$ 是 车 站 换 嘅 车 票。

15 **墙上贴着一张地图。**

tɕ^{h}ioŋ^{22}piᴀʔ^{4}t^{h}auʔ^{4}iɪʔ^{4}tɕioŋ^{44}ti^{21}t^{h}u^{22}.

墙 壁 贴 一张 地图。

16 **床上躺着一个老人。**

ts^{h}oŋ^{22}ɕioŋ^{21}fən^{44}ɪiʔ^{4}kuai^{44}lɑu^{55}ȵin^{22}.

床 上 困 一个 老 人。

17 **河里游着好多小鱼。**

xᴀŋ^{44}loi^{55}tu^{55}iəu^{22}t^{h}au^{44}xo^{44}nai^{44}ȵy^{21}tsuoi^{55}.

坑 □ 肚 游 掉 有 乃$^{=}$ 鱼 崽。

18 前面走来了一个胖胖的小男孩。

tai55ɕian21xʌŋ22loi22iɪʔ4kuai44tsoŋ55tsoŋ44ke44ɕi44kʌŋ44lin55.

底=先 行 来 一个 壮 壮 嘅 细 龚= □。

19 他家一下子死了三头猪。

ki44lau22iɪʔ4xɑ21tsoi55si55tʰɑu44sən44tʰieu22tɕy44.

渠 寮 一 下 崽 死 掉 三 头 猪。

20 这辆汽车要开到广州去。

kɔi21lioŋ22tɕʰi44tɕʰia44xɑu55foi44loʔ2kuʌŋ55tɕiəu44ɕy44.

箇 辆 汽 车 好 开 落 广 州 去。

21 学生们坐汽车坐了两整天了。

xoʔ2sen44nan22tsʰo44tɕʰi44tɕʰia44tsʰo44tʰau44ioŋ35kɔi44ɕiʌŋ22ȵiɪʔ4.

学 生 年= 坐 汽 车 坐 掉 两 个 成 日。

22 你尝尝他做的点心再走吧。

ȵi44ɕioŋ22xɑ21ki44tso44ke44tʌŋ55ɕin44tsai44xʌŋ22

你 尝 下 渠 做 嘅 点 心 再 行。

23 a. 你在唱什么？ b. 我没在唱，我放着录音呢。

a. ȵi44kɑ21xɑ35tɕʰioŋ44ɕi44nɑʔ4? b. ŋɔi44məi21tɕʰioŋ44, ŋɔi44kɑ21xɑ35pioŋ44loʔ2in44.

你 箇 下 唱 是=乇？ 我 未 唱， 我 箇 下 放 录 音。

24 a. 我吃过兔子肉，你吃过没有？ b. 没有，我没吃过。

a. ŋɔi44ɕiʔ2ku44tʰu55pi55ȵyʔ4, ȵi44ɕiʔ2ku44məi21? b. məi21, ŋɔi44məi21ɕiʔ2ku44.

我 食 过 兔 髀 肉， 你 食 过 未？ 未， 我 未 食 过。

25 我洗过澡了，今天不打篮球了。

ŋɔi44sai55ku44ioʔ2ʌ44, tɕin44pu44n22tʌŋ55nən22tɕʰiəu22ʊa44.

我 洗 过 浴 啊， 今 晡 唔 打 篮 球 啊。

26 我算得太快算错了，让我重新算一遍。

ŋɔi44sən44tiʔ4tʰaʔ4ɕiai44sən44tsʰoʔ4ɑ44, ȵioŋ21ŋɔi44tsai44sən44iɪʔ4tɑu55.

我 算 得□ 快 算 错 啊， 让 我 再 算 一 到=。

27 他一高兴就唱起歌来了。

ki44iɪʔ4kɑu44ɕiŋ44tɕiəu21tɕʰioŋ44ɕin55ko44loi22ʌ44.

渠 一 高 兴 就 唱 □ 歌 来 啊。

28 谁刚才议论我老师来着？

nɑ55kɔi44kɑ21xɑ35ȵi21lən21ŋɔi44lɑu55sɿ44loi22ʌ44?

哪 个 箇 下 议 论 我 老 师 来 啊？

29 **只写了一半，还得写下去。**

tɕiᴀŋ44ɕia55tʰau44iɪʔ4pɔn44, ku55xɑu55ɕia55loʔ2ɕy44.

正 写 掉 一半，故 好 写 落 去。

30 **你才吃了一碗米饭，再吃一碗吧。**

n̠i44tɕiᴀŋ44ɕiʔ2iɪʔ4uon55pʰɔn21, ku55oi44ɕiʔ2iɪʔ4uon55.

你 正 食 一 碗 饭，故 爱 食 一 碗。

31 **让孩子们先走，你再把展览仔仔细细地看一遍。**

n̠ioŋ21ɕi44kᴀŋ44lin55ɕian21xᴀŋ22, n̠i44tsai44ti55tsan55tʰan55tsɿ55tsɿ55sai44sai44tʰai55iɪʔ4pien21.

让 细羹= □先 行，你 再 □展 览 仔 仔 细 细 睇 一遍。

32 **他在电视机前看着看着睡着了。**

ki44tsʰo44tien21sɿ44tɕi44mᴀ55tsʰan21, tʰai55xɑ21tʰai55xɑ21tu44fən44tɕʰioʔ2ɑ44.

渠 坐 电 视 机 米= 前，睇 下 睇 下 都 困 着 啊。

33 **你算算看，这点钱够不够花？**

n̠i44sɔn44sɔn44tʰai55, kɔi21tiʔ4tsʰan21xo44lieu55soi35ᴀ44mɑu22?

你 算 算 睇，箇 滴 钱 有 料 使 啊 无？

34 **老师给了你一本很厚的书吧？**

lɑu55sɿ44pən44n̠i44iɪʔ4pon55uəi22ɕien55kɑu21ke44ɕy44a44mai44?

老 师 分 你 一 本 危 险 厚 嘅 书 啊[无解]？

35 **那个卖药的骗了他一千块钱呢。**

n̠i21kuai44uon21ioʔ2ke44pʰien44tʰau44ki44iɪʔ4tɕʰian44kʰuəi44tsʰan21.

二=个 换 药 嘅 骗 掉 渠 一 千 块 钱。

36 a. **我上个月借了他三百块钱。**借入 b. **我上个月借了他三百块钱。**借出

a. ŋɔi44ɕioŋ21kɑu44n̠yøeʔ2tsᴀʔ4tʰau44ki44sɔn44pᴀʔ4kʰuəi44tsʰan21.

我 上 个 月 借 掉 渠 三 百 块 钱。

b. ŋɔi44ɕioŋ21kɔi44n̠yøeʔ2tsᴀʔ4pən44ki44sɔn44pᴀʔ4kʰuəi44tsʰan21.

我 上 个 月 借 分 渠 三 百 块 钱。

37 a. **王先生的刀开得很好。**王先生是医生，施事

uoŋ22ɕin44sᴀŋ44ke44tɑu44kʰoi44tiʔ4uəi22ɕien55xɑu55.

王 先 生 嘅 刀 开 得 危 险 好。

b. **王先生的刀开得很好。**王先生是病人，受事。

uoŋ22ɕin44sᴀŋ44ke44tɑu44kʰoi44tiʔ4uəi22ɕien55xɑu55.

王 先 生 嘅 刀 开 得 危 险 好。

38 **我不能怪人家，只能怪自己。**

ŋɔi^{44}n^{22}xɑu^{55}kuai^{44}pieʔ^{2}ȵin^{22}, tsʅ^{55}xɑu^{55}kuai^{44}ti^{21}kɑ^{21}.

我 唔好 怪 别 人，只 好 怪 □家。

39 **a. 明天王经理会来公司吗？ b. 我看他不会来。**

a. tʰan^{35}tʰieu^{22}uoŋ^{22}tɕin^{44}li^{55}xai^{44}loi^{22}kuŋ^{44}sʅ^{44}ɑ^{44}mai^{44}? b. ŋɔi^{44}tʰai^{55}ki^{44}mai^{44} loi^{22}.

天 头 王 经 理解 来 公 司 啊[无解] 我 睇 渠 [无解]来。

40 **我们用什么车从南京往这里运家具呢？**

ŋɔi^{44}nan^{22}soi^{55}ɕi^{44} nɑʔ^{4}tɕʰia^{44}tsʰuŋ^{22}nɔn^{22}tɕiᴀŋ^{44}muŋ^{21}kɔi^{21}ti^{55} yn^{21}kɑ^{44}tɕy^{21}?

我 年⁼ 使 是⁼乇 车 从 南 京 望 箇 滴⁼运 家 具？

41 **他像个病人似的靠在沙发上。**

ki^{44}ɕiᴀŋ^{21}kə^{44}pʰiᴀŋ^{21}ȵin^{22}ioŋ^{21}kʰɑu^{44}tsai^{21}sɑ^{44}foaʔ^{4}ɕioŋ^{21}.

渠 像 个 病 人 样 靠 在 沙 发 上。

42 **这么干活连小伙子都会累坏的。**

ɕiᴀŋ^{21}kɔi^{21}sᴀŋ^{44}seʔ^{4}tso^{44}lien^{44}fɑ^{21}sᴀŋ^{21}tsoi^{55}tu^{44}mai^{44} ɕiʔ^{2}tiʔ^{4}loʔ^{2}.

像 箇 生 色 做 连 化⁼生⁼ 崽 都 [无解]食 得 落。

43 **他跳上末班车走了。我迟到一步，只能自己慢慢走回学校了。**

ki^{44}tʰau^{22}ɕioŋ^{21}ɕi^{55}tʰieu^{21}pan^{55}tɕʰia^{44}xᴀŋ^{22}ŋɑ^{44}. ŋɔi^{44}ɔn^{44}tʰaʌ^{44}iɪʔ^{4}pʰu^{21}, tsʅ^{55}xɑu^{55}ti^{21}kɑ^{21}nien^{55}

渠 跳 上 屎 头 班 车 行 啊。我 晏 掉 一 步，只 好 □家 □

nien^{44}xᴀŋ^{22}foi^{22}xoʔ^{2}toŋ^{22}.

□ 行 回 学 堂。

44 **这是谁写的诗？谁猜出来我就奖励谁十块钱。**

kɔi^{213}ɕi^{44}lɑ^{55}kuai^{44}ɕia^{55}ke^{44}sʅ^{44}? lɑ^{55}kɔi^{44}tsʰoi^{44}tiʔ^{4}tɕʰyɪʔ^{4}loi^{22}ŋɔi^{44}tɕiəu^{21}tɕiᴀŋ^{35}nɑ^{55}kɔi^{44}ɕiəuʔ^{2}

箇 是 哪个 写 嘅 诗？哪 个 猜 得 出 来 我 就 奖 哪 个 十

kʰuəi^{44}tsʰan^{21}.

块 钱。

45 **我给你的书是我教中学的舅舅写的。**

ŋɔi^{44}pən^{44}ȵi^{44}ka^{44}ɕy^{44}ɕi^{44}ŋɔi^{44}kau^{44}tɕiuŋ^{44}xo^{213}ke^{44}ȵia^{55}tɕʰiəu^{55}ɕia^{55}ke^{44}.

我 分 你 嘅 书 是 我 教 中 学 嘅 □ 舅 写 嘅。

46 **你比我高，他比你还要高。**

ȵi^{44}pi^{55}ŋɔi^{44}ku^{55}kɑu^{44}, ki^{44}pi^{55}ȵi^{44}ku^{55}kʰaʌ^{42}kɑu^{21}.

你 比 我 故 高，渠 比 你 故 较 高。

47 老王跟老张一样高。

lɑu^{55}uoŋ^{22}ti^{55}lɑu^{55}tɕioŋ^{44}iɪʔ^{4}ioŋ^{21}kɑu^{44}.

老 王 □老 张 一样 高。

48 我走了，你们俩再多坐一会儿。

ŋɔi^{44}xʌŋ^{22}ŋʌ^{44}, ȵi^{44}nan^{22}ioŋ^{55}kɔi^{44}to^{44}ts^{h}o^{44}iɪʔ^{4}xɑ^{21}.

我 行 啊，你 年＝ 两 个 多 坐 一下。

49 我说不过他，谁都说不过这个家伙。

ŋɔi^{44}koŋ^{55}ki^{44}n^{22}ku^{44}, nɑ^{55}kuai^{44}tu^{44}mai^{44} koŋ^{55}tiʔ^{4}ki^{44}ku^{44}.

我 讲 渠 唔过，哪 个 都[无解]讲 得 渠 过。

50 上次只买了一本书，今天要多买几本。

t^{h}ieu^{22}xuoi^{44}tsʅ^{55}uon^{21}iɪʔ^{4}pon^{55}ɕy^{44}, tɕin^{44}pu^{44}xɑu^{55}to^{44}uon^{21}tɕi^{55}pon^{55}.

头 回 只 换 一 本 书，今 晡 好 多 换 几 本。

第二节

《汉语方言语法调查例句》

001　**这句话用畲族话怎么说？**

kɔi^{21}ku^{44}uɑ^{21}soi^{55}san^{44}xᴀʔ^{4}uɑ^{21}tso^{21}tso^{44}koŋ^{35}?

箇 句 话 使 山 客 话 □ 做 讲？

002　**你还会说别的地方的话吗？**

ȵi^{44}xan^{22}xai^{44}koŋ^{55}p^{h}ieʔ^{2}kə^{44}uəi^{21}tsɿ^{55}ke^{44}uɑ^{21}a^{44}mai^{44}?

你 还 解 讲 别 个 位 置 嘅 话 啊[无解]？

ȵi^{44}xan^{22}xai^{44}koŋ^{55}p^{h}iɪʔ^{2}kɔi^{44}toŋ^{44}t^{h}i^{21} ke^{44}uɑ^{21}a^{44}mai^{44}?

你 还 解 讲 别 个 当$^{=}$ 地 嘅 话 啊[无解]？

003　**不会了，我从小就没出过门，只会说畲族话。**

mai^{44}, ŋɔi^{44}ts^{h}uŋ^{22}sai^{44}məi^{21}tɕ^{h}yɪʔ^{4}ku^{44}mən^{22}, tsɿ^{55}xai^{44}koŋ^{55}san^{44}xᴀʔ^{4}uɑ^{21}.

[无解],我 从 细 未 出 过 门， 只 解 讲 山 客 话。

004　**会，我还会说普通话、淳安话，不过说得不怎么好。**

xai^{44}, ŋɔi^{44}xan^{22}xai^{44}koŋ^{55}p^{h}u^{55}t^{h}uŋ^{44}uɑ^{21}, sɿ^{22}ɔn^{44}uɑ^{21}, pəɪʔ^{4}ku^{55}koŋ^{55}tiʔ^{4}mai^{44} xɑu^{35}.

解， 我 还 解 讲 普 通 话、淳 安 话， 不 过 讲 得[无解]好。

005　**会说普通话吗？**

xai^{44}koŋ^{55}p^{h}u^{55}t^{h}uŋ^{44}uɑ^{21}mai^{44}?

解 讲 普 通 话[无解]？

006　**不会说，没有学过。**

mai^{44}, ŋɔi^{44}məi^{21}xoʔ^{2}ku^{44}.

[无解],我 未 学 过。

007 **会说一点儿，不标准就是了。**

xai^{44}koŋ^{55}iɪʔ^{4}ti^{55}, mai^{44} piɑu^{44}tɕyn^{35}tɕiəu^{21}ɕi^{44}a^{44}.

解 讲 一滴，[无解]标 准 就 是啊。

008 **在什么地方学的普通话？**

tsɔi^{21}ɕi^{44}nɑʔ^{4}toŋ^{44}ti^{213}xoʔ^{2}ke^{44}p^{h}u^{55}t^{h}uŋ^{44}uɑ^{21}?

在 是⁼乇 当⁼地 学 嘅 普 通 话？

009 **上小学中学都学的普通话。**

ɕioŋ^{44}ɕiɑu^{55}xo^{213}tɕiuŋ^{44}xo^{213}tu^{44}xoʔ^{2}ku^{44}p^{h}u^{55}t^{h}uŋ^{44}uɑ^{21}.

上 小 学 中 学 都 学 过 普 通 话。

010 **谁呀？我是老王。**

nɑ^{55}kəi^{44}? ŋəi^{44}ɕi^{44}lɑu^{55}uoŋ^{22}.

哪 个？ 我 是 老 王。

011 **您贵姓？我姓雷，您呢？（您贵姓？我姓王，您呢？）**

ȵi^{44}sᴀŋ^{44}ɕi^{44}nɑʔ^{4}? ŋəi^{44}sᴀŋ^{44}loi^{22}, ȵi^{44}ne^{44}?

你 姓 是⁼乇？ 我 姓 雷，你 呢？

012 **我也姓雷，咱俩都姓雷。（我也姓王，咱俩都姓王。）**

ŋəi^{44}ia^{21}sᴀŋ^{44}loi^{22}, ŋəi^{44}ȵi^{55}ioŋ^{35}kəi^{44}tu^{44}sᴀŋ^{44}loi^{22}.

我 也 姓 雷，我 伲 两 个 都 姓 雷。

013 **这也是巧啊，他也姓雷，本来是一家人。（巧了，他也姓王，本来是一家人嘛。）**

kəi^{35}ia^{21}ɕi^{44}tɕ^{h}iɑu^{35}a^{44}, ki^{44}ia^{21}sᴀŋ^{44}loi^{22}, pon^{35}ɕi^{44}iɪʔ^{4}lau^{22}ȵin^{22}loi^{22}.

箇 也 是 巧 啊，渠 也 姓 雷，本 是 一 寮 人 来。

014 **老张来了吗？说好他也来的！**

lɑu^{55}tɕioŋ^{44}loi^{22}a^{44}məi^{21}? koŋ^{55}xɑu^{35}ki^{44}ia^{21}loi^{22}ke^{44}!

老 张 来 啊未？ 讲 好 渠 也 来 嘅！

015 **他没来，还没到吧。**

ki^{44}məi^{21}loi^{22}, ku^{55}məi^{21}t^{h}ieu^{44}.

渠 未 来，故 未 透。

ki^{44}məi^{21}loi^{22}, xan^{22}məi^{21}t^{h}ieu^{44}mɑ^{55}?

渠 未 来，还 未 透 吗？

016 **他上哪儿了？还在家里呢。**

ki^{44}loʔ^{2}nɑ^{55}tsɑu^{44}ɕy^{44} a^{44}? ku^{55}ɕi^{44}tɕ^{h}iəu^{22}lau^{44}li^{55}le^{44}.

渠 落 哪 灶⁼ 去 啊？ 故 是 虬 寮 里 嘞。

017 **在家做什么？在家吃饭呢。**

ki^{44}tsʰo^{44}lau^{44}tso^{44}ɕi^{44}nɑʔ^{4}? ɕi^{44}lau^{44}ɕiʔ^{2}pʰɔn^{21}.

渠坐 寮 做 是$^{=}$乇？ 是寮 食 饭。

ki^{44}tsai^{21}lau^{44}tso^{44}ɕi^{44}nɑʔ^{4}? tsai^{21}lau^{44}ɕiʔ^{2}pʰɔn^{21}ne^{42}.

渠在 寮 做 是$^{=}$乇？ 在 寮 食 饭 呢。

018 **都几点了，怎么还没吃完？**

tu^{44}tɕi^{55}tan^{55}nɑ^{55}, tso^{21}tso^{44}ku^{55}məi^{21}ɕiʔ^{2}lau^{35}?

都 几 点 哪，□ 做 故 未 食 了？

tu^{44}tɕi^{55}tan^{55}nɑ^{55}, tso^{21}tso^{44}ku^{55}məi^{21}ɕiʔ^{2}xɑu^{35}?

都 几 点 哪，□ 做 故 未 食 好？

tu^{44}tɕi^{55}tan^{55}tɕiuŋ^{44}ᴀ^{44}, tso^{21}tso^{44}ku^{55}məi^{21}ɕiʔ^{2}pau^{35}?

都 几 点 钟 啊，□ 做 故 未 食 饱？

019 **还没有呢，再有一会儿就吃完了。**

ku^{55}men^{21}ne^{44}, tsai^{44}ku^{44}iɪʔ^{4}xɑ^{35}tɕiəu^{21}ɕiʔ^{2}xɑu^{35}a^{44}.

故 □ 呢，再 过 一 下 就 食 好 啊。

020 **他在哪儿吃的饭？**

ki^{44}ɕi^{44}nɑ^{55}tsɑu^{44}ɕiʔ^{2} ke^{44}pʰɔn^{21}?

渠 是 哪 灶$^{=}$ 食 嘅 饭？

ki^{44}tsəi^{21}nɑ^{55}tsɑu^{44}ɕiʔ^{2} ke^{44}pʰɔn^{21}?

渠 在 哪 灶$^{=}$ 食 嘅 饭？

021 **他是在我家吃的饭。**

ki^{44}ɕi^{44}ŋəi^{44}lau^{44}ɕiʔ^{2}ke^{44}pʰɔn^{21}.

渠 是 我 寮 食 嘅 饭。

ki^{44}ɕi^{44}tsəi^{21}ŋəi^{44}lau^{44}ɕiʔ^{2}ke^{44}pʰɔn^{21}.

渠 是 在 我 寮 食 嘅 饭。

022 **真的吗？真的，他是在我家吃的饭。**

tɕin^{44}ke^{44}mai^{44}? tɕin^{44}ke^{44}, ki^{44}ɕi^{44}ŋəi^{44}lau^{44}ɕiʔ^{2}ke^{44}pʰɔn^{21}.

真 嘅 [无解]?真 嘅，渠 是 我 寮 食 嘅 饭。

tɕin^{44}ke^{44}mai^{44}? tɕin^{44}ke^{44}, ki^{44}ɕi^{44}tsəi^{21}ŋəi^{44}lau^{44}ɕiʔ^{2}ke^{44}pʰɔn^{21}.

真 嘅 [无解]?真 嘅，渠 是 在 我 寮 食 嘅 饭。

023 **先喝一杯茶再说吧！**

ɕian^{21}ɕiʔ^{2}iɪʔ^{4}poi^{44}tsʰɑ^{22}tsai^{44}koŋ^{55}ka^{44}!

先 食 一 杯 茶 再 讲 嘎！

024　**说好了就走的，怎么半天了还不走？**

koŋ^{55}xɑu^{35}a^{44}tɕiəu^{21}xᴀŋ^{22}ke^{44}, tso^{21}tso^{44}pən^{44}ȵiɪʔ^{4}ku^{55}n^{22}xᴀŋ^{22}?

讲 好 啊就 行 嘅，□ 做 半 日 故 唔行？

koŋ^{55}xɑu^{35}a^{44}tɕiəu^{21}xᴀŋ^{22}ke^{44}, tso^{21}tso^{44}pən^{44}ȵiɪʔ^{4}tu^{44}n^{22}xᴀŋ^{22}?

讲 好 啊就 行 嘅，□ 做 半 日 都 唔行？

025　**他磨磨蹭蹭的，做什么呢？**

ki^{44}mo^{22}mo^{22}t^{h}ən^{44}t^{h}ən^{44}ke^{44}, tso^{44}ɕi^{44}nɑʔ^{4}le^{55}?

渠 磨 磨 □ □ 嘅，做 是⁼乇 嘞？

026　**他正在那儿跟一个朋友说话呢。**

ki^{44}tsen^{55}tsai^{21}, ɕi^{44}ȵi^{21}ti^{55} li^{55} iɪʔ^{4}kɔi^{44}puŋ^{22}iəu^{35}koŋ^{55}uɑ^{21}le^{44}.

渠 正 在，是 二⁼滴⁼□ 一 个 朋 友 讲 话 嘞。

ki^{44}tsən^{55}tsai^{21}, ts^{h}o^{44}ȵi^{21}ti^{55} li^{55} iɪʔ^{4}kɔi^{44}puŋ^{22}iəu^{35}koŋ^{55}uɑ^{21}le^{44}.

渠 正 在，坐 二⁼滴⁼□ 一 个 朋 友 讲 话 嘞。

027　**还没说完啊？催他快点儿！**

ku^{55}men^{21}koŋ^{55}lau^{35}ᴀ^{44}? ts^{h}oi^{44}ki^{44}ɕiai^{44}tiʔ^{4}a^{44}!

故 □ 讲 了 啊？催 渠 快 滴 啊！

028　**好，好，他就来了。**

xɑu^{35}, xɑu^{35}, ki^{44}tɕiəu^{21}loi^{22}a^{44}.

好，好，渠 就 来 啊。

029　**你上哪儿去？我上街去。**

ȵi^{44}loʔ^{2}lɑ^{55}tsɑu^{44}ɕy^{44}? ŋɔi^{44}loʔ^{2}tɕiai^{44}lu^{35}ɕy^{44}.

你 落 哪 灶⁼ 去？我 落 街 路 去。

030　**你多会儿去？我马上就去。**

ȵi^{44}lɑ^{55}xɑ^{35}ɕy^{44}? ŋɔi^{44}mɑ^{35}ɕioŋ^{21}tɕiə^{21}ɕy^{44}.

你 哪 下 去？我 马 上 就 去。

031　**做什么去呀？家里来客人了，买点儿菜去。**

tso^{44}ɕi^{44}nɑʔ^{4}ɕy^{44}? lau^{22}li^{55}loi^{22}xᴀʔ^{4}ᴀ^{44}, uon^{21}tiʔ^{4}ts^{h}oi^{44}ɕy^{44}.

做 是⁼乇 去？寮 里 来 客 啊，换 滴 菜 去。

032　**你先去吧，我一会儿再去。**

ȵi^{44}ɕian^{21}ɕy^{44}ka^{55}, ŋɔi^{44}ten^{35}iɪʔ^{4}xɑ^{35}tsai^{44}ɕy^{44}.

你 先 去 嘎，我 等 一 下 再 去。

ȵi^{44}ɕian^{21}ɕy^{44}ka^{55}, ŋɔi^{44}iɪʔ^{4}xɑ^{21}tɕiəu^{21}ɕy^{44}.

你 先 去 嘎，我 一 下 就 去。

033 **好好儿走，别跑！小心摔跤了。**

xɑu^{55}xɑu^{55}xʌŋ^{22}, moʔ^{2}tsɑu^{35}! ɕiɑu^{55}ɕin^{44}tieʔ^{4}tɑu^{55}ɕy^{44}.

好 好 行，莫 走！ 小 心 跌 倒 去。

xɑu^{55}xɑu^{55}xʌŋ^{22}, moʔ^{2}tsɑu^{35}! ɕiɑu^{55}ɕin^{44}moʔ^{2}tieʔ^{4}tɑu^{55}ɕy^{44}.

好 好 行，莫 走！ 小 心 莫 跌 倒 去。

034 **小心点儿，不然的话摔下去爬都爬不起来。**

ɕiɑu^{55}ɕin^{44}ti^{55}, pəɪʔ^{4}lan^{22}tieʔ^{4}tɑu^{55}ɕy^{44}uɑʔ^{4}tu^{44}uɑʔ^{4}n^{22}ɕin^{55}loi^{22}.

小 心 滴，不 然 跌 倒 去 □ 都 □ 唔□ 来。

035 **不早了，快去吧！**

n^{22}tsɑu^{35}a^{44}, ɕiai^{44}tiʔ^{4}ɕy^{44}ka^{55}.

唔早 啊，快 滴 去 嘎。

mai^{44} tsɑu^{35}ɑ^{44}, ɕiai^{44}ɕy^{44}ka^{55}.

[无解]早 啊，快 去 嘎。

036 **这会儿还早呢，过一会儿再去吧。**

kɑ^{21}xɑ^{35}ku^{55}tsɑu^{35}le^{44}, ten^{35}iɪʔ^{4}xɑ^{21}tsai^{44}ɕy^{44}ka^{44}.

□ 下 故 早 嘞，等 一 下 再 去 嘎。

037 **吃了饭再去好不好？**

ɕiʔ^{2}a^{44}p^{h}ɔn^{21}tsai^{44}ɕy^{44}xɑu^{55}n^{22}xɑu^{55}?

食 啊饭 再 去 好 唔好？

038 **不行，那可就来不及了。**

mai^{44} loi^{22}, nai^{35}tɕiəu^{21}loi^{22}n^{22}tɔi^{21}a^{44}.

[无解]来，□ 就 来 唔□ 啊。

039 **不管你去不去，反正我就是要去。**

n^{22}kuon^{35}ȵi^{44}ɕy^{44}n^{22}ɕy^{44}, fɔn^{55}tsen^{44}ŋɔi^{44}tɕiəu^{21}ɕi^{44}oi^{44}ɕy^{44}.

唔管 你 去 唔去，反 正 我 就 是 爱 去。

040 **你爱去就去，不爱去就不去。（你爱去不去。你爱去就去，不爱去就不去。）**

ȵi^{44}oi^{44}ɕy^{44}tɕiəu^{21}ɕy^{44}, n^{21}oi^{44}ɕy^{44}tɕiəu^{21}n^{22}ɕy^{44}.

你 爱 去 就 去，唔爱 去 就 唔去。

041 **那我非去不可！**

nɑ^{55}ŋɔi^{44}tɕiəu^{21}ŋʌŋ^{21}oi^{44}ɕy^{44}!

那 我 就 硬 爱 去！

042 **那个东西不在那儿，也不在这儿。**

nai^{21}kɔi^{44}nɑʔ^{4}n^{22}tsɔi^{21}ȵi^{21}ti^{55}, ia^{21}n^{22}tsɔi^{21}kɔi^{21}ti^{55}.

□ 个 毛 唔在 二=滴=,也 唔在 箇 滴=。

043 **那到底在哪儿？**

nai^{213}tɑu^{55}ti^{55}ɕi^{44}nɑ^{55}tsɑu^{44}le^{44}?

□ 到 底是 哪 灶= 嘞?

044 **我也说不清楚，你问他去！**

ŋɔi^{44}ia^{21}kɔŋ^{55}n^{22}tɕ^{h}iŋ^{44}ts^{h}u^{35}, ȵi^{44}mən^{44}ki^{44}ɕy^{44}!

我 也 讲 唔清 楚, 你 问 渠 去!

045 **怎么办呢？不是那么办，要这么办才对。**

nai^{35}tso^{21}tso^{44}pɔn^{21}le^{44}? men^{21}ɕi^{44}ȵi^{21}seʔ^{4}pɔn^{21}, oi^{44}tɕiəu^{21}kɔi^{21}seʔ^{4}pɔn^{21}.

□ □ 做 办 嘞? □ 是 二=色 办, 爱 就 箇 色 办。

tso^{21}tso^{44}le^{44}? n^{22}ɕi^{44}ȵi^{21}seʔ^{4}tso^{44}, ɕi^{44}kɔi^{21}seʔ^{4}tso^{44}.

□ 做 嘞? 唔是 二=色 做, 是 箇 色 做。

046 **要多少才够呢？**

oi^{44}tɕi^{55}to^{44}tsai^{22}xo^{44}lieu^{35}le^{44}?

爱 几 多 才 有 料 嘞?

047 **太多了，要不了那么多，只要这么多就够了。**

t^{h}aʔ^{4}to^{44}ᴀ^{44}, n^{22}soi^{55}nai^{21}to^{44}, tsɿ^{55}oi^{44}kɔi^{21}to^{44}tɕiəu^{21}xo^{44}lieu^{35}a^{44}.

□ 多 啊, 唔使 □ 多, 只 爱 箇 多 就 有 料 啊。

048 **不管怎么忙，也得好好儿学习。**

n^{22}kuon^{35}tso^{21}tso^{44}mɔŋ^{22}, tu^{44}oi^{44}xɑu^{55}xɑu^{55}xoʔ^{2}ɕiʔ^{2}.

唔管 □ 做 忙, 都 爱 好 好 学 习。

n^{22}kuon^{35}tso^{21}tso^{44}mɔŋ^{22}, ia^{21}oi^{44}xɑu^{55}xɑu^{55}xoʔ^{2}ɕiʔ^{2}.

唔管 □ 做 忙, 也 爱 好 好 学 习。

tsai^{21}tiʔ^{4}tɕi^{55}to^{44}mɔŋ^{22}, ȵi^{44}tsɿ^{55}oi^{44}xɑu^{55}xɑu^{55}xoʔ^{2}ɕiʔ^{2}.

□ 得 几 多 忙, 你 只 爱 好 好 学 习。

049 **你闻闻这朵花香不香？**

ȵi^{44}p^{h}i^{21}p^{h}i^{21}t^{h}ai^{55}kɔi^{21}pu^{22}fɑ^{44}ɕiɔŋ^{44}mai^{44} ɕiɔŋ^{44}?

你 鼻 鼻 睇 箇 蒲 花 香 [无解]香?

050 **好香呀，是不是？**

xɑu^{55}ɕiɔŋ^{44}ŋa^{44}, ɕi^{44}mai^{44} ɕi^{44}?

好 香 啊, 是[无解]是?

051 **你是抽烟呢，还是喝茶？**

ȵi^{44}ɕi^{44}ɕiʔ^{2}ian^{44}tɕiəu^{35}le^{44}, xan^{22}ɕi^{44}ɕiʔ^{2}ts^{h}ɑ^{22}?

你 是 食 烟 酒 嘞，还 是 食 茶？

052 **烟也好，茶也好，我都不会。**

ian^{44}na^{21}xɑu^{55}, ts^{h}ɑ^{22}ia^{21}xɑu^{55}, ŋɔi^{44}tu^{44}mai^{44} loi^{22}.

烟 也 好， 茶 也 好， 我 都[无解]来。

ian^{44}na^{21}xɑu^{55}, ts^{h}ɑ^{22}a^{21}xɑu^{55}, ŋɔi^{44}tu^{44}n^{22}tiɪʔ^{2}

烟 也 好， 茶 也好， 我 都 唔□。

053 **医生叫你多睡一睡，抽烟喝茶都不行。**

i^{44} sen^{44}uo^{35}ȵi^{44}to^{44}fən^{44}iɪʔ^{4}xɑ^{21}, ɕioŋ^{44}ian^{44}ts^{h}ɑ^{22}ɕiʔ^{2}tu^{44}mai^{44} loi^{22}.

医生 □ 你 多 困 一 下，香 烟 茶 食 都[无解]来。

054 **咱们一边走一边说。**

ŋɔi^{44}ȵi^{55}iɪʔ^{4}pan^{44}xʌŋ^{22}iɪʔ^{4}pan^{44}koŋ^{35}.

我 伲 一 边 行 一 边 讲。

055 **这个东西好是好，就是太贵了。**

kɔi^{21}kɔi^{44}nɑʔ^{4}xɑu^{35}ɕi^{44}xɑu^{55}, tɕiəu^{21}ɕi^{44}t^{h}aʔ^{4}kuəi^{44}ᴀ^{44}.

箇 个 乇 好 是 好， 就 是 □ 贵 啊。

056 **这个东西虽然贵了点儿，不过挺好的。（这东西虽说贵了点儿，不过挺结实的。）**

kɔi^{21}kɔi^{44}nɑʔ^{4}suəi^{44}lan^{44}kuəi^{44}ti^{55}ti^{55}, tan^{21}sɿ^{44}nɑʔ^{4}a^{21}ɕi^{44}uəi^{22}ɕien^{55}xɑu^{35}ko^{44}.

箇 个 乇 虽 然 贵 滴滴，但 是 乇 也是 危 险 好 嘅。

057 **他今年多大了？**

ki^{44}tɕin^{44}nan^{22}tɕi^{55}to^{44}t^{h}ɔi^{21}a^{44}?

渠 今 年 几 多 大 啊？

058 **也就是三十来岁吧。**

ia^{21}tɕiəu^{21}ɕi^{44}sɔn^{44}ɕiəuʔ^{2}loi^{22}soi^{44}pᴀ^{44}.

也 就 是 三 十 来 岁 吧。

059 **看上去不过三十多岁的样子。**

t^{h}ai^{35}ɕioŋ^{44}ɕy^{44}pəɪʔ^{4}ku^{44}sɔn^{44}ɕiəuʔ^{2}to^{44}soi^{44}ke^{44}ioŋ^{21}tsɿ^{55}.

睇 上 去 不 过 三 十 多 岁 嘅 样 子。

t^{h}ai^{35}ɕi^{55}loi^{22}pəɪʔ^{4}ku^{44}sɔn^{44}ɕiəuʔ^{2}to^{44}soi^{44}ke^{44}ioŋ^{21}tsɿ^{55}.

睇 起来 不 过 三 十 多 岁 嘅 样 子。

060 **这个东西有多重呢？**

kɔi^{21}kɔi^{44}nɑʔ^{4}xo^{44}tɕi^{55}to^{44}tɕʰiuŋ^{44}?

箇 个 乇 有 几 多 重？

061 **怕有五十多斤吧。**

kʰᴀ^{55}mᴀ^{55}ŋ^{35}ɕiəuʔ^{2}to^{44}tɕyn^{44}pᴀ^{44}.

□ □ 五十 多 斤 吧。

062 **我五点半就起来了，你怎么七点了还不起来？**

ŋɔi^{44}ŋ^{55}tan^{55}pɔn^{44}tɕiəu^{21}uɑʔ^{4}la^{44}, ȵi^{44}tso^{21}tso^{44}tɕʰiɪʔ^{4}tan^{55}tɕiuŋ^{44}ku^{55}məi^{21}uɑʔ^{4}loi^{22}?

我 五点 半 就 □ 啦，你 □ 做 七 点 钟 故 末 □ 来

063 **三四个人盖一床被。一床被盖三四个人。**

sɔn^{44}si^{44}kɔi^{44}ȵin^{22}koi^{44}iɪʔ^{4}tsʰoŋ^{22}pʰi^{44}. iɪʔ^{4}tsʰoŋ^{22}pʰi^{44}koi^{44}sɔn^{44}si^{44}kɔi^{44}ȵin^{22}.

三 四个 人 盖 一床 被。一床 被 盖 三 四个 人。

064 **一个大饼夹一根油条。一根油条外加一个大饼。**

iɪʔ^{4}kuai^{44}tʰɔi^{21}pʰiᴀŋ^{35}kauʔ^{2}iɪʔ^{4}xᴀŋ^{22}iəu^{22}tiau^{22}. iɪʔ^{4}xᴀŋ^{22}iəu^{22}tiau^{22}uai^{21}kɑ^{44}iɪʔ^{4}kuai^{44}tʰɔi^{21}piᴀŋ^{35}.

一个 大 饼 夹 一茎 油 条。一茎 油 条 外 加 一个 大 饼。

065 **两个人坐一张凳子。一张凳子坐了两个人。**

ioŋ^{35}kɔi^{44}ȵin^{22}tsʰo^{44}iɪʔ^{4}xᴀŋ^{22}ten^{44}. iɪʔ^{4}xᴀŋ^{22}ten^{44}tsʰo^{44}a^{44}ioŋ^{35}kɔi^{44}ȵin^{22}.

两 个 人 坐 一茎 凳。一茎 凳 坐 啊两 个 人。

066 **一辆车装三千斤麦子。三千斤麦子刚好够装一辆车。**

iɪʔ^{4}lioŋ^{22}tɕʰia^{44}tsoi^{44}sɔn^{44}tɕʰian^{44}tɕyn^{44}mᴀʔ^{2}. sɔn^{44}tɕʰian^{44}tɕyn^{44}mᴀʔ^{2}tɕiᴀŋ^{44}xɑu^{55}tsoi^{44}iɪʔ^{4}lioŋ^{22}

一辆 车 载 三 千 斤 麦。三 千 斤 麦 正 好 载 一辆

tɕʰia^{44}.

车。

067 **十个人吃一锅饭。（十个人吃一锅饭。一锅饭够吃十个人。）**

ɕiəuʔ^{2}kuai^{44}ȵin^{22}ɕiʔ^{2}iɪʔ^{4}uoʔ^{2}pʰɔn^{21}.

十 个 人 食 一 镬 饭。

068 **十个人吃不了这锅饭。一锅饭吃不了十个人。（十个人吃不了这锅饭。这锅饭吃不了十个人。）**

ɕiəuʔ^{2}kɔi^{44}ȵin^{22}mai^{44} ɕiʔ^{2}tiʔ^{4}lau^{35}kɔi^{21}iɪʔ^{4}uoʔ^{2}pʰɔn^{21}.iɪʔ^{4}uoʔ^{2}pʰɔn^{21}ɕiʔ^{2}n^{22}tʰau^{44}ɕiəuʔ^{2}kɔi^{44}ȵin^{22}.

十 个 人 [无解]食 得 了 箇 一镬 饭。一镬 饭 食 唔掉 十 个 人。

ɕiəuʔ^{2}kɔi^{44}ȵin^{22}ɕiʔ^{2}mai^{44} lau^{35}kɔi^{21}uoʔ^{2}pʰɔn^{21}.

十 个 人 食 [无解]了 箇 镬 饭。

069 **这个屋子住不下十个人。**

kɔi^{21}kɔi^{44}lau^{44}tɕioŋ^{55}n^{22}loʔ^{2}ɕiəuʔ^{2}kɔi^{44}ȵin^{22}.

箇 个 寮 长$^{=}$ 唔落 十 个 人。

070 **小屋堆东西，大屋住人。**

lau^{22}tsoi^{55}toi^{21}nɑʔ^{4}, tʰɔi^{21}lau^{22}tɕioŋ^{55}ȵin^{22}.

寮 崽 堆 乇，大 寮 长$^{=}$ 人。

071 **他们几个人正说着话呢。**

ki^{44}nan^{22}tɕi^{55}kɔi^{44}tɕiʌŋ^{44}koŋ^{55}uɑ^{21}le^{44}.

渠 年$^{=}$ 几 个 正 讲 话 嘞。

ki^{44}nan^{22}tɕi^{55}kɔi^{44}tɕiʌŋ^{44}tsʰo^{44}kɔi^{21}ti^{55}koŋ^{55}uɑ^{21}le^{44}.

渠 年$^{=}$ 几 个 正 坐 箇 滴$^{=}$讲 话 嘞。

072 **桌上放着一碗水，小心别碰倒了。**

tai^{55}to^{213}pioŋ^{44}iɪʔ^{4}uon^{55}ɕy^{35}, ɕiɑu^{55}ɕin^{44}moʔ^{2}tɕioŋ^{21}lien^{35}tʰau^{44}.

底$^{=}$桌 放 一碗 水，小 心 莫 撞 □ 掉。

toʔ^{2}ɕioŋ^{21}tsʰo^{22}iɪʔ^{4}uon^{55}ɕy^{35}, tɔn^{44}ɕin^{44}moʔ^{2}tɕioŋ^{21}tɑu^{35}.

桌 上 □ 一碗 水，担$^{=}$心 莫 撞 倒。

073 **门口站着一帮人，在说着什么。**

mən^{22}tʰieu^{44}tɕʰi^{44}a^{44}iɪʔ^{4}toi^{21}ȵin^{22}, tsʰo^{44}n^{21}ti^{55}koŋ^{55}ɕi^{44}nɑʔ^{4}.

门 头 徛 啊一 堆 人，坐 二$^{=}$滴$^{=}$讲 是$^{=}$乇。

mən^{22}tʰieu^{44}iɪʔ^{4}toi^{21}ȵin^{22}tɕʰi^{44}ȵi^{21}ti^{55} mai^{44} koŋ^{55}ɕi^{44}nɑʔ^{4}.

门 头 一 堆 人 徛 二$^{=}$ 滴$^{=}$[无解]讲 是$^{=}$乇。

074 **坐着吃好，还是站着吃好？**

tsʰo^{44}n^{21} ti^{55} ɕiʔ^{2}xɑu^{55}a^{44}, ai^{55}ɕi^{44}tɕʰi^{44}ȵi^{55}ɕiʔ^{2}xɑu^{55}?

坐 二$^{=}$滴$^{=}$食 好 啊，□ 是 徛 二$^{=}$食 好？

tsʰo^{44}ȵi^{55}ɕiʔ^{2}xɑu^{55}a^{44}ai^{55}ɕi^{44}tɕʰi^{44}ȵi^{55}ɕiʔ^{2}xɑu^{55}?

坐 二$^{=}$食 好 啊□ 是 徛 二$^{=}$食 好？

075 **想着说，不要抢着说。**

ɕiʌŋ^{55}xɑu^{35}koŋ^{55}, n^{22}soi^{55}tɕʰioŋ^{35}loi^{22}koŋ^{55}.

想 好 讲，唔使 抢 来 讲。

076 **说着说着就笑起来了。**

koŋ^{55}xɑ^{35}koŋ^{55}xɑ^{35}tɕiəu^{21}sau^{44}ɕin^{55}loi^{22}a^{44}.

讲 下 讲 下 就 笑 □ 来 啊。

077 **别怕！你大着胆子说吧。**

ȵi^{44}moʔ^{2}xᴀʔ^{4}! ȵi^{44}tʰɔi^{21}tɔn^{35}koŋ^{35}.

你 莫 吓！ 你 大 胆 讲。

078 **这个东西重着呢，足有一百来斤。**

kɔi^{21}kɔi^{44}nɑʔ^{4}tɕʰiuŋ^{44}le^{44}, tsoʔ^{4}tsoʔ^{4}xo^{44}iɪʔ^{4}pᴀʔ^{4}loi^{22}tɕyn^{44}.

箇 个 乇 重 嘞，足 足 有 一 百 来 斤。

079 **他对人可好着呢。**

ki^{44}toi^{44}ȵin^{22}xɑu^{35}ke^{44}.

渠 对 人 好 嘅。

ki^{44}toi^{44}ȵin^{22}xɑu^{35}ke^{44}le^{44}.

渠 对 人 好 嘅 嘞。

080 **这小伙子可有劲着呢。**

kɔi^{21}kɔi^{44}fɑ^{21}sᴀŋ^{21}tsoi^{55}xo^{44}tɕin^{44}ne^{44}.

箇 个 化=生= 崽 有 劲 呢。

081 **别跑，你给我站着！**

moʔ^{2}tsɑu^{35}, ȵi^{44}ti^{55}ŋɔi^{44}tɕʰi^{44}lɑu^{21}!

莫 走， 你 □我 徛 牢！

082 **下雨了，路上小心着！**

loʔ^{2}ɕy^{35}a^{44}, lu^{21}ɕioŋ^{21}ɕiɑu^{55}ɕin^{44}ti^{55}!

落 水 啊，路 上 小 心 滴！

083 **点着火了。着凉了。**

tan^{55}tɕʰioʔ^{2}fu^{35}a^{44}. tuŋ^{44}tɑu^{55}ɕy^{44}ɑ^{44}.

点 着 火 啊。冻 到 去 啊。

084 **甭着急，慢慢儿来。**

n^{22}soi^{55}tɕiɪʔ^{4}, nien^{55}nien^{44}loi^{22}.

唔使 急， □ □ 来。

moʔ^{2}tɕiɪʔ^{4}, nien^{55}nien^{44}loi^{22}.

莫 急， □ □ 来。

085 **我正在这儿找着你，还没找着。**

ŋɔi^{44}tɕin^{55}tsai^{21}ɕi^{44}kɔi^{21}ti^{55}ɕin^{22}ȵi^{44}, ku^{55}məi^{21}ɕin^{22}tɕʰioʔ^{2}.

我 正 在 是 箇 滴=寻 你，故 未 寻 着。

086 **她呀，可厉害着呢！**

ki^{44}ia^{44}, xɑu^{55}li^{21}xai^{21}le^{44}!

渠 呀，好 厉害 嘞！

087 **这本书好看着呢。**

kɔi^{21}pon^{55}ɕy^{44}xɑu^{55}t^{h}ai^{35}ne^{44}.

箇 本 书 好 睇 呢。

088 **饭好了，快来吃吧。**

p^{h}ɔn^{21}xɑu^{35}a^{44}, ɕiai^{44}ti^{55}loi^{22}ɕiʔ^{2}.

饭 好 啊，快 滴 来 食。

089 **锅里还有饭没有？你去看一看。**

loi^{55}uo^{213}xo^{44}p^{h}ɔn^{21}na^{44}mɑu^{22}? ȵi^{44}ɕy^{44}t^{h}ai^{35}a^{44}t^{h}ai^{55}.

□ 镬 有 饭 哪 无？ 你 去 睇 下 睇。

loi^{55}uo^{213}xo^{44}məi^{21}xo^{44}p^{h}ɔn^{21}? ȵi^{44}ɕy^{44}t^{h}ai^{35}a^{44}t^{h}ai^{55}.

□ 镬 有 未 有 饭？ 你 去 睇 下 睇。

090 **我去看了，没有饭了。**

ŋɔi^{44}ɕy^{44}t^{h}ai^{35}a^{44}, məi^{21}xo^{44}p^{h}ɔn^{21}na^{44}.

我 去 睇 啊，未 有 饭 哪。

091 **就剩一点儿了，吃了得了。**

tɕiəu^{21}tɕ^{h}ioŋ^{21}iɪʔ^{4}ti^{55}a^{55}, ɕiʔ^{2}ᴀ^{44}sɔn^{44}lᴀ^{44}.

就 □ 一 滴 啊，食 啊 算 啦。

092 **吃了饭要慢慢儿地走，别跑，小心肚子疼。**

p^{h}ɔn^{21}ɕiʔ^{2}a^{44}nien^{55}nien^{44}xᴀŋ^{22}, moʔ^{2}tsɑu^{35}, ɕiɑu^{55}ɕin^{44}tu^{55}ɕi^{35}t^{h}uŋ^{44}.

饭 食 啊□ □ 行，莫 走，小 心 肚 屎 痛。

093 **他吃了饭了，你吃了饭没有呢？**

ki^{44}ɕiʔ^{2}t^{h}au^{44}p^{h}ɔn^{21}na^{44}, ȵi^{44}p^{h}ɔn^{21}ɕiʔ^{2}a^{44}məi^{21}?

渠 食 掉 饭 哪，你 饭 食 啊未？

ki^{44}ɕiʔ^{2}t^{h}au^{44}p^{h}ɔn^{21}na^{44}, ȵi^{44}ɕiʔ^{2}a^{44}p^{h}ɔn^{21}məi^{21}?

渠 食 掉 饭 哪，你 食 啊饭 未？

094 **我喝了茶还是渴。**

ŋɔi^{44}ɕiʔ^{2}a^{44}ts^{h}ɑ^{22}ku^{55}ɕi^{44}tɕiᴀŋ^{55}tsau^{44}.

我 食 啊茶 故 是 颈 □。

095 **我吃了晚饭，出去溜达了一会儿，回来就睡下了，还做了个梦。**

ŋɔi^{44}ɕiʔ^{2}a^{44}ɔn^{44}pu^{21}, tɕʰyɪʔ^{4}ɕy^{44}tɕʰyon^{21}nᴀ^{44}iɪʔ^{4}xɑ^{21}, tɕyon^{55}lau^{44}loi^{22}tɕiəu^{21}fən^{44}na^{44}, ku^{55}tso^{44}

我 食 啊晏 晡，出 去 □ 哪 一下，转 寮 来 就 困 哪，故 做

lau^{55}iɪʔ^{4}kuai^{44}muŋ^{21}.

了 一个 梦。

096 **吃了这碗饭再说。**

ɕiʔ^{2}a^{44}kɔi^{21}uon^{55}pʰɔn^{21}tsai^{44}koŋ^{55}.

食 啊箇 碗 饭 再 讲。

097 **我昨天照了相了。**

ŋɔi^{44}tɔn^{21}pu^{21}tɕieu^{44}tʰau^{44}ɕiᴀŋ^{21}pʰien^{55}.

我 □ 晡 照 掉 相 片。

ŋɔi^{44}tɔn^{21}pu^{21}tɕieu^{44}a^{44}ɕiᴀŋ^{21}pʰien^{55}.

我 □ 晡 照 啊相 片。

098 **有了人，什么事都好办。**

xo^{44}ᴀ^{44}ȵin^{22}, ɕi^{44}nɑʔ^{4}sɿ^{21}tu^{44}xɑu^{55}pɔn^{21}.

有 啊人， 是⁼毛 事 都 好 办。

tsɿ^{55}oi^{44}xo^{44}ȵin^{22}, ɕi^{44}nɑʔ^{4}sɿ^{21}tu^{44}xɑu^{55}pɔn^{21}.

只 爱 有 人， 是⁼毛 事 都 好 办。

099 **不要把茶杯打碎了。**

moʔ^{2}ti^{55}tsʰɑ^{22}poi^{44}tᴀŋ^{55}laʔ^{4}.

莫 □茶 杯 打 □。

n^{22}soi^{55}ti^{55}tsʰɑ^{22}poi^{44}tᴀŋ^{55}sɔi^{44}a^{44}.

唔使 □茶 杯 打 碎 啊。

100 **你快把这碗饭吃了，饭都凉了。**

ȵi^{44}ɕiai^{44}tiʔ^{4}li^{55}kɔi^{21}uon^{55}pʰɔn^{21}ɕiʔ^{2}tʰau^{44}, pʰɔn^{21}tu^{44}lᴀŋ^{44}a^{44}.

你 快 滴□箇 碗 饭 食 掉， 饭 都 冷 啊。

101 **下雨了。雨不下了，天晴开了。**

loʔ^{2}ɕy^{35}a^{44}. ɕy^{35}n^{22}loʔ^{2}ᴀ^{44}, tʰan^{44}tsʰᴀŋ^{22}ŋa^{44}.

落 水 啊。水 唔落 啊，天 晴 啊。

loʔ^{2}ɕy^{35}a^{44}. ɕy^{35}n^{22}loʔ^{2}a^{44}, kʰoi^{44}tɕʰiŋ^{44}tʰan^{44}na^{44}.

落 水 啊。水 唔 落 啊，开 青 天 哪。

102 **打了一下。去了一趟。**

tʌŋ^{35}tʰau^{44}iɪʔ^{4}xɑ^{21}. ɕy^{44}tʰau^{44}iɪʔ^{4}tɕʰiʔ^{2}.

打 掉 一下。去 掉 一直$^{=}$。

103 **咱们快点去，晚了就不好了！（晚了就不好了，咱们快点儿走吧！）**

ŋɔi^{44}ȵi^{55}ɕiai^{44}ti^{55}ɕy^{44}, ɔn^{44}lɑ^{44}tɕiəu^{21}mai^{44} xɑu^{35}ᴀ^{44}!

我 伲快 滴去，晏 啦 就 [无解]好 啊。

104 **给你三天时间做得了做不了？**

nʌŋ^{44}ȵi^{44}sɔn^{44}ȵiɪʔ^{4}ke^{44}sɿ^{22}tɕien^{44}ȵi^{44}tso^{44}tiʔ^{4}lau^{35}ai^{55}ɕi^{44}tso^{44}n^{22}lau^{35}?

□ 你 三 日 嘅 时 间 你 做 得 了 □是 做 唔 了?

105 **你做得了，我做不了。**

ȵi^{44}tso^{44}tiʔ^{4}lau^{35}, ŋɔi^{44}tso^{44}mai^{44} lau^{35}.

你 做 得 了，我 做 [无解]了。

ȵi^{44}tso^{44}tiʔ^{4}lau^{35}, ŋɔi^{44}mai^{44} tso^{44}tiʔ^{4}lau^{35}.

你 做 得 了，我 [无解]做 得 了。

106 **你骗不了我。**

ȵi^{44}pʰien^{44}n^{22}lau^{55}ŋɔi^{44}.

你 骗 唔了 我。

ȵi^{44}pʰien^{44}n^{22}tʰau^{44}ŋɔi^{44}.

你 骗 唔掉 我。

107 **了了这桩事情再说。**

tso^{44}lᴀ^{44}kɔi^{21}tɕʰiɔŋ^{22}sɿ^{21}tsai^{44}kɔŋ^{35}.

做 啦 箇 场 事 再 讲。

108 **这间房没住过人。**

kɔi^{21}kɔi^{44}tɕian^{213}məi^{21}tɕiɔŋ^{55}ku^{44}ȵin^{22}.

箇 个 间 未 长$^{=}$ 过 人。

109 **这牛拉过车，没骑过人。**

kɔi^{21}tʰieu^{22}ŋɑu^{22}tʰo^{44}ku^{44}tɕʰia^{44}, məi^{21}tɕʰi^{22}ku^{44}ȵin^{22}.

箇 头 牛 拖 过 车，未 骑 过 人。

110 **这小马还没骑过人，你小心点儿。**

kɔi^{21}tʰieu^{22}mɑ^{44}tsoi^{55}məi^{21}tɕʰi^{22}ku^{44}ȵin^{22}, ȵi^{44}ɕiɑu^{55}ɕin^{44}ti^{55}.

箇 头 马 崽 未 骑 过 人，你 小 心 滴。

kɔi^{21}tʰieu^{22}mɑ^{44}tsoi^{55}məi^{21}tɕʰi^{22}ku^{44}ȵin^{22}, ȵi^{44}tɔn^{44}ɕin^{44}ti^{55}.

箇 头 马 崽 未 骑 过 人，你 担$^{=}$心 滴。

111 **以前我坐过船，可从来没骑过马。**

i^{55} ɕian^{21}ŋɔi^{44}tsʰo^{44}ku^{44}ɕyon^{22}, tɕiəu^{21}ɕi^{44}məi^{21}tɕʰi^{22}ku^{44}mɑ^{44}.

以先 我 坐 过 船， 就 是 未 骑 过 马。

i^{55} ɕian^{21}ŋɔi^{44}tsʰo^{44}ku^{44}ɕyon^{22}, tsʰuŋ^{22}loi^{22}məi^{21}tɕʰi^{22}ku^{44}mɑ^{44}.

以先 我 坐 过 船， 从 来 未 骑 过 马。

112 **丢在街上了。搁在桌上了。**

nɑʔ^{4}tᴀ^{55}loʔ^{2}tɕiai^{44}lu^{35}. kʰoŋ^{55}tai^{55}to^{213}.

乇 □ 落 街 路。园 底⁼桌。

nɑʔ^{4}tᴀ^{55}loʔ^{2}tɕiai^{44}lu^{35}. kʰoŋ^{55}ȵi^{21}to^{35}.

乇 □ 落 街 路。园 二⁼桌。

113 **掉到地上了，怎么都没找着。**

tᴀ^{55}loʔ^{2}loʔ^{2}ɕia^{44}a^{44}, tso^{21}tso^{44}ia^{21}məi^{21}ɕin^{22}tɕʰioʔ^{2}.

□ 落 落 畲 啊，□ 做 也 未 寻 着。

114 **今晚别走了，就在我家住下吧！**

ɔn^{44}pu^{21}n^{22}soi^{55}xᴀŋ^{22}ŋa^{44}, tɕiəu^{21}loʔ^{2}ŋɔi^{44}lau^{44}saʔ^{4}!

暗 晡 唔使 行 啊，就 落 我 寮 歇！

115 **这个野果子吃得吃不得？（这些果子吃得吃不得？）**

kɔi^{21}ke^{44}ia^{55}ku^{35}tsɿ^{55}ɕiʔ^{2}tiʔ^{4}ɕiʔ^{2}n^{22}tiɪʔ^{2}.

箇 个 野 果 子 食 得 食 唔 揑？

116 **这是熟的，吃得。那是生的，吃不得。**

kɔi^{213}ɕi^{44}ɕyʔ^{2}ke^{44}, ɕiʔ^{2}tiʔ^{4}. nai^{213}ɕi^{44}sᴀŋ^{44}ke^{44}, ɕiʔ^{2}n^{22}tiʔ^{4}.

箇 是 熟 嘅，食 得。□ 是 生 嘅，食 唔 得。

kɔi^{213}ɕi^{44}ɕyʔ^{2}ke^{44}, ɕiʔ^{2}tiʔ^{4}. nai^{213}ɕi^{44}sᴀŋ^{44}ke^{44}, mai^{44} ɕiʔ^{2}tiʔ^{4}.

箇 是 熟 嘅，食 得。□ 是 生 嘅，[无解]食 得。

117 **你们来得了来不了？**

ȵi^{44}nan^{22}loi^{22}tiʔ^{4}ɕiᴀŋ^{22}a^{55}ɕi^{44}loi^{22}n^{22}ɕiᴀŋ^{22}?

你 年⁼ 来 得 成 □是 来 唔 成？

ȵi^{44}nan^{22}loi^{22}tiʔ^{4}ɕiᴀŋ^{22}a^{55}ɕi^{44}mai^{44} loi^{22}ɕiᴀŋ^{22}?

你 年⁼ 来 得 成 □是 [无解]来 成？

118 **我没事，来得了，他太忙，来不了。**

ŋɔi^{44}mɑu^{22}se^{21}, loi^{22}tiʔ^{4}ɕiᴀŋ^{22}, ki^{44}tʰaʔ^{4}moŋ^{22}ᴀ^{44}, loi^{22}mai^{44} ɕiᴀŋ^{22}.

我 无 事，来 得 成， 渠 □ 忙 啊，来 [无解]成。

119 **这个东西很重，拿得动拿不动？**

kɔi^{21}kɔi^{44}nɑʔ^{4}uɔi^{22}çien^{55}tç^{h}iuŋ^{44}, nᴀŋ^{44}tiʔ^{4}tuŋ^{21}ma^{55}tᴀʔ^{4}tuŋ^{21}?

箇 个 乇 危 险 重， □ 得动 □ □ 动？

kɔi^{21}kɔi^{44}nɑʔ^{4}uɔi^{22}çien^{55}tç^{h}iuŋ^{44}, nᴀŋ^{44}tiʔ^{4}tuŋ^{21}a^{55}çi^{44}nᴀŋ^{44}n^{22}tuŋ^{21}?

箇 个 乇 危 险 重， □ 得动 □是□ 唔动？

120 **我拿得动，他拿不动。**

ŋɔi^{44}nᴀŋ^{44}tiʔ^{4}tuŋ^{21}, ki^{44}nᴀŋ^{44}n^{22}tuŋ^{21}.

我 □ 得 动， 渠 □ 唔 动。

121 **真不轻，连我都拿不动了。（真不轻，重得连我都拿不动了。）**

toŋ^{44}tçin^{44}mai^{44} tç^{h}iᴀŋ^{44}, lien^{21}ŋɔi^{44}tu^{44}mai^{44} nᴀŋ^{44}tiʔ^{4}tuŋ^{21}.

当 真 [无解]轻， 连 我 都[无解]□ 得 动。

122 **他手巧，画得很好看。**

ki^{44}çiəu^{35}tçin^{44}tç^{h}iɑu^{35}, uɑ^{21}tiʔ^{4}tçin^{44}xɑu^{55}t^{h}ai^{35}.

渠 手 真 巧， 画 得 真 好 睇。

123 **他真忙，连吃过饭没有都忘了。（他忙得很，忙得连吃过饭没有都忘了。）**

ki^{44}tçiᴀŋ^{44}tçin^{44}moŋ^{22}, lien^{21}çiʔ^{2}ku^{44}məi^{21}çiʔ^{2}ku^{44}tu^{44}t^{h}aʔ^{4}ȵioŋ^{44}t^{h}au^{44}.

渠 正 真 忙， 连 食 过 未 食 过 都 □ □ 掉。

124 **你看他急得，急得脸都红了。**

ȵi^{44}t^{h}ai^{55}ki^{44}tçieʔ^{4}tiʔ^{4}, tçieʔ^{4}tiʔ^{4}mien^{44}tu^{44}tç^{h}iᴀʔ^{4}a^{44}.

你 睇 渠 急 得，急 得 面 都 赤 啊。

125 **你说得很好，你还会说些什么呢？**

ȵi^{44}koŋ^{55}tiʔ^{4}xɑu^{35}, ȵi^{44}ku^{55}xai^{44}koŋ^{35}tiʔ^{4}iɪʔ^{4}nai^{44}çi^{44}nɑʔ^{4}?

你 讲 得 好， 你 故 解 讲 得 一 乃⁼ 是⁼乇？

126 **说得到，做得了，真棒！**

koŋ^{35}t^{h}ieu^{44}tso^{44}t^{h}ieu^{44}, ȵi^{44}tçin^{44}pon^{55}sɿ^{21}!

讲 透 做 透， 你 真 本 事！

127 **这个事情说得说不得呀？**

kɔi^{21}kɔi^{44}sɿ^{21}kɔn^{44}koŋ^{35}tiʔ^{4}mai^{44} koŋ^{55}tiʔ^{4}?

箇 个 事 干 讲 得[无解]讲 得？

128 **他说得快不快？听清楚了吗？**

ki^{44}koŋ^{55}tiʔ^{4}çiai^{44}mai^{44} çiai^{44}? t^{h}ᴀŋ^{44}tç^{h}iŋ^{44}ts^{h}u^{35}a^{44}məi^{21}?

渠 讲 得 快 [无解]快？ 听 清 楚 啊未？

129 **他说得快不快？只有五分钟时间了。**

ki^{44}koŋ^{55}tiʔ^{4}ɕiai^{44}mai^{44} ɕiai^{44}? tsɿ^{55}xo^{44}ŋ^{35}fən^{44}tɕiuŋ^{44}ŋa^{44}.

渠 讲 得 快 [无解]快？ 只 有 五 分 钟 啊。

130 **这是他的书。**

kɔi^{213}ɕi^{44}ki^{44}ke^{44}ɕy^{44}.

箇 是 渠 嘅 书。

131 **这本书是他哥哥的。**

kɔi^{21}pon^{55}ɕy^{44}ɕi^{44}ki^{44}ko^{44}ke^{44}.

箇 本 书 是 渠 哥 嘅。

132 **桌子上的书是谁的？是老王的。**

tai^{55} to^{213}ke^{44}ɕy^{44}ɕi^{44}lɑ^{55}kuai^{44}ke^{44}? ɕi^{44} lɑu^{55}uoŋ^{22}ke^{44}.

底$^{=}$桌 嘅 书 是 哪 个 嘅？ 是 老 王 嘅。

133 屋子里坐着一些人，看书的看书，看报的看报，写字的写字。**（屋子里坐着很多人，看书的看书，看报的看报，写字的写字。）**

lau^{22}li^{55}ts^{h}o^{44}xo^{44}nai^{44}ȵin^{22}, t^{h}ai^{55}ɕy^{44}ke^{44}t^{h}ai^{55}ɕy^{44}, t^{h}ai^{55}pɑu^{44}ke^{44}t^{h}ai^{55}pɑu^{44}, ɕia^{55}tɕ^{h}i^{21}ke^{44}

寮 里坐 有 乃$^{=}$人， 睇 书 嘅 睇 书， 睇 报 嘅 睇 报， 写 字 嘅

ɕia^{55}tɕ^{h}i^{21}.

写 字。

134 **要说他的好话，不要说他的坏话。**

oi^{44}koŋ^{55}ki^{44}xɑu^{55}uɑ^{21}, moʔ^{2}koŋ^{55}ki^{44}kai^{21}uɑ^{21}.

爱 讲 渠 好 话， 莫 讲 渠 坏 话。

oi^{44}koŋ^{55}ki^{44}xɑu^{55}uɑ^{21}, n^{22}soi^{55}koŋ^{55}ki^{44}kai^{21}uɑ^{21}.

爱 讲 渠 好 话， 唔使 讲 渠 坏 话。

135 **上次是谁请的客？是我请的。**

t^{h}ieu^{22}foi^{22}ɕi^{44}lɑ^{55}kɔi^{44}ts^{h}ᴀŋ^{55}ke^{44}xᴀʔ^{4}? ɕi^{44}ŋɔi^{44}ts^{h}ᴀŋ^{55}ke^{44}.

头 回 是 哪 个 请 嘅 客？ 是 我 请 嘅。

136 **你是哪年来的？**

ȵi^{44}ɕi^{44}lɑ^{55}nan^{22}loi^{22}ke^{44}?

你 是 哪 年 来 嘅？

137 **我是前年到的北京。**

ŋɔi^{44}ɕi^{44}ts^{h}an^{22}nan^{44}loʔ^{2}peʔ^{4}tɕiᴀŋ^{44}ke.

我 是 前 年 落 北 京 嘅。

ŋɔi^{44}ɕi^{44}ts^{h}an^{22}nan^{44}t^{h}ieu^{44}peʔ^{4}tɕiʌŋ^{44}.

我 是 前 年 透 北 京。

138 你说的是谁？

ȵi^{44}koŋ^{55}ke^{44}ɕi^{44}lɑ^{55}kuai^{44}?

你 讲 嘅 是 哪 个？

139 我反正不是说的你。

ŋɔi^{44}fɔn^{55}tsen^{44}məi^{21}ɕi^{44}koŋ^{55}ȵi^{44}.

我 反 正 未 是 讲 你。

140 他那天是见的老张，不是见的老王。

ki^{44}ȵi^{21}pu^{44}ȵiɪʔ^{4}t^{h}ai^{35}tɕ^{h}ioʔ^{2}ke^{44}ɕi^{44}lɑu^{55}tɕioŋ^{44}, məi^{21}ɕi^{44}lɑu^{55}uoŋ^{22}.

渠 二=晡 日 睇 着 嘅 是 老 张， 未 是 老 王。

141 只要他肯来，我就没的说了。

tsɿ^{55}oi^{44}ki^{44}xen^{55}loi^{22}, ŋɔi^{44}tɕiəu^{21}mɑu^{22}uɑ^{21}koŋ^{55}ŋʌ^{44}.

只 爱 渠 肯 来，我 就 无 话 讲 啊。

142 以前是有的做，没的吃。

mʌ^{55}nan^{22}ɕi^{44}xo^{44}ti^{55}tso^{44}, mɑu^{22}tuŋ^{55}ɕiʔ^{2}.

□ 年 是 有 得 做，无 □ 食。

mʌ^{55}nan^{22}ɕi^{44}xo^{44}ti^{55}tso^{44}, mɑu^{22}ti^{55}ɕiʔ^{2}.

□ 年 是 有 得 做，无 得 食。

143 现在是有的做，也有的吃。

kɔi^{21}xɑ^{35}ɕi^{44}xo^{44}ti^{55}tso^{44}, ia^{21}xo^{44}tuŋ^{55}ɕiʔ^{2}.

箇 下 是 有 得 做，也 有 □ 食。

144 上街买个蒜啊葱的，也方便。

tɕiai^{44}lu^{44}uon^{21}kuai^{44}tɔi^{21}sɔn^{44}tsuŋ^{21}, ia^{21}foŋ^{44}pien^{21}.

街 路 换 个 大 蒜 葱， 也 方 便。

145 柴米油盐有的是。（柴米油盐什么的，都有的是。）

ts^{h}ai^{22}mai^{35}iəu^{22}ien^{21}xo^{44}tiʔ^{4}ɕi^{44}.

柴 米 油 盐 有 得 是。

146 写字算账他都能行。（写字算账什么的，他都能行。）

ɕia^{55}tɕ^{h}i^{21}sɔn^{44}tioŋ^{44}ki^{44}tu^{44}xai^{44}.

写 字 算 账 渠 都 解。

147 **把那个东西递给我。**

ti^{55}ȵi^{21}kɔi^{44}nɑʔ^{4}te^{22}pən^{44}ŋɔi^{44}.

□二$^{=}$个 乇 □分 我。

148 **是他把那个杯子打碎了。**

ɕi^{44}ki^{44}ti^{55}ȵi^{21}kɔi^{44}poi^{44}tʌŋ^{5}lən^{21}ke^{44}.

是 渠 □二$^{=}$个 杯 打 烂 嘅。

149 **把人家脑袋都打出血了，你还笑！**

li^{55}pʰiɪʔ^{2}ȵin^{22}ke^{44}tʰieu^{22}tu^{44}tʌŋ^{55}tɕʰyɪʔ^{4}ɕieʔ^{4}a^{44}, ȵi^{44}ku^{55}sau^{44}!

□别 人 嘅 头 都 打 出 血 啊,你 故 笑!

150 **快去把书还给他。**

ɕiai^{44}tiʔ^{4}ɕy^{44}ti^{55}ɕy^{44}ian^{22}pəɪʔ^{4}ki^{44}.

快 滴 去 □书 还 分 渠。

151 **我真后悔当时没把他留住。**

ŋɔi^{44}tɕin^{44}xəu^{21}fəi^{44}toŋ^{44}sɿ^{22}məi^{21}li^{55}ki^{44}liəu^{22}lɑu^{21}.

我 真 后 悔 当 时 未 □渠 留 牢。

152 **你怎么能不把人当人呢？**

ȵi^{44}tso^{44}nɑʔ^{4}n^{22}li^{55}ȵin^{22}toŋ^{44}ȵin^{22}ne^{44}?

你 做 乇 唔□人 当 人 呢?

ȵi^{44}tɕi^{44}nɑʔ^{4}n^{22}li^{55}ȵin^{22}toŋ^{44}ȵin^{22}ne^{44}?

你 记$^{=}$乇 唔□人 当 人 呢?

153 **我们太阳就是叫热头。（有的地方管太阳叫日头。）**

ai^{44}ȵi^{55}nan^{22}tʰai^{44}ioŋ^{22}tɕiəu^{21}ɕi^{44}uo^{55}ȵieʔ^{2}tʰieu^{44}.

我 伲 年$^{=}$ 太 阳 就 是□ 热 头。

154 **什么？她管你叫爸爸！**

ɕi^{44}nɑʔ^{4}? ki^{44}uo^{55}ȵi^{44}uo^{55}tia^{44}!

是$^{=}$乇? 渠 □ 你 □ 爹!

155 **你拿什么都当真的，我看没必要。**

ȵi^{44}nʌŋ^{22}ɕi^{44}nɑʔ^{4}tu^{44}toŋ^{44}tɕin^{44}ke^{44}, ŋɔi^{44}tʰai^{55}n^{22}piɪʔ^{4}iɑu^{44}.

你 □ 是$^{=}$乇 都 当 真 嘅, 我 睇 唔必 要。

156 **真拿他没办法，烦死我了。**

tɕin^{44}nʌŋ^{44}ki^{44}mɑu^{22}pən^{21}foaʔ^{4}, fən^{22}si^{55}ŋɔi^{44}a^{44}.

真 □ 渠无 办 法, 烦 死我 啊。

157 **看你现在拿什么还人家。**

tʰai55ȵi44kɔi21xɑ35nʌŋ44ɕi44nɑʔ4ian22pʰiɪʔ2ȵin22.

睇 你 箇 下 □ 是⁼乇 还 别 人。

158 **他被妈妈说哭了。**

ki44pən44ki44ȵia55koŋ55tɕieu44loi22a44.

渠 分 渠 □ 讲 警 来 啊。

ki44pən44ki44ȵia55koŋ55tɕieu44a44.

渠 分 渠 □ 讲 警 啊。

159 **所有的书信都被火烧了，一点儿剩的都没有。**

su55iəu35ke44ɕy44ɕin44tu44pən44fu35ɕieu44tʰau44, iɪʔ4ti55tɕʰioŋ21loi22tu44mɑu22.

所 有 嘅 书 信 都 分 火 烧 掉， 一 滴 □ 来 都 无。

160 **被他缠了一下午，什么都没做成。**

pəɪʔ4ki44tɕʰien21tʰau44pən44ȵiɪʔ4, ɕi44nɑʔ4a21məi21tso44ɕiʌŋ22.

分 渠 缠 掉 半 日， 是⁼乇 也 未 做 成。

pəɪʔ4ki44tɕʰien21tʰau44pən44ȵiɪʔ4, ɕi44nɑʔ4tu44məi21tso44ɕiʌŋ22.

分 渠 缠 掉 半 日， 是⁼乇 都 未 做 成。

161 **让人给打蒙了，一下子没明白过来。**

pən44ȵin22tʌŋ55muŋ35ŋa44, iɪʔ4xɑ21tu44məi21liŋ22tɕʰiŋ44ku44loi22.

分 人 打 懵 啊， 一 下 都 未 灵 清 过 来。

162 **给雨淋了个浑身湿透。**

pən44ɕy55tʌŋ35ŋʌ44iɪʔ4ɕin44ɕiəuʔ4tɕiauʔ4tɕiauʔ4.

分 水 打 啊 一 身 湿 □ □。

163 **给我一本书。给他三本书。**

pən44iɪʔ4pon55ɕy44ŋɔi44. pən44 sɔn44pon55 ɕy44 ki44.

分 一 本 书 我。 分 三 本 书 渠。

pən44ŋɔi44 iɪʔ4 pon55 ɕy44. pən44 ki44 sɔn44pon55ɕy44.

分 我 一 本 书。 分 渠 三 本 书。

164 **这里没有书，书在那里。**

kɔi21ti55məi21xo44ɕy44, ɕy44ɕi44ȵi21ti55.

箇 滴 未 有 书， 书 是 二⁼□。

kɔi21ti55məi21xo44ɕy44, ɕy44ɕi44ȵi21pan44.

箇 滴 未 有 书， 书 是 二⁼边。

165 **叫他快来找我。**

uo^{55}ki^{44}çiai^{44}tiʔ^{4}loi^{22}çin^{22}ŋɔi^{44}.

□ 渠 快 滴 来 寻 我。

166 **赶快把他请来。**

çiai^{44}tiʔ^{4}li^{55}ki^{44}tsʰᴀŋ^{35}loi^{22}.

快 滴 □ 渠 请 来。

kɔn^{55}tçin^{35}ti^{55}ki^{44}tsʰᴀŋ^{55}loi^{22}.

赶 紧 □ 渠 请 来。

167 **我写了条子请病假。**

ŋɔi^{44}çia^{55}lə^{22}kə^{44}tiau^{22}tsɿ^{55}tsʰᴀŋ^{55}pʰiᴀŋ^{21}kɑ^{44}.

我 写 了 个 条 子 请 病 假。

168 **我上街买了份报纸看。**

ŋɔi^{44}çioŋ^{44}tçiai^{44}lu^{35}uon^{21}a^{44}iɪʔ^{4}fən^{21}pɑu^{44}tçi^{35}tʰai^{55}.

我 上 街 路 换 啊 一 份 报 纸 睇。

169 **我笑着躲开了他。**

ŋɔi^{44}xɑu^{55}sau^{44}sau^{44}pi^{21}kʰoi^{44}lau^{55}ki^{44}.

我 好 笑 笑 避 开 了 渠。

170 **我抬起头笑了一下。**

ŋɔi^{4}tçʰia^{22}çin^{55}tʰieu^{22}sau^{44}tʰau^{44}iɪʔ^{4}xɑ^{21}.

我 □ □ 头 笑 掉 一 下。

171 **我就是坐着不动，看你能把我怎么着。**

ŋɔi^{44}tçiəu^{21}çi^{44}tsʰo^{44}kuai^{55}n^{22}tuŋ^{21}, tʰai^{55}ȵi^{44}ti^{55}ŋɔi^{44}tso^{21}tso^{44}.

我 就 是 坐 箇 唔 动，睇 你 □ 我 □ 做。

172 **她照顾病人很细心。**

ki^{44}tçieu^{44}ku^{44}pʰiᴀŋ^{21}ȵin^{22}xen^{35}tsɿ^{55}sai^{44}.

渠 照 顾 病 人 很 仔 细。

173 **他接过苹果就咬了一口。**

ki^{44}tsauʔ^{4}ku^{44}pʰin^{22}ku^{35}tçiəu^{21}ȵiaʔ^{2}tʰau^{44}iɪʔ^{4}xɑu^{55}.

渠 接 过 苹 果 就 啮 掉 一 口。

174 **他的一句话，所有人都流了眼泪。（他的一番话使在场的所有人都流了眼泪。）**

ki^{44}ke^{44}iɪʔ^{4}ku^{44}uɑ^{21}, su^{55}iəu^{35}ke^{44}ȵin^{22}tu^{44}tçʰyɪʔ^{4}lau^{55}ȵian^{55}li^{21}.

渠 嘅 一 句 话，所 有 嘅 人 都 出 了 眼 泪。

175 **我们请他唱了一首歌。**

ŋɔi^{44}nan^{22}ts^{h}ᴀŋ^{55}ki^{44}tɕ^{h}ioŋ^{44}ᴀ^{44}iɪʔ^{4}t^{h}au^{22}ko^{44}.

我 年$^{=}$ 请 渠唱 啊一条 歌。

176 **我有几个亲戚在外地做工。**

ŋɔi^{44}xo^{44}tɕi^{55}kɔi^{44}tɕ^{h}in^{44}ts^{h}ᴀŋ^{22}ɕi^{44}k^{h}ᴀ^{55}pan^{44}tᴀŋ^{55}kuŋ^{44}.

我 有 几 个 亲 情 是客 边 打 工。

177 **他整天都陪着我说话。**

ki^{44}ɕiᴀŋ^{22}ȵiɪʔ^{4}tu^{44}poi^{22}ŋɔi^{44}koŋ^{55}uɑ^{21}.

渠成 日 都陪 我 讲 话。

178 **我骂他大笨蛋他居然不恼火。（我骂他是个大笨蛋，他居然不恼火。）**

ŋɔi^{44}koŋ^{55}ki^{44}t^{h}ɔi^{21}pən^{21}tan^{21}ki^{44}ku^{55}mai^{44} foaʔ^{4}fu^{35}.

我 讲 渠大 笨 蛋 渠故 [无解]发 火。

179 **他把钱一扔，二话不说，转身就走。**

ki^{44}ti^{55}ts^{h}an^{21}iɪʔ^{4}iᴀŋ^{21}, uɑ^{21}tu^{44}məi^{21}koŋ^{55}iɪʔ^{4}xɑ^{21}, tɕyon^{55}ɕin^{44}tɕiəu^{21}xᴀŋ^{22}.

渠□钱 一□，话 都未 讲 一下，转 身 就 行。

180 **我该不该来呢？**

ŋɔi^{44}kai^{44}n^{22}kai^{44}loi^{22}li^{55}?

我 该 唔该 来 哩？

181 **你来也行，不来也行。**

ȵi^{44}loi^{22}ia^{21}xɑu^{55}, n^{22}loi^{22}ia^{21}xɑu^{55}.

你 来 也 好， 唔来 也 好。

182 **要我说，你就不应该来。**

i^{55} ŋɔi^{44}koŋ^{55}, ȵi^{44}tɕiəu^{21}n^{22}in^{55}kai^{44}loi^{22}.

依我 讲， 你 就 唔应 该 来。

183 **你能不能来？**

ȵi^{44}xai^{44}n^{22}xai^{44}loi^{22}?

你 解 唔解 来？

184 **看看吧，现在说不准。**

t^{h}ai^{55}t^{h}ai^{55}ka^{44}, kɑ^{21}xɑ^{35}ku^{55}koŋ^{55}n^{22}t^{h}ᴀŋ^{21}.

睇 睇 嘎，箇 下 故 讲 唔定。

ten^{35}a^{55}t^{h}ai^{35}, kɑ^{21}xɑ^{35}ku^{55}koŋ^{55}n^{22}t^{h}ᴀŋ^{21}.

等 下睇， 箇 下 故 讲 唔定。

185 **能来就来，不能来就不来。**

xai^{44}loi^{22}tɕiəu^{21}loi^{22}, mai^{44} loi^{22}tɕiəu^{21}mai^{44} loi^{22}.

解 来 就 来，[无解]来 就 [无解]来。

xai^{44}loi^{22}tɕiəu^{21}loi^{22}, mai^{44} loi^{22}tɕiəu^{21}n^{22}soi^{55}loi^{22}.

解 来 就 来，[无解]来 就 唔使 来。

186 **你打算不打算去？**

ȵi^{44}tʌŋ^{55}sɔn^{44}n^{22}tʌŋ^{55}sɔn^{44}ɕy^{44}?

你 打 算 唔打 算 去？

ȵi^{44}ɕiʌŋ^{55}a^{55}ɕi^{55}n^{22}ɕiʌŋ^{55}ɕy^{44}?

你 想 □是 唔想 去？

ȵi^{44}ɕiʌŋ^{55}n^{22}ɕiʌŋ^{55}ɕy^{44}?

你 想 唔想 去？

187 **去呀！谁说我不去？（去呀！谁说我不打算去？）**

ɕy^{44}ka^{44}! nɑ^{55}kɔi^{44}koŋ^{55}ŋɔi^{44}n^{22}ɕy^{44}ne^{44}?

去 嘎！哪 个 讲 我 唔去 呢？

188 **他一个人敢去吗？**

ki^{44}iɪʔ^{4}kɔi^{44}ȵin^{22}kɔn^{55}ɕy^{44}a^{44}mai^{44}?

渠 一 个 人 敢 去 啊[无解]？

ki^{44}iɪʔ^{4}kɔi^{44}ȵin^{22}xo^{44}kɔn^{55}ɕy^{44}a^{44}?

渠 一 个 人 有 敢 去 啊？

189 **敢！那有什么不敢的？**

kɔn^{35}ne^{44}! nɑ^{55}tsɑu^{44}xo^{44}ɕi^{44}nɑʔ^{4}mɑu^{22}kɔn^{55}ɕy^{44}le^{44}?

敢 呢！哪 灶= 有 是=乇 无 敢 去 嘞？

kɔn^{35}ne^{44}! nɑ^{55}tsɑu^{44}xo^{44}ɕi^{44}nɑʔ^{4}n^{22}kɔn^{55}ɕy^{44}le^{44}?

敢 呢！哪 灶= 有 是=乇 唔敢 去 嘞？

190 **他到底愿不愿意说？**

ki^{44}tɑu^{55}ti^{55}ȵyon^{21}i^{44} n^{22}ȵyon^{21}i^{44} koŋ^{35}?

渠 到 底愿 意唔愿 意讲？

191 **谁知道他愿意不愿意说？**

nɑ^{55}kɔi^{44}ɕieu^{55}tiʔ^{4}ki^{44}ȵyon^{21}i^{44} n^{22}ȵyon^{21}i^{44} koŋ^{35}?

哪 个 晓 得渠愿 意唔愿 意讲？

192 **愿意说得说，不愿意说也得说。**

ȵyon^{21}koŋ^{35}ia^{21}oi^{44}koŋ^{35}, n^{22}ȵyon^{21}koŋ^{55}ȵi^{44}ia^{21}oi^{44}koŋ^{55}.

愿 讲 也爱讲，唔愿 讲 你也爱讲。

193 **反正我得让他说，不说不行。**

fɔn^{55}tsen^{44}ŋɔi^{44}xai^{44}kau^{44}ki^{44}koŋ^{35}, n^{22}koŋ^{35}ki^{44}n^{22}ɕiŋ^{22}.

反 正 我 解 教 渠讲，唔讲 渠唔行。

194 **还有没有饭吃？**

ku^{55}xo^{44}p^{h}ɔn^{21}ɕiʔ^{2}a^{44}mɑu^{22}?

故有饭 食啊无？

195 **有，刚吃呢。**

xo^{44}, tɕiʌŋ^{44}ɕiʔ^{2}t^{h}au^{44}.

有，正 食掉。

196 **没有了，谁叫你不早来！**

mei^{21}xo^{44}, lɑ^{55}kuai^{44}kau^{44}ȵi^{44}n^{22}tsɑu^{35}ti^{55}loi^{22}!

未 有，哪个 教 你唔早 滴来！

197 **你去过北京吗？我没去过。**

ȵi^{44}ɕy^{44}ku^{44}peʔ^{4}tɕiʌŋ^{44}məi^{21}? ŋɔi^{44}məi^{21}ɕy^{44}ku^{44}.

你去过北京 未？我 未 去过。

198 **我几十年前去过，可没怎么玩，都没印象了。**

ŋɔi^{44}tɕi^{55}ɕiəuʔ^{2}nan^{22}ɕian^{21}ɕy^{44}ku^{44}, tan^{21}sɿ^{44}məi^{21}tɕioŋ^{35}tɕ^{h}ioʔ^{2}, kɔi^{213}tu^{44}mɑu^{22}in^{55}ɕioŋ^{213}ŋa^{44}.

我 几 十 年 先 去过，但 是未 长$^{=}$ 着， 箇 都无 印象 啊。

199 **这件事他知道不知道？**

kɔi^{21}tɕien^{21}sɿ^{21}ki^{44}ɕieu^{35}tiʔ^{4}mai^{44} ɕieu^{55}tiʔ^{4}?

箇 件 事渠晓 得[无解]晓 得？

kɔi^{21}tɕien^{21}sɿ^{21}ki^{44}ɕieu^{35}tiʔ^{4}ai^{55}ɕi^{44}ma^{55}tiʔ^{4}?

箇 件 事渠晓 得□是□ 得？

kɔi^{21}tɕien^{21}sɿ^{21}ki^{44}ɕieu^{35}tiʔ^{4}ma^{55}tiʔ^{4}?

箇 件 事渠晓 得□ 得？

200 **这件事他肯定知道。**

kɔi^{21}tɕien^{21}sɿ^{21}ki^{44}k^{h}ən^{55}tiŋ^{21}ɕieu^{55}tiʔ^{4}.

箇 件 事渠肯 定晓 得。

201 **据我了解，他好像不知道。**

tɕy^{55}ŋɔi^{44}liau^{55}kai^{35}ki^{44}xɑu^{55}ɕioŋ^{21}ɕi^{44}mai^{55}tiʔ^{4}.

据 我 了 解 渠 好 像 是□ 得。

202 **这些字你认得不认得？**

kɔi^{21}to^{44}tɕ^{h}i^{213}ȵi^{44}ȵin^{21}tiʔ^{4}tɕ^{h}ioʔ^{2}a^{44}mai^{44} ȵin^{21}tiʔ^{4}tɕ^{h}ioʔ^{2}?

箇 多=字 你 认 得 着 啊[无解]认 得 着？

203 **我一个大字也不认得。**

ŋɔi^{44}iɪʔ^{4}kɔi^{44}t^{h}ɔi^{21}tɕ^{h}i^{21}tu^{44}mai^{44} ȵin^{21}tiʔ^{4}tɕ^{h}ioʔ^{2}.

我 一 个 大 字 都[无解]认 得 着。

204 **只有这个字我不认得，其他字都认得。**

tɕiəu^{21}ɕi^{44}kɔi^{21}kɔi^{44}tɕ^{h}i^{21}mai^{44} ȵin^{21}tɕ^{h}ioʔ^{2}, tɕ^{h}i^{22}t^{h}ɑ^{44}tɕ^{h}i^{21}ŋɔi^{44}tu^{44}ȵin^{21}tiʔ^{4}tɕ^{h}ioʔ^{2}.

就 是 箇 个 字 [无解]认 着， 其 他 字 我 都 认 得 着。

205 **你还记得不记得我了？**

ȵi^{44}ku^{55}tɕi^{44}tɕ^{h}ioʔ^{2}ŋɔi^{44}a^{55}ɕi^{44}mai^{44} tɕi^{44}tɕ^{h}ioʔ^{2}ŋɔi^{44}a^{44}?

你 故 记 着 我 □是[无解]记 着 我 啊？

ȵi^{44}ku^{55}tɕi^{44}tɕ^{h}ioʔ^{2}ŋɔi^{44}a^{44}mai^{44}?

你 故 记 着 我 啊[无解]？

206 **记得，怎么能不记得！**

tɕi^{44}tɕ^{h}ioʔ^{2}, tso^{21}tso^{44}mai^{44} tɕi^{44}tiʔ^{4}tɕ^{h}ioʔ^{2}le^{44}!

记 着， □ 做 [无解]记 得 着 嘞！

207 **我忘了，一点都不记得了。**

o^{42}, t^{h}aʔ^{4}ȵioŋ^{44}t^{h}au^{44}ᴀ^{44}, iɪʔ^{4}xɑ^{21}tu^{44}mai^{44} ɕiᴀŋ^{55}tiʔ^{4}ɕioŋ^{55}ɕin^{44}.

哦，□ □ 掉 啊，一 下 都 [无解]想 得 上 身。

208 **你在前边走，我在后边走。**

ȵi^{44}tsɔi^{21}ta^{55}ɕian^{21}xᴀŋ^{22}, ŋɔi^{44}tsɔi^{21}ɕi^{55}t^{h}ieu^{21}xᴀŋ^{22}.

你 在 底=先 行， 我 在 屎 头 行。

209 **我对他说了，你不用再说了。（我告诉他了，你不用再说了。）**

ŋɔi^{44}li^{55}ki^{44}koŋ^{55}ᴀ^{44}, ȵi^{44}tsai^{44}n^{22}soi^{55}koŋ^{55}a^{44}.

我 □渠 讲 啊，你 再 唔使 讲 啊。

210 **这个大，那个小，你看哪个好？**

kɔi^{21}kɔi^{44}t^{h}ɔi^{21}, nai^{21}kɔi^{44}sai^{44}, ȵi^{44}t^{h}ai^{55}nai^{55}kɔi^{44}xɑu^{55}?

箇 个 大， □ 个 细， 你 睇 □ 个 好？

211 这个比那个好。

kɔi^{21}kɔi^{44}pi^{55}ȵi^{21}kɔi^{44}xɑu^{55}.

箇 个 比 二$^{=}$个 好。

212 那个没有这个好，差多了。

ȵi^{21}kɔi^{44}mɑu^{22}kɔi^{21}kɔi^{44}xɑu^{55}, tsʰɑ^{44}to^{44}ᴀ^{44}.

二$^{=}$个 无 箇 个 好， 差 多 啊。

213 要我说这两个都好。

i^{55} ŋɔi^{44}tʰai^{55}kɔi^{21}ioŋ^{35}kɔi^{44}tu^{44}xɑu^{55}.

依我 睇 箇 两 个 都 好。

214 其实这个比那个好多了。

tɕʰi^{22}ɕiɪʔ^{2}kɔi^{21}kɔi^{44}pi^{55}ȵi^{21}kɔi^{44}xɑu^{55}to^{44}ɑ^{44}.

其 实 箇 个 比 二$^{=}$个 好 多 啊。

tɕʰi^{22}ɕiɪʔ^{2}kɔi^{21}kɔi^{44}ti^{55}ȵi^{21}kɔi^{44}xɑu^{55}to^{44}ɑ^{44}.

其 实 箇 个 □二$^{=}$个 好 多 啊。

215 今天的天气没有昨天好。

tɕin^{44}pu^{44}ke^{44}tʰan^{44}kuŋ^{44}mɑu^{22}tɑ^{21}pu^{21}xɑu^{55}.

今 晡 嘅 天 公 无 □ 晡 好。

216 昨天的天气比今天好多了。

tɔn^{21}pu^{21}ke^{44}tʰan^{44}kuŋ^{44}pi^{55}tɕin^{44}pu^{44}ȵin^{44}xɑu^{55}tiʔ^{4}to^{44}.

□ 晡 嘅 天 公 比 今 晡 □ 好 得 多。

217 明天的天气肯定比今天好。

tʰan^{35}tʰieu^{22}ke^{44}tʰan^{44}kuŋ^{44}kʰen^{55}tiŋ^{21}pi^{55}tɕin^{44}pu^{44}xɑu^{55}.

天 头 嘅 天 公 肯 定 比 今 晡 好。

218 那个房子没有这个房子好。

ȵi^{21}toŋ^{22}lau^{22}mɑu^{22}kɔi^{21}toŋ^{22}lau^{22}xɑu^{55}.

二$^{=}$□ 寮 无 箇 □ 寮 好。

219 这些房子不如那些房子好。

kɔi^{21}pan^{44}ke^{44}lau^{22}mɑu^{22}ȵi^{21}pan^{44}ke^{44}lau^{22}xɑu^{55}.

箇 边 嘅 寮 无 二$^{=}$边 嘅 寮 好。

220 这个有那个大没有？

kɔi^{21}kɔi^{44}xo^{44}mɔi^{21}xo^{44}ȵi^{21}kɔi^{44}tʰɔi^{21}?

箇 个 有 未 有 二$^{=}$个 大？

221 **这个跟那个一般大。**

kɔi^{21}kɔi^{44}li^{55}ȵi^{21}kɔi^{44}iɪʔ^{4}ioŋ^{21}tʰɔi^{21}.

箇 个 □二$^{=}$个 一样 大。

222 **这个比那个小了一点点儿，不仔细看看不出来。（这个比那个小了一点点儿，不怎么看得出来。）**

kɔi^{21}kɔi^{44}pi^{55}ȵi^{21}kɔi^{44}sai^{44}ti^{55}ti^{55}, n^{22}tsɿ^{55}sai^{44}mai^{44} tʰai^{55}tiʔ^{4}tɕʰyɪʔ^{4}loi^{22}.

箇 个 比 二$^{=}$个 细 滴滴，唔仔 细 [无解]睇 得出 来。

223 **这个大，那个小，两个不一般大。**

kɔi^{21}kɔi^{44}tʰɔi^{21}, nai^{21}kɔi^{44}sai^{44}, ioŋ^{55}kɔi^{44}mai^{44} iɪʔ^{4}ioŋ^{21}tʰɔi^{21}.

箇 个 大， □ 个 细， 两 个 [无解]一样 大。

kɔi^{21}kɔi^{44}tʰɔi^{21}, ȵi^{21}kɔi^{44}sai^{44}, ioŋ^{55}kɔi^{44}mai^{44} iɪʔ^{4}ioŋ^{21}tʰɔi^{21}.

箇 个 大， 二$^{=}$个 细， 两 个 [无解]一样 大。

224 **这个跟那个大小一样，分不出来。**

kɔi^{21}kɔi^{44}li^{55}ȵi^{21}kɔi^{44}tʰɔi^{21}sai^{44}iɪʔ^{4}ioŋ^{21}, pən^{44}mai^{44} tɕʰyɪʔ^{4}loi^{22}.

箇 个 □二$^{=}$个 大 细 一样， 分 [无解]出 来。

225 **这个人比那个人高。**

kɔi^{21}kɔi^{44}ȵin^{22}pi^{55}ȵi^{21}kɔi^{44}ȵin^{22}kɑu^{44}.

箇 个 人 比 二$^{=}$个 人 高。

226 **是高一点儿，可是没有那个人胖。**

ɕi^{44}kɑu^{44}iɪʔ^{4}ti^{55}, tɕiəu^{21}ɕi^{44}mɑu^{22}ȵi^{21}kɔi^{44}ȵin^{22}tsoŋ^{44}.

是高 一滴，就 是无 二$^{=}$个 人 壮。

ɕi^{44}kɑu^{44}a^{44}iɪʔ^{4}ti^{55}, tɕiəu^{21}ɕi^{44}mɑu^{22}ȵi^{21}kɔi^{44}ȵin^{22}tsoŋ^{44}.

是高 啊一滴，就 是无 二$^{=}$个 人 壮。

227 **他们差不多高，我也看不出高矮。（他们一般高，我看不出谁高谁矮。）**

ki^{44}nan^{22}tsʰɑ^{44}n^{22}to^{44}kɑu^{44}, ŋɔi^{44}ia^{21}tʰai^{55}n^{22}tɕʰyɪʔ^{4}loi^{22}kɑu^{44}ai^{35}.

渠 年$^{=}$ 差 唔多高， 我 也睇 唔出 来 高 矮。

ki^{44}nan^{22}tsʰɑ^{44}n^{22}to^{44}kɑu^{44}, ŋɔi^{44}ia^{21}tʰai^{55}n^{22}tɕʰyɪʔ^{4}kɑu^{44}ai^{35}.

渠 年$^{=}$ 差 唔多高， 我 也睇 唔出 高 矮。

228 **胖的好还是瘦的好？**

tsoŋ^{44}ke^{44}xɑu^{55}a^{55}ɕi^{44}sɑu^{44}ke^{44}xɑu^{55}?

壮 嘅好 □是瘦 嘅好？

229　瘦的比胖的好。

sɑu^{44}ke^{44}pi^{55}tsoŋ^{44}ke^{44}xɑu^{55}.

瘦　嘅 比 壮　嘅 好。

230　瘦的胖的都不好，不瘦不胖最好。

sɑu^{44}ke^{44}tsoŋ^{44}ke^{44}tu^{44}mai^{44} xɑu^{55}, n^{22}sɑu^{44}n^{22}tsoŋ^{44}tiŋ^{35}xɑu^{55}.

瘦　嘅 壮　嘅 都 [无解]好，　唔瘦　唔壮　顶 好。

231　这个东西没有那个东西好用。

kɔi^{21}kɔi^{44}nɑʔ^{4}mɑu^{22}ȵi^{21}kɔi^{44}nɑʔ^{4}xɑu^{55}soi^{35}.

箇 个 乇 无　二⁼个　乇 好　使。

232　这两种颜色一样吗？

kɔi^{21}ioŋ^{55}tsuŋ^{55}ŋɔn^{22}seʔ^{4}iɪʔ^{4}ioŋ^{21}ke^{44}mai^{44}?

箇 两 种　颜　色 一 样　嘅 [无解]？

233　不一样，一种色淡，一种色浓。

mai^{44} iɪʔ^{4}ioŋ^{21}, iɪʔ^{4}tsuŋ^{55}kʰau^{44}tʰɔn^{44}, iɪʔ^{4}tsuŋ^{55}kʰau^{44}iuŋ^{22}.

[无解]一 样，　一 种　较　淡，　一 种　较　浓。

234　这种颜色比那种颜色淡多了，你都看不出来？

kɔi^{21}tsuŋ^{55}ŋɔn^{22}seʔ^{4}pi^{55}ȵi^{21}tsuŋ^{55}ŋɔn^{22}seʔ^{4}tʰɔn^{44}to^{44}ᴀ^{44}, ȵi^{44}tu^{44}mai^{44} tʰai^{55}tiʔ^{4}tɕʰyɪʔ^{4}loi^{213}?

箇 种　颜　色 比 二⁼种　颜　色 淡　多 啊，你 都 [无解]睇　得 出　来？

235　你看看现在，现在的日子比过去强多了。

ȵi^{44}tʰai^{55}tʰai^{55}kɔi^{21}xɑ^{35}, kɔi^{21}xɑ^{35}ke^{44}ȵiɪʔ^{4}tɕi^{21}pi^{55}mᴀ^{55}nan^{22}ke^{44}xɑu^{55}to^{44}ᴀ^{44}.

你 睇　睇　箇　下，箇　下 嘅 日　子 比 □　年　嘅 好　多 啊。

236　以后的日子比现在更好。

i^{55} xəu^{21}ke^{44}ȵiɪʔ^{4}tɕi^{21}pi^{55}kɔi^{21}xɑ^{35}ku^{55}xɑu^{55}kʰau^{44}xɑu^{55}.

以后　嘅 日　子 比 箇　下 故 好　较　好。

237　好好干吧，这日子一天比一天好。

xɑu^{55}xɑu^{55}tso^{44}, ȵiɪʔ^{4}tɕi^{21}ɕi^{44}iɪʔ^{4}ȵiɪʔ^{4}pi^{55}iɪʔ^{4}ȵiɪʔ^{4}xɑu^{35}.

好　好　做，日　子　是 一 日　比 一 日　好。

nien^{55}nien^{44}tso^{44}, kɑ^{21}kɔi^{44}ȵiɪʔ^{4}tɕi^{2}iɪʔ^{4}ȵiɪʔ^{4}pi^{55}iɪʔ^{4}ȵiɪʔ^{4}tɕʰioŋ^{22}ᴀ^{44}.

□　□　做，箇 个　日　子 一 日　比 一 日　强　　啊。

238　这些年的生活一年比一年好，越来越好。

kɔi^{21}ioŋ^{55}nan^{22}ke^{44}sᴀŋ^{44}uɑʔ^{2}iɪʔ^{4}nan^{22}pi^{55}iɪʔ^{4}nan^{22}xɑu^{35}a^{44}, yɵeʔ^{2}loi^{22}yɵeʔ^{2}xɑu^{35}.

箇 两　年　嘅 生　活　一 年　比 一 年　好　啊，越　来 越　好。

239 **咱兄弟俩比一比谁跑得快。**

ŋɔi44ȵi55ioŋ55ɕiʌŋ44thai44pi55iɪʔ4xɑ21, lɑ55kɔi44tsɑu55tiʔ4ɕiai44.

我 伲 两 兄 弟 比 一 下，哪 个 走 得 快。

ŋɔi44ȵi55ioŋ55ɕiʌŋ44thai44pi55iɪʔ4xɑ21, lɑ55kɔi44tsɑu55khau44ɕiai44.

我 伲 两 兄 弟 比 一 下，哪 个 走 较 快。

240 **我比不上你，你跑得比我快。**

ŋɔi44pi55mai44 ɕioŋ44ȵi44, ȵi44tsɑu55tiʔ4pi55ŋɔi44ɕiai44.

我 比 [无解]上 你，你 走 得 比 我 快。

241 **他跑得比我还快，一个比一个跑得快。**

ki44tsɑu55tiʔ4pi55ŋɔi44ɕiai44, iɪʔ4kuai44pi55iɪʔ4kuai44tsɑu55tiʔ4ɕiai44.

渠 走 得 比 我 快，一 个 比 一 个 走 得 快。

ki44tsɑu55tiʔ4pi55ŋɔi44ku55ɕiai44, iɪʔ4kuai44pi55iɪʔ4kuai44tsɑu55tiʔ4ɕiai44.

渠 走 得 比 我 故 快，一 个 比 一 个 走 得 快。

ki44tsɑu55tiʔ4pi55ŋɔi44khau44ɕiai44, iɪʔ4kuai44pi55iɪʔ4kuai44tsɑu55tiʔ4ɕiai44.

渠 走 得 比 我 较 快，一 个 比 一 个 走 得 快。

242 **他比我吃得多，干得也多。**

ki44pi55ŋɔi44ɕiʔ2tiʔ4to44, tso44tiʔ4ia21to44.

渠 比 我 食 得 多，做 得 也 多。

243 **他干起活来，比谁都快。**

ki44tso44ɕin55se21lei22pi55lɑ55kuai44tu44ɕiai44.

渠 做 □ 事 来 比 哪 个 都 快。

244 **说了一遍又一遍，不知说了多少遍。（说了一遍，又说一遍，不知说了多少遍。）**

koŋ35thau44iɪʔ4pien44iəu21iɪʔ4pien44na44, mʌ55tiʔ4koŋ55thau44tɕi55to44pien44.

讲 掉 一遍 又 一遍 哪，□ □讲 掉 几 多 遍。

245 **我嘴笨，可是怎么也说不过他。**

ŋɔi44tɕyoi44pən21, tso21tso44tu44mai44 koŋ55ku44ki44.

我 嘴 笨，□ 做 都 [无解]讲 过 渠。

ŋɔi44tɕyoi44pən21, tso21tso44a21mai44 koŋ55ku44ki44.

我 嘴 笨，□ 做 也 [无解]讲 过 渠。

ŋɔi44tɕyoi44pən21, tso21tso44ia21mai44 koŋ55ki44ku44.

我 嘴 笨，□ 做 也 [无解]讲 渠 过。

246　**他走得越来越快，我都跟不上了。**

ki^{44}xᴀŋ^{22}tiʔ^{4}yɵeʔ^{2}loi^{22}yɵeʔ^{2}ɕiai^{44}, ŋɔi^{44}tu^{44}mai^{44} tʰen^{22}ki^{44}ɕioŋ^{44}ŋᴀ^{44}.

渠 行　得越　来 越　快，我　都[无解]滕　渠 上　啊。

247　**越走越快，越说越快。**

yɵeʔ^{2}xᴀŋ^{22}yɵeʔ^{2}ɕiai^{44}, yɵeʔ^{2}koŋ^{55}yɵeʔ^{2}ɕiai^{44}.

越　行　越　快，越　讲　越　快。

248　**慢慢说，一句一句地说。**

nien^{55}nien^{44}koŋ^{55}, iɪʔ^{4}ku^{44}iɪʔ^{4}ku^{44}koŋ^{55}.

□　□　讲，一 句　一 句　讲。

永远跟

第八章 话语材料

本章转写武宁畲话的一些话语材料：第一节是从两年多的调查中逐步辑录而来的，发音人不一；第二节和第三节均转写自2016年摄录的语保工程“口头文化”部分，第四节转写自2016年摄录的语保工程“话语”部分，均附视频，视频目录与小节标题一致。这些语料反映了更深层次的语言问题，蕴含了丰富的语言文化信息，也有大量的语流音变现象乃至口误，我们都根据实际情况予以转写。

第一节

俗语谚语

本节收录武宁畲话熟语谜语16条，每条均标注读音。

1. tuŋ^{44}xəu^{44}ȵieʔ^{2}t^{h}ieu^{44}sai^{44}xəu^{44}çy^{55}.

   东　鲎①热　头　　西　鲎　水②。

2. sɔn^{44}fuʔ^{2}lien^{22}tç^{h}iəu^{44}, kau^{44}tç^{h}iəu^{44}tçiəu^{21}lioŋ^{22}.

   三　伏 连　秋，　　交　秋　　就　　凉。

3. tuŋ^{44}tsaʔ^{4}t^{h}ɔi^{21}y^{22}nan^{22}.

   冬　节　大　如年。

4. çiəuʔ^{2}ȵyɵeʔ^{2}çiɑu^{35}ioŋ^{22}tç^{h}yn^{44}.

   十　　月　　小　　阳　春。

5. n^{22}kuon^{35}xo^{44}ts^{h}an^{21}mɑu^{22}ts^{h}an^{21}, tç^{h}yon^{55}lau^{22}ku^{44}nan^{22}.

   唔管　　有 钱　　无　　钱，　　转　　　寮　过　年。

6. tç^{h}iɪʔ^{4}tç^{h}iɪʔ^{4}si^{44}çiəuʔ^{2}tçiəu^{35}ȵiɪʔ^{4}moi^{22}.

   七　　七　　四 十　　九　　日　梅。

7. lən^{21}tç^{h}iɪʔ^{4}n^{22}lən^{21}paʔ^{4}, lən^{21}paʔ^{4}tuŋ^{21}çiəu^{35}tçiəu^{21}oi^{44}loaʔ^{4}.

   闰　七　　唔闰　八，闰　八　动　手　　就　　爱 捋。

8. ŋ^{55}ȵyɵeʔ^{2}çiəuʔ^{2}sɔn^{44}, kuɔn^{44}lɑu^{55}ia^{22}mo^{22}tɑu^{44}.

   五月　　　十　　三，关　　老　爷磨　刀。

---

① 鲎[xəu^{44}]：虹。

② 水[çy^{35}]：下雨。此处产生了语流音变。

9. koŋ44tɕy21ioŋ55nan22pɔn44, pʰieʔ2ȵin22koŋ55uɑ21tu44n22sɔn44, ŋɔi44ti21kɑ21ten55ten55ioŋ35lioŋ44pɔn44.
光绪两年半，别人讲话都唔算，我□家①戥戥两两半。

10. iɪʔ4loi44tɕʰiuŋ22, ȵi22loi44fu44, sɔn44loi44pʰien44kuəi35xai44tʰoaʔ4fu44, si44loi44tɔn44tɕiəu35tɔn44tʰieu21 fu22.
一□②穷，二□富，三□骗鬼解脱裤，四□担酒担豆腐。

11. ɕin44ȵioŋ22tɕʰian213, ɕin44ȵioŋ22tsʰoŋ22, fən44na44ieu44kuəɪʔ4tu44mai44 tʰuŋ44.
新娘间，新娘床，困啊腰骨都[无解]痛。

12. tʰieu22tɕʰiɪʔ4moŋ22moŋ22, ȵi21tɕʰiɪʔ4tɕian44ȵien22uoŋ22, sɔn44tɕʰiɪʔ4tɕyon55kɑ44toŋ22.
头七茫茫，二七见阎王，三七转家□③。

13. ȵy21kuəɪʔ4tsʰᴀŋ44tsʰᴀŋ44, ȵy21lin22tʰiauʔ2tʰiauʔ2, ɕiʔ2ȵin22u22su44, lai35tɕʰyɪʔ4ȵyon22tsɔi21.
鱼骨撑撑，鱼鳞叠叠，食人无数，□④出原在
——ŋɑ55lau22
——瓦寮

14. tɕʰian44ȵiɪʔ4u22tɕʰin22pᴀʔ4ȵiɪʔ4ɕieu44, sɔn44ȵiɪʔ4sɑu55nɑʔ2u22u22tɕieu44.
千日胡琴百日箫，三日唢呐呜呜警。

15. tɕʰyn44fən44tɕʰiəu44fən44, ȵiɪʔ4ia21pʰiᴀŋ22pɔn44.
春分秋分，日夜平分。

16. sɔn44fən44ȵin22tsai22tɕiɪʔ4fən44pɔn44.
三分人才七分扮。

① □家[ti21kɑ21]：自己。

② □[loi44]：圆形的指纹。

③ □[toŋ22]：量词，幢。

④ □[lai35]：吐。

第二节

歌谣

1. 十二生肖歌（节选）

ŋɔi^{44}nan^{22}tɕ^{h}ioŋ^{44}ke^{44}sʅ^{44}, san^{44}hᴀʔ^{4}, ɕiəuʔ^{2}ȵi^{21}ɕin^{44}sau^{44}.

我 年$^{=}$ 唱 嘅 是，山 客， 十 二 生 肖。

tɕiᴀŋ^{44}ȵyɵeʔ^{2}li^{55}in^{22}ɕi^{22}sau^{35}hu^{53}loŋ^{55}li^{55}.

正 月 里寅时肖 虎 郎 哩。

sau^{35}hu^{55}iɪʔ^{4}se^{44}tsai^{21}li^{55}san^{42}li^{55}tɕ^{h}ioŋ^{22}.

肖 虎 一世 在 哩山 哩场。

ɕin^{21}ɕioŋ^{21}li^{55}sᴀŋ^{42}mɑu^{35}ŋ^{55}seʔ^{4}ioŋ^{21}.

身 上 哩生 毛 五色 样。

tɕ^{h}yɪʔ^{4}lai^{55}lo^{44}ɕiʔ^{2}hai^{44}hᴀʔ^{4}li^{55}ȵioŋ^{22}.

出 来 攞 食 解 吓 哩娘①。

in^{22}ɕi^{22}li^{55}sau^{35}fu^{53}ɕiɪʔ^{2}ɕin^{44}ɕieu^{35}li^{55}.

寅 时 哩肖 虎 实 生 肖 哩。

tɕ^{h}yɪʔ^{4}loi^{55}lo^{44}ɕiʔ^{2}t^{h}ieu^{35}li^{55}pioŋ^{44}li^{35}tai^{44}.

出 来 攞 食 头 哩放 哩低。

lo^{44}ti^{55}li^{55}ho^{44}ɕiʔ^{2}ɕiʔ^{2}iɪʔ^{4}tu^{55}o^{44}.

攞 得哩有 食 食 一肚 哦。

---

① 娘[ȵioŋ^{22}]：女人。

mɑu^{22}çiʔ^{2}kʰuŋ^{42}tu^{55}tsɑu^{55}ku^{44}li^{55}kai^{44}.

无 食 空 肚 走 过 哩 界。

ȵi^{21}ȵyɵeʔ^{2}li^{55}mau^{53}çi^{22}sau^{35}tʰu^{53}loŋ^{55}li^{55}.

二 月 里 卯 时 肖 兔 郎 哩。

sau^{35}tʰu^{55}iɪʔ^{4}se^{44}tsai^{21}li^{55}mau^{42}li^{55}uoŋ^{22}.

肖 兔 一 世 在 哩 茅 哩 哦。

çin^{21}çioŋ^{21}li^{55}sʌŋ^{42}mɑu^{35}iəu^{22}iəu^{22}nən^{21}.

身 上 哩 生 毛 油 油 嫩。

tʰu^{55}mɑu^{44}pʰuʔ^{2}piɪʔ^{4}çia^{55}uən^{22}li^{55}tçioŋ^{44}.

兔 毛 缚 笔 写 文 哩 章。

mau^{55}çi^{55}li^{55}sau^{35}tʰu^{55}çiɪʔ^{2}tçʰin^{44}çi^{35}li^{55}.

卯 时 哩 肖 兔 实 清 气 哩。

çin^{44}çioŋ^{213}sʌŋ^{44}nai^{55}nən^{213}li^{55}mɑu^{44}li^{55}iəu^{22}.

身 上 生 啋 嫩 哩 毛 哩 油。

çin^{44}çioŋ^{21}li^{55}sʌŋ^{44}nai^{55}nən^{21}mɑu^{44}tsoi^{55}iɜu^{44}.

身 上 哩 生 啋 嫩 毛 崽 哟。

nʌŋ^{44}ȵin^{22}tso^{44}piɪʔ^{4}çia^{55}sai^{44}li^{55}çy^{44}.

□① 人 做 笔 写 细 哩 书。

（雷樟凤、钟成连、雷樟连演唱，2016年7月21日）

2. 养崽歌

tʰən^{22}no^{22}ioŋ^{44}tsoi^{55}çy^{55}tçʰiaʔ^{4}la^{44}tʰieu^{44}.

田 螺 养 崽 水 □② 啦 头。

li^{55}ȵy^{21}ioŋ^{44}tsuoi^{55}çy^{55}mien^{21}na^{22}pʰieu^{44}.

鲤 鱼 养 崽 水 面 哪 漂。

fu^{21}çioŋ^{21}tai^{44}tsəi^{55}tçiəu^{21}xai^{44}kʰəʔ^{4}ku^{55}.

和 尚 带 崽 就 解 搉 鼓。

tçʰiuŋ^{22}ȵin^{22}na^{44}ioŋ^{44}tsoi^{55}ku^{44}liɪʔ^{4}a^{21}tʰieu^{22}.

穷 人 哪 养 崽 箍 笠 啊 头。

（钟成连演唱，2016年7月29日）

---

① □[nʌŋ^{44}]：拿。

② 水□[çy^{55}tçʰiaʔ^{4}]：田埂上进出水的缺口。

第三节

故事

1. 牛郎□①织女

mɑ^{55}nan^{22}kə^{44}sɿ^{22}həu^{44}, ho^{44}iɪʔ^{4}kə^{44}fʌŋ^{21} tsoi^{55}, ia^{22}ȵia^{35}tu^{44}ku^{44}san^{44}na^{44}, hᴀ^{55}ȵin^{22}tsai^{21}kuo^{44},
□ 年② 嘅 时 候， 有 一 个 [化生]崽， 爷 □③ 都 过 山 哪，吓⁼人④ □ 过⑤，
lau^{22}li^{55}le^{44}tɕiəu^{21}sɿ^{44}iɪʔ^{4}t^{h}ieu^{22}ŋɑu^{22}, t^{h}ɔi^{21}li^{21}tu^{44} u^{55}ki^{44}ŋɑu^{22}loŋ^{22}. ŋɑu^{22}loŋ^{22}le^{44}, k^{h}ɑu^{55}kə^{21}t^{h}ieu^{22},
寮 里嘞就 是一头 牛， 大 利⁼都 □⑥渠牛 郎。 牛 郎 嘞，靠 箇⑦头，
lɑu^{55}ŋɑu^{22}, ti^{55}ki^{44}, iɪʔ^{4}tɕ^{h}i^{35}, ku^{44}ȵiɪʔ^{4}tɕi^{21}. lɑu^{55}ŋɑu^{22}le^{44}, tɕ^{h}i^{22}sɿ^{22}sɿ^{44} t^{h}an^{42}ɕioŋ^{21}ke^{44} iɪʔ^{4}t^{h}ieu^{22}tɕin^{44}
老 牛， □渠，一起， 过 日 子。老 牛 嘞，其 实是天 上 嘅 一 头 金
ŋɑu^{22}ɕin^{44}, ki^{44}e^{44}uəi^{22}ɕien^{35}fɔn^{21}sɿ^{55}, fɔn^{21}sɿ^{55}kə^{21}t^{h}ieu^{22}, kə^{21}kəai^{44}, hᴀ^{55}ȵin^{22}, tɕ^{h}in^{22}liʔ^{2}ke^{42}fʌŋ^{21}
牛 星， 渠 欸危 险 欢 喜，欢 喜 箇 头， 箇 个， 吓⁼人， 勤 力 嘅 [化生]
tsoi^{55}, so^{55}i^{44} le^{44}, ki^{44}ɕiʌŋ^{55}, poŋ^{44}ki^{44}, tɕ^{h}in^{22}iɪʔ^{4}ka^{44}koɑ^{42}. ho^{44}iɪʔ^{4}ȵiɪʔ, tɕin^{44}ŋɑu^{22}le^{44}, ɕieu^{55}tᴀʔ^{4}
崽， 所 以嘞，渠 想， 帮 渠，成 一个 家。 有 一 日，金 牛 嘞，晓 得
t^{h}an^{42}ɕioŋ^{21}ke^{44}ɕian^{44}ȵy^{35}, hɑu^{55}t^{h}ieu^{44}ki^{44}nan^{22}ke^{44}ts^{h}ən^{44}, ioŋ^{55}pan^{44}tɕien^{44}ŋe^{44}san^{44}tɕioʔ^{4}hɑ^{21}ke^{44},
天 上 嘅 仙 女，好 透 渠 年⁼ 嘅 村， 两 边 舷 嘅 山 脚 下 嘅，

---

① □[tiʔ^{5}]：广义的介词兼连词，相当于“和、向、给”等，此处作“和”解。本音[ti^{55}]，又读[li^{55}]。这个虚词这位发音人在口头交流中有时候会带喉塞尾。

② □年[mɑ^{55}nan^{22}]：古时候。

③ 爷□[ia^{22}ȵia^{35}]：父母。后字多数情况下读[ȵia^{55}]。

④ 吓⁼人[hᴀ^{55}ȵin^{22}]：特别。“吓⁼”声母老派读[x]，新派读[h]。

⑤ □过[tsai^{21}ku^{44}]：可怜。

⑥ □[u^{55}]：叫，喊。本音[o^{35}]，也常念作[uo^{35}]。此处产生了语流音变。

⑦ 箇[kə^{21}]：近指代词。本音[kəi^{21}]。此处产生了语流音变。

fu22le55 tu55lu55e21sai55io213lɑ42. ki44tɕiəu21, toʔ4muŋ21, kə21ka44ŋɑu22loŋ22, oi44ki44ti21ȵi21pəi44ȵia53sɿ22
湖□肚①内欸洗浴啦。渠就，托梦，箇个牛郎，爱渠第二□□时
koŋ44, loŋ21 ke44 fu22 pien44 ɕy44, tʰai55 ki44nan22ɕian44ȵy35, sai55ioʔ2kə44sɿ22həu21, mei21tɕy55i44 kə44sɿ22həu21,
光②，浪⁼嘅湖边去，睇渠年⁼仙女，洗浴嘅时候，未注意嘅时候，
tiʔ5ki44nan22koɑ44le55ɕy213ke44, san44fu44, nʌŋ44, tɕi55noi22, tɕiəu21uən21tsɿ55 nɑu22tsɑu35, tɕiəu21hai44te42
□渠年⁼挂嘞树嘅，衫裤，□③，起来，就运⁼只⁼寮走，就解得
tɕʰioʔ2, i44 kɑai44sʌŋ44hɑu55ke44ɕian42ȵy35, tso44, fu44tsʰe42. tɕin44ȵiɪʔ4ȵian55tʰieu22le44a44, ŋɑu22loŋ22
着，一个生好嘅仙女，做，夫妻。今日眼⁼头嘞啊，牛郎
le44, pən44ɕin44pən44ȵi22, tʰieu44le55e21kə44san44tɕioʔ4hɑ21, tsai21men21, tɕy55i44 ke44tɕʰin22kʰuʌŋ44tsəŋ44
嘞，半信半疑，透嘞欸个山脚下，在□④，注意嘅情况中
məŋ55li55məŋ55təŋ21kə44sɿ22həu21, tɕiʌŋ44tɕin44, tʰai55tɕʰioʔ2tɕʰi44kə44ɕian44ȵy35, tsəi21fu22tɕiuŋ44, tsʰo44
懵里懵懂嘅时候，正真，睇着七个仙女，在湖中，坐
ȵi55kau21ɕy35. ki44le44, kən55tɕin35tɕiəu21, nʌŋ44ɕin55ɕy21ɕioŋ21ŋe42, iɪʔ4iʌŋ44, tɕʰiʌ42san44, pin42miʌŋ21
二⁼搞水。渠嘞，赶紧就，□□⑤树上嘅，一□⑥，赤衫，拼命
ŋe44tɕiəu21, tsɑu55tsɿ55nɑu22ɕia44. kəi21kɑai44, nʌŋ44tɕʰiuŋ55tʰau44san42ke44ɕian44ȵy35le44, tɕiəu21sɿ21
嘅就，走只⁼寮[去啊]，箇个，□抢掉衫嘅仙女嘞，就是
tsɿəʔ4ȵy35. toŋ44ȵiɪʔ4, ɑŋ44pu21tʰieu22a44, ki44tɕiəu21, e21tʰieu44tʰa44kə44ŋɑu22loŋ22kə44lau44, tɕiəu21tɕʰin44
织女。当日，晏晡头啊，渠就，欸透掉嘅牛郎嘅寮，就轻
tɕʰin44ke44tiʔ5ki44uo55tʰau44kə44mən22. ioŋ35kə44ȵin22ne44, tɕiəu21, tɕieʔ4uəi35la44fu44tsʰe42. i44, tɕyen55
轻嘅□渠□掉嘅门。两个人呢，就，结为啦夫妻。一，转
ȵian35ne44tɕiəu21, tsʰɑ44pəʔ4to44tɕiəu21sən44nan22han55ȵi44ɕia42tɕiəu21ku44ɕy44ɑ44, ioŋ44tʰa44iɪʔ4kəi44tsoi35
眼呢就，差不多就三年哈一下就过去啊，养掉一个崽
iɪʔ4kəi44ȵy35, iɪʔ4lau22ȵin22le44, tɕiəu21ku44teʔ4vəi22ɕien55hɑu55. tan21sɿ44le44mei21ɕiʌŋ55tɕʰioʔ2, tsɿəʔ4
一个女，一寮人嘞，就过得危险好。但是嘞未想着，织
ȵy35sɿ44tsɿ21loʔ2fən22kə44sɿ21le44, pən44y21foŋ22tʰəi21ti55ɕieu35tʌ44. ho44iɪʔ4ȵiɪʔ4le44, tʰan44ɕioŋ21le44, iəu21
女私自落凡嘅事嘞，分玉皇大帝晓得。有一日嘞，天上嘞，又
sɿ44lau22kəŋ42iəu21, iəu21sɿ44lau22kəŋ44fu35, kuɑʔ4ɕi55lei22han53 tʰəi21kə44piuŋ42lɑ22, loʔ2la44han53 tʰəi21
是寮⁼公又，又是寮⁼公火，刮起来[吓⁼人]大嘅风啦，落啦[吓⁼人]大

① □肚[le55tu55]：里面。“□”本音[loi55]。此处产生了语流变音。
② □□时光[pəi44ȵia53sɿ22koŋ44]：本来是说“分眼⁼头时光”，即在早上。这里是语流中的口误。
③ □[nʌŋ44]：拿。
④ □[men21]：副词，没有。
⑤ □[ɕin55]：常用于动词后，表趋向，相当于“起”。
⑥ □[iʌŋ44]：量词，用于计量衣物，相当于“件”。

kə44ɕy35, tʰu44zan22iɪʔ4hɑ21le44kəʔ4tsɿəʔ4ȵy35tɕiəu21mɑu22tɕian42tʰa44. ioŋ35ŋo44ɕi44ʌŋ44nin55ne44, tɕiəu21,
嘅水，突然一下嘞箇织女就无见掉。两个细羹⁼□嘞，就，
tɕieu44tɕioʔ2, pʰin44miʌŋ21tɕieu44, hɑu55ɕin22, ma55. ŋɑu22loŋ22le44tɕiəu21tɕieʔ4tɕʰioʔ2le44,ma55 teʔ4 tso21
警①着，拼命警，好寻，妈。牛郎嘞就急着嘞，□得⁼②□
tso44hɑu35. kɔi21hɑ35le44, nai21kɔai44lɑu55ŋɑu22le44, tɕiəu21tʰuʔ4lan22tɕiəu21kʰoi44, kʰoi44tɕyoi44a44: ȵi44
做③好。箇下嘞，□④个老牛嘞，就突然就开，开嘴啊：你
moʔ2nʌŋ44kuə44, ȵi44ti55ŋɔi44, ko42, nʌŋ44loʔ2loi22, pien44tsʰen22ioŋ35kə44lo21, tɕioŋ44ɕioŋ21ioŋ35kɔi44
莫难过，你□我，角，□落来，变成两个箩，装上两个
ɕi44kʌŋ44, ȵi44tɕiəu21kʰo55i44, ɕioŋ44tʰan44kəŋ44ɕy44ɕin22, tsɿ42ȵy35ia44. ŋɑu22loŋ22le44, tɕiʌŋ44tɕiʌŋ55
细羹⁼，你就可以，上天宫去寻，织女呀。牛郎嘞，正正
tɕʰi22kuai42kə44sɿ22həu21, ŋɑu22koʔ4tɕiəu21tʌʔ4loʔ2tʰieu44lə55nai22lai22a44, tɕiʌŋ44tɕin44pien44tɕʰin22lə44
奇怪嘅时候，牛角就□落透嘞泥来啊，正真变成嘞
ioŋ35kə44lo21. ŋɑu22loŋ22, ti55ioŋ35kɔi44ɕi44kʌŋ44kʰoŋ55tʰəu44la55lo213, soi55təŋ44kɔn44le44, tɕiəu21tɔn44ɕin55
两个箩。牛郎，□两个细羹⁼园透啦箩，使东⁼杆嘞，就担□
nei22, tɕiəu21kɔn55tɕyeʔ4la44, iɪʔ4iɪʔ4iɪʔ4tɕin21tʰian35kə44tɕʰin44piəŋ44tɕʰyoi44ku44loi22, lo21le44tɕiəu21ɕi21
来，就感觉啦，一一一阵□嘅清风吹过来，箩嘞就是
ɕiʌŋ21lei44, sʌŋ44tʰa44ɕieʔ4tɑu44ioŋ21, tʰuʔ4lan22tɕiəu21pi44ɕin55nei22a44, iɪʔ4hɑ35ze44, tɕiəu21pi44tɕiau44
像嘞，生掉胁刀样，突然就飞□来啊，一下嘞，就飞透
tʰan42ɕioŋ21ɕy44ɑ44. ȵian35tʰai55le44ma35ioŋ21tɕiəu21hɑu55, kɔn55tɕʰioʔ2ke44tsɿəʔ4ȵy35iə44lɑ44, iəu21pən44,
天上去啊。眼睇嘞马上就好，赶着嘅织女欸啦，又分，
nai21ka44uoŋ22mu55ȵioŋ22ȵioŋ22tɕiəu21faʔ4ɕien21na44. ki44le44le44tɕiəu21pieʔ4loʔ2tʰieu22ɕioŋ21ŋe44iɪʔ4
□个王母娘娘就发现哪。渠嘞嘞就□⑤落头上嘅一
hʌŋ22tɕin44tsʰai44, ti55nai21kə44ŋɑu22loŋ22tsɿəʔ4ȵy35ke44tɕiuŋ44kan44ne44tɕiəu21iɪʔ4hɑ21uʌ21, tʰuʔ4lan22le44
茎金钗，□□个牛郎织女嘅中间呢就一下划，突然嘞
tɕiəu21pien44tsʰən22iɪʔ4tʰau22, uəi22ɕien35tʰɔi21kə44tʰan42ho22, tso21seʔ4tu44mai44 tʰai55e44tɕʰioʔ2toi44
就变成一条，危险大嘅天河，□色都[无解]睇得着对
mien44, ti55kɔi21ioŋ35kɔi44ȵin22ne44tɕiəu21, kʌʔ4kʰoi44ia44. ɕi55tɕʰyeʔ4le44, tɕiəu21fi44dzʰʌŋ21tʰəŋ22tɕʰin22
面，□箇两个人呢就，隔开呀。喜鹊嘞，就非常同情

---

① 警[tɕieu44]：哭，喊。

② □得⁼[ma55teʔ4]：不知道。本音[mai55tʌʔ4]。此处产生了语流音变。

③ □做[tso21tso44]：疑问代词，怎么，怎么样。下文的“□色”[tso21seʔ4]亦同。

④ □[nai21]：远指代词，相当于“那”。

⑤ □[pieʔ4]：拽。本音[pieʔ2]。此处产生了语流音变。

kə21kə44ŋɑu22loŋ22tsʅəʔ4ȵy35, məi35nan22ŋei44 nəŋ22liʔ2le44tɕʰi42ȵyɵeʔ2tsʰo44tɕʰiʔ4le44, tɕiəu21hʌ55ȵin22
箇个牛郎织女，每年嘅农历嘞七月初七嘞，就吓=人

to44, kə21kə44ɕi55tɕʰyɵeʔ4la44tɕiəu21pi44loi22, kə21kə44tʰan42ho22ɕioŋ21, uəi21ŋə44ŋɑu22loŋ22tsʅəʔ4ȵy35le44
多，箇个喜鹊啦就飞来，箇个天河上，为欸牛郎织女嘞

tɕiəu21, tɑʔ4hi55i44 hʌŋ22tɕʰioŋ22tɕʰioŋ22kə44ɕi55tɕʰyeʔ4tɕʰiau21, nʌŋ44kə21kə44ŋɑu22loŋ22tsʅəʔ4ȵy35le44,
就，搭起一茎长长嘅喜鹊桥，□箇个牛郎织女嘞，

tsai21tɕʰiɪʔ4ȵyeʔ2tsʰo44tɕʰiʔ4kə44sʅ22həu21, kʰo55i21 tɕian44mien21, tʰən22tɕy42.
在七月初七嘅时候，可以见面，团聚。

（雷樟凤讲述，2016年7月20日）

第四节

讲述

1. 当地山客的情况

ŋɔi44tɕiəu21, kʰoi44sɿ55, koŋ35xɑ21ŋɔi44nan22kə21 kə44, kə21kə44e44, san44xᴀʔ4ɑ42, kə21kə44toŋ44ti21,

我就，开始，讲下我年⁼箇个，箇个欸，山客啊，箇个当地

kə21kə44tɕʰiŋ22kʰuᴀŋ35. mᴀ55lan22lei44, ɑ42, ȵyon22ɕian42ne44, ɕi44, sɑ22ɔn44ien21, ɑ̃42, kə21ke44, tsʰɑ22

箇个情况。□年嘞，啊，原先呢，是，淳安县，啊，箇个，茶

yon22ɕioŋ44, tɕin44kɑ44tsʰən44, ɑ̃42. tɕin44kɑ44tsʰən44ne44, e22, kɔi213ɕi44, kʰɑ55mɑ55ɕi44ŋɔi44oŋ44ɕiəu55

园乡，金家村，啊。金家村呢，欸，箇是，□□①是我翁手

ɕioŋ21, tɕiəu21, tsʰo44ȵi55tɕioŋ35ŋa44, tsai44iɪʔ4tɕʰiʔ2, ŋɔi44ɕyʔ4, ɑ42. tʰai44kuŋ44ɕiəu55oŋ21le44ŋɔi44lan22

上，就，坐二⁼长⁼②啊，再一直，我叔，啊。太公手上嘞我年⁼

ɕi44tsʰuŋ22li21ɕy35ku44lei22kə44, ɑ̃21. li21ɕy35le44, ȵi21xɑ35ɕi44ɕiᴀŋ44tᴀŋ44tsai21ku44kɑ44, ki44la22ei44xᴀŋ22

是从丽水过来嘅，啊。丽水嘞，二⁼下是相当□过嘅，渠嘞爱行

lu21, ɑ21, tɕiəu21ɕi44, ioŋ55ŋɑ44lu21soi35tɔn42, tɔn44tʰieu44, kə21ke44, sɑ22ɔn44, tɕin44kɑ44kə21təŋ44uəi55.

路，啊，就是，两个路使担，担透，箇个，淳安，金家嘅当⁼位③。

əa42, san44, tɕi44pən55iᴀŋ21ti55tɕiuŋ44san44, ɑ̃21, tɕiuŋ44fɔn44ɕy22, tɕiuŋ44pɑu44lo22uoŋ22su44, ɑ42, e22. tʰan22

欸，山，基本上□种山，啊，种番薯，种包罗黄粟，啊，欸。田

---

① □□[kʰɑ55mɑ55]：副词，恐怕。

② 长⁼[tɕioŋ35]：住，玩。

③ 当⁼位[təŋ44uəi55]：地方，方位。本音[toŋ44uəi35]。此处产生了语流音变。

le^{44}tu^{44}uəi^{22}ɕien^{55}ɕieu^{35}ko^{21}, ʌ^{42}tsʅ^{55}nai^{21}, tiʔ^{4}ti^{55}, ti^{55}ti^{55}tʰan^{22}, tu^{44}i^{44} e^{21}kə^{44}ɕia^{44}tʰi^{21}tɕʰyon^{22}pu^{55}tu^{44}

嘞都危险少嘅，啊只乃⁼①,滴滴，滴滴田，都是□个畲地全部都

ɕi^{44}, ʌ^{42}ki^{44} lan^{22}lɑu^{35}iɪʔ^{4}poi^{44}, kʰoi^{42}foŋ^{42}tɕʰyɪʔ^{4}loi^{22}ko^{44}. tsai^{21}ɕie^{42}ɑ^{44}, tɕiai^{55}foŋ^{44}a^{44}, tɕiŋ^{44}ku^{44}tʰu^{55}

是，啊渠年⁼老一辈，开荒出来嘅。再是⁼乇②,解放啊，经过土

kai^{35}, nɑ^{42}, tsai^{44}, ea^{42}, kai^{35}tʰau^{44}iɪʔ^{4}ti^{55}tʰan^{22}, iɪʔ^{4}ti^{55}tʰan^{22}ne^{44}, əe^{44}tso^{42}ɕi^{55}tʰan^{22}tu^{44}uəi^{22}ɕien^{55}yon^{35}

改，哪，再，欸，改掉一滴田，一滴田呢，欸作起田都危险远

kə^{44}, ŋɔi^{44}an^{21}xɑ^{22}sai^{55}sai^{44}, ŋɔi^{42}tai^{21}kai^{35}ku^{55}tɕiəu^{55}, lyʔ^{4}tɕʰiɪʔ^{4}soi^{44}sʅ^{22}tɕin^{55}, ʌ^{42}, ŋɔi^{42}se^{22}tɕiəu^{21}

嘅，我□还细细，我大概估[计有],六七岁时紧⁼，啊，我随就，

tʰen^{22}, ŋɔi^{44}tia^{44}nan^{22}, ʌ̃^{42}, ɕy^{44}tso^{44}se^{21}ɔi^{42}tʰen^{22}ɕy^{44}tɕioŋ^{35}, ɑ^{21}, li^{22}lau^{22}li^{55}, ʌ^{42}, tʰan^{22}tʰi^{21}li^{22}lau^{22}li^{55},

塍，我爹年⁼，啊，去做事我塍去长⁼。啊，离寮里，啊，田地离寮里，

tɕʰi^{55}mɑ^{55}, an^{44}tsɑu^{55}kɑ^{21}xɑ^{44}loi^{22}koŋ^{55}, xo^{44}kɔi^{21}ti^{55}lo^{21}, lo^{21}kə^{21}ke^{44}, eə^{42}, eu^{22}, u^{55}lin^{22}ku^{44}loi^{213}nai^{42},

起码，按照箇下来讲，有箇滴路，路箇个，欸，欸，武宁过来呐，

tsen^{21}tai^{21}kai^{55}tɕi^{21}ɕi^{44}koŋ^{55}xo^{44}ən^{44}, tɕʰiɪʔ^{4}paʔ^{4}li^{35}lu^{21}, eɛ^{42}, tso^{44}se^{21}, xo^{42}n^{21}to^{44} lu^{21}. ȵiɪʔ^{4}tɕiəu^{44}tʰieu^{22}

再大概就是讲有嗯，七八里路，欸，做事，有二多路。日昼头

tu^{44}i^{44} təi^{44}pʰən^{21}ɕy^{44}ko^{44}, ʌ^{42}. ȵi^{21}xɑ^{35}, ʌ^{42}iəu^{21}mɑu^{22}luŋ^{22}ioʔ^{2}, ɑ^{42}, ke^{21}kə^{44}, uo^{22}pu^{55}loʔ^{2}ɕy^{44}, ɑ^{42},

都是带饭去嘅，啊。二⁼下，啊又无农药，啊，箇个禾布落去，啊，

tɕiəu^{21}ɕi^{44}, eə^{21}, xɑu^{44}tsʰɑu^{35}, mən^{55}tsʰɑu^{35}, koaʔ^{4}tsʰɑu^{55}ieuʔ^{2}, ʌ^{42}. tsai^{44}pe^{21}ku^{55}oi^{44}tʌŋ^{55}ɕiʌʔ^{2}foi^{44}.

就是，欸，薅草，挽草，割草叶，啊，再吧故爱打石灰。

tʌŋ^{55}ɕiʌʔ^{2}xuoi^{44}le^{44}tsai^{21}ku^{55}e^{44}, ʌ^{42}, kə^{21}ke^{44}, xuoi^{44}, san^{44}xuoi^{44}uən^{22}loi^{22}, ɑ^{42}, tsai^{44}iɪʔ^{4}tieu^{44}tieu^{44},

打石灰嘞□过欸，啊，箇个，灰，生灰炆来，啊，再一蔸蔸，

ʌ^{42}ɕy^{44}pioŋ^{42}xuoi^{42}, ɔi^{213}ɕi^{44}ŋɔi^{44}tu^{44}, tɕʰin^{42}ȵian^{35}tʰai^{55}tɕʰiəʔ^{2}ko^{44}, a^{42}ŋɔi^{44}tia^{44}nan^{22}, ki^{44}nan^{22}, ɕy^{44}

啊去放灰，箇是我都，亲眼睇着嘅，啊我爹年⁼，渠年⁼，去

sy^{44}sy^{44}sy^{44}sy^{44}, e^{42}tso^{44}se^{21}, ŋo^{44}tu^{44}tʰen^{22}ki^{44}tʰai^{35}tɕʰioʔ^{2}ko^{42}. tsʰo^{44}ȵi^{55}le^{44}, tʰieu^{44}ɕi^{55}tʰieu^{21}le^{44}, ɑ^{42},

去去去去，欸做事，我都塍渠睇着嘅。坐二⁼嘞，透屎头嘞，啊，

tɕioŋ^{55}, tɕioŋ^{55}tɕioŋ^{55}xɑ^{35}, ae^{42}, tsai^{44}ʋe^{21}xo^{44}ti^{55}tʰan^{22}, nan^{22}əu^{44}se^{44}uoaʔ^{2}e^{44}nien^{55}nien^{44}nien^{55}nien^{44}

长⁼，长⁼长⁼下，啊，再喂有滴田，然后生活欸□□③□□

ia^{21}tɕiəu^{21}xɑu^{35}oŋ^{44}ɕi^{44}lʌ^{44}. tsai^{21}tɕiəu^{21}kəo^{42}ɕi^{44}ŋ^{55}paʔ^{4}nan^{22}, ŋ^{35}paʔ^{4}nan^{22}le^{44}, kə^{21}ke^{44}, ŋ^{55}tɕʰiɪʔ^{4}nan^{22}

也就好上去啦。再就箇是五八年，五八年嘞，箇个，五七年

---

① 乃⁼[nai^{21}]：一些，比“一滴滴”稍多。本音[nai^{44}]。此处产生了语流音变。

② 是⁼乇[ɕie^{42}ɑ^{44}]：什么。本音[ɕi^{44}nɑʔ^{4}]。此处产生了语流音变。

③ □□[nien^{55}nien^{44}]：慢慢地。

kə^{44}sɿ^{22}tɕin^{55}, ŋ^{55}paʔ^{4}nan^{22}ie^{22}min^{22}, ŋ^{35}tɕʰiɪʔ^{4}nan^{22}le^{44}, kə^{21}ke^{44}ɕin^{44}an^{44}tɕiʌŋ^{44}, ɑ^{42}, tso^{44}a^{44}tien^{21}
嘅时紧$^{=}$，五八年移民，五七年嘞，箇个新安江，啊，做啊电

tsʌŋ^{21}, tso^{44}tien^{21}tsan^{21}i^{55} xəu^{21}le^{44}ŋɔi^{44}lan^{22}ɕi^{44}ŋ^{55}paʔ^{4}nan^{21}, ŋ^{55}paʔ^{4}nan^{22}le^{44}tɕiəu^{21}, ie^{22}tʰieu^{44}, tɕien^{55}
站，做电站以后嘞我年$^{=}$是五八年，五八年嘞就，移透，建

teʔ^{4}ɕien^{21}, tɕien^{55}teʔ^{4}ɕien^{21}le^{44}keŋ^{44}ləɯ^{22}kuŋ^{44}sɑ^{35}, lyʔ^{4}tsʰən^{44}tʰɔi^{21} toi^{44}. eu^{42}, ku^{55}ai^{21}ɕi^{44}, tsʰʌʔ^{4}ləʔ^{2},
德县，建德县嘞更楼公社，骆村大队。欸，故啊是，插落，

kə^{21}kə^{44}, toŋ^{42}ti^{21}, lɑu^{55}sɑ^{55}yon^{22}, ɛ^{21}, i^{44}, iɪʔ^{4}tɕʰi^{35}ie^{22}ku^{44}loi^{22}, e^{22}ŋɔi^{44}nan^{22}iɪʔ^{4}kə^{44}tsʰən^{44}ie^{22}ku^{44}loi^{22}
箇个，当$^{=}$地，老社员，欸，一，一起移过来。欸我年$^{=}$一个村移过来

ɕi^{44}ip^{4}, pʌʔ^{4}, iɪʔ^{4}pʌʔ^{4}iɪʔ^{4}iʔ^{2}to^{44}kə^{44}ȵin^{22}kʰəu^{55}, tsʰaʔ^{4}tʰau^{42}, si^{42}kə^{42}sau^{55}toi^{44}, tsʰaʔ^{4}loʔ^{2}lɑu^{55}sɑ^{55}yon^{22}.
是一，百，一百一十多个人口，插掉，四个小队，插落老社员。

tsai^{42}, ȵin^{22}kʰəu^{35}lai^{44}iɪʔ^{4}kə^{44}, iɪʔ^{4}kɔi^{44}, i^{44} kɔi^{44}sən^{44}tsʰan^{55}toi^{44}le^{44}tɕi^{21}ie^{44}ȵi^{21}xɑ^{35}ko^{44}sən^{44}tsʰan^{55}toi^{44},
再，人口唻一个，一个，一个生产队嘞就是二$^{=}$下嘅生产队，

iɪʔ^{4}kə^{44}sən^{44}tsʰan^{55}toi^{44}le^{44}, tɕiəu^{21}ɕi^{44}, tsʰɑʔ^{4}n^{21}seʔ^{4}, si^{42}lau^{22}ŋ^{35}lau^{22}, ʌ^{42}, tɕi^{21}i^{44} tsʰauʔ^{4}ki^{44}nan^{22}tsoʔ^{4}
一个生产队嘞，就是，插二$^{=}$色，四寮五寮，啊，就是插渠年$^{=}$作

toi^{44}. tsai^{44}, tsʰo^{44}nai^{21}ti^{55} le^{44}, tɕioŋ^{55}ŋan^{44}ɕiəuʔ^{2}nan^{22}. ɕiəuʔ^{2}nan^{22}i^{55} xəu^{21}le^{44}, tsai^{42}, in^{42}uəi^{22}kə^{21}kə^{44},
对。再，坐□滴$^{=}$嘞，长$^{=}$啊十年。十年以后嘞，再，因为箇个，

e^{22}, tseʔ^{4}koŋ^{44}, tʰu^{55}ti^{21}pi^{55}tɕiɑu^{44}ɕieu^{35}, ɑ^{42}, tsai^{44}ia^{21}ɕi^{44}, e^{22}tɕʰyɪʔ^{4}lai^{22}iɪʔ^{4}pon^{55}ɕy^{42}kə^{21}, iəu^{21}iɪʔ^{4}pon^{55}
欸，浙江，土地比较少，啊，再也是，欸出唻一本书嘅，有一本

ɕy^{44}le^{44}tɕi^{21}i^{44} uo^{55}tso^{44}, eu^{22}, kuɵeʔ^{4}kɑ^{44}tʰai^{21}pien^{55}tɕʰien^{44}. kɔi^{213}pon^{55}ɕy^{42}le^{44},eə̃^{44}, tsa^{35}pa^{21}ai^{44}ȵi^{55}
书嘞就是□做，欸，国家大变迁。箇本书嘞，欸，再□我伲

tseʔ^{4}koŋ^{44}, nɑ^{35}tɕiəu^{21}, e^{21}, iɪʔ^{4}, ie^{22}, ie^{22}tɑu^{44}koŋ^{42}sai^{42}loi^{22}ke^{44}, ie^{22}an^{44}xuəi^{42}ke^{44}, eʌ^{42}, xo^{42}nai^{44}tu^{35}
浙江，那就，欸，移，移，移到江西来嘅，移安徽嘅，欸，有乃$^{=}$当$^{=}$

uəi^{55}, e^{21}, ie^{22}ku^{44}ɕy^{44}. tsai^{21}su^{55}i^{55} uɑ^{21}nai^{35}kə^{44}le^{44}, san^{44}xʌʔ^{4}ən^{22}le^{44}tɕʰin^{44}tsʰan^{22}lʌ^{44}xɑ^{21}, ɕiʌŋ^{21}ŋɔi^{44}
位，欸，移过去。再所以话□个嘞，山客人嘞亲情啦哈，像我

ku^{21}, ɑ^{42}, ȵia^{55}tɕʰiəu^{213}, kə^{21}le^{44}tɕʰin^{42}tsʰan^{22}le^{44}, ie^{22}tʰieu^{44}, ŋʌ^{21}fu^{22}tɕiəu^{44}ti^{21}tɕʰy^{44}ke^{44}a^{21}xo^{44}ɑ^{44}, ɑ^{42}
姑，啊，□舅，箇嘞亲情嘞，移透，啊抚州地区嘅也有啊，啊

kə^{21}ke^{44}kə^{21}ke^{44}, ɕioŋ^{21}ieu^{22}ti^{21}tɕʰy^{44}kə^{44}a^{21}xo^{44}, tɕiəu^{55}koŋ^{44}ti^{21}tɕʰy^{44}uai^{42}kʰɑ^{55}teʔ^{4} ɔn^{44}ɕien^{21}, ʌ^{42},
箇个箇个，上饶地区嘅也有，九江地区哇□德安县，啊，

tɑu^{55}ɕy^{55}tu^{44}xo^{44}. sɿ^{55}e^{44}ŋo^{44}lan^{22}xan^{22}tɕʰin^{42}tsʰan^{22}na^{42}, a^{42}, iɪʔ^{4}nan^{22}, ne^{22}koŋ^{55}, e^{21}xʌŋ^{22}xɑ^{35}, ia^{21},
到处都有。所以我年$^{=}$行亲情哪，啊，一年，来讲，欸行下，也，

tu^{44}n^{22}iuŋ^{22}i^{44}, ɕy^{44}iɪʔ^{4}tɕʰiʔ^{2}. ȵi^{44}koŋ^{55}n^{22}xʌŋ^{22}tɕʰin^{44}tsʰan^{22}n^{22}xʌŋ^{22}, iəu^{21}, ia^{21}, iəu^{21}tɕian^{44}tiʔ^{4}mai^{44}
都唔容易，去一直$^{=}$。你讲唔行亲情唔行，又，也，又见$^{=}$得[无解]

xɑu35ioŋ21xɑ42, e21teʔ4tɕhin44ke44ku21, ᴀ21, teʔ4tɕhin44ke44ia55i213, ᴀ42, tsai44ȵia55tɕhiəu213a44ɕiᴀŋ44kə21
好 样 哈，欸嫡亲 嘅姑，啊，嫡亲 嘅□①姨，啊，再 □ 舅 啊像 箇

to44, ɑ21. tsai44, ᴀ22, ŋɔi44lan22len44, ᴀ21tsai21tseʔ4koŋ44ko44o44, tseʔ4koŋ44, ko44ɕyʔ4, ko44thɔi21pᴀʔ4,
多，啊。再，啊，我 年⁼ 嘞，啊在 浙 江 嘅有，浙 江，嘅叔，嘅大 伯，

tu44ɕi44n21khɑ35. ᴀ42, ŋɔi44lan22le44, e21su55i55 ŋɔi44, ɑ42, e22, ie22, ɕiəuʔ2nan22i55 xəu21, tɕioŋ55ɕiəuʔ2nan22
都 是 二⁼下。啊，我 年⁼ 嘞，欸所 以我，啊，欸，移，十 年 以后，长⁼ 十 年

i55 xəu21ŋɔi44ie22thieu44u55lin22ɕien21, u55lin22ɕien21le44ŋo44, e21tɕi44pən55ioŋ21loʔ4tseʔ4koŋ44khɑ55mɑ55
以后 我 移透 武宁 县，武宁 县 嘞我，欸基本 上 落浙 江 □ □

ɕy44tha44iɪʔ4ɕiəuʔ2tɕi55xuəi22tu44xo44a44. e21, i44, tɕi44pen55ɕioŋ21, e22, xᴀŋ22tɕhin42tshan22lo42, tu44xɑu55
去 掉 一十 几 回 都有 啊。欸，咦，基本 上，欸，行 亲 情 咯，都好

ɕy44ɕy44ɕy44ɕy44tɕioŋ35iɪʔ4xɑ21xᴀ42, xo44khuŋ42y22kə44sɿ22tɕien44, ᴀ21xɵ44, tu44, xɑu55loʔ2ɕy44thai35xɑ21,
去去去去长⁼ 一下 哈，有空 余嘅时间，啊有，都，好 落去睇 下，

xo44lɑu35ȵin22e44ləeʔ2ləeʔ2ɕy44thai35a21ki44nən22, ɑ21. tan21sɿ44le44, mɑ55lan22, ie22, yon22ɕien44le44, ᴀ42,
有老人 欸落 落 去睇 下渠 年⁼，啊。但 是嘞，□ 年，移，原 先 嘞，啊，

mei21ɕi44kɔi213təŋ44vəi55, ɕi42khɑ55tai55khɑu55kuŋ44ieʔ4yon22n21khɑu55, fuŋ44khəu35, ᴀ21uo55tso44tuŋ44
末 是箇 当⁼位，是□ 底②靠 工 业园 嗯靠，风 口，啊□ 做 东

ton21, tuŋ44ton21thɔi21toi44ȵi21xɑ55. nai21kə44təŋ44uəi55le44, eə21, than22thi21pi55tɕiɑu44to42, ɑ21ioŋ22fɔn44
垴，东 垴 大 队 二⁼下。□ 个 当⁼位 嘞，欸，田 地 比 较 多，啊垟 畈③

a21pi55eu44thɔi21, ɑ42, tɑ21kai42, kuᴀŋ35iɪʔ4kə44ioŋ22fɔn44le44xo44ioŋ35tɕhian42to44mieu55, thu55ti21, ȵi21
也比较 大，啊，大概，光 一个 垟 畈 嘞有 两 千 多亩，土 地，二⁼

tse44kə44ioŋ22fɔn42, ᴀ42ɕy55li21thiɑu22tɕien213tu44ɕiᴀŋ44tᴀŋ44xɑu35ko44. tsai44in44uəi22le44tsɑ44lin22ɕy55
□ 个 垟 畈，啊水 利条 件 都相 当 好 嘅。再 因 为 嘞柘 林 水

khu44iɪʔ4tso44, ɑ21, ɕy35, uəiʔ4tha44, ᴀ21, tɕioŋ55iɪʔ4nan22, ŋɔi44lan22iəu21, xəu21khɑu42, khɑu42loʔ2, tɕi21
库 一做，啊，水，颂 掉，啊，长⁼ 一年，我 年⁼又，后 靠，靠 落，就

ɕi44, kɑ21xɑ35tɕioŋ55kai44, ɑ21kə22ke44, e21ȵyon22loi22uo55ɕiᴀʔ2tɕien55tshən42, ɑ42, kɑ21ɑ55tɕiəu21, eə22,
是，箇 下 长⁼ 嘅，啊箇 个，欸原 来 □ 石 枧 村 啊，箇 下就，欸，

kai55uəi22, ɑ21, thon22tɕieʔ4tshən42. ɑ21, tsai44kə21ke44, ə22kə21kəʔ4, iʔ2, tshuəi44tsɑu21kə21ke44, kuŋ44ieʔ5
改 为，啊，团 结 村。啊，再 箇 个，欸箇 个，一，随 着 箇 个，工 业

---

① □[ia55]：娘，指母亲。本音[ȵia55]。此处产生了语流音变。

② □底[khɑ55tai55]：下面，这里指石枧水的下游。

③ 垟畈[ioŋ22fɔn44]：有大片良田的平地。

yon^{22}kə^{44}faʔ^{4}tsan^{35}xɑ^{42}, tsai^{44}kə^{21}ke^{44}, e^{22}, u^{55}lin^{22}ɕien^{21}ne^{44}, e^{22}y^{22}lau^{42}kə^{21}kə^{44}san^{44}tɕ^{h}i^{21}, san^{44}, pien^{44}
园嘅发展哈，再箇个，欸，武宁县呢，欸移了箇个山区，山，边

yon^{22}san^{44}tɕ^{h}y^{44}, ᴀ^{42}, xo^{44}nai^{44}ɑu^{44}, ie^{22}min^{22}, ᴀ^{42}ka^{44}ki^{44}, e^{21}tɕioŋ^{55}kɑ^{21}ti^{55}lie^{213}, e^{21}tsai^{44}kə^{21}ti^{55} luŋ^{44}
远山区，啊，有乃⁼噢，移民，啊□渠，欸长⁼箇滴⁼咧，欸再箇滴⁼弄

kɔi^{44}, tɕin^{42}ts^{h}en^{42}, ᴀ^{21}kɑ^{21}ɑ^{44}tso^{42}lau^{55}, a^{21}, uəi^{22}ɕien^{35}to^{42}ɕiɑu^{55}tɕ^{h}y^{44}, e^{21}ia^{21}ko^{44}kɔi^{21}to^{44}lau^{22}tɕ^{h}yon^{22}
个，锦城，啊箇下做了，啊，危险多小区，欸也□箇多⁼寮全

pu^{55}tɕi̥^{21}, tɕioŋ^{44}ti^{21}le^{44}k^{h}o^{55}i^{55} tɕioŋ^{44}te^{22}ioŋ^{55}sɔn^{44}mɔn^{21}ȵin^{22}, ɑ^{42}. lu^{21}ᴀ^{44}, lu^{21}ten^{44}a^{44}, ᴀ^{42}, tɕ^{h}yon^{22}
部装，装□[①]嘞可以装得两三万人，啊。路啊，路灯啊，啊，全

pu^{55}tu^{44}tɕioŋ^{44}, tɕioŋ^{44}xɑu^{35}a^{44}, ɑ^{42}. e^{21}, iɪʔ^{4}tɕ^{h}i^{44}, ᴀ^{21}i^{55} tɕin^{44}tɕ^{h}yon^{22}pu^{55}, tɕioŋ^{44}ti^{21}a^{44}; ȵi^{21}tɕ^{h}i^{44}, ia^{21}
部都装，装好啊，啊。欸，一期，啊已经全部，装□啊；二期，也

xo^{44}nai^{44}ȵin^{22}tɕioŋ^{35}la^{44}; sɔn^{44}tɕ^{h}i^{44}, lau^{22}, tɕi^{44}pən^{55}ioŋ^{21}tu^{44}tso^{44}xɑu^{35}a^{44}ɑ^{42}. tsai^{44}ŋɔi^{44}an^{22}le^{44}, kə^{21}
有乃⁼人长⁼啦；三期，寮，基本上都做好啊啊。再我年⁼嘞，箇

kə^{44}ts^{h}ən^{44}foŋ^{44}le^{44}, ia^{21}ɕi^{42}, kau^{21}lə^{21}, kə^{21}kə^{44}tɕin^{55}ts^{h}en^{22}kə^{21}kə^{44}, kə^{21}ke^{44}, kə^{21}tɕien^{55}, ᴀ^{42}, tsai^{21}kə^{21}
个村坊嘞，也是，箇嘞，箇个锦城箇个，箇个，箇建，啊，在箇

ke^{44}, e^{22}, ȵi^{21}tɕ^{h}i^{44}, sɔn^{44}tɕ^{h}i^{44}kə^{21}toʔ^{4}oŋ^{44}, e^{21}. sen^{42}uɑʔ^{2}loi^{22}koŋ^{55}le^{44}, ȵian^{55}tɕ^{h}ia^{21}le^{44}, e^{21}, ia^{21}ku^{55}
个，欸，二期，三期嘅□□[②]，欸。生活来讲嘞，眼前嘞，欸，也故

an^{22} ɕi^{44}, k^{h}o^{35}i^{21}, ᴀ^{42}, e^{21}, fɔn^{55}tseŋ^{44}, eɛ^{21}pi^{55}, ȵyon^{22}loi^{22}tɕin^{44}kɑ^{44}, ᴀ^{42}, pi^{55}kə^{21}kə^{44}, tɕien^{55}te^{44}, ᴀ^{42},
还是，可以，啊，欸，反正，欸比，原来金家，啊，比箇个，建德，啊，

e^{22}, ŋɔi^{44}lan^{22}ɕi^{44}, tsuŋ^{55}kuŋ^{213}i^{22} lɑ^{44}sɔn^{44}ts^{h}ɿ^{55}i^{22} min^{22}lɑ^{55}, ᴀ^{42}, iɪʔ^{4}ts^{h}ɿ^{55}ȵi^{21}ts^{h}ɿ^{55}, ᴀ^{42}, fɔn^{55}tsən^{44}ɕi^{44},
欸，我年⁼是，总共移啦三次移民啦，啊，一次二次，啊，反正是，

e^{21}sɔn^{44}ts^{h}ɿ^{55}, tɕiəu^{21}ten^{55}y^{22}, yɵeʔ^{2}ie^{22}, yɵeʔ^{2}xɑu^{35}, ᴀ^{21}. ȵian^{55}tɕ^{h}ia^{21}le^{44}, ŋɔi^{44}lai^{22}kə^{44}u^{55}lin^{22}ɕien^{21}
欸三次，就等于，越移，越好，啊。眼前嘞，我年⁼嘅武宁县

loi^{22}koŋ^{55}le^{44}, xᴀ^{42}, ȵi^{44}tɕiəu^{21}, kuᴀŋ^{35}ly^{55}iəu^{22}k^{h}ai^{44}foaʔ^{4}, ᴀ^{42}, iəu^{21}xo^{44}kə^{21}ke^{44}, lu^{22}san^{44}ɕi^{44}xai^{35},
来讲嘞，哈，你就，光旅游开发，啊，又有箇个，庐山西海，

ᴀ^{42}, iəu^{21}xo^{44} kə^{21}ke^{44}kə^{21}ke^{44}, e^{21}ioŋ^{22}tɕiəu^{42}ne^{35}kə^{44}p^{h}iɑu^{44}liəu^{22}, ɑ^{42}, tsai^{44}kə^{21}ke^{44}, xo^{44}lu^{55}tɕ^{h}i^{44}
啊，又有箇个箇个，欸杨洲□个漂流，啊，再箇个，有鲁溪

təŋ^{21}, ɑ^{42}. tsai^{44}ȵian^{55}tɕ^{h}ian^{22}ŋo^{44}an^{22}kə^{21}li^{55}ne^{42}, ku^{55}mei^{21}k^{h}ai^{44}foaʔ^{4}tɕ^{h}yɪʔ^{4}loi^{22}, ᴀ^{42}kə^{213}lø^{44}, e^{22},
洞，啊。再眼前我年⁼箇滴⁼呢，故未开发出来，啊箇嘞，欸，

① 装□[tɕioŋ^{44}ti^{21}]：装满。

② □□[toʔ^{4}oŋ^{44}]：中间。

ia^{21}xoɵ^{44}, eɛ̃^{21}, iɪʔ^{4}kɔi^{44}, e^{21}ly^{55}iəu^{22}kə^{44}tuŋ^{44}uəi^{55}, ȵian^{55}tɕʰian^{21}tɕi^{55}an^{22}mei^{21}kʰai^{44}foaʔ^{4}, ᴀ^{22}ɕiᴀŋ^{21},
也有，欸，一个，欸旅游嘅当=位，眼前既然未开发，啊像，
nɔn^{22}tsʰoŋ^{44}lɑ^{44}, fu^{22}pe^{44}, u^{55}xan^{42}e^{21}mai^{22}lo^{44}, ᴀ^{42}, kə^{21}kə^{44}fu^{22}nɔn^{22}tsʰoŋ^{22}sɑ^{42}mai^{22}lo^{44}, ᴀ^{21}kə^{21}ke^{44},
南昌啦，湖北，武汉欸嘛咯，啊，箇个湖南长沙嘛咯，啊箇个，
e^{21}iɪʔ^{4}tʰieu^{44}, ȵieʔ^{2}tʰan^{44}loi^{22}, kə^{21}ke^{44}, li^{55}iəu^{22}tɕʰia^{44}tʰɔi^{21}pɑ^{44}tɕʰia^{44}, əɛ^{42}, ie^{21}xai^{22}, uəi^{22}ɕien^{35}to^{44},
欸一透，热天来，箇个，旅游车大巴车，欸，也还，危险多，
loŋ^{21}loi^{22}iəu^{21}tɕio^{35}. in^{44}uəi^{22}kə^{21}kə^{44}, kə^{21}kə^{44}san^{44}le^{55}tu^{55}ᴀ^{42}, kə^{21}kə^{44}, ɕy^{35}xɑu^{55}, ɑ^{42}, iəu^{21}lioŋ^{22},
浪=来又走。因为箇个，箇个山□肚啊，箇个，水好，啊，又凉，
xᴀ^{42}, ki^{42}xo^{44}, ᴀ^{42}ɕỹ^{21}, tsʰai^{22}xɑu^{55}ɕy^{21}xɑu^{55}xɑ^{42}, e^{21}, tɕioŋ^{35}kə^{44}in^{22}ia^{21}pi^{55}tɕiɑu^{44}to^{42}, e^{21}, ia^{21}koŋ^{55}
哈，渠有，啊树，柴好树好哈，欸，长=嘅人也比较多，欸，也讲
əe^{44}, ȵi^{44}lan^{22}le^{44}, ᴀ^{42}, tʰieu^{44}ɕi^{55}tʰieu^{21}, ia^{21}koŋ^{55}ɑ^{44}tɕʰieu^{42}tɕʰioʔ^{2}, xo^{44}tʰiɑu^{22}tɕien^{213}, xo^{44}tɕi^{44}ue^{21},
欸，你年=嘞，啊，透屎头，也讲啊□着，有条件，有机会，
ᴀ^{42}, loʔ^{2}ŋɔi^{44}ai^{22}li^{55}lei^{22}tɕioŋ^{35}, e^{21}ŋɔi^{44}lan^{22}kə^{21}ti^{55}san^{44}xᴀʔ^{4}ia^{21}pi^{55}tɕiɑu^{44}to^{42}, ɑ^{21}san^{44}xᴀʔ^{4}xɑu^{44}ioŋ^{35}
啊，落我箇滴来长=，欸我年=箇滴山客也比较多，啊山客有两
pᴀʔ^{4}to^{44}ȵin^{22}kʰɤ^{35}, ᴀ^{21}, san^{44}xᴀʔ^{4}loi^{22}koŋ^{55}, e^{21}, ia^{21}pi^{55}tɕiɑu^{44}xɑu^{55}kʰᴀ^{55}ko^{44}, ᴀ^{21}ȵi^{44}tɕi^{21}ai^{21}loi^{22},
百多人口，啊，山客来讲，欸，也比较好客嘅，啊你就啊来，
loi^{22}ti^{55}loi^{22}, ŋɔi^{44}nan^{22}, saʔ^{4}lɑ^{44}, ɕiʔ^{4}a^{44}, tu^{42}xo^{42}. ɑ^{21}ŋɔi^{44}nan^{22}ia^{21}xo^{44}ŋɔi^{44}lan^{22}kə^{44}, e^{22}tɕʰiɪʔ^{4}ȵyɵeʔ^{2}
来得来，我年=，歇啦，食啊，都有。啊我年=也有我年=嘅，欸七月
pɔn^{44}, ɑ^{21}ŋɔi^{44}nan^{22}a^{44}iuŋ^{44}nu^{21}mai^{55}pɔn^{35}. ae^{21}, tɕiəu^{55}yɵeʔ^{2}tsʰoŋ^{22}ioŋ^{22}, ŋ^{55}ȵyɵeʔ^{2}tsaʔ^{4}, ŋɔi^{44}lan^{22}li^{55}
半，啊我年=啊□①糯米粄。啊，九月重阳，五月节，我年=□
ku^{55}pɔn^{35}, xᴀ^{42}, ŋɔi^{44}lan^{22}lə^{44}pɔn^{35}le^{44}ku^{55}loi^{22}le^{44}iəu^{21}xo^{44}pi^{35}ke^{44}, ɑ^{21}iəu^{21}xo^{44}xan^{22}ke^{44}iəu^{21}xo^{44}tʰan^{22}
裹粄，哈，我年=嘞粄嘞裹来嘞又有髀嘅，啊又有咸嘅又有甜
ke^{44}xɑ^{42}, iəu^{21}xo^{44}tsʰoi^{44}kɔn^{44}ke^{44}, ɑ^{42}. kə^{22}ke^{44}, e^{22}, i^{44}a^{21}loi^{22}tɕioŋ^{35}le^{44}, e^{22}, e^{21}tuə^{44}, xo^{44}to^{55}ɕiʔ^{2}kɑ^{44},
嘅哈，又有菜干嘅，啊。箇个，欸，你也来长=嘞，欸，欸都，有多食嘅，
e^{21}xai^{42}ia^{21}xai^{44}tɕioŋ^{42}loi^{22}ȵi^{44}lan^{22}ɕiʔ^{2}, e^{21}, fɔn^{55}tsen^{44}kə^{21}kə^{44}, ŋɔi^{44}nan^{22}kə^{21}kə^{44}san^{44}xᴀ^{44}ɑ^{42}, eu^{22},
欸解也解装来你年=食。欸，反正箇个，我年=箇个山客啊，欸，
kɔi^{213}ti^{55}tɕiəu^{21}xɑu^{55}lo^{21}, ne^{42}, e^{21}xɑu^{55}xᴀʔ^{4}, ne^{42}, ȵin^{22}xᴀʔ^{4}loi^{22}, tu^{44}xen^{55}tɕieu^{44}tai^{21}ko^{44}, eɛ^{42}. ȵian^{55}
箇滴就好咯，呢，欸好客，呢，人客来，都肯招待嘅，欸。眼
tɕʰia^{21}, loi^{22}koŋ^{55}, ŋɔi^{44}nan^{22}kə^{21}xɑ^{44}, ᴀ^{42}kɔi^{21}ke^{44}, e^{22}, tʰɔi^{21}xoʔ^{2}sᴀŋ^{44}, e^{21}, ia^{21}xo^{44}ŋ^{55}lyʔ^{4}kɔi^{44}, e^{42},
前，来讲，我年=箇下，啊箇个，欸，大学生，欸，也有五六个，欸，

① □[iuŋ^{44}]：（用手）舂。

kʰɑu55tɕioʔ2, xoʔ2toŋ22, ᴀ42, e21tsʰan42tɕia42kuŋ42tsoʔ4ke44, e21, ia21xo44xo35to42kɔi44a44, ᴀ42. e22, fɔn55
考 着，学 堂，啊，欸参 加 工 作 嘅，欸，也 有 好 多 个 啊，啊。欸，反

tseŋ44kə21kə44sᴀŋ44xᴀʔ4, eɛ42, ken44tɕy44ŋɔi44, kə21xɑ35loi22koŋ55, ŋɔi44tsʰuŋ22tʰi21iɪʔ4tsʰɿ55i22 min22, ŋɔi44
正 箇 个 山 客，欸，根 据 我，箇 下 来 讲，我 从 第 一 次 移民，我

ku55tɕiᴀŋ21si44ŋ55sɿ̥44, lyʔ4tɕʰiɪʔ4soi44, ᴀ42, kɑ21xɑ35le44, lyʔ4iɪʔ2to44soi44a44, tan213sɿ44le44, iə21ȵi44koŋ44
故 净 四五岁，六 七 岁，啊，箇 下 嘞，六 十 多 岁 啊，但 是 嘞，又 你 讲

ə44, əe22, tɕin44liʔ2, uɔi22ien55to44, ia21mei21tɕin42liʔ2uɔi22ɕien55to44, kɔi213a21ɕi44tʰᴀŋ44, ŋɔi44ɕyʔ4nan22,
欸，欸，经 历，危 险 多，也 未 经 历 危 险 多，箇 也 是 听，我 叔 年⁼，

ᴀ42kə21to44lɑu35poi44ȵin22, ᴀ42, koŋ35, tsai44ȵi55le44, tɕi44lɑu21, e42. e22ŋɔi44a21tɕi44, e21kə21kə44, toŋ42ti21
啊箇 多⁼老 辈 人，啊，讲，再 二⁼嘞，记 牢，欸。欸我 也就，欸箇 个，当 地

san44xᴀʔ4kə44tɕʰiŋ22kʰuᴀŋ35le44ŋɔi44tɕʰi21ɕi44koŋ55teʔ4kə21to44.
山 客 嘅 情 况 嘞 我 就 是 讲 得 箇 多。

（雷兰根讲述，2016年7月19日）

2. 山客的婚丧风俗

ŋo44pəɪʔ4ȵy55tsoi55zɿ22tsʰin55, ᴀ̃21, ɕiɪʔ2tɕiəu35səi44tso44ɕin44ȵioŋ22, iɪʔ2tɔn44ɕioŋ44, iɪʔ4ke44tɕi44
我 发⁼ 女 崽 时 紧⁼，啊，十 九 岁 做 新 娘，一 担 箱，一 个 鸡

luŋ21, tsai44tɕiə21ioŋ35ko44pien44ku55, loi22ɕien44ŋɑu44ɕy44ke44iɪʔ4pan21tɕʰi44iɪʔ4kuai44, ɕien44tʰieu44ki44
笼，再 就 两 个 鞭⁼ 鼓⁼，来 牵 我 去 嘅 一 边 徛 一 个，牵 透 渠

lau22lo44. tso44ɕin44ȵioŋ22ɕy44a44ku55iɪʔ4lu21tɕieu44a21tɕieu44ɕy44ke44, nɑ54xɑ21le44ku55ɕi44, tso44ɕin44
寮 咯。做 新 娘 去 啊故 一 路 警 啊警 去 嘅，□ 下 嘞 故 是，做 新

ȵioŋ22xɑu55tɕieu44lo55ᴀ44. tɕieu44a21tɕieu44n22te55, tʰu55tɕyn44na44ɕiai44tɕiəu21, tsai44tɕiuŋ21, ɕy44pai44
娘 好 警 咯 啊。警 啊警 唔得，土 根 哪 快 就，再 就，去 拜

toŋ22ŋa44. tsai44pai44pai44xɑ35, tʰɔi21sai44pai44xɑ35, tsai44, tʰuŋ22foŋ22loi55tu55tɕiəu21, tsai44loʔ2loi55tsʰo44
堂 啊。再 拜 拜 下，大 细 拜 下，再，同 房 □ 肚 就，再 落 □ 坐

n21loi55tsʰoŋ22tɕien44. tsʰo44loi55tsʰoŋ22tɕien44ne44, ioŋ35kɔi44pien44ku55tin55la21iɪʔ4pan44iɪʔ4kuai44tsʰo44
二⁼□ 床 舷。坐 □ 床 舷 呢，两 个 鞭⁼ 鼓⁼□[1]啦 一 边 一 个 坐

i21 ɕien44tɑu55loi22tsʰo44ən21ti55, tsai44le44, pien44ku55le55, tsai44, sɿ̥44nai44ȵin22koŋ44ti21sɿ21uɑ21le55, tsai44
二⁼牵 到 来 坐 二⁼滴⁼，再 嘞，鞭⁼ 鼓⁼嘞，再，嘶 □ 人 讲 利 市 话 嘞，再

---

① □[tin55]：进来，在。下文的“□”[kin55]是此词的语流音变。

tɕiəu21tɕiai44lɔn35nɑ44, a21thoŋ22ŋᴀ44, tsai21ɕi44nɑʔ4tu44, pən44n21to44ȵin44koŋ55ke44li21sɿ21uɑ21nᴀŋ44ki44
就，鸡 卵 哪，啊糖 啊，再 是=乇 都，分 二=多=人 讲 嘅 利市话 □ 渠
ɕiʔ2. tsai44le44, koŋ55ȵi44le44, tsai44tɕiəu21ɔn44pu21ia35, tsai44tɕiəu21, ȵin22loi22lo44, lo44tɕiai44lɔn35na44,
食。再 嘞，讲 二=嘞，再 就 晏晡夜，再 就， 人 来 攞，攞鸡 卵 哪，
lo44thoŋ22a44tu44loi22lo44a44lo55, tsai44ia21ɑu55pən44ɕy44, n21 tɕiəu21ioŋ35kɔ44ᴀ44, n21 tɕiəu21iɪʔ2kuai44,
攞糖 啊都来 攞 啊咯，再 也好分 去，二=就 两 个 啊，二=就 一个，
thoŋ22ŋa44tu44ia35 ki44nan22, tɕiɪʔ4la21, mᴀ55nan22ɕi44fo44tɕiɪʔ4lo44, tɕiɪʔ4tɕi21toŋ44tɕiai44lɔn35ȵioŋ21, tɕiai44
糖 啊都□①渠年=，橘 啦，□ 年 是有橘 咯，橘 就当鸡 卵 样， 鸡
lɔn35ia21xuo44. tsai44thuŋ22foŋ22ᴀ44tɕiəu22tsai44ia21koŋ55, xɑu55fən44na44! ᴀ̃21, lɔn35ᴀ̃44tɕy55loi22ɕiʔ2ɕiʔ2
卵 也有。再 同 房 啊就 再 也讲， 好 困 哪！啊，卵 啊煮 来 食 食
xɑ35, tsai44tɕiəu21ioŋ35kɔi44ȵin22thuŋ22foŋ22ŋa44. tsai44ŋɔi44ia21, mɑu22koŋ55tiʔ4lei22ɑu55to44uɑ21, koŋ55
下，再 就 两 个 人 同 房 啊。再 我 也，无 讲 得来 好 多 话，讲
ku44xɑ21tɕiəu21. ŋᴀ21mɑu22koŋ55tiʔ4lei22a44, tɑu55məʔ2ɕi55 lei22, n22koŋ55ŋᴀ44.
过 下 就。 啊 无 讲 得 来 啊，倒=莫=起 来，唔讲 啊。

tsɯ44ɕin44ȵioŋ22ᴀ44tɕiuŋ21, thuŋ22xoŋ22ŋᴀ44tɕiai44lɔn35nᴀ44tɕy55lei22ɕiʔ2iɪʔ4kɑ44ȵin22uən44tɕy55lei22
做 新 娘 啊就， 同 房 啊 鸡 卵 哪 煮 来 食 一 个 人 □ 煮 来
ɕiʔ2tha44, ɕiʔ2thau44le44, tsai44tɕiəu21xɑu35ᴀ44, ioŋ35o44ȵin22fən44nᴀ44xᴀ42xᴀ̃21. fən44nᴀ44tɕiəu21tsai44le44,
食 掉，食 掉 嘞，再 就 好 啊，两 个人 困 哪 哈 哈。困 哪 就 再 嘞，
tsai44ɕi55thieu21le44tsai44e21ɕi44ioŋ44ɕi44kᴀŋ44tɕiuŋ21, ɕi44kᴀŋ44ioŋ44le44ȵyoeʔ2ȵi55kᴀŋ44ŋᴀ44, ki44nᴀ22iɪʔ4
再 屎头 嘞再 也是养 细 囊=就， 细 囊=养 嘞月 女 囊= 啊，渠 年=一
ko44ȵin22lau44tu44xɑu55suŋ44loi22, tɕiai44lɔn35nᴀ44, æ21thoŋ22ŋᴀ44, ᴀ21sᴀŋ44tsoi55a21nᴀŋ44loi22, nᴀŋ44loi22
个 人 寮 都好 送 来，鸡 卵 哪，欸糖 啊，啊生 崽 也□ 来，□ 来
le44tɕiəu21ia21ti55ɕi44le44 tɕiəu21tɕiəu21, tsai21ɕi44nɑʔ4le44, ie21tᴀŋ55ɕin44tɕy55piᴀ44ɕiʔ2, mien21tɕiai44lɔn35
嘞就 也□是=嘞 就 就， 再 是=乇 嘞，□打 新=煮 □ 食，面 鸡 卵
tɕy55kiᴀŋ44ɕiʔ2, n44 tɕiəu21thoŋ22tshɑ44pha44ki44nan22ɕiʔ2, kɑ21sᴀŋ44seʔ4ko44. phau44ki44nan22ɕiʔ2le44,
煮 □ 食，二=就 糖 茶 泡 渠 年 食，箇 生 色 嘅。泡 渠 年= 食 嘞，
ŋɔi44le44moʔ2ke44ɕi44nɑʔ4le44, n21 xɑ44le44koŋ55ɕi21koŋ55ɕi44kᴀŋ44lo55. sən44tɕieu44, oi44ku44thau44sən44
我 嘞莫 嘅 是=乇 嘞，二=下 嘞讲 细讲 细囊=咯。三 朝， 爱过 掉 三
ȵiɪʔ4tsai44loʔ2ai44ȵia55lau22ɕy44, ŋɔi44i21 koŋ55ɕi44kᴀŋ44ɕia44 ŋɔi44koŋ55teʔ4ɕian21tɕhia44, ŋɔi44tu44mai44
日 再 落 我□ 寮 去，我 又讲 细 囊=[去啊]我 讲 底=先② [去啊]，我 都[无解]

---

① □[ia35]：用五指抓。

② 底=先[teʔ4ɕian21]：前面。“底=”本音[tai55]。此处产生了语流音变。

koŋ55tiʔ4lei22a44. ɔ̃44sɔn44tɕieu44loʔ2ai44ȵia55lau22ɕy44tɕiəu21, tsai44tin55lau22loi22. kin55lau22loi22tɕiuŋ21,
讲得来啊。嗯三朝落我□寮去就，再□寮来。□寮来就，

tsai44le44, tsai44ɕi44nɑʔ4le44, tsoʔ4thieu22a44tɕy55phɔn21ᴀ44ia22oi44ɕy44tɕy55, ᴀ̃21, ɕiʔ2u35ᴀ44tu44oi44ɕy44
再嘞，再是⁼乇嘞，作⁼头①啊煮饭啊也爱去煮，啊，烧火啊都爱去

ɕieu44. tso44ȵin22lau44sɔn44phiəu44e44, tsai21ɕi44nɑʔ4tu44oi44, tsai21ɕi44nɑʔ4tɕin44tsuŋ44ti55tsai21ɕi44nɑʔ4
烧。做人寮新妇欸，再是⁼乇都爱，再是⁼乇进⁼□□再是⁼乇

ᴀ55, ȵi44a21sɔn44phiəu44tɕy55loi22mai44 tɕy55phɔn21kə44a55? ȵi44a44sɔn44phieu44mai44 ɕieu44fu35ᴀ44? ȵi21
啊，你啊新妇煮来[无解]煮饭嘅啊？你啊新妇[无解]烧火啊？又

kɑ44pho44iəu21xɑu55koŋ35. ŋɔi44ȵi55ŋᴀ21tso44sɿ̥44tso44sɿ̥44sɔn44phiəu44ȵin22le44tsai21ɕi44nɑʔ4le44, ioŋ21ioŋ21
家婆又好讲。我伲啊做新做新新妇人嘞再是⁼乇嘞，样样

tu44nɑʔ4tso44ɕy44, sai55san44nᴀ44, tɔn44ɕy35ia44, tu44xɑu55ɕy44tɔn44, ŋɔi44xɑu55ɕy44tɔn44ɕy35tɕhi21ko44,
都乇做去，洗衫哪，担水呀，都好去担，我好去担水食嘅，

ŋɔi44nan22lau44ɕi44tu44ɕi44ɕy55tsᴀŋ55li55tu44tɔn44ɕy35ɕiʔ2ə44, ᴀ21. ɕi44kᴀŋ44ioŋ44loʔ2lei22sɿ22tɕin55ne44, ŋɔi44
我年⁼寮是都是水井里都担水食嘅，啊。细羹⁼养落来时紧⁼呢，我

le44, iɪʔ4ko44ȵyøeʔ2, tɕhyɪʔ2loi22, sɿ22tɕin55ne44, tsai21ɕi44nɑʔ4le44, ᴀ21, n21kə44ɕi44kᴀŋ44ne55, a21ia21kɑ44
嘞，一个月，出来，时紧⁼呢，再是⁼乇嘞，啊，二⁼个细羹⁼呢，啊也家

pho44suŋ44tshɔn35, ŋɔi44ȵi55tɕiəu21ɕi44tso44se21. lau22li55ke44sɿ21kɔn44ne44, iɪʔ4tɕhieʔ4sɿ21kᴀŋ44tu44oi44tso44
婆相□②，我伲就是做事。寮里嘅事干呢，一切事干都爱做

lo35lei21. ŋɔi44le44kɔi21to44uɑ21ŋɔi44ia21mai44 ɕi44nɑʔ4koŋ55tiʔ4loi22, ŋɔi44e44tɕi21i44 koŋ55, ai21ia21ti21kɑ21
了来。我嘞箇多⁼话我也[无解]是⁼乇讲得来，我欸就是讲，哎呀□家

ioŋ44ɕi44kᴀŋ44sɿ22tɕiŋ55ne55, koŋ35ɕi44ia21, ia21ɕi44, n21ke44. mɑ55nan22ɕiuŋ44ȵi21ȵi35le55kᴀŋ44ȵin22to44e44,
养细羹⁼时紧⁼呢，讲是也，也是，二⁼个。□年□二⁼□嘞羹⁼人多欸，

tu44ɕi44, ɕyon22kɑu44sau55toi44tu44xɑu55nᴀŋ44loi22, iɪʔ4lau22iɪʔ4kɔi44tu44nᴀŋ42ŋe22e44, tu44xɑu55tɔn44lɔn35
都是，全个小队都好□来，一寮一个都□来欸，都好担卵

na44, thoŋ22ŋᴀ44, tu44nᴀŋ42ŋe21tu44nᴀŋ42ŋɔi44nan22ɕiʔ2. kɔi21seʔ2, ŋɔi44suŋ44ȵi44ȵi44suŋ44ŋɔi44thɔi21li21
哪，糖啊，都□欸都□我年⁼食。箇色，我送你你送我大利⁼

suŋ44loi22suŋ44ɕy44ɕiʔ2ko44. kɔi21ke44ɕi44kɔi21 sen44seʔ4kᴀ55, mai21 ɕi44koŋ55, ei42, ŋɔi44tɕiəu21ɕi44, tuʔ2
送来送去食嘅。箇个是箇生色嘎，[无解]是讲，欸，我就是，独

ȵin22nᴀ44, mɑu22ȵin22suŋ44ŋᴀ44, n21 tsuŋ55ȵin22nᴀ44xᴀ55ȵin22ɕieu35ke44, tu44ɕi44iɪʔ4pɔn42le44tu44suŋ44
人哪，无人送啊，二⁼种人哪吓⁼人少嘅，都是一般嘞都送

① 作⁼头[tsoʔ4thieu22]：灶头。

② □[tshɔn35]：抱。

lei^{22}suŋ^{44}ɕy^{44}t^{h}ɔi^{21}li^{21} ɕiʔ^{2}. ȵi^{44}ioŋ^{44}tsoi^{35}ŋo^{44}ia^{21}suŋ^{44}ȵi^{44}, ki^{44}ioŋ^{44}tsei^{55}ŋo^{44}a^{21}suŋ^{44}ȵi^{44}, a^{21}ŋɔi^{42}soi^{44}
来送 去大 利⁼食。你养 崽 我 也送 你，渠养 崽 我 也送 你，啊我 □
ioŋ^{44}tsoi^{55}ŋɔi^{44}suŋ^{44}ŋɔi^{44}, tɕi^{21}ɕi^{44}kɔi^{21}seʔ^{4}suŋ^{44}lei^{22}suŋ^{44}ɕy^{44}ke^{44}t^{h}ɔi^{21}li^{21} lau^{22}li^{55}tɕ^{h}yon^{22}kɑ^{44}sau^{55}toi^{44}
养崽 我 送 我，就是箇 色 送 来 送 去 嘅 大 利⁼寮 里 全 个 小 队
ȵin^{22}lɑ^{44}, tu^{21}ɕi^{44}xᴀ^{55}ȵin^{22}xu^{44}ȵi^{21}tɕ^{h}i^{42}ko^{21}, tɕi^{21}i^{44} kə^{21}sᴀŋ^{44}seʔ^{4}. ŋɔi^{44}nan^{22}ku^{55}xan^{22}t^{h}ɔn^{22}tɕieʔ^{4}, ku^{55}
人 啦，都是吓⁼人 有 义 气 嘅，就 是箇 生 色。我 年⁼ 故 还 团 结，故
ɕioŋ^{44}xɑu^{35}. tɕi^{21}i^{44} ŋɔi^{44}a^{21}mai^{44} koŋ^{55}tiʔ^{4}lei^{22}a^{44}, ŋɔi^{44}a^{21}tən^{44}uᴀŋ^{35}ŋᴀ^{44}n^{22}koŋ^{55}ŋᴀ^{44}ən^{21}xa^{53}.
相 好。就 是我 也[无解]讲 得来 啊，我 也□ 忘 啊 唔讲 啊 嗯 哈。

ŋɔi^{44}nan^{22}lɑu^{55}ȵin^{22}lɑu^{55}ta^{44}le^{44}, p^{h}iᴀŋ^{21}ts^{h}oŋ^{22}, xa^{21}tsoi^{35}ia^{44}ȵy^{35}ia^{44}t^{h}ɔi^{21}li^{21}tɕ^{h}i^{44}tɕ^{h}i^{44}tɕin^{44}
我 年⁼ 老 人 老 掉嘞，病 床，哈崽 呀女 呀大 利⁼徛 徛 进
noi^{22}, xɑu^{55}t^{h}oaʔ^{4}tɕ^{h}i^{213}a^{44}lo^{44}, tsai^{21}xo^{44}iɪʔ^{4}kɔi^{44}tsui^{55}mei^{21}lei^{22}tɕyon^{55}ai^{44}ia^{44}ŋɔi^{44}ke^{44}tsoi^{35}ku^{55}mei^{21}
来，好 脱 气 啊咯，再 有 一个 崽 未 来转 哎呀我 嘅崽 故 未
lei^{22}tɕyon^{35}ne^{44}ŋɔi^{44}mai^{44} si^{55}tiʔ^{4}ɕy^{44}e^{44}, ŋɔi^{44}tsən^{55}kə^{21}k^{h}əu^{55}tɕ^{h}i^{44}tu^{44}mai^{44} teʔ^{4}loʔ^{2}ɕy^{44}e^{44}. t^{h}ɔi^{21}tsoi^{55}
来转 嘞我 [无解]死得去欸，我 □ 箇口 气 都[无解]得落去欸。大⁼崽
ȵy^{35}le^{44}t^{h}ɔi^{21}li^{21}ti^{55} kin^{44}loi^{22}, ts^{h}o^{44}tsoi^{44}tɵeʔ^{2}le^{44}, a^{21}ŋɔi^{44}tsoi^{55}ia^{21}xo^{44}ᴀ^{44}ȵy^{35}ia^{21}xo^{44}ᴀ^{44}tu^{44}tɕ^{h}i^{44}tɕ^{h}i^{44}
女 嘞大 利⁼□进 来，坐 在 桌 嘞，欸我 崽 也有 啊女 也有 啊都徛 徛
mei^{55}ts^{h}an^{21}t^{h}ieu^{44}a^{44}, ai^{21}ŋɔi^{44}ia^{21}kən^{44}ɕin^{44}nᴀ^{44}, ŋɔi^{44}iau^{21}xɑu^{55}xᴀŋ^{22}lu^{21}ᴀ^{21} ŋɔi^{44}tɕiəu^{21}si^{35}t^{h}a^{44}. tsai^{44}
问⁼前 头 啊，欸我 也甘 心 哪，我 也 好 行 路啊，我 就 死掉。再
t^{h}ɔi^{21}ni^{21}suŋ^{44}ku^{44}tɕiuŋ^{42}ᴀ^{44}lo^{55}, tsoi^{35}ia^{44}ȵy^{35}ia^{44}, a^{21}tsai^{44}tɕi^{21}, mɑu^{35}ɕi^{44}nɑʔ^{4}a^{21}kə^{21}to^{44}, ti^{21}kɑ^{21}lɑu^{55}
大 利⁼送 过 终 啊咯，崽 呀女 呀，啊再 就，[无好]是⁼乇 啊箇 多⁼，□家 佬
ȵin^{22}nᴀ^{44}iɪʔ^{4}lau^{22}ȵin^{22}tɔi^{22}li^{21} tɕiəu^{44}tsɯ^{44}toi^{21}. si^{35}ta^{44}tɕiəu^{21}tsai^{44}tɕiəu^{21}, t^{h}oaʔ^{4}tɕ^{h}i^{44}a^{44}, tsai^{44}t^{h}oaʔ^{4}
人 哪 一寮 人 大 利⁼就 做 堆。死掉就 再 就，脱 气 啊，再 脱
tɕ^{h}i^{44}t^{h}ɔi^{21}li^{21} tɕieu^{44}a^{44}, ȵia^{55}ȵia^{35}tɕieu^{44}a^{44}, tɕieu^{44}a^{44}tɕiuŋ^{21}, i^{21} ti^{55}i^{44} tɕioʔ^{4}san^{44}na^{44}, san^{44}fu^{44}tɕioʔ^{4}
气 大 利⁼警 啊，□ □ 警 啊，警 啊就，又□渠着 衫 哪，衫 裤着
xɑu^{55}xɑu^{55}loi^{22}, tɕioʔ^{4}xɑu^{55}xɑu^{55}lai^{22}tɕiəu^{21}tsai^{44}tɕiəu^{21}ȵi^{21}ke^{44}ti^{55}ki^{44}, ti^{55}ki^{44}xa^{22}ɛ^{44}tɕioʔ^{4}loi^{22} mɑu^{21}
好 好 来，着 好 好 来就 再 就 二⁼个 □渠，□渠鞋 啊着 来，帽
ᴀ^{44}ku^{55}ɕi^{55}noi^{22}, tsai^{44}tɕiəu^{21}, koŋ^{55}nai^{35}kuən^{44}ts^{h}oi^{22}ia^{44}, koŋ^{55}nai^{35}kuən^{44}ts^{h}oi^{22}le^{44}, tsai^{44}tɕiəu^{21}koŋ^{55}
啊裹 起来，再 就，园 □ 棺 材 呀，园 □ 棺 材 嘞，再 就 园
nai^{35}kuən^{44}ts^{h}oi^{22}tɕiəu^{21}koŋ^{55}n^{21} ko^{44}t^{h}ᴀŋ^{44}. koŋ^{55}n^{21} ko^{44}t^{h}ᴀŋ^{44}le^{44}, tsai^{44}ɕin^{21}ne^{44}, ɔn^{44}pu^{21}t^{h}ieu^{44}ᴀ^{44},
□ 棺 材 就 园 二⁼个 厅。园 二⁼个 厅 嘞，再 是 嘞，晏晡头 啊，
i^{21} xɑu^{55}ȵin^{22}lei^{22}ȵian^{21}tɕin^{44}ne^{44}, sən^{44}tən^{44}tɑu^{44}ȵiaʔ^{2}ɕiʔ^{2}p^{h}ɔn^{21}tɕiəu^{21}, ɔn^{44}pu^{21}iɪʔ^{4}tən^{44}, ȵian^{53}ɕiʔ^{2}iɪʔ^{4}
又好 人 来念 经 呢，三 顿 到 啮⁼食饭 就，晏晡一顿，眼 食一

tən^{44}, ȵiɪʔ^{4}tɕiəu^{44}tʰieu^{22}iɪʔ^{4}tən^{44}, xɑu^{55}loi^{22}ȵian^{21}tɕin^{44}ke^{44}. tsai^{44}ʋen^{21}, tɕin^{44}ȵian^{21}ŋᴀ^{44}tsai^{44}ɕiʔ^{2}
顿，日昼头一顿，好来念经嘅。再喂，经念啊再食
pʰɔn^{21}, sɔn^{44}tən^{42}ɕi^{44}kə^{21}sᴀŋ^{44}seʔ^{4}. tsai^{44}iəu^{21}ɔn^{44}pu^{21}tʰieu^{22}e^{44}lei^{22}tɕieu^{44}ȵia^{55}. tɕieu^{44}ȵia^{55}le^{44}, ᴀ^{21}
饭，三顿是箇生色。再又晏晡头欸来警□。警□嘞，啊
lin^{22}ɕia^{44}poʔ^{4}ko^{44}ᴀ^{44}, ko^{21}tu^{44}tʰɔi^{21}li^{21} ia^{44}, lei^{22}tɕioŋ^{55}ia^{21}, tɕioŋ^{55}ia^{21}le^{44}lei^{22}tɕieu^{44}ȵia^{55}, tʰɔi^{21}li^{21} loi^{22}
邻舍□哥啊，箇都大利=呀，来长=夜，长=夜嘞来警□，大利=来
nɑu^{21}ȵieuʔ^{2}, lei^{22}nɑu^{21}ȵieʔ^{2}le^{44}, tɕieu^{44}ȵia^{55}le^{44}, a^{21}ȵi^{44}tɕʰioŋ^{42}xo^{44}ŋɔi^{44}tɕʰioŋ^{42}xo^{44}, ki^{44}tɕʰioŋ^{42}xo^{44}
闹业=①，来闹业=嘞，警□嘞，啊你唱有我唱有，渠唱有
tʰɔi^{21}li^{21} le^{44}, tɕi^{21}ɕi^{44}le^{44}, tɕi^{21}ɕi^{44}ke^{44}, xau^{44}toŋ^{22}lai^{55}tu^{55}le^{44}, tɕi^{21}ɕi^{44}lei^{22}koŋ^{55}mai^{44} lᴀŋ^{44}tɕʰiŋ^{44}tɕʰin^{42}
大利=嘞，就是嘞，就是嘅，孝堂□肚嘞，就是来讲[无解]冷清清
lie^{21}, tʰɔi^{21}li^{21} tu^{44}tso^{44}e^{44}təʔ^{2}le^{22}nɑu^{21}ȵieʔ^{2}le^{21}. tsai^{44}nɑu^{21}ȵie^{213}tɕiəu^{21}, tsai^{44}ɔn^{44}pu^{21}ia^{44}, mien^{21}nᴀ^{44}
咧，大利=都做□□嘞闹业=嘞。再闹业=就，再晏晡夜面哪
pɔn^{55}ia^{21}tən^{44}tɕy^{55}lei^{22}ɕiʔ^{2}ia^{21}tɕiəu^{21}, tsai^{44}ɕy^{44}tɕyon^{35}, ɕy^{44}tɕyon^{35}ɕi^{44}a^{44}tʰaʔ^{2}ȵia^{55}ɕi^{44}ku^{55}xɑu^{55}lei^{22}
半夜顿煮来食呀就，再去转，去转是啊□□是故好来
poŋ^{44}moŋ^{22}, sai^{55}tsʰoi^{44}ke^{44}sai^{55}tsʰoi^{44}ia^{44}, tɕy^{55}fɔn^{21}ke^{44}tɕy^{55}fɔn^{21}nᴀ^{44}, tʰɔi^{21}li^{21}, iɪʔ^{4}la^{22}iɪʔ^{4}kuai^{44}tu^{44}
帮忙，洗菜嘅洗菜呀，煮饭嘅煮饭哪，大利=，一寮一个都
lei^{22}soŋ^{44}poŋ^{44}ᴀ^{44}. ai^{44}xɑu^{55}ɕy^{44}kuəɪʔ^{2}pʰən^{22}nᴀ^{44}, n^{22}tɔn^{44}tɕie^{21}, fᴀŋ^{21} tsoi^{35}ia^{44},a^{21} tɕin^{21}tə^{55}nɔn^{22}ke^{44}
来相帮啊。哎好去掘坟哪，唔单是，[化生]崽呀，欸，□□男嘅
ȵin^{22}tu^{44}ɕi^{44}loŋ^{21}, nei^{55}san^{44}tɕy^{44}, soŋ^{21}ko^{44}, pən^{22}ke^{44}n^{21} ke^{44}nai^{22}, n^{21} ke^{44}nai^{22}kuəɪʔ^{2}ke^{44}təŋ^{21}. tsa^{44}
人都是浪=，□山去，上嘅，坟嘅二=个泥，二=个泥掘嘅洞。再
tɕiəu^{21}, lau^{22}li^{55}ᴀu^{44}pʰɔn^{21}nᴀ^{44}tɕy^{55}ɕin^{55}noi^{22}, tsai^{44}tɕiəu^{21}, kuai^{21}to^{44}ȵin^{22}tin^{44}lau^{22}ɕiʔ^{2}, ɕiʔ^{2}a^{44}i^{21} xɑu^{55}
就，寮里啊饭哪煮□来，再就，箇多=人□寮食，食啊又好
ɕy^{44}tso^{44}, tso^{44}a^{44}tɕiəu^{21}, tsan^{44}, tso^{44}, tso^{44}a^{44}tin^{55}lau^{22}ɕiʔ^{2}, ɕiʔ^{2}a^{44}i^{21} xɑu^{55}y^{44}tso^{44}. xo^{44}xan^{22}ŋe^{44}ȵin^{22},
去做，做啊就，再，做，做啊□寮食，食啊又好去做。有闲嘅人，
tʰɔi^{21}li^{21} tu^{44}lei^{22}ɕioŋ^{44}poŋ^{44}, mɑu^{22}xan^{22}mei^{21}ɕi^{44}la^{44}, tɕiəu^{21}mɑu^{22}pɔn^{21}foaʔ^{4}. kɔi^{21}ke^{44}sɿ^{21}kɔn^{44}le^{44}
大利=都来相帮，无闲未是寮，就无办法。箇个事干嘞
tʰɔi^{21}li^{21} tu^{44}, tu^{44}xo^{44}ia^{22}ȵia^{35}, tu^{44}lɑu^{35}la^{44}tu^{44}ɕi^{44}iɪʔ^{4}ioŋ^{21}ŋe^{44}, tu^{44}ɕi^{44}, tu^{4}xo^{44}ai^{44}tɕʰioʔ^{2}ke^{44}, e^{35}, ki^{44}
大利=都，都有爷□，都老啦都是一样欸，都是，都有挨着嘅，欸，渠
lau^{22}lɑu^{55}ȵin^{22}nᴀ^{44}ŋo^{44}ȵi^{55}ia^{21}oi^{44}ɕy^{44}o^{44}, ŋo^{44}ȵi^{55}ia^{21}oi^{44}ɕy^{44}soŋ^{44}poŋ^{44}e^{55}, tsai^{21}ŋo^{44}ȵi^{55}ia^{21}xo^{44}tia^{44}
寮老人哪我伲也爱去哦，我伲也爱去相帮欸，再我伲也有爹

① 闹业=[nɑu^{21}ȵieuʔ^{2}]：增添人气使场面热闹。

ia21xo44ȵia55ke44, kan35xuəi22ia21xɑu55si35tʰau44e44, tʰɔi21li21tu44oi44ɕy44, ẽ21, tʰɔi21li21tu44oi44ɕy44.
也有□嘅，□回也好死掉欸，大利=都爱去，欸，大利=都爱去。

ɕieu44ɕioŋ44tɕin44ɕi44kɔi21seʔ4ko44, iɪʔ4tʰieu22ȵian21nᴀ44tɕiəũ21, kuai21ti55 tiəu21, tsoi35ia44, sən44
烧香经是箇色嘅，一头念哪就，箇滴=就，崽呀，新

pʰiəu44ᴀ44, ᴀ42, tsai44tɕiəu21sən44nᴀ44, ə21to44ȵin22nᴀ44, tsu44i44 ti21kɑ21lɑu55ȵin22nei44, tɕiəu21xɑu55kuəi21
妇啊，啊，再就孙啊，箇多=人哪，都是□家佬人嘞，就好跪

loi22ɕieu44ɕioŋ44ŋa44, ɕieu44tɕi35ia44, tsai44iə̃21kʰə55pan44le21iəu21xɑu55pioŋ44fu55pʰau44a44. tsai44kə21ȵi44
来烧香啊，烧纸呀，再又客边嘞又好放火炮啊。再嘅你

ȵian21tɕin44ȵian21xɑu35ᴀ44lo55, ȵian21xɑu35ᴀ44tɕiəu21tʰɔi21li21 seʔ4loʔ2lei44, ɕiʔ2ȵiɪʔ4tɕiəu44. ȵiɪʔ4tɕiəu44
念经念好啊咯，念好啊就大利=歇落来，食日昼。日昼

ɕiʔ2a44tɕiəũ21, tsai44tʰɔi21li21 poŋ44moŋ22in22tu44ɕiʔ2ȵiɪʔ4tɕiəu44a44. ɕiʔ2tʰau44le44, tsai44tʰieu44ɔn44pu21a44
食啊就，再大利=帮忙人都食日昼啊。食掉嘞，再透晏晡啊

iəu21xɑu55loi22ȵian21kuo44, ia21iɪʔ4ioŋ21o44, ia21xɑu55kuəi21loʔ2loi22. kɑ21to44ȵin22tu44ne35san44tso44se21
又好来念过，也一样哦，也好跪落来。箇多=人都□山做事

lei22tɕyon35ᴀ44lo55, tʰɔi21li21 tin55lau22ɕiʔ2ɔn44pu21a44, tsai44ʋe21tʰɔi21li21, tsai44iəu21tuŋ21ɕiəu55ȵian21tɕin44
来转啊咯，大利=□寮食晏晡啊，再喂大利=，再又动手念经

nᴀ44. ȵian21tɕin44lie21, tsoi35ia44, sən44pʰiəu44ᴀ44, ᴀ21, tsai44tɕiəu21ŋə35sən44nᴀ44, tu44xɑu55kuəi21loʔ2
哪。念经咧，崽呀，新妇啊，啊，再就□孙哪，都好跪落

lei22. ȵi21ke44pʰᴀʔ2mɑu21ku55ɕin55nei22le44, tsuoi35tɕiəu21ɕi44kʰau44tɕʰioŋ22ko44san44tɕioʔ4loi22, sən44
来。二=个白帽裹□来嘞，崽就是较长嘅衫着来，新

pʰieu44ke44mɑu21ku55le44tɕiəu21tʰo21tʰieu44ɕi55fəɪʔ4tən213, ᴀ44sən44pe21i44 kə44mɑu21, tsai21ɕi44 nɑʔ4tu44
妇嘅帽牯嘞就拖透屎朏不，啊孙□一个帽，再是=乇都

oi44, kə21pʰᴀʔ2mɑu21ti55ti55, ti55ke21lɑu55ȵin22e44tɔi44xau44, tɕiəu21oi44ku35ɕin55nei22. ku35ɕin55nei22le44
爱，嘅白帽滴滴，□家老人欸戴孝，就爱裹□来。裹□来嘞

kuəi21loi22, ɕieu44ɕioŋ44ŋᴀ44ɕieu44tɕi35ia44, tɕiəu21i44 ko21tsʰan21tɕʰieʔ4pu44ki44soi35lau55lɑu55ȵin22le44
跪来，烧香啊烧纸呀，就是箇钱□分渠使了老人嘞

tɕi21i44 ko21sᴀŋ44seʔ4kə44, i55 sɿ44tɕiə̃21, ŋɔi44ȵi55lei44, ku44ȵi21ke44ȵia55moʔ2. tɕiəu21ɕi44koŋ55le44ŋɔi44ȵi55
就是箇生色嘅，意思就，我伲嘞，过=二=个□嫫。就是讲嘞我伲

tso44a44tɕiəũ21, tsai44ɕiʔ2ia21tʰɔi21li21 ɕy44, ɕiʔ2ia44o44, ki44nan22tʰɔi21li21loʔ2e55 san44ɕy44ɕioŋ44poŋ44ŋᴀ44,
做啊就，再食呀大利=去，食呀哦，渠年=大利落底=山去相帮啊，

tsai44ŋɔi44nan22tsai21to44ȵi53nᴀ44, ᴀ44tsʰo44lau44ɕioŋ44poŋ44ᴀ44, lau22li55ia21mu44xuɑ44tsai44tɕiəu21, lau22
再我年=再多=你□，啊坐寮相帮啊，寮里呀□□再就，寮

li^{55}tsoʔ^{4}xɑ^{21}. tsai^{44}lei^{44}kə^{21}to^{44}, kuai^{21}to^{44} ke^{44}se^{21}a^{44}lau^{22}li^{55}soŋ^{44}poŋ^{44}ti^{21}kɑ^{21}lɑu^{55}ȵin^{22}lau^{44}ȵin^{22}lau^{44},
里作⁼下。再 嘞 箇 多⁼,箇 多⁼嘅 事 啊寮 里相 帮 □家 佬 人 寮 人 寮,

ȵin^{22}ɕieu^{35}lo^{55}, ki^{44}nan^{22}tɔi^{21}li^{21} tu^{44}loʔ^{2}ai^{55}san^{44}ɕy^{44}, kuəɪʔ^{2}tuŋ^{21}ŋᴀ^{44}, kuəɪʔ^{2}k^{h}oŋ^{44}ŋᴀ^{44}, tsai^{44}ŋo^{44}ȵi^{55}
人 少 咯,渠 年⁼ 大 利⁼都 落 底⁼山 去,掘 洞 啊,掘 圹① 啊,再 我 伲

le^{213}ts^{h}o^{44}lau^{44}le^{44}, tsai^{44}ti^{55}ki^{44}nan^{22}sɑu^{44}kə^{44}mu^{21}ᴀ^{44}tsɿ^{55}kian^{42} tso^{44}xɑ^{21}. tsai^{44}le^{44}ki^{44}nᴀŋ^{22}lei^{22}tɕyon^{35}
嘞 坐 寮 嘞,再 □渠 年⁼ 扫 个 墓 啊□ [渠年⁼]做 下。再 嘞 渠 年⁼ 来 转

nᴀ^{44}iəu^{21}xɑu^{55}ȵian^{21}tɕin^{44}ŋo^{44}, iəu^{21}xɑu^{55}tuŋ^{21}ɕiəu^{55}ȵian^{21}tɕin^{44}kə^{44}. ȵian^{21}tɕin^{44}le^{44}, iə^{21}xɑu^{55}kuəi^{21}
哪 又 好 念 经 嘅,又 好 动 手 念 经 嘅。念 经 嘞,又好 跪

loʔ^{2}lei^{22}, ȵian^{21}, iə^{21}xɑu^{55}pioŋ^{44}fu^{55}p^{h}au^{44}ᴀ^{44}. iə^{21}xɑu^{55}loi^{22}n^{21} ke^{44}, iəu^{21}xɑu^{55}loi^{22}, kuəi^{21}loʔ^{2}loi^{22}
落 来,念, 又好 放 火 炮 啊。又 好 来 二⁼个,又 好 来,跪 落 来

ɕieu^{44}tɕi^{35}ia^{44}, tsai^{21}ɕi^{44}nɑʔ^{4}, tu^{44}xɑu^{55}tsɿ^{44}, tu^{44}xɑu^{55}kuəi^{21}loʔ^{2}loi^{22}ko^{21}to^{44}tɕ^{h}in^{44}tɕ^{h}iʔ^{4}tu^{44}xɑu^{55}kuəi^{21}
烧 纸 呀,再 是⁼乇,都 好 做,都 好 跪 落 来 箇 多⁼亲 戚 都 好 跪

lei^{22}. kuəi^{21}loi^{22}tso^{44}tɕ^{h}in^{44}tɕ^{h}iɪʔ^{4}, ko^{55}li^{55}, kuəi^{21}lə^{55}le^{55}, iəu^{21}ɕi^{44}, ɕiʔ^{2}ɔn^{44}pu^{21}ᴀ^{44}, ɔn^{44}pu^{21}ɕiai^{44},
来。跪 来 做 亲 戚, □ 里,跪 了 嘞,又 是,食 晏 晡 啊,晏 晡 [食啊],

tsai^{44}tɕ^{h}ɔi^{21}li^{21} ɕy^{44}tɕyon^{35}nᴀ^{44}ɕy^{44}tɕyon^{35}iəu^{21}xɑu^{55}loi^{22}, iɑu^{35} lei^{22}tɕieu^{44}ȵia^{55}. ai^{21}ia^{21}, ŋɔi^{44}ȵia^{55}si^{55}
再 大 利⁼去 转 哪 去 转 又 好 来,[又好]来 瞥 □。哎 呀,我 □ 死

t^{h}a^{213}, t^{h}ɔi^{21}li^{21} lei^{22}ts^{h}o^{44}nɑu^{21}nɑu^{21}ȵieuʔ^{2}. ŋɔi^{44}ȵia^{55}le^{55}ȵi^{44}nan^{22}t^{h}ɔi^{21}li^{21} lei^{22}nɑu^{21}ȵieuʔ^{2}a^{44}tsai^{44}
掉, 大 利⁼来 坐 闹 闹 业⁼。我 □ 嘞 你 年⁼ 大 利⁼来 闹 业⁼ 啊再

tɕiəu^{21}, ȵi^{44}nan^{22}lau^{44}ia^{21}xo^{44}ȵia^{55}ke^{44}ia^{21}i^{44} ioŋ^{21},ia^{21}oi^{44}ɕy^{44}tɕioŋ^{35}, ia^{21}oi^{44}ɕy^{44}ts^{h}o^{44}ia^{21}, nɑu^{21}ȵieuʔ^{2}.
就, 你 年⁼ 寮 也有 □ 嘅 也一样,也 爱 去 长⁼, 也 爱 去 坐 夜,闹 业⁼。

tᴀ^{55}lɑu^{21}k^{h}ie^{55}ia^{21}xo^{44}, tɕieu^{44}ȵia^{55}a^{21}xo^{44}. tsai^{44}le^{44}, nai^{21}ke^{44}, nai^{21}ke^{44}, tᴀ^{55}mɑ^{21}tɕiᴀŋ^{42}xo^{44}, kɔi^{21}
打 老 K 也有,瞥 □ 也有。再 勒,□ 个,□ 个,打 麻 将 有,箇

ke^{44}, ȵi^{44}ŋoŋ^{55}nan^{44}tɕi^{21}tɕ^{h}iᴀŋ^{44}iɪʔ^{4}tiʔ^{4}tᴀ^{55}mɑ^{21}tɕioŋ^{44}ᴀ^{44}tᴀŋ^{55}lɑu^{21}k^{h}e^{55}, an^{22}tɕi^{21}t^{h}ɔi^{42}ȵi^{21}tɕieu^{44}ȵia^{55}.
个,你 讲 年 纪 轻 一 滴 打 麻 将 啊打 老 K, 年 纪 大 你 瞥 □。

ɛ^{44}loi^{22}loi^{22}loi^{22}, ȵia^{44} t^{h}ɔi^{21}li^{21} lei^{22}tɕieu^{44}ȵia^{53}, t^{h}an^{35}ȵin^{44}xɑu^{55}tɕ^{h}yɪʔ^{4}ɕy^{44}ʒ^{44}koŋ^{44}tɕ^{h}yɪʔ^{4}ɕy^{44}a^{44}le^{44},
哎来 来 来,[你啊]大 利⁼来 瞥 □,天⁼ □② 好 出 去 啊扛 出 去 啊嘞,

t^{h}an^{35}ȵin^{44}nei^{44}mai^{21} xɑu^{55}tɕ^{h}yɪʔ^{4}soŋ^{44}ŋᴀ^{44}le^{44}, ȵi^{44}nan^{22}t^{h}ɔi^{21}li^{21} loi^{22}le^{44}, e^{21}t^{h}an^{35}ȵin^{44}xɑu^{55}suŋ^{42}ŋoʔ^{2}
天⁼ □ 呢 [无解]好 出 丧 啊 嘞,你 年⁼ 大 利⁼来 嘞,欸天⁼ □ 好 送 落

ki^{44}lie^{44}. o^{42}, ŋɔi^{44}ia^{21}lei^{22}suŋ^{42}. tsai^{44}t^{h}ɔi^{21}li^{21} le^{44}ȵy^{35}ia^{44}, tsai^{44}tɕiəu^{21}ta^{55}san^{21}k^{h}oŋ^{44}, koŋ^{44}ta^{55}ɕian^{21}
渠 咧。哦,我 也 来 送。再 大 利⁼嘞 女 呀,再 就 底⁼先 扛, 扛 底⁼先

---

① 圹 [k^{h}oŋ^{44}]:修整好的洞,如灶膛、墓穴。

② 天⁼□ [t^{h}an^{35}ȵin^{44}]:明天。

ɕy^{44}ᴀ^{44}ŋɔi^{44}nan^{22}ɕi^{55}t^{h}ieu^{22}y^{21}, iɪʔ^{4}kɔi^{44}ȵin^{22}ke^{44}, ioŋ^{55}ᴀŋ^{22}ɕioŋ^{44}nᴀŋ^{44}loi^{22}, tsai^{44}tɕiəu^{21}ta^{55}ɕian^{21}koŋ^{44}
去啊我年$^{=}$屎头去，一个人嘅，两茎香□来，再就底$^{=}$先扛

ɕy^{44}, ɸɑ^{44}tɕ^{h}yoŋ^{44} na^{44} nᴀŋ^{44} ɕy^{44}, sɑu^{55}nɑ^{213}ɑ^{44}tɕ^{h}yoi^{44}ɕy^{44}, iɪʔ^{4} kieu^{44}suŋ^{44}ki^{44}nai^{35}san^{44}ɕy^{44}, suŋ^{44}ki^{44}
去，花圈哪□去，唢呐啊吹去，一透$^{=}$送渠□山去，送渠

le^{35}san^{44}tɕ^{h}y^{44}le^{44}, k^{h}oŋ^{35}kə^{44}sɿ^{22}tsi^{55}le^{44}, tsɿ^{21}, ȵy^{35}, sən^{44}p^{h}iəu^{44}tu^{44}xɑu^{55}kuəi^{21}ȵi^{55}tɕieu^{44}, tu^{44}xɑu^{55}
□山去嘞，园嘅时紧$^{=}$嘞，崽，女，新妇都好跪二$^{=}$鳖，都好

kuəi^{21}ȵi^{55}tɕieu^{42}xɑ^{21}le^{44}, tɕieu^{42}xɑ^{21}tsai^{44}k^{h}oŋ^{55}loʔ^{2}ɕy^{44}ko^{44}, kuai^{21}sᴀŋ^{44}seʔ^{4}ke^{44}, e^{213}, ŋɔi^{44}lɑu^{55}nin^{22}
跪二$^{=}$鳖下咧，鳖下再园落去嘅，箇生色嘅，欸，我老人

ɕi^{44}kə^{21}sᴀŋ^{44}seʔ^{4}ke^{44}, sɿ^{21}kən^{44}. ŋɔi^{44}le^{44}, tɕ^{h}i^{22}t^{h}a^{44}uɑ^{21}ia^{21}, mai^{44} ɕi^{44}nɑʔ^{4}koŋ^{55}tiʔ^{4}lei^{22}a^{44}, ŋai^{42}ia^{21}n^{22}
是箇生色嘅，事干。我嘞，其他话也，[无解]是$^{=}$乇讲得来啊，哎呀唔

koŋ^{55}ŋᴀ^{44}. tɕiəu^{21}ɕi^{44}kə^{21}ioŋ^{55}ku^{44}uɑ^{21}. tsai^{44}le^{44}ȵi^{44}nan^{22}le^{44}, t^{h}ɔi^{21}li^{21} le^{44}, nɑ^{213}tsoŋ^{44}xɑu^{35}a^{44}, ts^{h}eŋ^{22}
讲啊。就是箇两句话。再嘞你年$^{=}$嘞，大利$^{=}$嘞，哪葬好啊，成

kuŋ^{44}ᴀ^{44}, tɕiəu^{21}xɑu^{55}yon^{22}p^{h}ən^{22}nᴀ^{44}, yon^{22}p^{h}ən^{22}le^{44}tɕiəu^{21}, yon^{22}p^{h}ən^{22}na^{44}tɕiəu^{21}, tɕiai^{44}, n^{21} to^{44}
功啊，就好完坟哪，完坟嘞就，完坟哪就，鸡，二$^{=}$多$^{=}$

koŋ^{44}kuən^{44}ts^{h}oi^{22}ȵin^{22}ᴀ^{44}xɵeʔ^{4}, xueʔ^{4}, xəʔ^{4}, ts^{h}oi^{35}ke^{44}lɑ^{55}, xɵeʔ^{4}ts^{h}oi^{35}ti^{21}xɑu^{55}, tɕiai^{44}ia^{44}, tsai^{44}
扛棺材人啊喝，喝，喝，彩嘅啦，喝彩□好，鸡呀，再

io^{21}, tɕioŋ^{44}ŋᴀ^{44}, mən^{22}nᴀ^{44}tu^{44}fuŋ^{42}xo^{213}ᴀ^{44}, tsai^{44}xɑu^{55}tin^{55}lau^{22}loi^{22}ᴀ^{44}. tin^{55}lau^{22}ŋ^{21} kə^{44}fuŋ^{44}ɕy^{55}
就，□① 啊，门哪都封好啊，再好□寮来啊。□寮二$^{=}$个风水

tɕiaʔ^{4}le^{44}, n^{21} to^{44}ȵin^{22}le^{44}n^{21} ke^{44}n^{21} tsuŋ^{55}ke^{44}, poŋ^{44}moŋ^{22}kə^{44}ȵin^{22}koŋ^{42}kuən^{42}ts^{h}oi^{22}ȵin^{22}ᴀ^{44}, tɕiəu^{21}
鸡嘞，二$^{=}$多$^{=}$人嘞二$^{=}$个二$^{=}$种个，帮忙嘅人扛棺材人啊，就

xɑu^{35}ti^{55}loaʔ^{4}loi^{22}ɕiʔ^{2}, tɕiəu^{21}oi^{44}loaʔ^{4}lei^{22}ɕiʔ^{2}, n^{21} pan^{44}tɕi^{21}xɑu^{35}loaʔ^{4}loi^{22}ɕiʔ^{2}, ti^{55}ki^{44}tɕiai^{44}tu^{44}loaʔ^{4}
好□捋来食，就爱捋来食，二$^{=}$边就好捋来食，□渠鸡都捋

lei^{22}ɕiʔ^{2}, loaʔ^{4}ai^{22}ɕiʔ^{2}a^{44}t^{h}ɔi^{21}li^{21}, koŋ^{44}kuən^{44}ts^{h}ei^{22}, paʔ^{2}ko^{44}ȵin^{22}koŋ^{44}kuən^{44}ts^{h}oi^{22}, tu^{44}xɑu^{55}ti^{55}
来食，捋来食啊大利$^{=}$，扛棺材，八个人扛棺材，都好□

loaʔ^{4}ai^{22}ɕiʔ^{2}, loaʔ^{4}ai^{22}ɕiʔ^{2}a^{44}tɕiəu^{21}xɑu^{35}an^{55}, ts^{h}eŋ^{22}kuŋ^{44}ᴀ^{44}, t^{h}ɔi^{21}li^{21} tu^{44}ɕy^{44}tɕyon^{35}nᴀ^{44}, ŋɔi^{44}tɕiəu^{21}
捋来食，捋来食啊就好啊，成功啊，大利$^{=}$都去转哪. 我就

i^{44} koŋ^{55}kɔi^{21}ioŋ^{55}ku^{44}uɑ^{21}ŋɔi^{44}mɑu^{22}koŋ^{55}tiʔ^{4}lei^{22}a^{44}, tɕi^{21}ɕi^{44}kɔi^{21}sᴀŋ^{44}seʔ^{4}a^{44}
是讲箇两句话我无讲得来啊，就是箇生色啊。

（钟成连讲述，2016年7月27日）

① □[tɕioŋ^{44}]：搞，做。

3. 山客摆酒和丧歌习俗

nɑ21kʰɑ55tai55ŋɔi44tɕiəu21koŋ55xɑ21, ŋɔi44lan22, san44xᴀʔ4ᴀ21, kə21ke44, pai55tɕiəu35ᴀ44, kə21ke44,
那□底①我就讲下，我年⁼，山客啊，箇个，摆酒啊，箇个，
ᴀ21fuŋ44ɕiʔ2. ᴀ21, li55kə21ke44, ᴀ21kə21ke44, pon55tʰi21ȵin22, ᴀ21xɑ21lɑu35, nai21ɕi44xo44nai44, xo44nai44
啊风俗。啊，□箇个，啊箇个，本地人，啊下佬，□是有乃⁼，有乃⁼
fuŋ44ɕyʔ2ɕi44mai44 tʰuŋ22ko44. ᴀ21, ŋɔi44lan22, mən55ȵyɵeʔ2tɕiəu35, iəu21xo44mən55ȵyɵeʔ2tɕiəu35, tso44
风俗是[无解]同嘅。啊，我年⁼，满月酒，又有满月酒，做
ɕiəu21, iəu21xo44tso44ɕiəu21tɕiəu35, kɑ44ȵy35iəu21xo44kɑ44ȵy35tɕiəu35, ɑ42, kə21pan44, ᴀ21ȵi44, fu44kɑ44
寿，又有做寿酒，嫁女又有嫁女酒，啊，箇边，啊你，夫家
tʰieu22, ɑ21, nən22foŋ44, ᴀ21iəu21xo44, eə21, nən22foŋ22, e21ke44tɕiəu35. eə21, iɪʔ4pan22lei22koŋ55, ɕiᴀŋ21
头，啊，男方，啊又有，欸，男方，欸嘅酒。欸，一般来讲，像
ŋɔi44nan22kə21ke44, ɑ42, kə21ke44lo42pu44ȵioŋ22, kɑ44ȵy35, e21, nai35tu44ɕi44ȵia55tɕʰiəu21tiŋ35tʰɔi21ko44,
我年⁼箇个，啊，箇个攞夫娘，嫁女，欸，□都是□舅顶大嘅，
ɑ21ȵia55tɕʰiəu21oi44tsʰo44tʰɔi21pan42, ɑ42. ȵi44ai21koŋ55a44tso44 ɕiəu21, ᴀ42, nɑ35kə42ɕioŋ21foŋ44tʰieu44oi44
啊□舅爱坐大边，啊。你爱讲啊做寿，啊，□个上方头爱
ŋo21sen44lei22tsʰo44a44, ŋo21sen44 tin35tʰɔi21, ɑ42, kɔi213oi44ŋo21sen44uoŋ22, ɑ42, e44, ȵi44n44ŋɔi21sᴀŋ44seʔ4
饿⁼甥②来坐啊，饿⁼甥顶大，啊，箇爱饿⁼甥王，啊，欸，你嗯箇生色
e44xuɑ21le44xɑu55ɕiᴀŋ21le44, ɑ42, tu44ɕi44, kə21kəe44, ȵia55tɕʰiəu21lo44tai44kuŋ55tsʰo44fəɪʔ4ɕy44a21, ke21
嘅话嘞好像嘞，啊，都是，箇个，□舅咯姼公③坐分去啊，箇
kə44ŋo21sen44ne44, iɪʔ4tɕʰiʔ2tu44ɕi44, oi44teŋ55tsɿ21ki44ti21kɑ21, tso44ȵia55tɕʰiəu213a44, ᴀ42, tɕiᴀŋ44xɑu55
个饿⁼甥呢，一直都是，爱等自己□家，做□舅啊，啊，正好
ɕioŋ21mən44tʰieu44tsʰo44. e21ŋɔi44lan22le44, ȵi44ia21koŋ55tso44ɕiəu21, e21ȵia55tɕiəu21tso44ɕiəu21, xueʔ2tse55
上问⁼头坐。欸我年⁼嘞，你也讲做寿，欸□舅做寿，或者
tai44kuŋ55tso44ɕiəu21, xɔi213ŋə21sen44ne44, ɑ21, ȵi44, tʰɔi21ŋo21seŋ44, nɑ35ʋe21, eə21, e21, tʰɔi21pan35ɕiəu55,
姼公做寿，箇饿⁼甥呢，啊，你，大饿⁼甥，□喂，欸，欸，大边手，
ɑ42; sai44ŋo21seiŋ44, ɑ42, e21ai55ɕi44 ȵi21to44ɕyʔ4pᴀʔ4ŋo21seŋ44, ɑ21ŋo21sen44to44ke44, nai35tɕiəu21ɕi44tʰɔi21
啊；细饿⁼甥，啊，欸□是④二⁼多⁼叔伯饿⁼甥，啊饿⁼甥多嘅，□就是大

---

① □底[kʰɑ55tai55]：下面。

② 饿⁼甥[ŋo21sen44]：外甥。

③ 姼公[tai44kuŋ55]：外祖父。

④ □是[ai55ɕi44]：连词，相当于普通话的“还是”“或者”。

pan44çiəu55ȵi21iɪʔ4 toʔ2, ɑ42, an44tsʅ21an44an44tsʰʅ55tɕy21, çioŋ21foŋ44tʰieu44pʰai22loʔ2loi22, pʰai22a21loi22
边 手 二⁼一 桌，啊，按 照 按 按 次 序，上 方 头 排 落 来，排 啊来

tsai44, tsai44tʰɔi21pan44, tʰɔi21pan44tsai44sai44pan44, ᴀ42, sai44pan44tsai44kʰɑ55tai55, kɑ21ɑ44lən22toʔ2ma44
再，再 大 边，大 边 再 细 边，啊，细 边 再 □ 底，箇 下 轮 桌 嘛，

xo44nai44seʔ4lən22toʔ2a21ȵia35ʋe21, e21, ia21tɕiəu21, tsʰuŋ22tʰɔi21, mən44tʰieu21ai42loʔ2loi22. e21, tɕiə21,
有 乃⁼ 色 轮 桌 啊□ 喂，欸，也 就，从 大，问⁼ 头 挨 落 来。欸，就，

tu44xo44, çiəuʔ2tɕi55kɔi44ȵin22xɑu55tsʰo42, ɑ42. tsʰo44e44lei22iɪʔ4pan44, tso44çiəu21le44, nai213iɪʔ4kə42, e42,
都 有，十 几 个 人 好 坐，啊。坐 欸来 一 边，做 寿 嘞，□ 一 个，欸，

e44tso44çiəu21, xɑu35suŋ44nɑʔ4ə44lo44, lɑu21tsɑu35le44, ã42, ek4, pʰuŋ55te22, ã42, kɔi35iẽ21mien21, tɕʰioŋ22
欸做 寿，好 送 乇 嘅咯，老 早 嘞，啊，欸，捧⁼ 蹄，啊，箇 又 面，长

çiəu21mien21lɑ44, ᴀ44tso44çiəu21, tɕiəu21çi44ko55tɕʰioŋ22çiəu21tɕʰioŋ22çiəu21, ã42, na35tɕie21, e44, tɕʰioŋ22
寿 面 啦，啊做 寿，就 是 箇 长 寿 长 寿，啊，□ 就，欸，长

tɕʰiəu21mien21. tsai44pai55tɕiəu35sʅ22tɕin55ne44, ki44, ia21xɑu55tɕy55iɪʔ4pʰɔn22mien21, kɔi213pʰɔn22mien21
寿 面。再 摆 酒 时 紧⁼ 呢，渠，也 好 煮 一 盘 面，箇 盘 面

le44tɕiəu21uo55tso44tɕʰioŋ22çiəu21mien21. ã42, ki44, mɔi35lan22, tu44xɑu55tɕioŋ44ko44. kəe44, pʰuŋ35te22le44,
嘞 就 □ 做 长 寿 面。啊，渠，每 年，都 好 □ 嘅。箇，捧⁼ 蹄 嘞，

çiᴀŋ21kɔi42kə44, ã42, ɑu22ioʔ4ioŋ22, e21, kuəiʔ4tʰieu22iɪʔ4pᴀʔ4, pɔn35tɕin44paʔ4lei22, pʰu42 xɔn22ti55, ᴀ42,
像 箇 个，啊，□ 约⁼烊⁼，欸，骨 头 一 擘，□ 筋 擘 来，铺 □ 滴⁼，啊，

eə44, mai44 çiᴀŋ21, kə21ke44, e21xɑ21lɑu35ioŋ21, ɑ42, kei21tsʰoi42i44 koŋ55, ɑ21, pʰuŋ55te22, n22çiʔ2. ŋɔi42lan22
欸，[无解]像，箇 个，欸下 佬 样，啊，箇 菜 是讲，啊，捧⁼ 蹄，唔食。我 年⁼

le44, tsʅ55oi44, ȵi44çiʔ2tiʔ4ləiʔ2çy44, a42, xo44tɕi55to44, tɕy35çioŋ55 çin44, çioŋ44toʔ2, e42, tu44se22pien21çiʔ2
嘞，只 爱，你 食 得 落 去，啊，有 几 多，煮 上 身，上 桌，欸，都 随 便 食

ko44, ẽ42. e21san44kʰᴀʔ4, fuŋ44çiʔ2le44, su55i55 koŋ55, li55xɑ21lɑu35ai44çi44, e21, mai44 tʰuŋ22. e21ȵi44, tsai44,
嘅，欸。欸山 客，风 俗 嘞，所 以讲，□下 佬 □ 是，欸，[无解]同。欸你，再，

e42çiᴀŋ21kə21ke44, ɑ21, kə21ke44, tsʰoi42 fɑ44mien21, ŋɔi44lan22iɪʔ4pan22loi22koŋ55, tin35çieu55, e21tu44xo44,
欸像 箇 个，啊，箇 个，菜 方 面，我 年⁼一 般 来 讲，顶 少，欸都 有，

çiəuʔ2paʔ4, lien21tʰoŋ42loi22koŋ55tu44xo44ȵi42çiəuʔ2kɔi42, ã42. ẽ21ia21n22koŋ55, koŋ55, tɕiᴀŋ21tɕiᴀŋ21tsau44
十 八，连 汤 来 讲 都 有 二 十 个，啊。欸也 唔讲，讲，净 净 □①

ke44tsʰoi44, ɑ42. ləe22, tu44çi44, kɔi21ɑ44ti55soi55pʰɔn21, ŋÃ42, iɪʔ4pʰɔn22iɪʔ4pʰɔn22, toeʔ4tɕʰyɪʔ4loi22, soi55
嘅 菜，啊。嗯，都 是，箇 下□使 盘，啊，一 盘 一 盘，掇 出 来，使

① □[tsau44]：干，燥。

tʰoʔ4pʰɔn21, poŋ44moŋ22ȵin22a21pi55tɕiɑu44to42, ᴀ42, ŋɔi44lan22ȵi44xan22, kə21ke44, sau55toi44loi55 tu55,
托 盘， 帮 忙 人 也比较 多。啊，我 年 二=还， 箇 个，小 队 □ 肚，
ᴀ21n22kuon55lau22, lɑ55kə44lau22, tso44ɕi44 nɑʔ4sɿ21kɔn44, pai55ɕi44 nɑʔ4tɕiəu35, nɑ35kə44, iɪʔ4pɔn22tɵeʔ4
啊唔管 寮，哪个寮，做 是=乇 事干，摆 是=乇 酒， □个，一般 掇
tsʰoi44, tin35ɕieu55ke44, nɑ42, tu44xo44si42kɔi42ᴀ21yʔ4kɔi42, paʔ4kɔi42, ɑ42, kɔi213ɕi44, e21ʋə21, tɵeʔ4tsʰoi42
菜， 顶 少 嘅，哪，都有 四个，啊六个， 八 个， 啊，箇 是，欸喂，掇 菜
ko21, e21tsɑu55tʰoŋ22, tɕiəu21i44 kə44tsɑu55tʰoŋ22ko42. ẽ21, ki44e44, tɵeʔ4tsʰoi44ȵin22, e21ŋɔi44lan22e44, pɔn55
嘅。欸走 堂， 就 是箇 走 堂 嘅。欸，渠欸，掇 菜 人，欸我 年=嘞，本
tʰi21iᴀŋ21xɑ21lɑu35, iəu21xo44ɑ21kɔi21ti55, toŋ44tʰi21lɑu21pieu55, ki42xo44e44ɕi44 nɑʔ4, ɑ21tsuŋ55kuon35, tu44
地 像 下 佬，又 有 啊箇 滴=，当 地 老 表， 渠有 欸是=乇，啊总 管， 都
kuon35, fɔn55tseŋ44ki44, uɔi22ɕien55to44ȵin22kuon55, ŋɔi44nan22san44xᴀʔ4, e42, tɕiəu21ɕi44iɪʔ4kuai44kə21,
管， 反 正 渠，危险 多人 管， 我 年= 山 客，欸，就 是一个 嘅，
iɪʔ4kɑ55kuon55, e21, iɪʔ4kɔi42tɕi21oi44iɪʔ4kɔi44uo55tsuŋ55kuon35, nɑ35ʋe21, kɔi21to44ȵin44, tɕiə21, tɕiəu21ɕi44
一个 管， 欸，一个 就 爱一个 □ 总 管， □喂，箇 多=人，就， 就 是
oi44tʰᴀŋ42kə21tsuŋ55 kuon35kə21. iɪʔ4pan22kɔi213ti21foŋ44ɕioŋ21, tu44ɕi44ŋɔi44tso44tsuŋ55kuon35, ẽ42. ŋɔi44,
爱听 箇总 管 嘅。一般 箇 地方 上， 都是我 做总 管， 欸。我，
e21tsai21ȵi44, kɑ44ȵy35ia21tiɪʔ4, ᴀ42, tso44pʰᴀʔ2sɿ44a21tiɪʔ4, e42, tsɿ55oi44miᴀŋ22tɕʰi21tɔn44, iɪʔ4ɕia35tɕʰi55,
欸在 二=，嫁 女 也 挃①，啊，做 白 事也挃，欸，只 爱名 字 单， 一写 起，
piᴀʔ4mən44tʰieu21iɪʔ4tʰai35, ɑ̃42, kə21kɔi44, tɕioŋ44san44tso44ɕi44nɑʔ4, li55sɿ42tso44ɕi44 nɑʔ4, e42, ki44, e21,
壁 问= 头 一睇， 啊，箇 个， 张 三 做 是=乇，李四做 是=乇， 欸，渠，欸，
kɔi44kɔi44, e42, tu44mai44 tʰieu44loaʔ4, əẽ42, ki44ti21kɑ213e44se21tso44lau35, ɑ̃42, xo44kʰuŋ42, tsai44tsʰo21ȵi55,
个 个， 欸，都[无解]透= 捋=，欸，渠□家 嘅事 做 了，啊，有 空， 再 坐 二=，
tsʰo42ȵi55lei22tɕioŋ35. əe21, iɪʔ4pan22, əe42, poŋ42moŋ22, san44xᴀʔ4ŋɔi44lan22kɔi21ti55 ɕi44xɑu55ko44. e22,
坐 二=来 长=。 欸，一般， 欸，帮 忙， 山 客 我 年= 箇 滴=是好 嘅。欸，
ȵi44an22sau55toi44, tɕi21ɕi44koŋ55, ɑ21kə21tə44, ȵi44, nan22tɕi21tɕʰiᴀŋ44ke44, tu44ɕi44iɪʔ4ioŋ21, eɛ21, tsɿ55oi44
你 年=小 队，就 是 讲， 啊箇 多=，你，年 纪 轻 嘅，都 是 一 样， 欸，只 爱
tso44tɕʰi55sɿ21kɔn44, e42, tʰɔi21li21 kɔi21ti55 tsɿ21tɕioʔ4ɕiŋ44uɔi22ɕien55xɑu55. tan44sɿ44kə21kə44uɑ21le44ai21ɕi44,
做 起 事干， 欸，大 利=箇 滴=自 觉 性 危 险 好。但 是箇 个 话 嘞□是，
tsʰuŋ22, a42, lɑu35poi44, ȵin22tɕʰyon22loʔ2loi22uɑ21, ɕiᴀŋ21ŋɔi44ɕyʔ4nan22koŋ55, nɑ42, əe21, poŋ42moŋ22
从， 啊，老 辈， 人 传 落 来 话，像 我 叔 年= 讲， 哪，欸，帮 忙

① 挃[tiɪʔ4]：要。本音[tiɪʔ2]。此处产生了语流音变。

poŋ42moŋ22a42, ɑ42, so55i55, su55iəu55n22kuon55ɕi44nɑʔ4sʅ21kən44poŋ42moŋ22, tu44ɕi44poŋ44ti21kɑ21ke44
帮 忙 啊,啊,所 以,所 有 唔管 是⁼乇 事干 帮 忙, 都是帮 □家 嘅
moŋ22, ɑ42, in44ue21kə21kə44tʰʌŋ42tʰieu22kɑu44i55 a44, ɕi44lən22lən22tsʰo42ko21, ɑ̃42, ȵi44, ȵi44ti21kɑ21lɑu55,
忙, 啊,因为 箇 个 厅 头 交 椅啊,是轮 轮 坐 嘅, 啊,你, 你 □家 佬,
ȵi44n22o35pʰiɪʔ2ȵin22poŋ44moŋ22a44? ʌ42, kɔi213tu21ɕi44iɪʔ4seʔ4ioŋ21kə44nɑʔ4. su55i55 koŋ55, ŋe21, kə21ke44,
你唔□别 人 帮 忙 啊?啊,箇 都是一色 样 嘅 乇, 所 以讲, 欸,箇 个,
kɔi21ti55, san44xʌ44ke44kɔi21ti55 fuŋ44ɕiʔ2, ɕi44ɕiʌŋ44tʌŋ44xɑu55ko44, ɑ42. ȵi44ɕiʌŋ21lɑu35in22tʰan22tɕʰioʔ2,
箇 滴⁼,山 客 嘅 箇 滴⁼风 俗,是相 当 好 嘅, 啊。你像 老 人谈 着,
ʌ42, ɕiʌŋ21ŋɔi44ti55, ŋɔi44tia44, ki44nan22, ɑ̃42, tso44paʔ4ɕien42ke44, ʌ42, ki44tɕʰiəu21li55kʰɑ55tai55e44n21 to44
啊,像 我 爹,我 爹,渠 年⁼, 啊,做 八 仙 嘅, 啊,渠就 □□ 底 欸二⁼多⁼
paʔ4ɕien44koŋ35, ŋɑ42. eɛ42, tso44paʔ4ɕien44in22, iɪʔ4, moʔ2xʌʔ4u44tɕʰioʔ4; ȵi21, moʔ2tʰən44ȵin44lɑu44
八 仙 讲, 啊。欸,做 八 仙 人,一,莫 吓 污龊; 二,莫 贪 人 寮
ɕiʔ2, ɑ42, kə44e44, kə22ke44ȵi44, tɕy55in22kɑ44, xo44ɕi44nɑʔ4, tɕiəu21ɕiʔ2ɕi44nɑʔ4, ɑ̃42. kɑ21xɑ35ko44tʰiɑu22
食,啊,箇 个,箇 个 你,主 人家,有 是⁼乇,就 食 是⁼乇, 啊。箇 下 嘅 条
tɕien21xɑu35ti55a55lɑ55, ʌ21ɕiʌŋ21ma55nan22, xo44nai44ȵin22la44ɕiʔ2xɑu35ti55, ɑ̃42, xo44nai44ȵin22lɑu44ɕiʔ2
件 好 滴啊啦,啊像 □ 年, 有 乃⁼人 寮食好 滴,啊,有 乃⁼人 寮 食
kai21ti55, ẽ42, tan35sʅ44, ȵi44tɕi44nan22tso44kə21ke44, n22kuon55xɑu35ɑ44kai21, ȵi21ke44sʅ21kən44, iɪʔ4 tiŋ21
坏 滴,欸,但 是,你既 然 做 箇 个,唔管 好 啊坏, 你嘅 事干, 一定
oi44li55, tɕy55in22kɑ44tso44xɑu35loi22. kɔi21ti55 le44, tu44ɕi44ŋɔi44lan22, e21, e21san44xʌʔ4, e42, ẽ44iɪʔ4tɕʰiʔ2,
爱□,主 人家 做 好 来。箇 滴⁼嘞,都是我 年⁼, 欸,欸山 客, 欸,欸一 直,
tɕʰyon22loʔ2, loi22, eɛ21. tʰieu44ɕi55tʰieu21, ku55ɕi44ȵin22tɕiəu44tɕʰyon22loʔ2ɕy44, kɔi21tsi55e44, e42, koŋ35
传 落 来,欸。透 屎头, 故是人 就 传 落去,箇 滴⁼欸,欸,讲
ku44, e42, san44xʌʔ4tso44tiʔ4tʰieu42. e21ȵi44lan22ai22koŋ55, ɑ̃42, e213koi21, kɔi21ti55 ia21xo44nai44xɑ21lɑu35,
句,欸,山 客 做 得透。 欸你 年⁼□讲, 啊,欸箇, 箇 滴⁼也有 乃⁼下 佬,
e21ŋɔi44lan22, eə42, lɑu35ȵin22tʰan22tɕʰioŋ21, ɑ̃42, ki44lan22, e21, tso44kɑ55te213kɑ55loi22tʰai35, ɑ̃42, e21tʰai55
欸我 年⁼,欸,老 人 谈 着, 啊,渠 年⁼,欸,做 假 嘚 赶 来 睇, 啊,欸睇
ȵi44lan22, kə21ke44, lɑu35ȵin22, ɑ44uɑ21, kə21kə44, fuŋ44ɕiʔ2, ɕi44 tu44tso44ke44. ɑ̃21iəu21koŋ55, ɑ̃42ȵian21
你 年⁼,箇 个,老 人, 啊□, 箇 个,风 俗,是⁼都做 嘅。啊又 讲, 啊念
tɕiŋ44lɑ44, tɕieu44ȵia55ko213lo44, a21, tɕieu44ȵia55ko213tso21tso44tɕieu42ke44. ɑ̃21, ki44lan22tə44kən55loi22
经 啦,警 □ 歌 咯,啊,警 □ 歌 □ 做 警 嘅。啊,渠 年⁼都赶 来
tʰai35, tɕi44en21, tʰʌŋ44ɕi44mai44 tʰa44təʔ4, tʰʌŋ44tiʔ4tuŋ35lɑ44, tan21sʅ44kə21kə44in42ne44, ȵia55ko213in42,
睇, 既 嗯,听 是[无解]听 得,听 得懂 啦,但 是箇 个 音 呢,□ 歌 音,

pi^{55}tɕiɑu^{44}xɑu^{55}t^{h}ʌŋ^{44}, e^{42}. ki^{44}e^{21}ȵia^{55}ko^{213}in^{44}ne^{44}, li^{55}ko^{21}, ɕi^{44}n^{22}t^{h}uŋ^{22}ko^{44}, li^{55}ko^{44}, iəu^{21}k^{h}au^{42}n^{22}
比较好听，欸。渠欸□歌音呢，□歌，是唔同嘅，□歌，又较唔
t^{h}uŋ^{22}, e^{21}tɕieu^{44}ȵia^{55}ko^{213}, ɕi^{44}iɪʔ^{4}tsuŋ^{55}pe^{44}sʌŋ^{42}ɕiŋ^{55}kə^{44}, ɑ̃^{42}. tʌŋ^{55}kə^{44}pi^{55}foŋ^{44}, ɑ̃^{42}, iɪʔ^{4}kɔi^{44}ȵin^{22},
同，欸謦□歌，是一种悲伤性嘅，啊。打个比方，啊，一个人，
ɑ̃^{42}, lɑu^{35}ȵin^{22}, ɕi^{44}nɔn^{22}ke^{44}, ai^{55}ɕi^{44}ȵi^{44}ɕi^{4}uo^{55}, ku^{44}tɕ^{h}ioŋ^{35}ke^{42}, eɑ^{21}, ai^{55}ɕi^{44}, ai^{55}ɕi^{44}uo^{55}, e^{21}ȵia^{55}
啊，老人，是男嘅，□是你是□，姑丈嘅，欸，□是，□是□，欸□
tɕ^{h}iəu^{213}ke^{42}, nai^{21}ke^{44}tɕieu^{44}tɕ^{h}i^{55}lei^{22}, ɑ^{42}, ki^{44}ke^{44}in^{42}ne^{44}, ki^{21}ɕi^{44}tɔi^{44}pe^{44}sʌŋ^{42}ɕiŋ^{55}kə^{44}, ɑ^{42}. ȵi^{21}oi^{44}
舅嘅，□个謦起来，啊，渠嘅音呢，渠是带悲伤性嘅，啊。二⁼爱
ŋɔi^{44}tɕiəu^{21}, e^{21}se^{22}pien^{21}tɑuʔ^{4}iɪʔ^{4}ku^{44}, ɑ̃^{42}, ki^{44}ɕi^{44}a^{21}seʔ^{4}kɑ^{44}, ɑ^{42}, i^{44} a^{21}tɕia^{55}y^{22}ȵia^{55}tɕ^{h}iəu^{213}si^{55}a^{44},
我就，欸随便答一句，啊，渠是□色嘅，啊，你像假如□舅死啊，
ʌ^{42}ki^{44}tiəu^{21}: ȵia^{55}tɕ^{h}iəu^{53}ue^{55}, ȵia^{55}tɕ^{h}iəu^{55}lɑu^{55}t^{h}a^{44}ʋe^{44}, ts^{h}o^{44}t^{h}ʌŋ^{42}t^{h}ieu^{44}uɑ^{44}, ki^{44}kə^{21}kə^{44}kə^{44}in^{42}
啊渠就：□舅喂，□舅老掉喂，坐厅头哇，渠箇个嘅音
ne^{44}, ki^{21}ɕi^{44}tɔi^{42}pe^{44}sʌŋ^{42}ɕiŋ^{55}kə^{44}, ʌ^{42}li^{55}tɕ^{h}ioŋ^{44}ko^{21}ɕi^{44}n^{22}t^{h}uŋ^{22}, tɕ^{h}ioŋ^{44}ko^{21}le^{44}, ki^{44}ke^{44}, in^{42}ne^{44},
呢，渠是带悲伤性嘅，啊□唱歌是唔同，唱歌嘞，渠嘅，音呢，
tɕiəu^{21}k^{h}au^{44}ŋʌŋ^{21}, e^{21}. su^{55}i^{55} koŋ^{55}, e^{21}kə^{21}kə^{44}, san^{44}xʌʔ^{4}ʌ^{44}, ȵi^{44}tɕiəu^{21}koŋ^{55}, ea^{21}, k^{h}oŋ^{55}, lau^{22}li^{55},
就较硬，欸。所以讲，欸箇个，山客啊，你就讲，欸，园，寮里，
ɛ^{42}, si^{44}ia^{21}ŋ^{35}ia^{21}, nɑ^{35}ʋe^{21}, sau^{55}toi^{44}, e^{21}ko^{21}to^{44}xai^{44}tɕ^{h}ioŋ^{44}ko̊^{21}, xai^{42}, xai^{44}tɕieu^{44}ȵia^{55}ko^{213}e^{44}ȵin^{22},
欸，四夜五夜，□喂，小队，欸箇多⁼解唱歌，解，解謦□歌嘅人，
ẽ^{21}, t^{h}ɔi^{21}li^{21}, e^{21}, ts^{h}o^{44}ȵi^{55}, nai^{21}tu^{42}i^{44} tɕieu^{44}tɕieu^{44}, tɕieu^{44}tɕieu^{44}ȵia^{55}ko^{213}, ɑ̃^{42}. ts^{h}o^{44}ȵi^{55}tan^{22}tan^{22}
欸，大利⁼，欸，坐二⁼，□都是謦謦，謦謦□歌，啊。坐二⁼谈谈
t^{h}ien^{42}, ʌ̃^{42}, sʌŋ^{55}tiʔ^{4} ki^{44}lau^{22}li^{55}kuʌŋ^{35}ioŋ^{55}kɔi^{44}, e^{21}xau^{44}tsoi^{35}ʌ^{44}, ɑ^{21}ti^{21}kɑ^{21}lɑu^{55}ioŋ^{55}kɔi^{44}ȵin^{22}lʌŋ^{44}
天，啊，省得⁼渠寮里光两个，欸孝崽啊，啊□家佬两个人冷
tɕ^{h}in^{44}tɕ^{h}iŋ^{42}, ɑ^{21}, t^{h}ɔi^{21}li^{21} soŋ^{44}mɔn^{44}ɕiəu^{55}ia^{21}, ɑ̃^{42}. e^{21}, iɪʔ^{4}pan^{22}tu^{44}o^{44}pɔn^{44}na^{21}tən^{44}, ɑ^{42}, ɕiʔ^{2}ɕiʔ^{2}pɔn^{44}
清清，啊，大利⁼相伴守夜，啊。欸，一般都有半夜顿，啊，食食半
ia^{21}tən^{44}, ʌ^{42}. tsai^{44}, e^{21}liəu^{22}iɪʔ^{4}pu^{21}fən^{44}ȵin^{22}, ʌ^{42}, ts^{h}o^{44}n^{21} ti^{55}, ɑ̃^{42}, e^{21}kɑ^{21}xɑ^{55}ke^{44}xo^{44}nai^{44}, e^{21}, tʌŋ^{55}
夜顿，啊。再，欸留一部分人，啊，坐二⁼滴⁼，啊，欸箇下嘅有乃⁼，欸，打
tʌŋ^{55}lɑu^{21}k^{h}ei^{55}lɑ^{44}, tʌŋ^{55}tʌŋ^{55}mɑ^{21}tɕiʌŋ^{55}kə^{44}lɑ^{44}, tɕ^{h}ioŋ^{44}tɕ^{h}ioŋ^{42}ko^{44}, tɕ^{h}ioŋ^{42}tɕ^{h}ioŋ^{44}ko^{21}lo^{44}, ɑ̃^{21}. e^{21}, tu^{44}
打老K啦，打打麻将嘅啦，唱唱歌，唱唱歌咯，啊。欸，都
tɕ^{h}i^{44}kə^{42}, iɪʔ^{4}tɕ^{h}iʔ^{2}tu^{44}ɕi^{44}ə^{21}ʌŋ^{44}seʔ^{4}. xɑu^{35}, ŋɔi^{44}ɔi^{21}ti^{55} tɕiəu^{21}, tɕiəu^{21}koŋ^{55}, koŋ^{35}tɕiəu^{21}koŋ^{55}a^{55}t^{h}oʔ^{2}.
是嘅，一直都是箇生色。好，我箇滴⁼就，就讲，讲就讲下脱。

（雷兰根讲述，2016年7月19日）

4. 如何种番薯

ŋɔi^{44}ɕi^{44}kə^{44}tsoʔ^{4}tʰan^{22}ȵin^{22}, ŋai^{44}tsʰuŋ^{22}sau^{55}le^{44}, tɕiəu^{21}tɕiuŋ^{44}fɔn^{44}ɕy^{213}. tsuŋ^{44}fɔn^{44}ɕy^{22}le^{44}oi^{44}
我是个作田人，我从小嘞，就种番薯。种番薯嘞爱

o^{44}tɕi^{44}ɕyɵeʔ^{2}, ti^{21}iɪʔ^{4}, tsuŋ^{44}fɔn^{44}ɕy^{22}ne^{44}fɔn^{44}ɕy^{22}mieu^{22}le^{44}, n^{22}kʰo^{55}i^{44}tʰaʔ^{4}tɕʰioŋ^{22}, tiŋ^{35}to^{44}sɔn^{44}
有技术，第一，种番薯呢番薯苗嘞，唔可以□①长，顶多三

tsaʔ^{4}, ioŋ^{35}tsaʔ^{4}, uəi^{22}tɕyn^{35}. ti^{21}iɪʔ^{4}tsaʔ^{4}, ɕi^{44}sʌŋ^{42}tɕyn^{44}ko^{21}; ti^{21}ȵi^{21}tsaʔ^{4}le^{44}, tso^{44}tsoi^{35}ko^{44}, tsoʔ^{4}
节，两节，为准。第一节，是生根嘅；第二节嘞，做崽嘅，作

fɔn^{44}ɕy^{22}ke^{44}tɕiə^{21}ɕi^{44}koŋ^{55}. fɔn^{44}ɕy^{22}ne^{44}, əei^{44}, kan^{55}le^{44}in^{44}tʰan^{42}xɑu^{55}loʔ^{2}ɕy^{35}tsɿ^{44}ɕian^{21}tɕiuŋ^{44}, tsɿ^{44},
番薯嘅就是讲。番薯呢，爱，拣嘞阴天好落水之先种，之，

loʔ^{2}ɕy^{35}tsɿ^{44}ɕian^{21}tɕiuŋ^{42}le^{44}, iɪʔ^{4}, loʔ^{2}ɕy^{35}ku^{44}san^{44}tʰau^{42}, iɪʔ^{4}kuai^{44}ɕin^{4}tɕi^{22}tɕiəu^{21}ai^{44}loʔ^{4}, loʔ^{4}fɔn^{44}
落水之先种嘞，一，落水过山⁼掉，一个星期就爱□②，□番

ɕy^{213}, fɔn^{44}ɕy^{22}iəu^{21}xɑu^{55}loʔ^{4}, iəu^{21}pʰɑu^{42}ɕia^{42}. ɕia^{44}iəu^{21}pʰɑu^{44}, tsai^{44}lai^{44}fɔn^{44}ɕy^{22}iəu^{21}tsi̥^{44}, xai^{44}tʰɔi^{21}.
薯，番薯又好□，又泡⁼③畬。畬又泡⁼，再唻番薯又嘶，解大。

ȵie^{44}loʔ^{2}ɕy^{35}tʌn^{44}kuŋ^{44}, tɕioʔ^{4}iəʔ^{4}tʰɑuʔ^{2}, ŋəʔ^{2}ɕia^{44}ɕiɪʔ^{2}la^{44}, fɔn^{44}ɕy^{22}si^{55}tiŋ^{44}tiŋ^{44}si^{21}teʔ^{4}mai^{42} loi^{22}.
你落水天公，脚一踏，□畬实啦，番薯死叮叮死得[无解]来。

fɔn^{44}ɕy^{213}ne^{44}, kɔi^{21}iəu^{55}kʌŋ^{55}tɕiuŋ^{44}fɔn^{44}ɕy^{22}iɪʔ^{4}fʌŋ^{44}mien^{44}. ti^{21}ȵi^{21}kʰə̃^{21}, fɑ^{24}mien^{44}le^{44}, fɔn^{44}ɕy^{22}
番薯呢，箇又讲种番薯一方面，第二个，方面嘞，番薯

yəa^{42}, ɕiəu^{42}kə^{42}sɿ^{22}tɕin^{55}, iɪʔ^{4}pʰɔn^{22}ɕiəu^{42}fɔn^{44}ɕy^{22}, pae^{44}ȵyɵeʔ^{2}, pɔn^{44}, ɕian^{21}xəu^{21}, oi^{44}ɕi̥^{44}, kʰoŋ^{55}
呀，收嘅时紧⁼，一般收番薯，八月，半，先后，爱收，园

tɕiuŋ^{35}kə^{44}iɪʔ^{4}tiŋ^{21}oi^{44}ɕiəu^{44}tɕyon^{55}lau^{44}lei^{22}, pɪɪʔ^{4}ɕi̥^{21}, kuəɪʔ^{2}ti^{55}tsɑu^{35}, fɔn^{44}ɕy^{22}tɕiuŋ^{35}lai^{44}iə^{21}xɑu^{55}
种嘅一定爱收转寮来，必须，掘得早，番薯种唻又好

kʰoŋ^{35}, kʰoŋ^{55}fɔn^{44}ɕy^{22}tɕiuŋ^{35}lei^{44}oi^{44}ɵu^{44}tɕi^{21}ɕyɵeʔ^{2}, eɔ̃^{21}, fɔn^{44}ɕy^{22}tɕiuŋ^{35}lai^{44}, oi^{44}kuəɪʔ^{2}kʌ^{44}sɿ^{22}tɕin^{55},
园。园番薯种嘞爱要技术，欸，番薯种唻，爱掘嘅时紧⁼，

mɑuʔ^{2}kuəɪʔ^{2}lɔn^{21}, kʰoŋ^{35}ȵi^{55}ne^{44}, oi^{44}nien^{55}nien^{44}kʰoŋ^{55}pʰi^{22}moʔ^{2}tɕioŋ^{44}tʰau^{44}, kʰoŋ^{55}tai^{21}lau^{22}li^{55}le^{44}
莫掘烂，园二⁼呢，爱□□园皮莫□掉，园在寮里嘞

tu^{44}oi^{42}sɿ^{22}pien^{21}lɑ^{55}tsɑu^{44}tu^{44}ɑu^{44}kʰoŋ^{55}, tɕiəu^{21}ɕi^{44}n^{21} kə^{44}tɕʰioŋ^{44}koʔ^{4}, ȵi^{44}nien^{55}nien^{44}ti^{55}fɔn^{44}ɕy^{22}
都爱随便哪灶⁼④都好园，就是二⁼个墙角，你□□□番薯

---

① □[tʰaʔ^{4}]：副词，相当于“太”。

② □[loʔ^{4}]：除草兼松土。

③ 泡⁼[pʰɑu^{44}]：蓬松。

④ 哪灶⁼[nɑ^{55}tsɑu^{44}]：哪儿。

ɕy^{44}k^{h}oŋ^{55}ȵi^{55}, məi^{44}tiəu^{44}tɕ^{h}ioŋ^{22}loʔ^{2}, nɑ^{21}ne^{42}tɕ^{h}ieu^{22}ɕioŋ^{44}, k^{h}oŋ^{55}ȵi^{55}, oi^{44}tsau^{44}, k^{h}oŋ^{55}ȵi^{21}ko^{44}
去园二=，尾丢=长=落，□朝上，园二=，爱□，园二=角

le^{44}, ɕiɑu^{42}uəi^{22}nuŋ^{21}ti^{55}, lɔn^{21}san^{44}koi^{55}iɪʔ^{4}xɑ^{35}, t^{h}ieu^{44}, lʌŋ^{44}lei^{22}ke^{44}sɿ^{22}tɕin^{55}ne^{44}, n^{44}tɕiəu^{21}oi^{44},
嘞，稍微弄滴，烂衫盖一下，透，冷来嘅时紧=呢，你就爱，

sai^{44}mien^{22}p^{h}i^{44}ʌ^{44}ti^{55}ki^{44}koi^{44}lɑu^{21}, koi^{44}xɑu^{55}xɑu^{55}loi^{22}, mɑu^{22}pəu^{44}ki^{44}tsɑu^{55}piuŋ^{44}. xɑu^{55}ɕiʔ^{2}le^{44},
使棉被啊□渠盖牢，盖好好来，无分渠走风。好食嘞，

nʌŋ^{44}ti^{55}ɕiʔ^{2}xɑ^{21}. fɔn^{44}ɕy^{22}na^{21}t^{h}ieu^{44}, loʔ^{2}soaʔ^{4}, tʌŋ^{55}soŋ^{44}lai^{22}ȵi^{44}tɕiəu^{21}ai^{21}tiʔ^{5}, mien^{22}p^{h}i^{44}ia^{44}iʌŋ^{21},
□滴食下。番薯呢透，落雪，打霜唻你就爱□，棉被呀像，

tɑ^{44}ɕioŋ^{44}ɕy^{44}, pɑu^{55}ɕien^{44}, ki^{44}iəu^{21}mai^{44} tsau^{42}t^{h}a^{44}nei^{42}. t^{h}ieu^{44}, ku^{44}nan^{22}lʌ^{44}, tɕiʌŋ^{44}ȵyeeʔ^{4}tu^{44}k^{h}o^{55}
□上去，保鲜，渠又[无解]□掉呢。透，过年啦，正月都可

i^{44} ɕiʔ^{2}. t^{h}ieu^{42}ȵi^{21}xɑ^{35}, ȵi^{21}sɔn^{44}ȵyeeʔ^{2}lei^{22}, kau^{44}tɕ^{h}yn^{44}lai^{22}a^{44}, ne^{55}tu^{55}kə^{44}ŋɑ^{21}t^{h}ieu^{22}iə^{21}xɑu^{55}, ŋɑ^{21}
以食。透二=下，二三月来，交春唻啊，□肚嘅芽头又好，芽

t^{h}ieu^{22}oi^{44}ɕin^{42}ɕien^{42}ɕien^{44}ɕien^{44}, k^{h}o^{55}i^{44} tso^{44}tɕiuŋ^{35}, ɑ^{21}kɔi^{213}tɕiuŋ^{35}le^{44}tieu^{44}tieu^{44}tu^{44}ŋɑ^{21}t^{h}ieu^{22}tu^{44}
头爱新鲜鲜鲜，可以做种，啊箇种嘞蔸蔸都芽头都

xɑu^{55}ko^{44}. ŋɔi^{44}, mai^{44} koŋ^{55}tiʔ^{4}lei^{22}uɑ^{21}, ŋɔi^{44}tɕi^{21}ɕi^{44}kə^{21}seʔ^{4}.
好嘅。我，[无解]讲得来话，我就是箇色。

（雷土根讲述，2016年7月21日）

参考文献

白宛如 1998《广州方言词典》，南京：江苏教育出版社。

北京大学中国语言文学系语言学教研室 2003《汉语方音字汇》（第二版重排本），北京：语文出版社。

北京市民族古籍整理出版社规划小组 1994《清蒙古车王府藏子弟书》，北京：国际文化出版公司。

曹树基、潘星辉、阙龙兴 2014《石仓契约》第三辑，杭州：浙江大学出版社。

曹志耘 1996《金华方言词典》，南京：江苏教育出版社。

大岛广美 2002 江西省鉛山県太源畲語（畲客家語）の音韻体系，独协大学外国语学部言语文化学科。

大岛广美 2009 畲话的使用情况——中国东南部的多方言岛，首届濒危方言学术研讨会论文。

大岛广美 2010 苍南县凤阳畲族乡顶堡畲话韵母中的[l]音，（香港）《中国语文研究》第1期。

大岛广美 2011 丰顺县凤坪村畲话的上声调嘎裂声，《文化遗产》第3期。

董作宾 1926a 说“畲”，《北京大学研究所国学门周刊》，第2卷第14期。

董作宾 1926b 畲语十八名，《北京大学研究所国学门周刊》，第2卷第20期。

丁声树、李　荣 1984《汉语音韵讲义》，上海：上海教育出版社。

冯爱珍 1998《福州方言词典》，南京：江苏教育出版社。

傅根清 2001a 从景宁畲话的语音特点论畲话的归属，山东大学博士学位论文。

傅根清 2001b 从景宁畲话古全浊声母的今读看畲话的性质，《中国语文》第3期。

傅根清 2002a 景宁畲话尖团音分混现象研究，《语文研究》第4期。

傅根清 2002b 景宁畲话声母的超中古现象，（日本）《开篇》第21期。

傅根清 2002c 景宁畲话语音系统中的粤语成分，《中央民族大学学报》第4期。

傅根清 2003 从景宁畲话的语音特点论其与客家话的关系，《山东大学学报》（哲学社会科学版）第5期。

胡松柏、胡德荣 2013《铅山太源畲话研究》，北京：中国社会科学出版社。

胡松柏、孙　刚 2004 赣东北铅山县太源畲话记略，《第五届客家方言暨首届赣方言学术研讨会论文集》，香港：香港霭明出版社。

胡先骕 1922 浙江温州处州间土民畲客述略，《科学》第3期。

黄家教、李新魁 1963 潮安畲话概述，《中山大学学报》（社会科学版）第1、2期合刊。

黄雪贞 1995《梅县方言词典》，南京：江苏教育出版社。

［清］雷廷福等 1906《雷氏宗谱》，篴义堂刊本。

雷艳萍 2006 丽水畲民话词汇初探，《丽水学院学报》第6期。

雷艳萍 2007 丽水畲话形容词重叠现象研究，浙江大学硕士学位论文。

雷艳萍 2008a 丽水畲话形容词AA式的变调，《语言科学》第2期。

雷艳萍 2008b 试析丽水畲语形容词重叠式的语法功能，《浙江万里学院学报》第3期。

雷艳萍 2009 丽水畲话形容词重叠式的语义分析，《铜仁学院学报》第1期。

雷艳萍 2011 浙江畲话的变调式方位短语，《汉语学报》第4期。

雷艳萍 2012 浙江畲族村落语言生活现状个案调查——以武义县柳城畲族镇下湖源村为例，《丽水学院学报》第6期。

雷艳萍 2013 畲族学生的语言生活状况研究——基于景宁小学生与高中生语言使用情况的同期调查，《宁波大学学报》（人文科学版）第2期。

雷艳萍 2015 浙江畲话的名量词，《桂林航天工业学院学报》第2期。

雷艳萍 2017 浙江畲话基本指示代词的变调，《丽水学院学报》第3期。

雷艳萍 2021 浙江武义畲话的更远指代词“尔”，《方言》第2期。

李　荣 1990 台风的本字（上），《方言》第4期。

刘纶鑫、余颂辉 2008《贵溪樟坪畲话研究》，北京：文化艺术出版社。

罗美珍 1980 畲族所说的客家话，《中央民族学院学报》第1期。

秋谷裕幸 2005《浙南的闽东区方言》，《语言暨语言学》专刊甲种之十二，台北：中研院语言所。

沈作乾 1924 畲民调查记,《东方杂志》第21卷第7号。

沈作乾 1925 括苍畲民调查记(续),《北京大学研究所国学门周刊》第1卷第5期。

费尔迪南·德·索绪尔著,高名凯译 1980《普通语言学教程》,北京:商务印书馆。

温端政 1991《苍南方言志》,北京:语文出版社。

武宁县地名办公室 1986《江西省武宁县地名志》,内部出版。

吴中杰 2001 广东及浙江畲话之比较研究,(台湾)《清华学报》第4期。

吴中杰 2002 畲话的介音问题探究,(台湾)《声韵论丛》第13辑。

吴中杰 2004a 畲族语言研究,(台湾)清华大学博士学位论文。

吴中杰 2004b 畲语和畲话的疑问词组,《第五届客家方言暨首届赣方言学术研讨会论文集》,香港:香港霭明出版社。

颜 森 1995《黎川方言词典》,南京:江苏教育出版社。

严修鸿、余颂辉 2013 客家话覃谈有别的存古层次,《语言科学》第3期。

杨璧菀 2012 广东怀集下坊话同音字汇,《方言》第4期。

叶祥苓 1993《苏州方言词典》,南京:江苏教育出版社。

游文良 1998a 福建畲语,《福建省志·方言志》,北京:方志出版社。

游文良 1998b 罗源县志·方言,《罗源县志》,北京:方志出版社。

游文良 1999 浙江省少数民族志·浙江畲语,《浙江省少数民族志》,北京:方志出版社。

游文良 2002《畲族语言》,福州:福建人民出版社。

游文良、雷 楠、蓝瑞汤 2005《凤凰山畲语》,长春:吉林人民出版社。

游文良 2009《闽东畲族文化全书·语言卷》,北京:民族出版社。

余颂辉 2008 樟坪畲话"第七调"的性质,(香港)《中国语文通讯》第83—84期(合刊)。

余颂辉 2009 汉语方言中低频的小称变调,《语言科学》第3期。

余颂辉 2010 从畲话精组三四等字的读音看其归属,《客语千秋——第八届国际客家方言学术研讨会文集》,台北:文鹤出版有限公司。

张双庆、万 波 2002 客赣方言"辫"读如"边鞭"的性质,《方言》第1期。

张振兴 1989 漳平(永福)方言的文白异读(一),《方言》第3期。

张振兴 2013《方言研究与社会应用》，北京：商务印书馆。

赵日新 2003《绩溪方言词典》，南京：江苏教育出版社。

赵日新 2015《绩溪荆州方言研究》，合肥：安徽教育出版社。

赵则玲 2002 浙江景宁畲话特色词选录，《宁波大学学报》（人文科学版）第4期。

赵则玲 2003a 浙江畲话的形成及其特性考察，（日本）《开篇》第22期。

赵则玲 2003b 浙江畲话中的吴语成分，第三届国际吴语学术讨论会论文。

赵则玲 2004a《浙江畲话研究》，杭州：浙江人民出版社。

赵则玲 2004b 试论畲话的归属，《语言科学》第5期。

赵则玲 2006 试论浙江畲话和浙江吴语的关系，《宁波大学学报》（人文科学版）第1期。

赵则玲、郑张尚芳 2002 浙江景宁畲话的语音特点，《民族语文》第6期。

郑张尚芳 2001 浙南畲族话的特点及其来源分析，中国东南方言研讨会论文。

中西裕树 2008 论“畲话”的归属，历时演变与语言接触：中国东南方言国际研讨会论文。

周长楫 1998《厦门方言词典》（第二版），南京：江苏教育出版社。

周祖谟 1956《方言校笺及通检》，北京：科学出版社。

庄初升 2004《粤北土话音韵研究》，北京：中国社会科学出版社。

庄初升、丁沾沾 2019《广东连南石蛤塘土话》，北京：商务印书馆。

Norman, Jerry 1988 The She Dialect of Luoyuan County，中研院史语所集刊第59本第2分。

Stübel, H. Von & Li, Hua-min 1932 Die Hsia-min vom Tse-mu-schan, *Monographie des Institutes für Sozialwissenschaften*, No. VI. Nanking: Academia Sinica.

调查手记

2015年夏天辞别岭南回乡务业，年底庄初升先生和赵日新先生先后来电，嘱我完成一项语保工程濒危方言的调查任务，江西境内的畲话语言资源保护工作摆上日程。2016年2月底，语保中心确定武宁畲话为濒危项目的调查对象，相关工作立即展开。

调查的前期过程颇为曲折。我离开江西快十年，人地两疏，加上单位迎接本科评估，而我又是新人，压在身上的各类任务较多，开学以后每天都是家、校两点一线，没有机会出门安排调查事宜，但是既然承担了任务，就必须踏实做好。首先，是要尽快了解武宁畲民的畲话使用状况是否足以开展这样的工作。2016年3月初，同事万书言老师帮忙联系到了当时武宁一中的校长张震先生，电话里大致介绍了情况后，我于3月6日傍晚赶到武宁。翌日一早，张校长让学校的老师把我送到武宁县民宗局，找到县民宗局的雷玮书记。雷书记是武宁县西部的畲族人，但是不会说畲话，听完我的介绍，她很快和县民宗局在家的几位领导协调，一方面寻找提供部分当地畲族资料，一方面帮我联系刚调到县教体局工作的省人大代表雷美珍老师。雷老师曾任武安民族小学校长，她向我介绍了武宁说“山客话”的几个村落情况。原计划待次日县里的“三八”节庆祝活动结束后再由雷美珍老师带我去各村深入了解，但当天下午就接到单位通知，要我赶回南昌参加学院的教工大会且不得请假，无奈之余，只好又通过县民宗局联系雷老师看能否紧急协调一下，更改日程。当天下午下班后，雷老师开车带我到离县城最近的团结村与当地畲民座谈。在雷土根先生家的客厅里，挤满了当地的“山客”（畲民的自称），大家七嘴八舌，用“山客话”向我讲述祖先的事迹和自己移民的经历。返回南昌后，单位的工作琐碎忙碌，直到当年6月底，才得以利用结课后的间隙再赴武宁，物色合适的调查点和发音人。在县民宗局严庆副局长的带领下，我和万书言老师去了位于武宁县东部罗坪镇的农科所和漾都两个畲民聚居点。夏天在家的男性畲民不多，要在一个地方找齐老男、老女、青男、青女发音人并非易事。经与雷美珍老师商议，最终将调查点确定在团结村，这样雷校长可以物色自己曾经教过的学生来充任青男和青女发音人。因为当时团结村往来县城交通不便，通过县民宗局的协调，我们又拜访了武安锦城小学的陈宗珍校长，他同意假期提供闲置校舍给我们从事摄录工作。与此同时，根据语保工程对老男发音人的年龄规定（55—65岁之间），请雷土根、雷兰根、雷成东三位先生一起协助，以雷兰根先生为第一发音人，共同完成《中国语言资源调查手册·汉语方言》老男部分的纸笔调查。记完单字部分后，因为要完成单位的工作，又只能返回。在整个调查和摄录过程中，类似的事情经历了好多次，大家没有怨言，都坚持了下来。

语保摄录工作技术要求较高，而我在摄录时需要核对纸笔调查记录，无法操控设备，因此事先曾请学工口的同事安排了几位广播电视学本科专业的尖子生协助。但在临行前，不少同学因故未克成行，只有黄术英同学愿意前往。无奈之下只好再次协调，通过同门请宜春学院汉语国际教育本科专业的冷志敏同学从家乡修水赶到武宁帮忙。几路人马抵达武宁后，布置场地时，又发现从单位借来的摄像机出了状况。此时已放暑假，再要回昌调借设备已不可能。紧要关头，又是张震校长及时协调，将武宁一中的一台佳能XF305摄像机借给我们使用。语保摄录工作刚开始进行得比较顺利，万书言老师带着同学们操作机器，我做导演、剧务和场记，“演员们”也都很配合。但是雷兰根先生烟瘾较大，经常咳嗽不止，这在单字、词汇和语法例句的摄录阶段还可通过反复录制而人为避免，但在话语和口头文化摄录阶段就无法控制，而语保摄录又必须抓紧完成。经与语保中心协调，改由当时已年满68周岁的雷土根先生担任第一发音人完成摄录工作。在重新摄录之前，我又根据雷土根先生的音系情况对纸笔调查材料进行了调整，再把词汇调查表和语法调查表迅速地过了一遍，将一些当时兰根先生说而土根先生不说的词也进行了替换，个别语法例句也找到了差异。重新录制完老男单字后不久，武安锦城小学即开始对我们临时搭建的摄录场地隔壁的仓库进行装修。我们只好一面去县城重新寻找摄录场地，一面利用晚上的施工间隙尽可能地完成剩余部分的摄录工作。在严庆副局长的协助下，我们在县城利用宾馆的地下室重新开张。

2016年7月25日，赵日新老师亲赴武宁检查调查和摄录工作。在武宁的三天时间里，赵老师做了许多指导，纠正了我此前的不少错误。特别是核对音系例字时，赵老师很快发现武宁畲话的深臻摄三等入声字和曾摄三等入声字韵母读音有别。而我因当时省内权威专家对语保中心决定重新探讨江西境内的畲话并不理解，由此衍生的舆情扑面而来，压力较大，故而迟迟未敢突破前辈的既定框架。赵老师花了很多时间开导我，他指出，有高保真摄录资料供大家参考，读者自会判断，科学研究就要坚持真理，坚持真理就不应有心理负担。这令我心悦诚服，也使我坚定了客观记录、如实报告的信心，接下来的调查不得不更加谨慎细致。此后的独立调查，确实有更多的发现，这和赵老师的帮助和关怀是分不开的。

摄录工作现场再次核对语料　武宁县新宁镇朝阳湖西路 /2016.12.23/ 黄术英 摄

暑期完成大部分摄录工作后，在家一一审听录音，根据摄录质量和纸笔调查记录，当年冬天又进行了核实调查和相关补录。摄录文件经整理寄给语保中心后，我开始准备扩充调查。限于平时在家的团结村畲民的人数及发音人的识字水平，《方言调查字表》无法按通常的方法使用，但里面所囊括的语素又必须想办法尽可能地调查出来。为此，在邢向东先生整理的语保濒危工程《词汇调查整合表》的基础上，我又根据平时的积累，围绕不同的主题，增加了一些条目，整合了一个词语调查表，以便达到既定目标。2017年的整个暑假，除去中途因公返昌，我在团结村雷土根先生家里陆续住了一个多月。调查时，尽量要求有两个或两个以上的畲民在场，以新的词语调查表为纲，引导发音人就某一话题一起展开讨论，一个话题讨论完，一组类义词就问了出来。然后再回过头来对我龙飞凤舞写在纸上的内容进行核对，落实每一个音节的读音。整个调查都用数字录音机全程录音，以便于日后修正错误，最后再完成语法调查。彼时村里正在修路，毗邻的深山移民小区施工和装修的声音此起彼伏，有时声音太大，只好停止。要感谢雷土根先生的理解和支持，自始至终，他都全程配合，有时雷兰根先生因事不能来，他往往拉上钟成连阿姨或者村里没事的“山客”一起陪我“闲聊”。我的思绪广，废话多，不少时候一个条目要耗费十多分钟甚至更长时间，他们都很耐心地解答。白天调查，晚上一个人坐在客厅的方桌上核对录音，整理词条，记下有疑问的地方以便次日再问，往往一坐就到了凌晨一两点钟。钟成连阿姨半夜常起身问我饿不饿，有时煮上一点“半夜顿”（夜宵），有时买来饼干，她像母亲一样关怀我，令我万分感动。我自幼生活在城市，对农村生活很不熟悉，而团结村又因为征地基本脱离了农业生产，因此，许多有关动植物以及农村生产、生活的内容没有调查出来，这不能不说是很大的遗憾。原计划请村里的老年人将常唱的山歌和婚丧经文逐字记录并解释，但离开曲调，大家很难用畲话念出内容，限于时间，尝试几次后，只好作罢。

2017年8月底回到家里，我开始利用工作之余整理调查材料并撰写书稿。书稿完成后，又于2018年秋天到团结村将同音字汇和一些有代表性的存疑处做了核实，濒危语言志的主要工作告一段落。

在团结村，接受过我们语言生活现状调查的畲民很多，不便一一具名，在此一并致谢。发音人中，雷土根先生和雷兰根先生接受我们调查的时间最长。说起畲话及其保护问题，雷土根先生夫妇感触最深。雷土根先生不止一次地说："畲族语言文化到我们这一代已经只会说一点点了，很快就要消亡，现在有南昌来的人要帮我们'造'一本上万字的书，希望你们能做成功，把我们的文化永远传下去。"钟成连女士还多次向我们述说自己由于不识字不能把畲族的语言文化很好地传下去的苦恼，也经常对自己住在县城的孙子不会说"山客话"表示忧虑。雷兰根先生是一位非常勤劳的农民，失地之后，仍和老伴到山里开荒或租借本地"老表"的土地，以从事农业生产补贴家用，每天都是五点钟起床劳作，但只要忙完手中的事情，就会立即赶来配合我们的调查；有时即使身体有恙，也会坚持。他向我们表示，自己虽然事情很多，但还是非常希望能有机会把畲族的文化传下去。我们在村里见到的农具，不少是雷兰根先生夫妇仍在使用的。雷成东先生对畲族文化的传播非常热心，2016年的夏天，他连续多日配合我们调查，但又坚持不要署名，很令我们感动。

雷美珍女士身兼江西省人大代表，她对畲族语言文化的现状表示担忧，非常希望有机会能保存和弘扬畲族的传统及文化，经常向有关部门呼吁出台具体的保护措施。她在担任本地民族小学校长时，主导开设了畲族传统文化的校本课程。对语保工程选定武宁的畲话进行保护和研究，雷美珍女士表示非常高兴，也一直在帮助我们协调发音人配合调查工作。她多次动员畲民，鼓励他们积极支持自己民族的事业。其他几位发音人，克服自身的困难，努力配合我们，使得调查工作得以顺利进行下去。在他们身上，我们看到了畲族同胞对自己语言文化的热爱，对语保工程的支持，以及对汉族群众的热情、好客，这些都是我们工作的动力。

再次感谢在完成《中国语言资源调查手册·汉语方言》的纸笔调查和摄录工作中给予我们极大帮助的武宁县第一中学张震校长，武宁县民族宗教事务局付冬云局长、雷玮书记和严庆副局长，武安锦城小学陈宗珍校长、刘程副校长和盛庆副校长，2016年的春天和夏天，他们给我们创造了不少的便利。本书的音像摄录和田野调查工作耗时较长，这些工作得以完成，有赖于以上诸位特别是各位发音人的耐心配合和积极协助，同时也给大家添了不少麻烦，谨此深表谢意和歉意。

后　记

从2004年初夏第一次接触畲话，到随后几年内数次独自去武夷山区的畲寨调查，我与这个以方言岛形式散布于中国南部地区的方言结下了不解之缘。虽然当时在此基础上发现了畲话中广泛存在以低降调为表现形式的小称变音与畲话中古三四等字的音系格局和早期韵图相合的情况，但也留下很多遗憾，一直希望能有机会将某个畲话方言岛较为深入地调查一遍，以解心疣。特别是在岭南时，大岛广美君和我交流过不少关于畲话的情况，她告诉我，她调查的安徽、浙江、江西、福建和广东的畲话都存在读[21]的小称调，而且，读如二等的三等字并没有找到泥来母的例子，这使我更加期盼有机会能再与畲话结缘。可惜那时为了生计，不得不放弃大部分专业研究，夜里汗流发背，叹惋人生，因此特别希望能够换一份有更多时间读书的工作。

非常感谢中国语言资源保护研究中心畀以机会，资助我开展畲话调查。几年来，我多次造访畲寨，得到了团结村畲族同胞的热情接待和耐心帮助，特别是雷土根先生夫妇和雷兰根先生始终配合，使工作得以按时完成。感恩畲族同胞的无私付出。我依旧深深记得，2018年中秋节，我核对完材料准备离开畲寨，雷兰根先生提来一袋自己裹的“裹粄”（粽子）为我送行，他紧紧拉着我的手说不知道能不能看到该书的出版。孰料一语成谶，2021年7月中旬借到武宁调查的机会再去团结村，得知兰根老人已于2020年季春去世。

还要感谢曹志耘老师和王莉宁老师两位丛书主编及执行编委赵日新老师的关怀和指导，尤其感谢王莉宁老师的协调和督促，正是由于他们的帮助，书稿才得以最终成形。从2021年夏到2023年冬的两年半时间内，书稿前后经过6次大的修改，这其中凝结了多方人士的心血。难以忘记2022年中国语言资源保护研究中心的老师们多次细致审查书稿，列出详细的《问题清单》，帮我避免了大量形式上的错误。更难忘怀2023年书稿交付出版社后，商务印书馆的副总编余桂林、编辑室主任朱俊玄和责任编辑郑佐之等悉心审校，耐心沟通，发现了许多我之前未注意的问题，在感激的同时我也获益良多。

这份调查报告很快就要出版了，但是，对畲话的探索并没有结束。通过这几次相对深入的调查，我修正了自己之前许多认识上的误区，知识结构得到完善，但还留下了不少问题需要慢慢寻找答案。畲话分布广泛，使用人口少，共性多，差异也大，调查和描写在深度和广度上都还有很多工作要做。这样一个内部差异相对较大的濒危方言，如何保护也是一大难题，它促使广大语保人去做更深的思考。

而今，团结村的老一辈畲民逐渐离开，年轻一辈为了生计大都进城务工。处在深山移民安置点包围之中的团结村畲民的传统语言和文化究竟将以什么样的形式承传下去，这是每一个语保人都非常关心的问题。类似的问题也出现在其他的畲话方言岛中，希望以后有更多的人来关注畲话及畲话的研究和保护。

余颂辉

2023年11月18日